제3판

객관식 사회보험법

김 희 성
이 희 진

신 조 사

제3판 머 리 말

공인노무사시험에서 사회보험법의 방대한 양 때문에 많은 수험생들이 공부를 하는데 어려움을 겪고 있다. 이번 개정판에서는 수험생들이 방대한 양의 사회보험법(사회보장기본법, 고용보험법, 산업재해보상보험법, 고용보험 및 산업재해보상보험의 보험료 징수 등에 관한 법률, 국민건강보험법, 국민연금법)을 보다 효율적으로 공부할 수 있도록 각별히 신경을 썼다.

첫째, 이미 공인노무사시험이 24회를 지나가면서 많은 양의 기출문제가 축적되었기 때문에 이를 분석하여 중복된 문제와 불필요한 문제를 삭제하였다. 2015년에 출제된 공인노무사시험과 사법시험 문제를 포함하여 최근 5년간 기출되었던 문제를 중심으로 주요 법령과 판례의 학습이 가능하도록 하였다.

둘째, 공인노무사시험을 비롯하여 사회보험법 관련 시험은 모두 시험일 당시에 시행되는 법령을 기준으로 출제되므로 현재 시행되고 있는 내용을 모두 반영하여 적용하고 문제화하였다. 또한 수록된 기출문제 중 현행 법령과 맞지 않는 내용은 개정사항을 반영하여 학습에 지장이 없도록 문제와 해설을 변형하였다.

셋째, 문제와 정답을 분리하고 정답을 하단에 위치하도록 하여 가독성을 높이고 효율적으로 학습이 가능하도록 하였다.

앞서 「객관식 사회보험법」을 처음 출간할 때에도 강조했다시피 사회보험법시험에서 무엇보다 중요한 것은 법, 시행령, 시행규칙의 중요 내용을 정확하게 숙지하는 것이다. 이는 사회보험법을 공부하는 수험생들에게 아무리 강조하여도 지나치지 않다. 이 책의 문제를 통하여 법령의 주요 내용을 확인하고 숙지한다면 공인노무사시험을 비롯해 사회보험법 관련 시험에서 좋은 결과를 얻을 수 있다고 본다. 아무쪼록 이 책이 수험생들의 합격에 보탬이 되길 희망한다.

저자와 공저하여 이 책의 개정작업을 열심히 해 준 이희진 노무사에게 깊은 사랑과 감사의 마음을 전하며, 끝으로 이 책이 나오기까지 언제나 고생해 주신 이명재 사장님과 송일근 주간님께 깊은 감사를 드린다.

2016. 2.
봄내골 뒷뜰에서
김 희성, Kim Hee-Sung

머 리 말

자본주의 사회의 모순을 수정하고 근로자의 인간다운 삶을 향유할 기본권을 보장하기 위한 취지로서 1883년 비스마르크 시대에 근로자질병보험법을 시작으로 사회보험제도가 도입되어 확산되기 시작하였다. 우리나라의 경우, 사회보험법은 사회보장의 일환으로 도입된 1977년의 일부 근로자를 대상으로 한 의료보험법이 사회보험법의 효시가 된다

대부분의 실정법이 그러하지만 사회보험법은 입법적이고 규범적인 제정과정을 거쳤다기보다는 당 시대의 정치적 또는 사회경제적 요구 및 상황에 맞춘 변화를 겪어 왔다. 즉 사회보험법은 본질적으로 다양한 요구의 대립(보험재정 수입을 부담하는 사용자 대(對) 근로자, 고소득자 대 저소득자, 보험자 대 수급자, 입법자 대 집행자 등)의 조정을 통한 제도의 존속을 가능하게 하는 "재정적 수입"과 "재정의 분배"라는 기능의 균형을 도모함으로써 입법목적을 달성한다. 이러한 과정은 제도 속에서 구가하는 형평과 효율에 대한 문제와 더불어 헌법에서 평등하게 보장되는 기본권적 고찰을 요구한다. 이러한 고찰에 당시대의 사회적 함의를 반영한 사회보험법 원리와 사회정의실현 원칙에 대한 고려가 전제됨은 필연적이다.

본질적으로 보험이란 인간의 경제활동을 위협하는 각종 위험에 대비하고, 삶의 안정을 확보하려는 노력의 일환으로 발전된 제도이다. 여기서 위험이란 "사고의 우연성", 그 결과물이 "금전으로 환산가능한 손해"로 나타날 것과 "사고가 나타날 확률이 계측가능할 것"을 요건으로 한다.

통상의 보험제도를 구축하는 수리통계적 원리는 대수의 법칙(The law of large numbers)과 수지상등의 원칙과 급부 반대급부 균등의 원칙이다. 즉 개별경제주체의 동질적 위험을 일단 위험공동체로 결집하여 위험률을 계산하고, 이에 따른 보험료를 거두어 거대한 기금을 조성하여 개인이 감당할 수 없는 위험이라도 매우 적은 비용으로 극복할 수 있게 하여 개인과 사회의 경제적 불확실성을 제거하는 것이다. 이러한 위험분산이야말로 보험제도의 독특한 특징이며, 보험제도가 운영되는 본질적인 원리이다.

이러한 원리는 일반적인 사보험에서는 그 특성상 충실히 지켜진다고 볼 수 있다. 그러나 특정한 공공정책의 추진을 목적으로 하기 위한 수단으로서의 공보험은 이러한 원리에 엄격하게 구속되지 않으며, 예외가 인정된다. 즉,

사회보험과 사보험은 모두 보험원리에 입각하여 운영된다는 것에는 일치하나, 사회정의를 실현하거나 또는 경제정책의 실현을 목적으로 하는 공보험제도의 입법취지에 비추어 제도의 운영과 목적에 차이가 있다.

특히 목적에 있어서 사회보험은 개인의 사회적 보호를 그 기본목표로 하고 있으며 사회정책적 고려를 기초로 하고 있음에 대하여, 사보험은 개인적 필요의 충족을 목적으로 하며 사경제적 경영원리를 기초로 하고 있음에 차이를 보인다. 따라서 사보험에 있어서는 사회보험보다 더욱 개인이익을 지향하는 데 반하여 사회보험에 있어서는 상부상조의 정신에 입각한 공동체의식이 사보험에 있어서 보다 강하게 나타나며 그러한 공동체의식 가운데에서 개인이익을 지향하는데 특성이 있다.

보험은 그 운영주체를 기준으로 공보험과 사보험으로 구분하며, 공보험은 목적에 따라 사회정의 실현을 목적으로 하는 사회보험(예: 우리나라의 4대보험)과 경제정책실행을 목적으로 하는 보험(예: 수출보험 등)으로 나뉜다. 사회보험이라 함은 일반적으로 보험기술을 이용하여 사회정책을 실현하려는 사회경제제도의 하나로서 "국민에게 발생하는 사회적 위험을 보험방식에 의하여 대처함으로써 국민건강과 소득을 보장하는 제도"를 말한다. 즉 사회보험은 국민생활을 안정화시키고, 재난으로부터 최저생활을 보장할 수 있는 제도로 흔히 이야기 하는 "사회 안전망"이다.

이러한 사회보험은 사회적 위험이 발생하기 전에 자신 또는 제3자가 보험료를 갹출함으로써 '법적 원인관계'를 성립시키고, 해당 사회보험이 보호하는 '특정한 사회적 위험'이 발생되면 급여를 지급하는 사회보장제도이다.

사회보험은 기본적으로 위에서 본 바와 같이 보험원리를 중심으로 운영되며, 여기에 일정한 정도의 사회적 조정의 요소가 포함된다. 사회보험은 사보험과는 달리 특히 사회적인 조정과 조정된 사회적인 급부가 필요하다. 즉 특별한 사회목적을 실현하기 위한 국가의 계획적이고 체계적인 시도가 사회적 조정이라고 할 수 있다. 사회보험에 있어서 가입을 강제할 것인가 기여금을 어떻게 정할 것인가 그리고 급여권리에 대한 급여액을 어떻게 결정할 것인가에 대하여 사회적 조정이 이루어진다.

이러한 사회보험은 사회보장에 관한 모법인 사회보장기본법을 주축으로 하여, 국민건강보험법, 고용보험법, 국민연금법, 산업재해보상보험법으로 이루어져 있다. 즉 이 법률들이 4대 사회보험제도를 규율하고 있는 것이다. 현재 공인노무사 시험은 이 법률들과 고용보험 및 산업재해보상보험의 보험료 징수 등에 관한 법률이 시험범위에 속한다.

그러면 이 책의 특징을 소개한다. 첫째, 사회보험법의 주요 이론을 문제화하였다. 둘째, 사회보험법의 중요 판례를 빠짐없이 문제로 만들었으며 최신 판례까지 반영하였다. 사실 이 분야부분은 판례가 많지 않지만, 그 기능의 역동성에 맞추어 판례가 점점 늘어나고 있으므로 판례를 반영한 문제가 조금씩 나오고 있음에 주목해야 한다. 셋째, 공인노무사시험 출제범위의 법의 주요 내용을 꼼꼼하게 수록하였다. 특히 사회보험법은 시행령과 시행규칙의 중요 내용도 빠짐없이 공부해야 하므로 이 부분도 소홀히 하지 않았다. 넷째, 공인노무사시험 문제를 비롯해 사법시험 등의 사회보험법 관련 기출문제를 정밀하게 검토하여 수록하였다.

또한 이 책을 가지고 학습하는 수험생들에게 요구되고 주의해야 할 사항을 적시하고자 한다. 강조하건대 공인노무사시험을 비롯한 사회보험법 관련 시험은 시험일 당시에 시행되는 출제범위 법규정과 주요 판례를 중심으로 학습하면 된다. 명심해야 할 점은 사회보험법이론과 관련해 견해대립이 있는 것이라든지 학설 등의 문제는 출제되지 않음을 유의해야 한다. 객관화되지 못한 문제는 자칫 문제의 객관성 내지 공정성 시비에 휘말리기 때문에 출제위원들이 출제 당시에 이러한 문제를 지양하고 있어서 출제되지 않는다는 사실을 명심해서 공부해야 한다. 이렇게 학습하면 매우 시간도 절약되고 효율적으로 학습하는 효과를 가지게 된다. 사회보험법에서 객관적으로 아무런 다툼이 없는 이론 그리고 법조문, 주요 판례만 제대로 숙지하면 사회보험법 관련 시험에서 훌륭한 성과를 거둘 것이다. 특히 법과 시행령, 시행규칙의 중요 내용을 제대로 숙지해야 함을 다시 한 번 강조한다. 이 책을 통해 학습한 수험생들을 비롯한 독자 여러분들의 꿈이 이루어지길 기원한다.

끝으로 저자와 공저하여 이 책이 출간되는 데 기여한 이희진 노무사, 이윤탁 선생과 이 책의 교정을 꼼꼼히 보아준 나진석 노무사에게 감사의 마음을 전한다. 끝으로 이 책이 나오기까지 언제나 고생을 해 주신 이명재 사장님과 송일근 주간님께 깊은 감사를 드린다.

2014. 3.
봄내골 뒷뜰에서
김 희성, Kim Hee-Sung

차 례

제1장 사회보장법 총론 및 사회보장기본법

01. 노동과 사회보장에 관한 헌법의 내용으로 옳지 않은 것은? 〈사시 2010년〉

① 법률이 정하는 주요방위산업체에 종사하는 근로자의 단체행동권은 법률이 정하는 바에 의하여 이를 제한하거나 인정하지 아니할 수 있다.

② 국가는 여자의 복지와 권익의 향상을 위하여 노력하여야 한다.

③ 국가는 사회보장·사회복지의 증진에 노력할 의무를 지며, 청소년의 복지향상을 위한 정책을 실시할 의무를 진다.

④ 공무원인 근로자의 단체행동권은 법률이 정하는 바에 의하여 이를 제한하거나 인정하지 아니할 수 있지만 단결권과 단체교섭권은 그러하지 아니하다.

⑤ 연소자의 근로는 특별한 보호를 받는다.

해설

① 법률이 정하는 주요방위산업체에 종사하는 근로자의 단체행동권은 법률이 정하는 바에 의하여 이를 제한하거나 인정하지 아니할 수 있다(헌법 제33조 3항). ② 국가는 여자의 복지와 권익의 향상을 위하여 노력하여야 한다(헌법 제34조 3항). ③ 국가는 사회보장·사회복지의 증진에 노력할 의무를 진다. 헌법 제34조 4항, 국가는 노인과 청소년의 복지향상을 위한 정책을 실시할 의무를 진다(헌법 제34조 2항). ④ 공무원의 근로3권은 법률에서 정하는 자에 한하여 인정할 수 있으므로, 단결권과 단체교섭권도 법률에 따라 제한하거나 인정하지 아니할 수 있다. ⑤ 연소자의 근로는 특별한 보호를 받는다(헌법 제32조 5항).

02. 사회보장을 받을 권리를 규정한 헌법 제34조 및 이에 대한 헌법재판소의 태도로 옳지 않은 것은?

① 모든 국민은 인간다운 생활을 할 권리를 가지며 국가는 사회보장·사회복지의 증진에 노력할 의무를 진다.

② 신체장애자 및 질병·노령 기타의 사유로 생활능력이 없는 국민은 법률이 정하는 바에 의하여 국가의 보호를 받는다.

③ 인간다운 생활을 할 권리를 규정한 헌법규정으로부터 직접 최소한의 물질적인 생활의 유지에 필요한 정도 이상의 급부를 내용으로 하는 구체적인

정답 01. ④ 02. ③

권리가 발생한다.

④ 국가가 인간다운 생활을 보장하기 위한 객관적 내용의 최소한을 보장하고 있는지 여부는 생활보호법상 생계보호급여뿐 아니라 그 외 법령에 근거하여 국가가 지급하는 각종 급여 등을 총괄하여 판단하여야 한다.

⑤ 인간다운 생활을 할 권리에 관한 헌법규정은 입법부나 행정부에 대하여는 행위규범으로 작용하고 헌법재판에 있어서는 통제규범으로 작용한다.

해설

① 헌법 제34조 1항, 모든 국민은 인간다운 생활을 할 권리를 가진다. 헌법 제34조 2항, 국가는 사회보장·사회복지의 증진에 노력할 의무를 진다. ② 헌법 제34조 5항, 신체장애자 및 질병·노령 기타의 사유로 생활능력이 없는 국민은 법률이 정하는 바에 의하여 국가의 보호를 받는다. ③ 인간다운 생활을 할 권리로부터는 인간의 존엄에 상응하는 생활에 필요한 "최소한의 물질적인 생활"의 유지에 필요한 급부를 요구할 수 있는 구체적인 권리가 상황에 따라서는 직접 도출될 수 있다고 할 수는 있어도, 동 기본권이 직접 그 이상의 급부를 내용으로 하는 구체적인 권리를 발생케 한다고는 볼 수 없다(헌재결 2003.5.15, 2002헌마90 전합). ④ 헌재결 1997.5.29, 94헌마33, ⑤ 헌재결 1997.5.29, 94헌마33

03. 사회보장기본법의 내용으로 옳지 않은 것은?

① "공공부조"란 국가와 지방자치단체의 책임 하에 생활 유지 능력이 없거나 생활이 어려운 국민의 최저생활을 보장하고 자립을 지원하는 제도를 말한다.

② "사회보장"이란 출산, 양육, 실업, 노령, 장애, 질병, 빈곤 및 사망 등의 사회적 위험으로부터 모든 국민을 보호하고 국민 삶의 질을 향상시키는 데 필요한 소득·서비스를 보장하는 사회보험, 공공부조, 사회서비스를 말한다.

③ "사회서비스"란 국가·지방자치단체 및 민간부문의 도움이 필요한 모든 국민에게 복지, 보건의료, 교육, 고용, 주거, 문화, 환경 등의 분야에서 인간다운 생활을 보장하고 상담, 재활, 돌봄, 정보의 제공, 관련 시설의 이용, 역량 개발, 사회참여 지원 등을 통하여 국민의 삶의 질이 향상되도록 지원하는 제도를 말한다.

④ 사회보험에 드는 비용은 국가가 부담하는 것을 원칙으로 하되, 관계 법령에서 정하는 바에 따라 사용자, 피용자(被傭者) 및 자영업자가 그 비용의 일부를 부담할 수 있다.

정답 03. ④

⑤ "평생사회안전망"이란 생애주기에 걸쳐 보편적으로 충족되어야 하는 기본욕구와 특정한 사회위험에 의하여 발생하는 특수욕구를 동시에 고려하여 소득·서비스를 보장하는 맞춤형 사회보장제도를 말한다.

해설

① 사회보장기본법 제3조 3호, "공공부조"(公共扶助)란 국가와 지방자치단체의 책임 하에 생활 유지 능력이 없거나 생활이 어려운 국민의 최저생활을 보장하고 자립을 지원하는 제도를 말한다. ② 동법 제3조 1호), "사회보장"이란 출산, 양육, 실업, 노령, 장애, 질병, 빈곤 및 사망 등의 사회적 위험으로부터 모든 국민을 보호하고 국민 삶의 질을 향상시키는 데 필요한 소득·서비스를 보장하는 사회보험, 공공부조, 사회서비스를 말한다. ③ 동법 제3조 4호, "사회서비스"란 국가·지방자치단체 및 민간부문의 도움이 필요한 모든 국민에게 복지, 보건의료, 교육, 고용, 주거, 문화, 환경 등의 분야에서 인간다운 생활을 보장하고 상담, 재활, 돌봄, 정보의 제공, 관련 시설의 이용, 역량 개발, 사회참여 지원 등을 통하여 국민의 삶의 질이 향상되도록 지원하는 제도를 말한다. ④ 사회보험에 드는 비용은 사용자, 피용자(被傭者) 및 자영업자가 부담하는 것을 원칙으로 하되, 관계 법령에서 정하는 바에 따라 국가가 그 비용의 일부를 부담할 수 있다(동법 제28조 2항). ⑤ 동법 제3조 5호, "평생사회안전망"이란 생애주기에 걸쳐 보편적으로 충족되어야 하는 기본욕구와 특정한 사회위험에 의하여 발생하는 특수욕구를 동시에 고려하여 소득·서비스를 보장하는 맞춤형 사회보장제도를 말한다.

04. 사회보장기본법의 내용으로 옳지 않은 것은? 〈노무사 2014년〉

① 국가와 지방자치단체는 가정이 건전하게 유지되고 그 기능이 향상되도록 노력하여야 한다.

② 공공부조란 국가와 지방자치단체의 책임 하에 노동능력이 없는 국민의 인간다운 생활을 보장하는 제도를 말한다.

③ 국가는 관계 법령에서 정하는 바에 따라 최저보장수준과 최저임금을 매년 공표하여야 한다.

④ 모든 국민은 자신의 능력을 최대한 발휘하여 자립·자활할 수 있도록 노력하여야 한다.

⑤ 사회보장위원회를 효율적으로 운영하고 위원회의 심의사항을 전문적으로 검토하기 위하여 위원회에 실무위원회를 둔다.

해설

① 사회보장기본법 제6조 1항. ② "공공부조"(公共扶助)란 국가와 지방자치단체의 책임 하에 생활 유지 능력이 없거나 생활이 어려운 국민의 최저생활을 보장하고 자립을 지원하는 제도를 말한다(동법 제3조 3호). ③ 동법 제10조 2항, ④ 동법 제7조 1항,

정답 04. ②

⑤ 동법 제21조 6항

05. 사회보장기본상 생애주기에 걸쳐 보편적으로 충족되어야 하는 기본욕구와 특정한 사회위험에 의하여 발생하는 특수욕구를 동시에 고려하여 소득·서비스를 보장하는 맞춤형 사회보장제도는? 〈노무사 2013년〉

① 최저임금제 ② 사회보험 ③ 공공부조
④ 사회서비스 ⑤ 평생사회안전망

해설

사회보장기본법 제3조 5호, "평생사회안전망"이란 생애주기에 걸쳐 보편적으로 충족되어야 하는 기본욕구와 특정한 사회위험에 의하여 발생하는 특수욕구를 동시에 고려하여 소득·서비스를 보장하는 맞춤형 사회보장제도를 말한다.

06. 다음 중 사회보장기본법의 내용으로 옳지 않은 것은?

① 국가와 지방자치단체는 모든 국민의 인간다운 생활을 유지·증진하는 책임을 가진다.
② 국가와 지방자치단체는 사회보장에 관한 책임과 역할을 합리적으로 분담하여야 한다.
③ 국가와 지방자치단체는 국가 발전수준에 부응하고 사회환경의 변화에 선제적으로 대응하며 지속가능한 사회보장제도를 확립하고 매년 이에 필요한 재원을 조달하여야 한다.
④ 국가는 사회보장제도의 안정적인 운영을 위하여 중장기 사회보장 재정추계를 매년 실시하고 이를 공표하여야 한다.
⑤ 국내에 거주하는 외국인에게 사회보장제도를 적용할 때에는 상호주의의 원칙에 따른다.

해설

① 사회보장기본법 제5조 제1항, ② 동법 제5조 제2항, ③ 동법 제5조 제3항, ④ 국가는 사회보장제도의 안정적인 운영을 위하여 중장기 사회보장 재정추계를 격년으로 실시하고 이를 공표하여야 한다(동법 제5조 4항). ⑤ 동법 제8조

07. 사회보장기본법상 사회보장제도의 운영에 관한 설명으로 옳지 않은 것은? 〈노무사 2014년〉

① 중앙행정기관의 장은 사회보장제도를 신설하거나 변경할 경우 그 타당성

정답 05. ⑤ 06. ④ 07. ①

등에 대하여 보건복지부장관과 합의하여야 한다.

② 사회보험은 국가의 책임으로 시행하고, 공공부조와 사회서비스는 국가와 지방자치단체의 책임으로 시행함을 원칙으로 한다.

③ 국가와 지방자치단체는 사회보장제도의 정책 결정 및 시행 과정에 공익의 대표자 및 이해관계인 등을 참여시켜 이를 민주적으로 결정하고 시행하여야 한다.

④ 국가와 지방자치단체는 사회보장에 대한 민간부문의 참여를 유도하기 위하여 자원봉사, 기부 등 나눔의 활성화를 위한 각종 지원 사업이 포함된 시책을 수립·시행할 수 있다.

⑤ 보건복지부장관은 사회서비스의 품질기준 마련, 평가 및 개선 등의 업무를 수행하기 위하여 필요한 전담기구를 설치할 수 있다.

해설

① 중앙행정기관의 장과 지방자치단체의 장은 사회보장제도를 신설하거나 변경할 경우 신설 또는 변경의 타당성, 기존 제도와의 관계, 사회보장 전달체계에 미치는 영향 및 운영방안 등에 대하여 대통령령으로 정하는 바에 따라 보건복지부장관과 협의하여야 한다(사회보장기본법 제26조 2항). ② 동법 제25조 5항, ③ 동법 제25조 3항, ④ 동법 제27조 2항 1호, ⑤ 동법 제30조 2항

08. 사회보장기본법상 사회보장제도에 관한 설명으로 옳지 않은 것은?

〈노무사 2010년〉

① 사회보장제도를 필요로 하는 모든 국민에게 적용하여야 한다.

② 사회보장제도의 급여수준 및 비용부담 등에 있어서 형평성을 유지하여야 한다.

③ 사회보장제도의 정책결정 및 시행과정에 공익의 대표자 및 이해관계인 등을 참여시켜 민주성을 확보하여야 한다.

④ 사회보장제도를 운영함에 있어서 국민의 다양한 복지욕구를 효율적으로 충족시키기 위하여 연계성·전문성을 높여야 한다.

⑤ 국내 거주 외국인에 대한 사회보장제도의 적용은 인권존중의 원칙에 의한다.

해설

① 사회보장기본법 제25조 1항, 국가와 지방자치단체가 사회보장제도를 운영할 때에는 이 제도를 필요로 하는 모든 국민에게 적용하여야 한다. ② 동법 제25조 2항, 국가와 지방자치단체는 사회보장제도의 급여 수준과 비용 부담 등에서 형평성을 유지하여

정답 08. ⑤

야 한다. ③ 동법 제25조 3항, 국가와 지방자치단체는 사회보장제도의 정책 결정 및 시행 과정에 공익의 대표자 및 이해관계인 등을 참여시켜 이를 민주적으로 결정하고 시행하여야 한다. ④ 동법 제25조 4항, 국가와 지방자치단체가 사회보장제도를 운영할 때에는 국민의 다양한 복지 욕구를 효율적으로 충족시키기 위하여 연계성과 전문성을 높여야 한다. ⑤ 상호주의 원칙에 따른다(동법 제8조).

09. 사회보장기본법상 사회보장위원회의 심의사항으로 옳지 않은 것은?

〈노무사 2012년 변형〉

① 사회보장제도의 신설 또는 변경에 따른 우선순위
② 둘 이상의 중앙행정기관이 관련된 주요 사회보장정책
③ 국가와 지방자치단체의 역할 및 비용 분담
④ 사회보장급여 및 비용 부담의 조정
⑤ 위원장인 대통령이 심의에 부치는 사항

해설

사회보장기본법 제20조 2항 위원회는 다음 각 호의 사항을 심의·조정한다.
1. 사회보장 증진을 위한 기본계획
2. 사회보장 관련 주요 계획
3. 사회보장제도의 평가 및 개선
4. 사회보장제도의 신설 또는 변경에 따른 우선순위
5. 둘 이상의 중앙행정기관이 관련된 주요 사회보장정책
6. 사회보장급여 및 비용 부담
7. 국가와 지방자치단체의 역할 및 비용 분담
8. 사회보장의 재정추계 및 재원조달 방안
9. 사회보장 전달체계 운영 및 개선
10. 제32조 1항에 따른 사회보장통계
11. 사회보장정보의 보호 및 관리
12. 그 밖에 위원장이 심의에 부치는 사항

동법 제21조 2항 위원장은 국무총리가 되고 부위원장은 기획재정부장관, 교육부장관 및 보건복지부장관이 된다.

10. 사회보장기본법상 사회보장위원회에 관한 설명으로 옳지 않은 것은?

〈노무사 2015년〉

① 사회보장게 관한 주요 시책을 심의·조정하기 위하여 국무총리 소속으로 사회보장위원회를 둔다.

정답 09. ⑤ 10. ③

② 관계 중앙행정기관의 장과 지방자치단체의 장은 사회보장위원회의 심의·조정사항을 반영하여 사회보장제도를 운영 또는 개선하여야 한다.
③ 사회보장위원회는 위원장 1명과 부위원장 3명과 행정자치부장관, 고용노동부장관, 여성가족부장관, 국토교통부장관을 포함한 20명 이내의 위원으로 구성한다.
④ 사회보장위원회의 위원장은 국무총리가 되고 부위원장은 기획재정부장관, 교육부장관 및 보건복지부장관이 된다.
⑤ 사회보장위원회를 효율적으로 운영하고 위원회의 심의사항을 전문적으로 검토하기 위하여 위원회에 실무위원회를 두며, 실무위원회에 분야별 전문위원회를 둘 수 있다.

✍ 해설

① 사회보장기본법 제20조 1항, ② 동법 제20조 4항, ③ 위원회는 위원장 1명, 부위원장 3명과 행정자치부장관, 고용노동부장관, 여성가족부장관, 국토교통부장관을 포함한 30명 이내의 위원으로 구성한다(동법 제21조 1항). ④ 동법 제21조 2항, ⑤ 동법 제20조 6항

11. 다음 중 사회보장위원회에 관한 설명 중 옳지 못한 것을 모두 고르시오.

ㄱ. 위원회는 위원장 1명, 부위원장 3명과 행정자치부장관, 고용노동부장관, 여성가족부장관, 국토교통부장관을 포함한 30명 이내의 위원으로 구성한다.
ㄴ. 위원장이 부득이한 사유로 직무를 수행할 수 없을 때에는 위원장이 지명한 위원이 그 직무를 대행한다.
ㄷ. 사회보장위원회의 위원의 임기는 3년으로 한다.
ㄹ. 공무원인 위원의 임기는 재임기간으로 하며, 보궐위원의 임기는 전임자 임기의 남은 기간으로 한다.

① ㄱ, ㄴ　② ㄴ, ㄷ　③ ㄴ, ㄹ
④ ㄷ, ㄹ　⑤ ㄴ, ㄷ, ㄹ

✍ 해설

ㄱ. 사회보장기본법 제21조 1항. ㄴ. 위원장이 부득이한 사유로 직무를 수행할 수 없을 때에는 위원장이 미리 정한 부위원장 순서로 그 직무를 대행하고, 위원장과 부위원장이 모두 부득이한 사유로 그 직무를 수행할 수 없을 때에는 위원장이 미리 지명한 위원

정답 11. ②

이 그 직무를 대행한다(동법시행령 제8조 2항) ㄷ. 사회보장위원회 위원의 임기는 2년으로 한다(동법 제20조 4항). ㄹ. 동법 제21조 4항 단서, 동법 제21조 5항

12. 사회보장기본법상 사회보장수급권에 관한 설명으로 옳지 않은 것은?

〈노무사 2014년〉

① 모든 국민은 사회보장 관계 법령에서 정하는 바에 따라 사회보장급여를 받을 권리를 가진다.
② 사회보장수급권은 정당한 권한이 있는 기관에 서면으로 통지하여 포기할 수 있다.
③ 국가는 사회보장급여를 받으려는 사람을 대리하여 사회보장급여를 신청할 수 있다.
④ 사회보장수급권은 관계 법령에서 정하는 바에 따라 담보로 제공할 수 없다.
⑤ 관계 법령에서 따로 정하고 있는 경우 사회보장수급권은 제한되거나 정지될 수 있다.

해설

① 사회보장기본법 제9조, ② 동법 제14조 1항, ③ 사회보장급여를 받으려는 사람은 관계 법령에서 정하는 바에 따라 국가나 지방자치단체에 신청하여야 한다. 다만, 관계 법령에서 따로 정하는 경우에는 국가나 지방자치단체가 신청을 대신할 수 있다(동법 제11조 1항). ④ 동법 제12조, ⑤ 동법 제13조 1항

13. 사회보장기본법상 사회보장급여와 사회보장수급권에 관한 설명으로 옳은 것은?

〈노무사 2015년〉

① 사회보장수급권은 구두로 포기할 수 있다.
② 사회보장급여는 관계 법령에 따라 국가나 지방자치단체에 신청하여야 한다. 다만, 관계법령이 따로 정하는 경우는 국가나 지방자치단체가 직권으로 결정할 수 있다.
③ 사회보장수급권은 관계 법령에서 따로 정하고 있는 경우에 압류할 수 있다.
④ 국가와 지방자치단체는 관계 법령이 정하는 바에 따라 최저보장수준과 최저임금을 매년 공표하여야 한다.
⑤ 사회보장급여를 다른 기관에 신청한 경우에는 그 기관은 지체없이 이를 정당한 권한이 있는 기관에 이송하여야 한다. 이 경우 정당한 권한이 있는

정답 12. ③ 13. ⑤

기관에 이송된 날을 사회보장급여의 신청일로 본다.

해설

① 사회보장수급권은 정당한 권한이 있는 기관에 서면으로 통지하여 포기할 수 있다(사회보장기본법 제14조 1항). ② 사회보장급여를 받으려는 사람은 관계 법령에서 정하는 바에 따라 국가나 지방자치단체에 신청하여야 한다. 다만, 관계 법령에서 따로 정하는 경우에는 국가나 지방자치단체가 신청을 대신할 수 있다(동법 제11조 1항). ③ 사회보장수급권은 관계 법령에서 정하는 바에 따라 다른 사람에게 양도하거나 담보로 제공할 수 없으며, 이를 압류할 수 없다(동법 제12조). ④ 국가는 관계 법령에서 정하는 바에 따라 최저보장수준과 최저임금을 매년 공표하여야 한다(동법 제10조 제2항). ⑤ 사회보장급여를 신청하는 사람이 다른 기관에 신청한 경우에는 그 기관은 지체 없이 이를 정당한 권한이 있는 기관에 이송하여야 한다. 이 경우 정당한 권한이 있는 기관에 이송된 날을 사회보장급여의 신청일로 본다(사회보장기본법 제11조 2항).

14. 사회보장기본법상 사회보장수급권에 관한 설명으로 옳은 것은?

〈노무사 2010년〉

① 국가와 지방자치단체는 평균생계비와 실질임금을 고려하여 사회보장급여의 수준을 결정하여야 한다.
② 사회보장수급권은 관계 법령에서 정하는 바에 따라 타인에게 양도하거나 담보로 제공할 수 있으나, 이를 압류할 수 없다.
③ 사회보장수급권은 정당한 권한이 있는 기관에 서면으로 통지하여 포기할 수 있다.
④ 제3자의 불법행위로 피해를 입은 국민이 그로 인하여 사회보장수급권을 가지게 된 경우 사회보장제도를 운영하는 자는 그 불법행위에 책임이 있는 자에 대하여 구상권을 행사할 수 없다.
⑤ 사회보장급여를 신청하는 자가 다른 기관에 신청한 경우에는 그 기관은 지체없이 이를 정당한 권한이 있는 기관에 이송하여야 하며, 이 경우 신청기관에 접수된 날을 사회보장급여의 신청일로 본다.

해설

① 최저보장수준과 최저임금을 고려하여 사회보장급여의 수준을 결정하여야 한다(사회보장기본법 제10조 3항). ② 타인에게 양도하거나 담보로 제공할 수도 없다(동법 제12조). ③ 사회보장수급권은 정당한 권한이 있는 기관에 서면으로 통지하여 포기할 수 있다(동법 제14조 1항). ④ 사회보장제도를 운영하는 자는 관계법령이 정하는 바에 따라 구상권을 행사할 수 있다(동법 제15조). ⑤ 정당한 권한이 있는 기관에 이송된 날을 사회보장급여의 신청일로 본다(동법 제11조 2항).

정답 14. ③

15. 사회보장기본법에 따른 사회보장수급권에 대한 설명 중 틀린 것은?

① 국가는 관계 법령에서 정하는 바에 따라 최저보장수준과 최저임금을 매년 공표하여야 한다.

② 사회보장수급권은 관계 법령에서 정하는 바에 따라 타인에게 양도하거나 담보로 제공할 수 없으며, 이를 압류할 수 없다.

③ 사회보장수급권은 관계 법령에서 따로 정하고 있는 경우에는 제한되거나 정지될 수 있다.

④ 사회보장수급권은 정당한 권한이 있는 기관에 서면으로 통지하여 포기할 수 있으며, 사회보장수급권의 포기는 취소할 수 없다.

⑤ 제3자의 불법행위에 의하여 피해를 입은 국민이 그로 인하여 사회보장수급권을 가지게 된 경우 사회보장제도를 운영하는 자는 그 불법행위의 책임이 있는 자에 대하여 관계 법령에서 정하는 바에 따라 구상권(求償權)을 행사할 수 있다.

✍ 해설

④ 사회보장수급권의 포기는 취소할 수 "있다"(제14조 2항). ① 국가는 관계 법령에서 정하는 바에 따라 최저보장수준과 최저임금을 매년 공표하여야 한다(동법 제10조 2항). ② 사회보장수급권은 관계 법령에서 정하는 바에 따라 다른 사람에게 양도하거나 담보로 제공할 수 없으며, 이를 압류할 수 없다(동법 제12조). ③ 사회보장수급권은 제한되거나 정지될 수 없다. 다만, 관계 법령에서 따로 정하고 있는 경우에는 그러하지 아니하다(동법 제13조 1항). ⑤ 동법 15조, 제3자의 불법행위로 피해를 입은 국민이 그로 인하여 사회보장수급권을 가지게 된 경우 사회보장제도를 운영하는 자는 그 불법행위의 책임이 있는 자에 대하여 관계 법령에서 정하는 바에 따라 구상권(求償權)을 행사할 수 있다.

16. 다음 중 사회보장기본법상 사회보장수급권에 관한 설명으로 옳은 것은?

① 생활유지 능력이 없거나 생활이 어려운 국민은 사회보장 관계 법령에서 정하는 바에 따라 사회보장급여를 받을 권리를 가진다.

② 국가는 관계 법령에서 정하는 바에 따라 최저보장수준과 최저임금을 매년 공표하여야 한다.

③ 국가나 지방자치단체는 사회보장급여를 받으려는 사람을 대신하여 사회보장급여를 신청할 수 없다.

④ 사회보장수급권은 관계 법령에서 정하는 바에 따라 다른 사람에게 양도하거나 담보로 제공할 수 있으나, 이를 압류할 수 없다.

정답 15. ④ 16. ②

⑤ 사회보장급여를 신청하는 사람이 다른 기관에 신청한 경우에는 그 기관은 지체 없이 이를 정당한 권한이 있는 기관에 이송하여야 하며, 신청기관에 최초 신청한 날을 사회보장급여의 신청일로 본다.

해설

① 모든 국민은 사회보장 관계 법령에서 정하는 바에 따라 사회보장급여를 받을 권리를 가진다(사회보장기본법 제9조 1항). ② 국가는 관계 법령에서 정하는 바에 따라 최저보장수준과 최저임금을 매년 공표하여야 한다(동법 제10조 2항). ③ 관계 법령에서 따로 정하는 경우에는 국가나 지방자치단체가 신청을 대신할 수 있다(동법 제11조 1항 단서). ④ 사회보장수급권은 관계 법령에서 정하는 바에 따라 다른 사람에게 양도하거나 담보로 제공할 수 없으며, 이를 압류할 수 없다(동법 제12조). ⑤ 사회보장급여를 신청하는 사람이 다른 기관에 신청한 경우에는 그 기관은 지체 없이 이를 정당한 권한이 있는 기관에 이송하여야 한다. 이 경우 정당한 권한이 있는 기관에 이송된 날을 사회보장급여의 신청일로 본다(동법 제11조 2항).

17. 사회보장기본법령상 사회보장 기본계획의 수립에 관환 설명으로 옳지 않은 것은? 〈노무사 2012년 변형〉

① 보건복지부장관은 관계 중앙행정기관의 장과 협의하여 사회보장 증진을 위하여 사회보장에 관한 기본계획을 3년마다 수립하여야 한다.
② 사회보장 기본계획에는 사회보장 관련 기금 운용방안이 포함되어야 한다.
③ 사회보장 기본계획은 국무회의의 심의를 거쳐 확정한다.
④ 국가와 지방자치단체는 국민생활에 중대한 영향을 미치는 사회보장 계획 및 정책을 수립하려는 경우 공청회 및 정보통신망 등을 통하여 국민과 관계 전문가의 의견을 충분히 수렴하여야 한다.
⑤ 사회보장위원회 위원장은 확정된 사회보장에 관한 기본계획의 내용을 관계 중앙행정기관의 장 및 지방자치단체의 장에게 통지하여야 한다.

해설

① 사회보장기본법 제16조(사회보장 기본계획의 수립) 1항, 보건복지부장관은 관계 중앙행정기관의 장과 협의하여 사회보장 증진을 위하여 사회보장에 관한 기본계획을 5년마다 수립하여야 한다. ② 동법 제16조 2항 5호, 사회보장 관련 기금 운용방안. ③ 동법 제16조 3항, 기본계획은 제20조에 따른 사회보장위원회와 국무회의의 심의를 거쳐 확정한다. 기본계획 중 대통령령으로 정하는 중요한 사항을 변경하려는 경우에도 같다. ④ 동법 제40조, 국가와 지방자치단체는 국민생활에 중대한 영향을 미치는 사회보장 계획 및 정책을 수립하려는 경우 공청회 및 정보통신망 등을 통하여 국민과 관계 전문가의 의견을 충분히 수렴하여야 한다. ⑤ 사회보장위원회 위원장은 제16조 3항에

정답 17. ①

따라 확정된 기본계획을 관계 중앙행정기관의 장과 지방자치단체의 장에게 통지하여야 한다(동법 제20조 3항 1호).

18. 사회보장기본법상 사회보장 기본계획에 관한 설명으로 옳은 것은?

〈노무사 2013년〉

① 사회보장 기본계획은 3년마다 수립하여야 한다.
② 사회보장 기본계획은 사회보장위원회의 심의만으로 확정한다.
③ 사회보장에 관한 지역계획은 사회보장 기본계획과 연계되어야 할 필요는 없다.
④ 국무총리는 관계 중앙행정기관의 장과 협의하여 사회보장 기본계획을 수립한다.
⑤ 사회보장 기본계획은 다른 법령에 따라 수립되는 사회보장에 관한 계획에 우선한다.

해설

①,④ 사회보장기본법 제16조(사회보장 기본계획의 수립) 1항 보건복지부장관은 관계 중앙행정기관의 장과 협의하여 사회보장 증진을 위하여 사회보장에 관한 기본계획을 5년마다 수립하여야 한다. ② 기본계획은 제20조에 따른 사회보장위원회와 국무회의의 심의를 거쳐 확정한다(동법 제16조 3항). ③ 지역계획은 기본계획과 연계되어야 한다(동법 19조 2항). ⑤ 기본계획은 다른 법령에 따라 수립되는 사회보장에 관한 계획에 우선하며 그 계획의 기본이 된다(동법 제17조).

19. 사회보장기본법령상 사회보장 기본계획에 관한 설명으로 옳은 것을 모두 고른 것은?

〈노무사 2015년〉

ㄱ. 보건복지부장관은 관계 중앙행정기관의 장과 협의하여 사회보장 증진을 위하여 사회보장에 관한 기본계획을 5년마다 수립하여야 한다.
ㄴ. 사회보장 기본계획에는 국내외 사회보장환경의 변화와 전망이 포함되어야 한다.
ㄷ. 사회보장 기본계획은 사회보장위원회와 국무회의의 심의를 거쳐 확정한다.
ㄹ. 보건복지부장관 및 관계 중앙행정기관의 장은 기본계획에 따라 사회보장과 관련된 소관 주요 시책의 시행계획을 2년마다 수립·시행하여야 한다.

정답 18. ⑤ 19. ③

① ㄱ ② ㄱ, ㄴ ③ ㄱ, ㄴ, ㄷ ④ ㄱ, ㄷ, ㄹ ⑤ ㄴ, ㄷ, ㄹ

해설

ㄱ. 보건복지부장관은 관계 중앙행정기관의 장과 협의하여 사회보장 증진을 위하여 사회보장에 관한 기본계획을 5년마다 수립하여야 한다(사회보장기본법 제16조 1항). ㄴ. 기본계획에는 다음 각 호의 사항이 포함되어야 한다.1. 국내외 사회보장환경의 변화와 전망(동법 제16조 2항 1호) ㄷ. 기본계획은 제20조에 따른 사회보장위원회와 국무회의의 심의를 거쳐 확정한다(동법 제16조 3항) ㄹ. 보건복지부장관 및 관계 중앙행정기관의 장은 기본계획에 따라 사회보장과 관련된 소관 주요 시책의 시행계획을 매년 수립·시행하여야 한다(동법 제18조 1항).

20. 사회보장 기본계획과 관련된 설명으로 옳지 않은 것은?

① 보건복지부장관은 관계 중앙행정기관의 장과 협의하여 사회보장 증진을 위하여 사회보장에 관한 기본계획을 5년마다 수립하여야 한다.
② 사회보장 기본계획은 사회보장위원회와 국무회의의 심의를 거쳐 확정한다.
③ 보건복지부장관 및 관계 중앙행정기관의 장은 연도별 시행계획 및 전년도의 시행계획에 따른 추진실적을 매년 사회보장위원회에게 제출하여야 한다.
④ 사회보장에 관한 지역계획은 사회보장 기본계획과 연계되어야 한다.
⑤ 사회보장 기본계획은 다른 법령에 따라 수립되는 사회보장에 관한 계획에 우선하며 그 계획의 기본이 된다.

해설

① 사회보장기본법 제16조 1항, ② 동법 제16조 3항, ③ 관계 중앙행정기관의 장은 수립한 소관 시행계획 및 전년도의 시행계획에 따른 추진실적을 대통령령으로 정하는 바에 따라 매년 보건복지부장관에게 제출하여야 한다. ④ 동법 제19조 2항, ⑤ 동법 17조

21. 사회보장기본법상 사회보장정책의 기본방향에 관한 설명으로 옳지 않은 것은?

〈노무사 2015년〉

① 국가와 지방자치단체는 평생사회안전망을 구축·운영함에 있어 사회적 취약계층을 위한 공공부조를 마련하여 최저생활을 보장하여야 한다.
② 국가와 지방자치단체는 공공부문과 민간부문의 소득보장제도가 각각 독자적으로 구축될 수 있는 시책을 강구하여야 한다.
③ 국가와 지방자치단체는 모든 국민이 생애 동안 삶의 질을 유지·증진할 수

정답 20. ③ 21. ②

있도록 평생사회안전망을 구축하여야 한다.
④ 국가와 지방자치단체는 사회서비스 보장과 소득보장이 효과적이고 균형적으로 연계되도록 하여야 한다.
⑤ 국가와 지방자치단체는 모든 국민의 인간다운 생활과 자립, 사회참여, 자아실현 등을 지원하여 삶의 질이 향상될 수 있도록 사회서비스에 관한 시책을 마련하여야 한다.

해설

① 사회보장기본법 제22조 2항, ② 국가와 지방자치단체는 공공부문과 민간부문의 소득보장제도가 효과적으로 연계되도록 하여야 한다(동법 제24조 2항). ③ 동법 제22조 1항, ④ 국가와 지방자치단체는 사회서비스 보장과 제24조에 따른 소득보장이 효과적이고 균형적으로 연계되도록 하여야 한다(동법 제23조 2항). ⑤ 동법 제23조 1항

22. 다음 중 사회보장제도의 운영원칙에 관한 설명으로 옳지 않은 것은?

① 국가와 지방자치단체가 사회보장제도를 운영할 때에는 이 제도를 필요로 하는 모든 국민에게 적용하여야 한다.
② 국가와 지방자치단체는 사회보장제도의 급여 수준과 비용 부담 등에서 형평성을 유지하여야 한다.
③ 국가와 지방자치단체는 사회보장제도의 정책 결정 및 시행 과정에 공익의 대표자 및 이해관계인 등을 참여시켜 이를 민주적으로 결정하고 시행하여야 한다.
④ 국가와 지방자치단체가 사회보장제도를 운영할 때에는 국민의 다양한 복지 욕구를 효율적으로 충족시키기 위하여 연계성과 전문성을 높여야 한다.
⑤ 사회보험과 사회서비스는 국가의 책임으로 시행하고, 공공부조는 국가와 지방자치단체의 책임으로 시행하는 것을 원칙으로 한다.

해설

① 사회보장기본법 제25조 1항, ② 동법 제25조 2항, ③ 동법 제25조 3항, ④ 동법 제25조 4항, ⑤ 사회보험은 국가의 책임으로 시행하고, 공공부조와 사회서비스는 국가와 지방자치단체의 책임으로 시행하는 것을 원칙으로 한다(사회보장기본법 제25조 5항).

정답 22. ⑤

23. 사회보장기본법에 따른 사회보장제도 운영에 관한 설명 중 틀린 것은?

① 사회보험은 국가의 책임으로 시행함을 원칙으로 하고, 공공부조와 사회서비스는 국가와 지방자치단체의 책임으로 시행함을 원칙으로 하되, 국가와 지방자치단체의 재정 형편 등을 고려하여 이를 조정할 수 있다.

② 국가와 지방자체단체는 개인·법인 또는 단체가 사회보장에 참여하는 데에 드는 경비의 전부 또는 일부를 지원하거나 그 업무를 수행하기 위하여 필요한 지원을 할 수 있다.

③ 사회보장 업무에 종사하는 자는 사회보장과 관련하여 알게 된 개인·법인 또는 단체의 비밀을 관계 법령에서 정하는 바에 따라 보호하여야 한다.

④ 국가와 지방자체단체는 사회보정에 관한 관계 법령에서 정하는 바에 따라 사회보장에 관한 사항을 해당 국민에게 알려야 한다.

⑤ 위법 또는 부당한 처분을 받거나 필요한 처분을 받지 못함으로써 권리 또는 이익을 침해받은 국민은 민사소송법에 따른 민사소송을 제기하여 그 처분의 취소 또는 변경 등을 청구할 수 있다.

해설

⑤ 행정심판법에 따른 "행정심판"을 청구하거나 행정소송법에 따른 "행정소송"을 제기할 수 있다. 사회보장기본법 (제39조). ① 동법 제25조 5항, 사회보험은 국가의 책임으로 시행하고, 공공부조와 사회서비스는 국가와 지방자치단체의 책임으로 시행하는 것을 원칙으로 한다. 다만, 국가와 지방자치단체의 재정 형편 등을 고려하여 이를 협의·조정할 수 있다. ② 동법 제27조 3항, 국가와 지방자치단체는 개인·법인 또는 단체가 사회보장에 참여하는 데에 드는 경비의 전부 또는 일부를 지원하거나 그 업무를 수행하기 위하여 필요한 지원을 할 수 있다. ③ 동법 제38조 1항, 사회보장 업무에 종사하거나 종사하였던 자는 사회보장업무 수행과 관련하여 알게 된 개인·법인 또는 단체의 정보를 관계 법령에서 정하는 바에 따라 보호하여야 한다. ④ 동법 제36조, 국가와 지방자치단체는 사회보장 관계 법령에서 정하는 바에 따라 사회보장에 관한 사항을 해당 국민에게 알려야 한다.

24. 사회보장기본법상 사회보장제도의 비용부담에 관한 설명으로 옳지 않은 것은? 〈노무사 2014년〉

① 사회보장 비용의 부담은 각각의 사회보장제도의 목적에 따라 국가, 지방자치단체 및 민간부문 간에 합리적으로 조정되어야 한다.

② 부담 능력이 있는 국민에 대한 사회서비스에 드는 비용은 국가와 지방자치단체가 부담하는 것을 원칙으로 한다.

정답 23. ⑤ 24. ②

③ 공공부조에 드는 비용의 전부 또는 일부는 국가와 지방자치단체가 부담한다.

④ 사회보험에 드는 비용은 사용자, 피용자 및 자영업자가 부담하는 것을 원칙으로 한다.

⑤ 국가와 지방자치단체는 개인·법인 또는 단체가 사회보장에 참여하는 데에 드는 경비의 전부 또는 일부를 지원할 수 있다.

해설

① 사회보장 비용의 부담은 각각의 사회보장제도의 목적에 따라 국가, 지방자치단체 및 민간부문 간에 합리적으로 조정되어야 한다(사회보장기본법 제28조 1항). ② 부담 능력이 있는 국민에 대한 사회서비스에 드는 비용은 그 수익자가 부담함을 원칙으로 하되, 관계 법령에서 정하는 바에 따라 국가와 지방자치단체가 그 비용의 일부를 부담할 수 있다(동법 제28조 4항). ③ 공공부조 및 관계 법령에서 정하는 일정 소득 수준 이하의 국민에 대한 사회서비스에 드는 비용의 전부 또는 일부는 국가와 지방자치단체가 부담한다(동법 제28조 3항). ④ 사회보험에 드는 비용은 사용자, 피용자(被傭者) 및 자영업자가 부담하는 것을 원칙으로 하되, 관계 법령에서 정하는 바에 따라 국가가 그 비용의 일부를 부담할 수 있다(동법 제28조 2항). ⑤ 국가와 지방자치단체는 개인·법인 또는 단체가 사회보장에 참여하는 데에 드는 경비의 전부 또는 일부를 지원하거나 그 업무를 수행하기 위하여 필요한 지원을 할 수 있다(동법 제27조 3항).

25. 사회보장기본법상 비용부담에 관한 설명으로 옳은 것은? 〈노무사 2012년 변형〉

① 사회보험에 드는 비용은 국가와 지방자치단체가 부담하는 것을 원칙으로 한다.

② 부담 능력에 관계없이 사회서비스에 드는 비용은 그 수익자가 부담함을 원칙으로 한다.

③ 공공부조에 드는 비용은 사용자, 피용자 및 자영업자가 부담하는 것을 원칙으로 한다.

④ 사회보험에 드는 비용은 관계 법령에서 정하는 바에 따라 국가와 지방자치단체가 그 비용의 일부를 부담할 수 있다.

⑤ 부담 능력이 있는 국민에 대한 사회서비스에 드는 비용은 관계 법령에서 정하는 바에 따라 국가와 지방자치단체가 그 비용의 일부를 부담할 수 있다.

해설

①④ 사회보험에 드는 비용은 사용자, 피용자(被傭者) 및 자영업자가 부담하는 것을 원

정답 25. ⑤

칙으로 하되, 관계 법령에서 정하는 바에 따라 국가가 그 비용의 일부를 부담할 수 있다(사회보장기본법 제28조 2항). ②⑤ 부담 능력이 있는 국민에 대한 사회서비스에 드는 비용은 그 수익자가 부담함을 원칙으로 하되, 관계 법령에서 정하는 바에 따라 국가와 지방자치단체가 그 비용의 일부를 부담할 수 있다(동법 4항). ③ 공공부조 및 관계 법령에서 정하는 일정 소득 수준 이하의 국민에 대한 사회서비스에 드는 비용의 전부 또는 일부는 국가와 지방자치단체가 부담한다(동법 제28조 3항).

26. 사회보장기본법상 사회보장정보의 관리에 관한 설명으로 옳지 않은 것은?

〈노무사 2013년〉

① 국가와 지방자치단체가 조사하거나 제공받은 개인·법인 또는 단체의 정보는 어떠한 경우에도 보유, 이용, 제공되어서는 아니 된다.
② 국가는 사회보장정보시스템을 구축·운영할 수 있다.
③ 보건복지부장관은 사회보장정보시스템의 구축·운영을 총괄한다.
④ 사회보장업무에 종사하거나 종사하였던 자는 사회보장업무 수행과 관련하여 알게 된 개인·법인 또는 단체의 정보를 관계 법령에서 정하는 바에 따라 보호하여야 한다.
⑤ 국가와 지방자치단체는 국민편익의 증진과 사회보장업무의 효율성 향상을 위하여 사회보장업무를 전자적으로 관리하도록 노력하여야 한다.

해설

① 국가와 지방자치단체, 공공기관, 법인·단체, 개인이 조사하거나 제공받은 개인·법인 또는 단체의 정보는 이 법과 관련 법률에 근거하지 아니하고 보유, 이용, 제공되어서는 아니 된다(사회보장기본법 제38조 2항). ② 국가는 관계 중앙행정기관과 지방자치단체에서 시행하는 사회보장수급권자 선정 및 급여 관리 등에 관한 정보를 통합·연계하여 처리·기록 및 관리하는 시스템(이하 "사회보장정보시스템"이라 한다)을 구축·운영할 수 있다(동법 제37조 2항). ③ 보건복지부장관은 사회보장정보시스템의 구축·운영을 총괄한다(동법 제37조 3항). ④ 사회보장 업무에 종사하거나 종사하였던 자는 사회보장업무 수행과 관련하여 알게 된 개인·법인 또는 단체의 정보를 관계 법령에서 정하는 바에 따라 보호하여야 한다(동법 제38조 1항). ⑤ 국가와 지방자치단체는 국민편익의 증진과 사회보장업무의 효율성 향상을 위하여 사회보장업무를 전자적으로 관리하도록 노력하여야 한다(동법 제37조 1항).

27. 사회보장정보시스템의 구축·운영 등에 관한 설명 중 틀린 것은?

① 국가와 지방자치단체는 국민편익의 증진과 사회보장업무의 효율성 향상을 위하여 사회보장업무를 전자적으로 관리하도록 노력하여야 한다.

정답 26. ① 27. ②

② 국무총리는 사회보장정보시스템의 구축·운영을 총괄한다.
③ 보건복지부장관은 사회보장정보시스템의 운영·지원을 위하여 전담기구를 설치할 수 있다.
④ 국가는 관계 중앙행정기관과 지방자치단체에서 시행하는 사회보장수급권자 선정 및 급여 관리 등에 관한 정보를 통합·연계하여 처리·기록 및 관리하는 시스템을 구축·운영할 수 있다.
⑤ 보건복지부장관은 사회보장정보시스템 구축·운영의 전 과정에서 개인정보 보호를 위하여 필요한 시책을 마련하여야 한다.

해설

① 사회보장기본법 제37조 1항, 국가와 지방자치단체는 국민편익의 증진과 사회보장업무의 효율성 향상을 위하여 사회보장업무를 전자적으로 관리하도록 노력하여야 한다. ② 보건복지부장관은 사회보장정보시스템의 구축·운영을 총괄한다(동법 제37조 3항). ③ 동법 제37조 7항, 보건복지부장관은 사회보장정보시스템의 운영·지원을 위하여 전담기구를 설치할 수 있다. ④ 동법 제37조 2항, 국가는 관계 중앙행정기관과 지방자치단체에서 시행하는 사회보장수급권자 선정 및 급여 관리 등에 관한 정보를 통합·연계하여 처리·기록 및 관리하는 시스템(이하 "사회보장정보시스템"이라 한다)을 구축·운영할 수 있다. ⑤ 동법 제37조 4항, 보건복지부장관은 사회보장정보시스템 구축·운영의 전 과정에서 개인정보 보호를 위하여 필요한 시책을 마련하여야 한다.

28. 사회보장기본법상 내용으로 옳지 않은 것은? 〈노무사 2011년〉

① 국가와 지방자치단체는 국제적 기준에 부응하는 사회보장제도를 확립하여야 한다.
② 국가와 지방자치단체는 사회보장제도에 필요한 재원을 조달하여야 한다.
③ 국가와 지방자치단체는 가정이 건전하게 유지되고 그 기능이 향상되도록 노력하여야 한다.
④ 국가와 지방자치단체는 사회보장제도를 시행할 때에 가정과 지역공동체의 자발적인 복지활동을 촉진하여야 한다.
⑤ 국가는 지방자치단체와 사회보장에 관한 책임과 역할을 합리적으로 조정하여야 한다.

해설

① 국가와 지방자치단체는 "국가 발전의 수준"에 부응하는 사회보장제도를 확립하고 매년 이에 필요한 재원을 조달하여야 한다(사회보장기본법 제5조 3항). ② 동법 제5조 3항, 국가와 지방자치단체는 국가 발전수준에 부응하고 사회환경의 변화에 선제적으로 대응하며

정답 28. ①

지속가능한 사회보장제도를 확립하고 매년 이에 필요한 재원을 조달하여야 한다. ③ 동법 제6조 1항, 국가와 지방자치단체는 가정이 건전하게 유지되고 그 기능이 향상되도록 노력하여야 한다. ④ 동법 제6조 2항, 국가와 지방자치단체는 사회보장제도를 시행할 때에 가정과 지역공동체의 자발적인 복지활동을 촉진하여야 한다. ⑤ 동법 제5조 2항, 국가와 지방자치단체는 사회보장에 관한 책임과 역할을 합리적으로 분담하여야 한다.

29. 사회보장기본법상 내용으로 옳은 것은 〈노무사 2013년〉

① 국가는 중장기 사회보장 재정추계를 3년마다 실시하고 이를 공표해야 한다.
② 기업 및 노동조합은 사회보장급여에 필요한 비용이 부담, 정보의 제공 등 국가의 사회보장정책에 협력할 수 있다.
③ 국가와 지방자치단체는 국가 발전수준에 부응하고 사회환경의 변화에 선제적으로 대응하며 지속가능한 사회보장제도를 확립하고 매년 이에 필요한 재원을 조달하여야 한다.
④ 사회보장수급권은 어떠한 경우에도 제한되거나 정지될 수 없다.
⑤ 사회보장수급권의 포기는 취소할 수 없다.

해설

① 국가는 사회보장제도의 안정적인 운영을 위하여 중장기 사회보장 재정추계를 격년으로 실시하고 이를 공표하여야 한다(사회보장기본법 제5조 4항). ② 모든 국민은 관계 법령에서 정하는 바에 따라 사회보장급여에 필요한 비용의 부담, 정보의 제공 등 국가의 사회보장정책에 협력하여야 한다(동법 제7조 3항). ③ 국가와 지방자치단체는 국가 발전수준에 부응하고 사회환경의 변화에 선제적으로 대응하며 지속가능한 사회보장제도를 확립하고 매년 이에 필요한 재원을 조달하여야 한다(동법 제5조 3항). ④ 사회보장수급권은 제한되거나 정지될 수 없다. 다만, 관계 법령에서 따로 정하고 있는 경우에는 그러하지 아니하다(동법 제13조 1항). ⑤ 사회보장수급권은 정당한 권한이 있는 기관에 서면으로 통지하여 포기할 수 있다(동법 제14조 1항).

30. 다음 ( ) 안에 들어갈 내용으로 옳은 것은?

제3자의 불법행위에 의하여 피해를 입은 국민이 그로 인하여 사회보장수급권을 가지게 된 경우 사회보장제도를 운영하는 자는 불법행위의 책임이 있는 자에 대하여 관계법령이 정하는 바에 의하여 ( )을(를) 행사할 수 있다.

① 권리구제 ② 수급권 ③ 집행권

정답 29. ③ 30. ④

④ 구상권　　　　　　⑤ 손해배상청구권

해설

④ 제3자의 불법행위에 의하여 피해를 입은 국민이 그로 인하여 사회보장수급권을 가지게 된 경우 사회보장제도를 운영하는 자는 불법행위의 책임이 있는 자에 대하여 관계 법령이 정하는 바에 의하여 구상권을 행사할 수 있다(사회보장기본법 제15조).

31. 사회보장기본법에서 정하고 있는 국가 및 지방자치단체의 역할에 대한 설명 중 옳지 않은 것은?

① 국가와 지방자치단체는 사회보장제도에 관하여 국민이 필요한 정보를 관계 법령에서 정하는 바에 따라 공개하고, 이를 홍보하여야 한다.
② 국가와 지방자치단체는 국민의 사회보장수급권의 보장 및 재정의 효율적 운용을 위하여 사회보장급여의 관리체계를 구축하여야 한다.
③ 국가와 지방자치단체는 사회보장에 관한 관계 법령에 규정된 권리나 의무를 해당 국민에게 설명하도록 노력하여야 한다.
④ 국가와 지방자치단체는 사회보장에 관한 관계 법령에서 정하는 바에 따라 사회보장에 관한 상담에 응할 수 있다.
⑤ 국가와 지방자치단체는 사회보장에 관한 관계 법령에서 정하는 바에 따라 사회보장에 관한 사항을 해당 국민에게 알려야 한다.

해설

① 국가와 지방자치단체는 사회보장제도에 관하여 국민이 필요한 정보를 관계 법령에서 정하는 바에 따라 공개하고, 이를 홍보하여야 한다(사회보장기본법 제33조). ② 국가와 지방자치단체는 국민의 사회보장수급권의 보장 및 재정의 효율적 운용을 위하여 다음 각 호에 관한 사회보장급여의 관리체계를 구축·운영하여야 한다(동법 제30조 1항). ③ 국가와 지방자치단체는 사회보장 관계 법령에서 규정한 권리나 의무를 해당 국민에게 설명하도록 노력하여야 한다(동법 제34조). ④ 국가와 지방자치단체는 사회보장에 관한 관계 법령에서 정하는 바에 따라 사회보장에 관한 상담에 응하여야 한다(동법 제35조). ⑤ 국가와 지방자치단체는 사회보장 관계 법령에서 정하는 바에 따라 사회보장에 관한 사항을 해당 국민에게 알려야 한다(동법 제36조).

32. 사회보장기본법상 내용으로 옳지 않은 것은? 〈노무사 2012년〉

① 국가와 지방자치단체는 사회보장제도에 관하여 국민이 필요한 정보를 관계 법령에서 정하는 바에 따라 공개하고, 이를 홍보하여야 한다.
② 사회보장업무에 종사하는 자는 사회보장과 관련하여 알게 된 개인·법인 또는

정답 31. ④ 32. ③

단체의 비밀을 관계 법령에서 정하는 바에 따라 보호하여야 한다.

③ 국가와 지방자치단체는 사회보장에 관한 관계 법령에 규정된 권리를 해당 국민에게 의무적으로 설명하여야 한다.

④ 국가와 지방자치단체는 사회보장에 관한 관계 법령에서 정하는 바에 따라 사회보장에 관한 상담에 응하여야 한다.

⑤ 국가와 지방자치단체는 사회보장에 관한 관계 법령에서 정하는 바에 따라 사회보장에 관한 사항을 해당 국민에게 알려야 한다.

해설

① 사회보장기본법 제33조, ② 동법 제38조 1항, ③ 동법 제34조(사회보장에 관한 설명) 국가와 지방자치단체는 사회보장 관계 법령에서 규정한 권리나 의무를 해당 국민에게 설명하도록 노력하여야 한다. ④ 동법 제35조, ⑤ 동법 제36조

제2장 고용보험법

제1절 총 칙

01. 다음 설명 중 옳지 않은 것은?

① '일용근로자'란 1개월 미만 동안 고용되는 자를 말한다.
② '피보험자'란 「고용보험 및 산업재해보상보험의 보험료징수 등에 관한 법률」에 따라 보험에 가입되거나 가입된 것으로 보는 근로자를 말한다.
③ '실업'이란 근로의 의사에 능력이 있음에도 불구하고 취업하지 못한 상태에 있는 것을 말한다.
④ '실업의 인정'이란 직업안정기관의 장이 제43조에 따른 수급자격자가 실업한 상태에서 적극적으로 직업을 구하기 위하여 노력하고 있다고 인정하는 것을 말한다.
⑤ 고용보험 및 산업재해보상보험의 보험료징수 등에 관한 법률에 따라 고용보험에 가입하거나 가입된 것으로 보는 자영업자는 피보험자에 해당하지 않는다.

해설

⑤ 보험료징수법 제49조의2 1항·2항에 따라 고용보험에 가입하거나 가입된 것으로 보는 자영업자도 고용보험법상 피보험자에 해당한다(고용보험법 제2조 1호 나목). ① "일용근로자"란 1개월 미만 동안 고용되는 자를 말한다(고용보험법 제2조 6호). ② 고용보험 및 산업재해보상보험의 보험료징수 등에 관한 법률」 제5조 1항·2항, 제6조 1항, 제8조 1항·2항에 따라 보험에 가입되거나 가입된 것으로 보는 근로자는 피보험자에 해당한다(고용보험법 제2조 1호 가목). ③ "실업"이란 근로의 의사와 능력이 있음에도 불구하고 취업하지 못한 상태에 있는 것을 말한다(고용보험법 제2조 3호). ④ "실업의 인정"이란 직업안정기관의 장이 제43조에 따른 수급자격자가 실업한 상태에서 적극적으로 직업을 구하기 위하여 노력하고 있다고 인정하는 것을 말한다(고용보험법 제2조 4호).

02. 다음 중 고용보험법령에 관한 설명으로 옳지 않은 것은?

① 고용보험은 고용노동부장관이 관장한다.

정답 01. ⑤ 02. ④

② 보험사업의 보험연도는 정부의 회계연도에 따른다.
③ 실업급여의 보험료는 육아휴직 급여 및 출산전후휴가 급여 등에 드는 비용에 충당할 수 있다.
④ 국가는 매년 고용보험사업에 드는 비용의 일부를 일반회계에서 부담할 수 있다.
⑤ 국가는 매년 예산의 범위에서 고용보험사업의 관리·운영에 드는 비용을 부담할 수 있다.

해설

① 고용보험법 제3조, ② 고용보험법 제4조 제2항, ③ 고용보험법 제6조 제2항, ④ 국가는 매년 보험사업에 드는 비용의 일부를 일반회계에서 부담하여야 한다(고용보험법 제5조 제1항). ⑤ 고용보험법 제5조 제2항

03. 다음 중 고용보험위원회에 대한 설명 중 옳지 않은 것은?

① 고용보험위원회는 보험제도 및 보험사업의 개선에 관한 사항을 심의한다.
② 위원회는 위원장 1명을 포함한 20명 이내의 위원으로 구성한다.
③ 위원회의 위원장은 고용노동부장관이 된다.
④ 위원회의 회의는 재적위원 과반수의 출석으로 개의하고 출석위원 과반수의 찬성으로 의결한다.
⑤ 전문위원회는 각각 위원장 1명을 포함한 15명 이내의 위원으로 구성한다.

해설

① 고용보험위원회는 1. 보험제도 및 보험사업의 개선에 관한 사항, 2. 보험료징수법에 따른 보험료율의 결정에 관한 사항, 3. 제11조의2에 따른 보험사업의 평가에 관한 사항, 4. 제81조에 따른 기금운용 계획의 수립 및 기금의 운용 결과에 관한 사항을 심의한다(고용보험법 제7조 2항). ② 고용보험법 제7조 3항, ③ 고용보험위원회의 위원장은 고용노동부차관이 된다(고용보험법 제7조 4항). ④ 고용보험법 시행령 제1조의6 2항, ⑤ 고용보험법 시행령 제1조의7 2항

04. 다음 중 고용보험위원회의 심의사항이 아닌 것은? 〈단시간직업상담원 2011년〉

① 보험제도 및 보험사업의 개선에 관한 사항
② 보험료징수법에 따른 보험료율의 결정에 관한 사항
③ 보험사업의 평가에 관한 사항
④ 고용보험기금의 관리·운용에 관한 사항
⑤ 고용보험위원회 위원장이 보험제도 및 보험사업과 관련하여 위원회의 심

정답 03. ③ 04. ④

의가 필요하다고 인정하는 사항

✍ 해설

"고용보험기금의 관리·운용에 관한 사항"은 고용노동부장관의 관장사항에 해당한다.

고용보험위원회의 심의사항(고용보험법 제7조 2항)

1. 보험제도 및 보험사업의 개선에 관한 사항
2. 보험료징수법에 따른 보험료율의 결정에 관한 사항
3. 보험사업의 평가에 관한 사항
4. 고용보험기금운용 계획의 수립 및 기금의 운용 결과에 관한 사항
5. 그 밖에 고용보험위원회 위원장이 보험제도 및 보험사업과 관련하여 위원회의 심의가 필요하다고 인정하는 사항

05. 고용보험법령의 적용대상인 자를 모두 고른 것은? 〈노무사 2015년〉

ㄱ. 1개월간 소정근로시간이 60시간 미만이지만, 생업을 목적으로 근로를 제공하는 자로서 3개월 이상 계속하여 근로를 제공하는 자 ㄴ. 별정우체국법에 따른 별정우체국 직원 ㄷ. 일용근로자(1개월 미만 동안 고용되는 자)

① ㄱ ② ㄱ, ㄴ ③ ㄱ, ㄷ ④ ㄴ, ㄷ ⑤ ㄱ, ㄴ, ㄷ

✍ 해설

고용보험법 제10조제2호에서 "소정근로시간이 대통령령으로 정하는 시간 미만인 자"란 1개월간 소정근로시간이 60시간 미만인 자(1주간의 소정근로시간이 15시간 미만인 자를 포함한다)를 말한다. 다만, 생업을 목적으로 근로를 제공하는 자 중 3개월 이상 계속하여 근로를 제공하는 자와 법 제2조제6호에 따른 일용근로자(1개월 미만 동안 고용되는 자)는 제외한다.

06. 고용보험법의 적용범위에 관한 설명으로 틀린 것은?

① 고용보험법은 원칙적으로 근로자를 사용하는 모든 사업 또는 사업장에 적용한다.
② 농업·임업·어업 또는 수렵업 중 법인이 아닌 자가 상시 4명 이하의 근로자를 사용하는 사업에 대하여는 고용보험법을 적용하지 아니한다.
③ 가사서비스업에 대하여는 고용보험법을 적용하지 아니한다.
④ 연면적이 100제곱미터 이하인 건축물의 건축 또는 연면적이 200제곱미터 이하인 건축물의 대수선에 관한 공사에 대하여는 고용보험법을 적용하

정답 05. ③ 06. ⑤

지 아니한다.

⑤ 총공사금액이 2천만 원 미만인 건설공사가 설계변경으로 인하여 2천만원 이상의 건설공사에 해당하게 된 경우에도 고용보험법을 적용하지 아니한다.

✍ 해설

⑤ 총공사금액이 2천만 원 미만인 건설공사가 설계변경(사실상의 설계변경이 있는 경우를 포함한다)으로 인하여 2천만 원 이상의 건설공사에 해당하게 되거나 「고용보험 및 산업재해보상보험의 보험료징수 등에 관한 법률」(이하 "보험료징수법"이라 한다) 제8조 1항 및 2항에 따라 일괄적용을 받게 되는 경우에는 그 때부터 법의 규정의 전부를 적용한다(고용보험법 시행령 제2조 3항). ① 고용보험법은 근로자를 사용하는 모든 사업 또는 사업장(이하 "사업"이라 한다)에 적용한다. 다만, 산업별 특성 및 규모 등을 고려하여 대통령령으로 정하는 사업에 대하여는 적용하지 아니한다(고용보험법 제8조). ② 고용보험법 시행령 제2조 1항 1호. ③ 고용보험법 시행령 제2조 1항 3호. ④ 고용보험법 시행령 제2조 1항 2호 나목.

[참 고] 고용보험법 시행령 제2조

제2조(적용 범위) ① 법 제8조 단서에서 "대통령령으로 정하는 사업"이란 다음 각 호의 어느 하나에 해당하는 사업을 말한다.

1. 농업·임업·어업 또는 수렵업 중 법인이 아닌 자가 상시 4명 이하의 근로자를 사용하는 사업
2. 다음 각 목의 어느 하나에 해당하는 공사. 다만, 법 제15조 제2항 각 호에 해당하는 자가 시공하는 공사는 제외한다.
가. 「고용보험 및 산업재해보상보험의 보험료징수 등에 관한 법률 시행령」 제2조 제1항 제2호에 따른 총공사금액(이하 이 조에서 "총공사금액"이라 한다)이 2천만 원 미만인 공사
나. 연면적이 100제곱미터 이하인 건축물의 건축 또는 연면적이 200제곱미터 이하인 건축물의 대수선에 관한 공사
3. 가사서비스업

② 제1항 각 호의 어느 하나에 해당하는 사업의 범위에 관하여는 법 또는 이 영에 특별한 규정이 있는 경우 외에는 「통계법」 제22조에 따라 통계청장이 고시하는 산업에 관한 표준분류(이하 "한국표준산업분류표"라 한다)에 따른다.

③ 총공사금액이 2천만 원 미만인 건설공사가 설계변경(사실상의 설계변경이 있는 경우를 포함한다)으로 인하여 2천만 원 이상의 건설공사에 해당하게 되거나 「고용보험 및 산업재해보상보험의 보험료징수 등에 관한 법률」(이하 "보험료징수법"이라 한다) 제8조 제1항 및 제2항에 따라 일괄적용을 받게 되는 경우에는 그 때부터 법의 규정의 전부를 적용한다.

07. 고용보험법령상 고용안전·직업능력개발 사업이 적용되는 자는? 〈노무사 2013년〉

① 65세 이후에 고용된 자
② 별정우체국법에 따른 별정우체국 직원
③ 국가공무원법에 따른 공무원
④ 사립학교교직원 연금법의 적용을 받는 자
⑤ 지방공무원법에 따른 공무원

✍ 해설

① 65세 이후에 고용되거나 자영업을 개시한 자에 대하여는 고용안정·직업능력개발 사업에 적용된다(고용보험법 제10조 단서 및 제10조 1호). ② 「별정우체국법」에 따른 별정우체국 직원은 고용보험법을 적용하지 않는다(고용보험법 제10조 5호, 고용보험법 시행령 3조의2). ③⑤ 「국가공무원법」과 「지방공무원법」에 따른 공무원은 고용보험법을 적용하지 않는다(고용보험법 제10조 3호). ④ 사립학교교직원 연금법」의 적용을 받는 자는 적용하지 않는다(고용보험법 제10조 4호).

08. 고용보험법령의 적용대상인 자는? 〈노무사 2014년〉

① 지방공무원법에 따른 공무원
② 가사서비스업에 종사 중인 자
③ 별정우체국법에 따른 별정우체국 직원
④ 사립학교교직원연금법의 적용을 받는 자
⑤ 출입국관리법령상 영주(F-5)의 체류자격을 가진 외국인 근로자

✍ 해설

① 「국가공무원법」과 「지방공무원법」에 따른 공무원은 고용보험법을 적용하지 않는다(고용보험법 제10조 3호). ② 가사서비스업에 대하여는 고용보험법을 적용하지 않는다(고용보험법 시행령 제2조 1항 3호). ③ 「별정우체국법」에 따른 별정우체국 직원은 적용하지 않는다(고용보험법 제10조 5호, 고용보험법 시행령 3조의2). ④ 사립학교교직원 연금법」의 적용을 받는 자는 적용하지 않는다(고용보험법 제10조 4호). ⑤ 「출입국관리법 시행령」 제12조에 따른 외국인의 체류자격 중 영주(F-5)의 체류자격을 가진 자는 고용보험법을 적용하지 않는다(고용보험법 시행령 제3조 2항 1호 마목).

09. 다음 중 고용보험법의 적용을 받는 사람은?

① 65세 이후에 고용된 자
② 1개월간 소정근로시간이 60시간 미만인 자
③ 국가공무원법과 지방공무원법에 따른 공무원

정답 07. ① 08. ⑤ 09. ④

④ 일용직 근로자
⑤ 별정우체국법에 따른 별정우체국 직원

✍ 해설

②,④ 1개월간 소정근로시간이 60시간 미만인 자(1주간의 소정근로시간이 15시간 미만인 자를 포함)는 고용보험법의 적용을 받지 않으나, 생업을 목적으로 근로를 제공하는 자 중 3개월 이상 계속하여 근로를 제공하는 자와 법 제2조 6호에 따른 일용근로자는 고용보험법의 적용을 받는다(고용보험법 제10조 2호, 동법 시행령 제3조 1항). ① 65세 이후에 고용되거나 자영업을 개시한 자는 고용보험법을 적용하지 않는다(고용보험법 제10조 1호). ③ 「국가공무원법」과 「지방공무원법」에 따른 공무원은 고용보험법을 적용하지 않는다(고용보험법 제10조 3호). ⑤ 「별정우체국법」에 따른 별정우체국 직원은 적용하지 않는다(고용보험법 제10조 5호, 고용보험법 시행령 3조의2).

[참 고] 고용보험법 제10조

제10조(적용 제외 근로자) 다음 각 호의 어느 하나에 해당하는 근로자에게는 이 법을 적용하지 아니한다. 다만, 제1호의 근로자에 대한 고용안정·직업능력개발 사업에 관하여는 그러하지 아니하다.

1. 65세 이후에 고용되거나 자영업을 개시한 자
2. 소정(所定)근로시간이 대통령령으로 정하는 시간 미만인 자
3. 「국가공무원법」과 「지방공무원법」에 따른 공무원. 다만, 대통령령으로 정하는 바에 따라 별정직 및 계약직 공무원의 경우는 본인의 의사에 따라 고용보험(제4장에 한한다)에 가입할 수 있다.
4. 「사립학교교직원 연금법」의 적용을 받는 자
5. 그 밖에 대통령령으로 정하는 자

[참 고] 고용보험법 시행령 제3조

제3조(적용 제외 근로자) ① 법 제10조 제2호에서 "소정근로시간이 대통령령으로 정하는 시간 미만인 자"란 1개월간 소정근로시간이 60시간 미만인 자(1주간의 소정근로시간이 15시간 미만인 자를 포함한다)를 말한다. 다만, 생업을 목적으로 근로를 제공하는 자 중 3개월 이상 계속하여 근로를 제공하는 자와 법 제2조 제6호에 따른 일용근로자(이하 "일용근로자"라 한다)는 제외한다.

② 법 제10조 제5호에서 "그 밖에 대통령령으로 정하는 자"란 다음 각 호에 해당하는 자를 말한다.

1. 외국인 근로자. 다만, 다음 각 목의 어느·하나에 해당하는 자는 제외한다.
가. 「출입국관리법 시행령」 제12조에 따른 외국인의 체류자격 중 주재(D-7), 기업투자(D-8) 및 무역경영(D-9)의 체류자격을 가진 자(법에 따른 고용보험에 상응하는 보험료와 급여에 관하여 그 외국인의 본국법이 대한민국 국민에게 적

용되지 아니하는 경우는 제외한다)
나. 「출입국관리법 시행령」 제23조 제1항에 따른 취업활동을 할 수 있는 체류자격을 가진 자(고용노동부령으로 정하는 바에 따라 보험 가입을 신청한 자만 해당한다)
다. 「출입국관리법 시행령」 제23조 제2항 제1호·제2호에 해당하는 자
라. 「출입국관리법 시행령」 제12조에 따른 외국인의 체류자격 중 재외동포(F-4)의 체류자격을 가진 자(고용노동부령으로 정하는 바에 따라 보험 가입을 신청한 자만 해당한다)
마. 「출입국관리법 시행령」 제12조에 따른 외국인의 체류자격 중 영주(F-5)의 체류자격을 가진 자
2. 「별정우체국법」에 따른 별정우체국 직원

10. 고용보험법의 적용 사업 또는 적용 근로자에 해당하는 것은? 〈노무사 2010년〉

① 가사서비스업
② 상시 3명의 근로자를 사용하는 물품판매업
③ 상시 4명의 근로자를 사용하여 어업을 하는 개인 사업주
④ 별정우체국법에 따른 별정우체국 직원
⑤ 사립학교교직원 연금법의 적용을 받는 자

해설

② 이 법은 근로자를 사용하는 모든 사업 또는 사업장(이하 "사업"이라 한다)에 적용한다. 다만, 산업별 특성 및 규모 등을 고려하여 대통령령으로 정하는 사업에 대하여는 적용하지 아니한다(고용보험법 제8조). 상시 3명의 근로자를 사용하는 물품판매업은 고용보험법이 적용된다. ① 가사서비스업에 대하여는 고용보험법을 적용하지 않는다(고용보험법 시행령 제2조 1항 3호). ③ 농업·임업·어업 또는 수렵업 중 법인이 아닌 자가 상시 4명 이하의 근로자를 사용하는 사업에 대하여는 고용보험법을 적용하지 않는다(고용보험법 시행령 제2조 1항 1호). ④ 「국가공무원법」과 「지방공무원법」에 따른 공무원은 고용보험법을 적용하지 않는다(고용보험법 제10조 3호). ⑤ 「사립학교교직원 연금법」의 적용을 받는 자는 고용보험법을 적용하지 않는다(고용보험법 제10조 4호).

11. 다음 중 고용보험법령상 고용안정·직업능력개발 사업이 적용되는 자는?

① 별정우체국법에 따른 별정우체국 직원
② 65세 이후에 자영업을 개시한 자
③ 지방공무원법에 다른 공무원

정답 10. ② 11. ②

④ 본인의 의사에 따라 고용보험에 가입하지 않은 임기제 공무원
⑤ 본인의 의사에 따라 고용보험에 가입하지 않은 별정직 공무원

해설

65세 이후에 고용되거나 자영업을 개시한 자는 고용안정·직업능력개발 사업이 적용된다(고용보험법 제10조).

12. 다음 설명 중 옳지 않은 것은?

① 보험사업의 보험연도는 정부의 회계연도에 따른다.
② 국가는 매년 예산의 범위에서 보험사업의 관리·운영에 드는 비용을 부담할 수 있다.
③ 고용노동부장관은 노동시장·직업 및 직업능력개발에 관한 연구와 보험 관련 업무를 지원하기 위한 조사·연구 사업 등을 할 수 있다.
④ 고용노동부장관은 보험사업에 관하여 국제기구 및 외국 정부 또는 기관과의 교류·협력사업을 할 수 있다.
⑤ 고용보험은 보건복지부장관이 관장한다.

해설

① 고용보험법 제4조 2항, 보험사업의 보험연도는 정부의 회계연도에 따른다. ② 고용보험법 제5조 2항, 국가는 매년 예산의 범위에서 보험사업의 관리·운영에 드는 비용을 부담할 수 있다. ③ 고용보험법 제11조 1항, 고용노동부장관은 노동시장·직업 및 직업능력개발에 관한 연구와 보험 관련 업무를 지원하기 위한 조사·연구 사업 등을 할 수 있다. ④ 고용보험법 제12조. 고용노동부장관은 보험사업에 관하여 국제기구 및 외국 정부 또는 기관과의 교류·협력 사업을 할 수 있다. ⑤ 고용보험은 고용노동부장관이 관장한다(고용보험법 제3조).

13. 별정직 또는 계약직 공무원의 보험가입에 관한 설명 중 옳지 않은 것은?

① 별정직 또는 계약직 공무원을 임용하는 행정기관의 장은 가입대상 공무원이 해당 소속기관에 최초로 임용된 경우 지체없이 고용보험 가입 여부에 대한 본인의 의사를 확인하여야 한다.
② 별정직 또는 계약직 공무원을 임용하는 행정기관의 장은 보험가입 의사가 있는 것으로 확인된 가입대상 공무원에 대하여 임용된 날부터 3개월 이내에 관할 직업안정기관의 장에게 고용보험 가입을 신청하여야 한다.
③ 고용보험 가입을 신청한 경우 해당 별정직 또는 계약직 공무원은 가입을 신청한 날에 피보험 자격을 취득한 것으로 본다.

정답 12. ⑤ 13. ③

④ 고용보험에 가입한 공무원이 고용보험에서 탈퇴하려는 경우에는 관할 직업안정기관의 장에게 탈퇴신청을 하여야 한다.

⑤ 고용보험에서 탈퇴한 이후에 가입대상 공무원으로 계속 재직하는 동안에는 고용보험에서 다시 가입할 수 없으며, 고용보험에서 탈퇴한 이후에는 수급자격을 인정하지 아니한다.

✍ 해설

③ 고용보험 가입을 신청한 경우 해당 가입대상 공무원은 가입을 신청한 날의 다음날에 피보험자격을 취득한 것으로 본다(고용보험법 시행령 제3조의2 3항). ① 별정직 또는 계약직 공무원을 임용하는 행정기관의 장은 가입대상 공무원이 해당 소속기관에 최초로 임용된 경우 지체없이 법 제10조 3호 단서에 따른 본인의 의사를 확인하여야 한다(고용보험법 시행령 제3조의2 1항). ② 소속기관의 장은 제1항에 따라 보험가입 의사가 있는 것으로 확인된 가입대상 공무원에 대하여 임용된 날부터 3개월 이내에 소속기관 소재지 관할 직업안정기관의 장에게 고용보험 가입을 신청하여야 한다(고용보험법 시행령 제3조의2 2항). ④ 고용보험에 가입한 공무원이 고용보험에서 탈퇴하려는 경우에는 관할 직업안정기관의 장에게 탈퇴신청을 하여야 한다(고용보험법 시행령 제3조의2 4항). ⑤ 제4항에 따라 고용보험에서 탈퇴한 이후에 가입대상 공무원으로 계속 재직하는 동안에는 고용보험에 다시 가입할 수 없으며, 고용보험에서 탈퇴한 이후에는 수급자격을 인정하지 아니한다(고용보험법 시행령 제3조의2 5항).

제2절 피보험자의 관리

01. 고용보험법상 피보험자격의 취득일 및 상실일에 관한 설명으로 옳은 것은?

〈노무사 2015년〉

① 피보험자는 고용보험법이 적용되는 사업에 고용된 날의 다음 날에 피보험자격을 취득한다.

② 적용 제외 근로자였던 자가 고용보험법의 적용을 받게 된 경우에는 그 적용을 받게 된 날의 다음 날에 피보험자격을 취득한 것으로 본다.

③ 피보험자가 적용 제외 근로자에 해당하게 된 경우에는 그 적용 제외 대상자가 된 날의 다음 날에 피보험자격을 상실한다.

④ 보험관계가 소멸한 경우에는 그 보험관계가 소멸한 날의 다음 날에 피보험자격을 상실한다.

⑤ 피보험자가 이직한 경우에는 이직한 날의 다음 날에 피보험자격을 상실한다.

✍ **해설**

① 피보험자는 이 법이 적용되는 사업에 고용된 날에 피보험자격을 취득한다(고용보험법 제13조 1항). ② 적용 제외 근로자였던 자가 이 법의 적용을 받게 된 경우에는 그 적용을 받게 된 날에 피보험자격을 취득한 것으로 본다.(고용보험법 제13조 1항 단서 1호). ③ 적용 제외 근로자에 해당하게 된 경우에는 그 적용 제외 대상자가 된 날에 그 피보험자격을 상실한다(고용보험법 제14조 1호). ④ 보험관계가 소멸한 경우에는 그 보험관계가 소멸한 날에 그 피보험자격을 상실한다(고용보험법 제14조 2호). ⑤ 피보험자가 이직한 경우에는 이직한 날의 다음 날에 그 피보험자격을 상실한다(고용보험법 제14조 3호).

02. 다음 피보험자격의 취득일과 상실일에 관한 설명으로 옳지 않은 것은?

① 고용보험법에 따른 적용 제외 근로자였던 자가 이 법의 적용을 받게 된 경우에는 그 적용을 받게 된 날에 피보험자격을 취득한 것으로 본다.

② 보험료징수법 제7조에 따른 보험관계 성립일 전에 고용된 근로자의 경우에는 그 보험관계가 성립한 날에 피보험자격을 취득한 것으로 본다.

③ 자영업자인 피보험자는 보험료징수법에 따라 보험관계가 성립한 날에 피보험자격을 취득한다.

④ 피보험자가 제10조에 따른 적용 제외 근로자에 해당하게 된 경우에는 그

정답 01. ⑤ 02. ④

적용 제외 대상자가 된 날의 다음 날
⑤ 피보험자가 이직한 경우에는 이직한 날의 다음날

✍ 해설

④ 고용보험법 제14조 1호. ①②③ 고용보험법 제13조 1항 및 2항. ⑤ 고용보험법 제14조 3호.

[참 고] 고용보험법 제13조

제13조(피보험자격의 취득일) ① 피보험자는 이 법이 적용되는 사업에 고용된 날에 피보험자격을 취득한다. 다만, 다음 각 호의 경우에는 각각 그 해당되는 날에 피보험자격을 취득한 것으로 본다.

1. 제10조에 따른 적용 제외 근로자였던 자가 이 법의 적용을 받게 된 경우에는 그 적용을 받게 된 날
2. 보험료징수법 제7조에 따른 보험관계 성립일 전에 고용된 근로자의 경우에는 그 보험관계가 성립한 날

② 1항에도 불구하고 자영업자인 피보험자는 보험료징수법 제49조의2 1항 및 같은 조 12항에서 준용하는 같은 법 제7조 3호에 따라 보험관계가 성립한 날에 피보험자격을 취득한다.

[참 고] 고용보험법 제14조

제14조(피보험자격의 상실일) ① 피보험자는 다음 각 호의 어느 하나에 해당하는 날에 각각 그 피보험자격을 상실한다.

1. 피보험자가 제10조에 따른 적용 제외 근로자에 해당하게 된 경우에는 그 적용 제외 대상자가 된 날
2. 보험료징수법 제10조에 따라 보험관계가 소멸한 경우에는 그 보험관계가 소멸한 날
3. 피보험자가 이직한 경우에는 이직한 날의 다음 날
4. 피보험자가 사망한 경우에는 사망한 날의 다음 날

② 1항에도 불구하고 자영업자인 피보험자는 보험료징수법 제49조의2 10항 및 같은 조 12항에서 준용하는 같은 법 제10조 1호부터 3호까지의 규정에 따라 보험관계가 소멸한 날에 피보험자격을 상실한다.

03. 다음 중 피보험자격 상실일에 대한 설명 중 옳은 것은?

① 피보험자가 제10조에 따른 적용 제외 근로자에 해당하게 된 경우에는 그 적용 제외 대상자가 된 날의 다음날에 피보험자격을 상실한다.
② 보험료징수법 제10조에 따라 보험관계가 소멸한 경우에는 그 보험관계가 소멸한 날의 다음 날에 피보험자격을 상실한다.

정답 03. ⑤

③ 피보험자가 이직한 경우에는 이직한 날에 피보험자격을 상실한다.
④ 피보험자가 사망한 경우에는 사망한 날에 피보험자격을 상실한다.
⑤ 자영업자인 피보험자는 보험료징수법에 따라 보험관계가 소멸한 날에 피보험자격을 상실한다.

✍ **해설** ……………………………………

① 피보험자가 제10조에 따른 적용 제외 근로자에 해당하게 된 경우에는 그 적용 제외 대상자가 된 날에 피보험자격을 상실한다(고용보험법 제14조 1항 1호). ② 보험료징수법 제10조에 따라 보험관계가 소멸한 경우에는 그 보험관계가 소멸한 날에 피보험자격을 상실한다(동법 제14조 1항 2호). ③ 피보험자가 이직한 경우에는 이직한 날의 다음 날에 피보험자격을 상실한다(동법 제14조 1항 3호). ④ 피보험자가 사망한 경우에는 사망한 날의 다음 날에 피보험자격을 상실한다(동법 제14조 1항 4호). ⑤ 자영업자인 피보험자는 보험료징수법 제49조의2 10항 및 같은 조 12항에서 준용하는 같은 법 제10조 1호부터 3호까지의 규정에 따라 보험관계가 소멸한 날에 피보험자격을 상실한다(고용보험법 제14조 2항).

04. 甲은 2000년 3월 1일에 고용보험 적용사업장인 A회사에 입사하였다. A회사는 2000년 4월 1일에 甲의 피보험자격의 취득을 고용노동부장관에게 신고하였다. 甲은 2011년 5월 1일에 이직하였고, A회사는 2011년 5월 15일에 甲의 피보험자격의 상실을 고용노동부장관에게 신고하였다. 이 경우 甲의 피보험자격의 취득일과 상실일이 순서대로 된 것은? 〈노무사 2011년〉

① 2000년 3월 1일, 2011년 5월 1일
② 2000년 3월 1일, 2011년 5월 2일
③ 2000년 3월 2일, 2011년 5월 1일
④ 2000년 4월 1일, 2011년 5월 15일
⑤ 2000년 4월 2일, 2011년 5월 16일

✍ **해설** ……………………………………

피보험자는 이 법이 적용되는 사업에 고용된 날에 피보험자격을 취득한다(고용보험법 제13조 1항 본문). 따라서 甲의 피보험자격 취득일은 2000년 3월 1일이다. 그리고 피보험자는 피보험자가 이직한 경우에는 이직한 날의 다음 날에 피보험자격을 상실한다(고용보험법 제14조 1항 3호). 따라서 甲의 피보험자격 상실일은 2011년 5월 2일이 된다. 따라서 답은 ②이 된다.

정답 04. ②

05. 고용보험법령상 피보험자격에 관한 설명으로 옳지 않은 것은? 〈노무사 2012년〉

① 사업주는 그 사업에 고용된 근로자의 피보험자격의 취득 및 상실 등에 관한 사항을 고용노동부장관에게 신고하여야 한다.

② 사업주가 피보험자격에 관한 사항을 신고하지 아니하면 근로자가 신고할 수 있다.

③ 자영업자인 피보험자는 피보험자격의 취득 및 상실에 관한 신고를 하지 아니한다.

④ 피보험자격의 취득 및 상실 등에 관한 신고는 그 사유가 발생한 날로부터 14일 이내에 하여야 한다.

⑤ 이직으로 피보험자격을 상실한 자는 실업급여의 수급자격의 인정신청을 위하여 종전의 사업주에게 이직확인서의 교부를 청구할 수 있다.

해설

④ 사업주나 하수급인은 고용노동부장관에게 그 사업에 고용된 근로자의 피보험자격 취득 및 상실에 관한 사항을 신고하거나 이직확인서를 제출하려는 경우에는 그 사유가 발생한 날이 속하는 달의 다음 달 15일까지 신고하거나 제출하여야 한다(고용보험법 시행령 제7조 1항). ① 사업주는 그 사업에 고용된 근로자의 피보험자격의 취득 및 상실 등에 관한 사항을 대통령령으로 정하는 바에 따라 고용노동부장관에게 신고하여야 한다(고용보험법 제15조 1항). ② 사업주가 피보험자격에 관한 사항을 신고하지 아니하면 대통령령으로 정하는 바에 따라 근로자가 신고할 수 있다(고용보험법 제15조 3항). ③ 제1항에도 불구하고 자영업자인 피보험자는 피보험자격의 취득 및 상실에 관한 신고를 하지 아니한다(고용보험법 제15조 7항). ⑤ 이직으로 피보험자격을 상실한 자는 실업급여의 수급자격의 인정신청을 위하여 종전의 사업주에게 이직확인서의 교부를 청구할 수 있다(고용보험법 제16조 2항).

06. 다음 설명 중 옳지 않은 것은?

① 피보험자 또는 피보험자였던 자는 언제든지 고용노동부장관에게 피보험자격의 취득 또는 상실에 관한 확인을 청구할 수 있다.

② 근로자가 보험관계가 성립되어 있는 둘 이상의 사업에 동시에 고용되어 있는 경우에는 고용노동부령으로 정하는 바에 따라 그 중 한 사업의 근로자로서의 피보험자격을 취득한다.

③ 원칙적으로 피보험자는 고용보험법이 적용되는 사업에 고용된 날의 다음 날에 피보험자격을 취득한다.

④ 사업주는 그 사업에 고용된 근로자의 피보험자격의 취득 및 상실 등에 관

정답 05. ④ 06. ③

한 사항을 대통령령이 정하는 바에 따라 고용노동부장관에게 신고하여야 한다.

⑤ 이직으로 피보험자격을 상실한 자는 실업급여의 수급자격의 인정신청을 위하여 종전의 사업주에게 이직확인서의 교부를 청구할 수 있다.

해설

③ 피보험자는 이 법이 적용되는 사업에 고용된 날에 피보험자격을 취득한다(고용보험법 제13조 1항 본문). ① 피보험자 또는 피보험자였던 자는 언제든지 고용노동부장관에게 피보험자격의 취득 또는 상실에 관한 확인을 청구할 수 있다(고용보험법 제17조 1항). ② 근로자가 보험관계가 성립되어 있는 둘 이상의 사업에 동시에 고용되어 있는 경우에는 고용노동부령으로 정하는 바에 따라 그 중 한 사업의 근로자로서의 피보험자격을 취득한다(고용보험법 제18조). ④ 사업주는 그 사업에 고용된 근로자의 피보험자격의 취득 및 상실 등에 관한 사항을 대통령령으로 정하는 바에 따라 고용노동부장관에게 신고하여야 한다(고용보험법 제15조 1항). ⑤ 이직으로 피보험자격을 상실한 자는 실업급여의 수급자격의 인정신청을 위하여 종전의 사업주에게 이직확인서의 교부를 청구할 수 있다(고용보험법 제16조 2항).

07. 다음 설명 중 옳지 않은 것은 몇 개인가?

ㄱ. 자영업자인 피보험자는 피보험자격의 취득 및 상실에 관한 신고를 하지 아니한다.
ㄴ. 사업주는 근로자가 이직으로 피보험자격을 상실한 경우에는 반드시 피보험 단위기간·이직 사유 및 이직 전에 지급한 임금·퇴직금 등의 명세를 증명하는 이직확인서를 작성하여 고용노동부장관에게 제출하여야 한다.
ㄷ. 피보험자 또는 피보험자였던 자는 언제든지 고용노동부장관에게 피보험자격의 취득 또는 상실에 관한 확인을 청구할 수 있다.
ㄹ. 근로자가 보험관계가 성립되어 있는 둘 이상의 사업에 동시에 고용되어 있는 경우에는 ① 월평균보수가 많은 사업, ② 월 소정근로시간이 많은 사업, ③ 근로자가 선택한 사업의 순서에 따라 근로자로서의 피보험자격을 취득한다.

① 없음
② 1개
③ 2개
④ 3개
⑤ 4개

정답 07. ②

✍ **해설**

ㄱ. 고용보험법 제15조 제7항. ㄴ. 사업주는 수급자격의 인정신청을 원하지 아니하는 피보험자격 상실자(일용근로자 제외)에 대하여는 이직확인서의 작성 및 제출의무를 지지 않는다(고용보험법 제16조 2항 단서). ㄷ. 고용보험법 제17조. ㄹ. 고용보험법 시행규칙 제14조 제1항.

제3절 고용안정 · 직업능력개발 사업

01. 고용보험법령상 고용안정·직업능력개발 사업의 내용으로 옳지 않은 것은?

〈노무사 2015년〉

① 고용창출의 지원 ② 조기재취업 수당 지원
③ 고용유지지원금의 지급 ④ 지역고용의 촉진
⑤ 임금피크제 지원금의 지급

해설

고용안정·직업능력개발사업에는 고용창출의 지원, 고용유지지원금의 지급, 지역고용의 촉진 임금피크제 지원금의 지급 등이 해당된다.

02. 고용보험법령상 고용창출에 대한 지원을 받을 수 없는 경우는? 〈노무사 2011년〉

① 직무의 분할을 통하여 실업자를 근로계약기간을 정하지 않고 시간제로 근무하는 형태로 하여 새로 고용하는 경우
② 고용보험위원회에서 심의·의결한 성장유망업종에 해당하는 창업기업이 다른 기업으로부터 전문인력을 지원받아 사용하는 경우
③ 근로시간 단축을 통하여 실업자를 고용함으로써 근로자 수가 증가한 경우
④ 고용보험위원회에서 심의·의결한 업종에 해당하는 우선지원 대상기업이 우선지원 대상기업이 아닌 다른 기업으로부터 전문인력을 지원받아 사용하는 경우
⑤ 고용노동부장관이 정하는 시설을 설치·운영하여 고용환경을 개선하고 실업자를 고용하여 근로자 수가 증가한 경우

해설

①②③④⑤ 고용창출에 대한 지원은 1. 근로시간 단축, 교대근로 개편, 정기적인 교육훈련 또는 안식휴가 부여 등(이하 "일자리 함께하기"라 한다)을 통하여 실업자를 고용함으로써 근로자 수가 증가한 경우, 2. 고용노동부장관이 정하는 시설을 설치·운영하여 고용환경을 개선하고 실업자를 고용하여 근로자 수가 증가한 경우, 3. 직무의 분할, 근무체계 개편 또는 시간제직무 개발 등을 통하여 실업자를 근로계약기간을 정하지 않고 시간제로 근무하는 형태로 하여 새로 고용하는 경우, 4. 위원회에서 심의·의결한 성장유망업종, 인력수급 불일치 업종, 국내복귀기업 또는 지역특화산업 등 고용지원이 필요한 업종에 해당하는 기업이 실업자를 고용하는 경우, 5. 위원회에서 심의·의결한 업종에 해당하는 우선지원 대상기업이 고용노동부장관이 정하는 전문적인 자격을 갖춘

정답 01. ② 02. ②

자(이하 "전문인력"이라 한다)를 고용하거나 우선지원 대상기업이 아닌 다른 기업으로부터 전문인력을 지원받아 사용하는 경우 지원받을 수 있다(고용보험법 시행령 제17조).

03. 다음 중 지역고용촉진 지원금에 대한 설명으로 옳지 못한 것은?

① 고용노동부장관은 고용기회가 뚜렷이 부족하거나 산업구조의 변화 등으로 고용사정이 급속하게 악화되고 있는 지역으로 사업을 이전하거나 그러한 지역에서 사업을 신설 또는 증설하여 그 지역의 실업 예방과 재취업촉진에 기여한 사업주에게 필요한 지원을 할 수 있다.
② 지역고용촉진 지원금은 조업시작일부터 3년간 지급한다.
③ 지역고용촉진 지원금은 사업주가 조업시작일 전 3개월부터 조업시작일 후 1년까지 고용조정으로 근로자를 이직시킨 경우에는 지급하지 아니한다.
④ 지역고용촉진 지원금은 이전, 신설 또는 증설된 사업의 조업이 시작된 날 현재 그 지정지역이나 다른 지정지역에 3개월 이상 거주한 구직자를 피보험자로 고용한 기간이 6개월 미만인 경우에는 지급하지 아니한다.
⑤ 지역고용촉진 지원금은 이전, 신설 또는 증설된 사업의 조업이 시작된 날 현재 그 지정지역이나 다른 지정지역에 3개월 이상 거주한 구직자를 피보험자로 고용하고 그 피보험자에게 지급된 임금의 2분의 1에 해당하는 금액으로 한다.

해설

① 고용노동부장관은 고용기회가 뚜렷이 부족하거나 산업구조의 변화 등으로 고용사정이 급속하게 악화되고 있는 지역으로 사업을 이전하거나 그러한 지역에서 사업을 신설 또는 증설하여 그 지역의 실업 예방과 재취업 촉진에 기여한 사업주, 그 밖에 그 지역의 고용기회 확대에 필요한 조치를 한 사업주에게 대통령령으로 정하는 바에 따라 필요한 지원을 할 수 있다(고용보험법 제22조). ② 지역고용촉진 지원금은 조업시작일부터 1년간 지급한다(고용보험법 시행령 제24조 4항). ③ 고용보험법 시행령 제24조 6항 2호, ④ 고용보험법 시행령 제24조 6항 1호, ⑤ 고용보험법 시행령 제24조 3항.

04. 다음 고령자 고용연장 지원금 지급요건에 관한 설명이다. 빈 칸에 들어갈 말로 바르게 짝지어진 것은?

고용노동부장관은 정년을 (A)세 이상으로 정한 사업장의 사업주에게 고용되어 (B)개월 이상을 계속 근무한 후 정년에 이른 자를 퇴직시키지 아니하거나 정년 퇴직 후 3개월 이내에 고용하고 재고용 전 3개월, 재고용 후

정답 03. ② 04. ①

(C)개월 동안 근로자를 고용조정으로 이직시키지 아니한 사업주에게 고령자 고용연장 지원금을 지급한다.

① A: 55 B: 18 C: 6
② A: 55 B: 12 C: 18
③ A: 55 B: 12 C: 6
④ A: 60 B: 18 C: 6
⑤ A: 60 B: 12 C: 18

해설

고용노동부장관은 정년을 55세 이상으로 정한 사업장의 사업주에게 고용되어 18개월 이상을 계속 근무한 후 정년에 이른 자를 퇴직시키지 아니하거나 정년 퇴직 후 3개월 이내에 고용하고 재고용 전 3개월, 재고용 후 6개월 동안 근로자를 고용조정으로 이직시키지 아니한 사업주에게 고령자 고용연장 지원금을 지급한다(고용보험법 시행령 제25조 1항 3호).

05. 다음 중 임금피크제 지원금을 지급하는 경우는 모두 몇 개인가?

A. 사업주가 근로자대표의 동의를 받아 정년을 60세 이상으로 연장하면서 55세 이후부터 일정 나이, 근속시점 또는 임금액을 기준으로 임금을 줄이는 제도를 시행하는 경우
B. 사업주가 A에 따른 제도를 시행하면서 근로시간을 단축하고, 단축 후 소정근로시간이 15시간 이상 30시간 이하로 단축하는 경우
C. 정년을 57세 이상으로 정한 사업주가 정년에 이른 사람을 재고용(재고용기간이 1년 미만인 경우는 제외한다)하기로 하면서 55세 이후부터 임금을 줄이는 경우
D. 정년을 55세 이상으로 정한 사업주가 정년에 이른 사람을 정년퇴직 후 3개월 이내에 고용(고용기간이 1년 미만인 경우는 제외한다)하면서 정년퇴직 이후부터 임금을 정년퇴직 당시보다 줄이는 경우

① 0개 ② 1개 ③ 2개
④ 3개 ⑤ 4개

해설

임금피크제 지원금을 지급하는 경우는 A, B, D, 즉 3개이다(고용보험법 시행령 제28조 1항). C는 삭제(2013.12.24)되었다.

정답 05. ④

06. 다음은 고용보험법령에 관한 내용이다. ( ) 안에 들어갈 내용으로 옳은 것은? 〈노무사 2012년 변형〉

사업주가 근로자대표의 동의를 받아 정년을 ( )세 이상으로 연장하면서 55세 이후부터 일정 나이, 근속시점 또는 임금액을 기준으로 임금을 줄이는 제도를 시행하는 경우 임금피크제 지원금을 지급한다.

① 56 ② 57 ③ 58 ④ 59 ⑤ 60

해설

사업주가 근로자대표의 동의를 받아 정년을 60세 이상으로 연장하거나 정년을 56세 이상 60세 미만으로 연장하면서 55세 이후부터 일정나이, 근속시점 또는 임금액을 기준으로 임금을 줄이는 제도를 시행하는 경우 임금피크제 지원금을 지급한다(고용보험법 시행령 제28조 1항 1호).

07. 다음 설명 중 옳지 않은 것은?

① 고용노동부장관은 사업주가 근로자대표의 동의를 받아 정년을 60세 이상으로 연장하면서 55세 이후부터 일정 나이, 근속시점 또는 임금액을 기준으로 임금을 줄이는 제도를 시행하는 경우 근로자에게 임금피크제 지원금을 지급한다.

② 임금피크제 지원금은 임금피크제가 적용되는 날부터 5년 동안 지급한다.

③ 고용노동부장관은 대통령령으로 정하는 저소득 피보험자등이 직업능력개발 훈련을 받는 경우 대통령령으로 정하는 바에 따라 생계비를 대부할 수 있다.

④ 고용노동부장관은 보험료를 체납한 자에게는 고용노동부령으로 정하는 바에 따라 고용안정·직업능력개발 사업의 지원을 하지 아니할 수 있다.

⑤ 고용노동부장관은 거짓이나 그 밖의 부정한 방법으로 따른 고용안정·직업능력개발 사업의 지원을 받은 자에게 지원 받은 금액을 반환하도록 명하는 경우 이에 추가하여 지급받은 금액의 5배 이하의 금액을 징수하여야 한다.

해설

① 고용보험법 시행령 제28조 제1항, ② 고용보험법 시행령 제28조 제4항. ③ 고용보험법 제29조 제3항, ④ 고용보험법 제35조 제4항, ⑤ 고용노동부장관은 제1항에 따라 반환을 명하는 경우에는 이에 추가하여 고용노동부령으로 정하는 기준에 따라 그 거짓이나 그 밖의 부정한 방법으로 지급받은 금액의 5배 이하의 금액을 징수할 수 있다(고

정답 06. ⑤ 07. ⑤

용보험법 제35조 2항).

08. 다음 중 고용보험법상의 고용안정·직업능력개발사업에 관한 설명 중 틀린 것은?

① 고용노동부장관은 고용환경 개선으로 고용의 기회를 확대한 사업주에게는 필요한 지원을 할 수 있다.
② 고용노동부장관은 인근 지역주민을 대량 고용한 사업주에게 필요한 지원을 할 수 있다.
③ 고용노동부장관은 피보험자등의 고용안정·고용촉진 및 사업주의 인력확보를 지원하기 위하여 어린이집을 설치·운영하는 자에게 필요한 지원을 할 수 있다.
④ 고용노동부장관은 피보험자등이 직업능력개발 훈련을 받는 경우에는 필요한 지원을 할 수 있다.
⑤ 고용노동부장관은 피보험자등의 직업능력을 개발·향상시키기 위하여 직업능력개발 훈련을 실시하는 사업주에게 그 훈련에 필요한 비용을 지원할 수 있다.

해설

② 고용노동부장관은 고용기회가 뚜렷이 부족하거나 산업구조의 변화 등으로 고용사정이 급속하게 악화되고 있는 지역으로 사업을 이전하거나 그러한 지역에서 사업을 신설 또는 증설하여 그 지역의 실업 예방과 재취업 촉진에 기여한 사업주, 그 밖에 그 지역의 고용기회 확대에 필요한 조치를 한 사업주에게 대통령령으로 정하는 바에 따라 필요한 지원을 할 수 있다(고용보험법 제22조). 인근 지역주민을 대량 고용한 경우에는 지급하지 않는다. ① 고용노동부장관은 고용환경 개선, 근무형태 변경 등으로 고용의 기회를 확대한 사업주에게 대통령령으로 정하는 바에 따라 필요한 지원을 할 수 있다(고용보험법 제20조). ③ 고용노동부장관은 피보험자등의 고용안정·고용촉진 및 사업주의 인력 확보를 지원하기 위하여 대통령령으로 정하는 바에 따라 상담 시설, 어린이집, 그 밖에 대통령령으로 정하는 고용촉진 시설을 설치·운영하는 자에게 필요한 지원을 할 수 있다(고용보험법 제26조). ④ 고용노동부장관은 피보험자 등이 직업능력개발 훈련을 받거나 그 밖에 직업능력 개발·향상을 위하여 노력하는 경우에는 대통령령으로 정하는 바에 따라 필요한 비용을 지원할 수 있다(고용보험법 제29조). ⑤ 고용노동부장관은 피보험자등의 직업능력을 개발·향상시키기 위하여 대통령령으로 정하는 직업능력개발 훈련을 실시하는 사업주에게 대통령령으로 정하는 바에 따라 그 훈련에 필요한 비용을 지원할 수 있다(고용보험법 제27조).

정답 08. ②

09. 다음 중 사업주에 대한 직업능력개발 훈련비용의 지원을 받을 수 있는 훈련이 아닌 것은?

① 피보험자를 대상으로 실시하는 직업능력개발 훈련
② 피보험자가 아닌 자로서 해당 사업주에게 고용된 자를 대상으로 실시하는 직업능력개발 훈련
③ 해당 사업이나 그 사업과 관련되는 사업에서 고용하려는 자를 대상으로 실시하는 직업능력개발 훈련
④ 우선지원 대상기업의 사업주가 해당 근로자를 대상으로 계속하여 7일 이상의 유급휴가를 주어 20시간 이상의 훈련을 실시하는 직업능력개발 훈련
⑤ 사업주가 기능·기술을 장려하기 위하여 근로자 중 생산직 또는 관련 직에 종사하는 근로자로서 고용노동부장관이 고시하는 자를 대상으로 유급휴가를 주어 20시간 이상의 훈련을 실시하는 직업능력개발 훈련

해설

④ 7일 이상의 유급휴가를 주어 30시간 이상의 훈련을 실시하여야 한다(고용보험법 시행령 제41조 1항 5호 가목). ① 고용보험법 시행령 제41조 1항 1호, 피보험자를 대상으로 실시하는 직업능력개발 훈련, ② 고용보험법 시행령 제41조 1항 2호, 피보험자가 아닌 자로서 해당 사업주에게 고용된 자를 대상으로 실시하는 직업능력개발 훈련, ③ 고용보험법 시행령 제41조 1항 3호, 해당 사업이나 그 사업과 관련되는 사업에서 고용하려는 자를 대상으로 실시하는 직업능력개발 훈련, ⑤ 고용보험법 시행령 제41조 1항 5호 라목, 사업주가 기능·기술을 장려하기 위하여 근로자 중 생산직 또는 관련 직에 종사하는 근로자로서 고용노동부장관이 고시하는 자를 대상으로 유급휴가를 주어 20시간 이상의 훈련을 실시할 것

10. 고용창출에 대한 지원 요건으로 옳지 않은 것은? 〈단시간직업상담원 2011년〉

① 고용보험위원회에서 심의·의결한 성장유망업종, 인력수급 불일치 업종, 국내복귀기업 또는 지역특화산업 등 고용조종이 필요한 업종에 해당하는 기업이 실업자를 고용하는 경우
② 고용노동부장관이 정하는 시설을 설치·운영하여 고용환경을 개선하고 실업자를 고용하여 근로자 수가 증가한 경우
③ 직무의 분할, 근무체계 개편 또는 시간제직무 개발 등을 통하여 실업자를 근로계약기간을 정하지 않고 시간제로 근무하는 형태로 하여 새로 고용하는 경우

정답 09. ④ 10. ④

④ 고용보험위원회에서 심의·의결한 성장유망업종, 인력수급 불일치 업종, 국내복귀기업 또는 지역특화산업 등 고용조종이 필요한 업종에 해당하는 기업이 고용노동부장관이 정하는 전문적인 자격을 갖춘 자를 고용한 경우
⑤ 근로시간 단축, 교대근로 개편, 정기적인 교육훈련 또는 안식휴가 부여 등을 통하여 실업자를 고용함으로써 근로자 수가 증가한 경우

해설

고용노동부장관은 법 제20조에 따라 다음 각 호의 어느 하나에 해당하는 사업주에게 임금의 일부를 지원할 수 있다.

1. 근로시간 단축, 교대근로 개편, 정기적인 교육훈련 또는 안식휴가 부여 등(이하 "일자리 함께하기"라 한다)을 통하여 실업자를 고용함으로써 근로자 수가 증가한 경우.
2. 고용노동부장관이 정하는 시설을 설치·운영하여 고용환경을 개선하고 실업자를 고용하여 근로자 수가 증가한 경우
3. 직무의 분할, 근무체계 개편 또는 시간제직무 개발 등을 통하여 실업자를 근로계약기간을 정하지 않고 시간제로 근무하는 형태로 하여 새로 고용하는 경우
4. 위원회에서 심의·의결한 성장유망업종, 인력수급 불일치 업종, 국내복귀기업 또는 지역특화산업 등 고용지원이 필요한 업종에 해당하는 기업이 실업자를 고용하는 경우
5. 위원회에서 심의·의결한 업종에 해당하는 우선지원 대상기업이 고용노동부장관이 정하는 전문적인 자격을 갖춘 자(이하 "전문인력"이라 한다)를 고용하거나 우선지원 대상기업이 아닌 다른 기업으로부터 전문인력을 지원받아 사용하는 경우(고용보험법 시행령 제17조 1항)

11. 다음은 고용유지지원금의 지급 대상과 지급액에 관한 내용이다. 빈칸에 들어갈 알맞은 말을 순서대로 바르게 나열한 것은? 〈단시간직업상담원 2011년〉

고용유지지원금의 지급 대상 중 고용노동부령으로 정하는 바에 따라 고용유지를 위한 훈련을 실시하는 경우에는 그 훈련기간 중 사업주가 피보험자인 훈련 대상자에게 지급한 임금의 _____(대규모기업의 경우에는 _____)에 해당하는 금액과 고용노동부장관이 고시 하는 기준에 해당하는 훈련비용에 고용노동부장관이 고시하는 비율을 곱하여 산정한 금액의 합계액을 지급액으로 한다.

① 3분의 2, 4분의 3
② 2분의 1, 4분의 3
③ 4분의 3, 3분의 2
④ 4분의 3, 2분의 1
⑤ 3분의 2, 2분의 1

정답 11. ③

✍ 해설

고용유지지원금의 지급 대상 중 고용노동부령으로 정하는 바에 따라 고용유지를 위한 훈련을 실시하는 경우에는 그 훈련기간 중 사업주가 피보험자인 훈련 대상자에게 지급한 임금의 4분의 3(대규모기업의 경우에는 3분의 2)에 해당하는 금액과 고용노동부장관이 고시 하는 기준에 해당하는 훈련비용에 고용노동부장관이 고시하는 비율을 곱하여 산정한 금액의 합계액을 지급액으로 한다(고용보험법 시행령 제21조 1항 2호).

12. 지역고용촉진 지원금에 대한 설명으로 옳지 않은 것은? 〈단시간직업상담원 2011년〉

① 고용사정이 급속하게 악화되고 있는 지역으로 사업을 이전하거나 그러한 지역에서 사업을 신설 또는 증설하여 그 지역의 실업 예방과 재취업 촉진에 기여한 사업주에게 지급한다.

② 지역고용계획이 제출된 날부터 1년 이내에 이전, 신설 또는 증설된 사업의 조업이 시작되어야 한다.

③ 지역고용촉진 지원금을 받으려는 사업주는 이를 고용노동부장관에게 신고하여야 한다.

④ 지역고용촉진 지원금의 지급기간은 조업시작일부터 1년간이다.

⑤ 지역고용촉진 지원금은 하나의 지정기간에 해당 피보험자수가 200명을 초과하는 경우에는 그 초과하는 인원 중 100분의 30에 대하여만 지급한다.

✍ 해설

지역고용계획이 제출된 날부터 1년 6개월 이내에 이전, 신설 또는 증설된 사업의 조업이 시작되어야 한다(고용보험법 시행령 제24조 1항 3호).

정답 12. ②

제4절 실업급여

I. 통 칙

01. 고용보험법상의 취업촉진수당에 해당하는 것은? 〈노무사 2009년〉

① 광역 구직활동비 ② 육아휴직급여 ③ 구직급여
④ 출산전후휴가급여 ⑤ 고용조정의 지원

해설

① 취업촉진 수당의 종류에는 1. 조기(早期)재취업 수당, 2. 직업능력개발 수당, 3. 광역 구직활동비, 4. 이주비가 있다(고용보험법 제37조 2항).

02. 다음 설명 중 옳지 않은 것은?

① 실업급여를 받을 권리는 양도 또는 압류하거나 담보로 제공할 수 없다.
② 실업급여는 구직급여와 취업촉진 수당으로 구분한다.
③ 조기재취업 수당은 취업촉진 수당의 종류에 해당한다.
④ 피보험자로서 65세 전에 이직한 자가 그 이직과 관련하여 실업한 상태에서 65세가 되면 실업급여에 관한 규정의 적용을 받는다.
⑤ 광역 구직활동비는 구직급여의 종류에 해당한다.

해설

⑤ 광역 구직활동비는 취업촉진 수당의 종류에 해당한다(고용보험법 제37조 2항).
① 실업급여를 받을 권리는 양도 또는 압류하거나 담보로 제공할 수 없다(고용보험법 제38조). ② 실업급여는 구직급여와 취업촉진 수당으로 구분한다(고용보험법 제37조 1항). ③ 취업촉진 수당의 종류에는 1. 조기(早期)재취업 수당, 2. 직업능력개발 수당, 3. 광역 구직활동비, 4. 이주비가 있다(고용보험법 제37조 2항), ④ 65세 이후에 고용되거나 자영업을 개시한 자는 실업급여 사업에 관하여는 이 법을 적용하지 아니한다(고용보험법 제10조 1호).

03. 고용보험법상 수급권의 보호의 내용으로 옳은 것은? 〈단시간직업상담원 2011년〉

① 실업급여를 받을 권리는 양도가 가능하다.
② 실업급여를 받을 권리는 양도는 금지되지만, 압류, 담보제공은 가능하다.
③ 실업급여를 받을 권리는 양도, 압류는 금지되지만, 담보제공은 가능하다.

정답 01. ① 02. ⑤ 03. ④

④ 실업급여를 받을 권리는 양도, 압류, 담보제공이 모두 금지된다.
⑤ 실업급여를 받을 권리는 양도, 압류, 담보제공이 모두 가능하다.

✍ 해설

실업급여를 받을 권리는 양도 또는 압류하거나 담보로 제공할 수 없다(고용보험법 제38조).

04. 「고용보험법」에 관한 설명 중 옳지 않은 것은? 〈사시 2015년〉

① 실업이란 근로의 의사와 능력이 있음에도 불구하고 취업하지 못한 상태에 있는 것을 말한다.
② 실업급여는 구직급여와 취업촉진수당으로 구분한다.
③ 고용보험은 고용노동부장관이 관장한다.
④ 실업급여를 받을 권리는 양도하거나 담보로 제공할 수 있다.
⑤ 보험사업의 보험연도는 정부의 회계연도에 따른다.

✍ 해설

① 고용보험법 제2조 제3호, ② 고용보험법 제37조 제1항, ③ 고용보험법 제3조, ④ 실업급여를 받을 권리는 양도하거나 담보로 제공할 수 없다(고용보험법 제38조). ⑤ 고용보험법 제4조 제2항

05. 고용보험법상 실업급여에 관한 설명으로 옳지 않는 것은?

① 실업급여를 받을 권리는 양도 또는 압류하거나 담보로 제공할 수 없다.
② 직업안정기관의 장은 수급자격자의 신청이 있거나 수급권을 보호할 필요성이 있다고 인정되는 경우 직권으로 실업급여를 실업급여수급계좌로 입금하여야 한다.
③ 실업급여수급계좌의 예금 중 150만원 이하의 금액에 관한 채권은 압류할 수 없다.
④ 실업급여수급계좌의 해당 금융기관은 고용보험법에 따른 실업급여만이 실업급여수급계좌에 입금되도록 관리하여야 한다.
⑤ 실업급여로서 지급된 금품에 대하여는 국가나 지방자치단체의 공과금을 부과하지 아니한다.

✍ 해설

① 고용보험법 제38조 제1항, ② 2015.1.20. 개정법 내용으로 직업안정기관의 장은 제43조에 따른 수급자격자의 신청이 있는 경우에는 실업급여를 수급자격자 명의의 지정

정답 04. ④ 05. ②

된 계좌(이하 "실업급여수급계좌"라 한다)로 입금하여야 한다(고용보험법 제37조의2 제1항). 직권으로 실업급여를 실업급여수급계좌로 입금할 수 없다. ③ 고용보험법 제38조 제2항 및 동법 시행령 제58조의3, ④ 고용보험법 제37조의2 제2항, ⑤ 고용보험법 제38조의2.

Ⅱ. 구직급여

01. 고용보험법상 원칙적으로 구직급여의 산정 기초가 되는 임금일액의 기준이 되는 임금은? 〈단시간직업상담원 2011년〉

① 평균임금 ② 통상임금 ③ 최저임금
④ 기준보수 ⑤ 8만원 정액

해설

구직급여의 산정 기초가 되는 임금일액(기초일액)은 제43조 1항에 따른 수급자격의 인정과 관련된 마지막 이직 당시 '근로기준법' 제2조 1항 6호에 따라 산정된 평균임금으로 한다. 다만, 마지막 이직일 이전 3개월 이내에 피보험자격을 취득한 사실이 2회 이상인 경우에는 마지막 이직일 이전 3개월간(일용근로자의 경우에는 마지막 이직일 이전 4개월 중 최종 1개월을 제외한 기간)에 그 근로자에게 지급된 임금 총액을 그 산정의 기준이 되는 3개월의 총일수로 나눈 금액을 기초일액으로 한다(고용보험법 제45조 1항).

02. 장애인 근로자인 甲(40세)이 다니던 회사가 도산하여 이직하였다. 甲의 피보험기간이 5년이라면 구직급여의 소정급여일수는 몇 일인가? 〈노무사 2014년〉

① 120일 ② 150일 ③ 180일 ④ 210일 ⑤ 240일

해설

장애인의 소정급여일수는 다음과 같다.

	1년 미만	1년 이상 3년 미만	3년 이상 5년 미만	5년 이상 10년 미만	10년 이상
장애인	90일	150일	180일	210일	240일

03. 甲(55세)은 경기도 분당에서 음식점을 개업하면서 고용보험에 가입하여 자영업자인 피보험자가 되었다. 그런데 경기 불황으로 적자가 지속되자 폐업을 하고

정답 01. ① 02. ④ 03. ①

직업안정기관의 장으로부터 구직급여 수급자격을 인정받았다. 고용보험법상 피보험기간이 1년 2개월인 폐업한 자영업자 甲 이 받을 수 있는 구직급여의 소정급여일수는? 〈노무사 2013년〉

① 90일 ② 120일 ③ 150일 ④ 180일 ⑤ 210일

✍ 해설

자영업자의 소정급여일수는 다음과 같다.

피보험 기간			
1년 이상 3년 미만	3년 이상 5년 미만	5년 이상 10년 미만	10년 이상
90일	120일	150일	180일

04. 2005년 2월 현재 35세인 갑(장애인 아님)은 2004.1.1.부터 2004.12.31.까지 1년간 A회사에서 근무하다 계약기간만료로 퇴사하였다. 갑은 2005.2.1. 직업안정기관에 실업신고를 하여 구직급여의 수급자격을 인정(피보험기간은 1년으로 가정) 받았다. 이 경우 고용보험법에 의한 구직급여의 소정급여일수는 얼마인가?
〈노무사 2005년〉

① 60일 ② 90일 ③ 120일
④ 150일 ⑤ 180일

✍ 해설

고용보험법 별표 구직급여의 소정급여일수(제50조 1항 관련).

구 분		피보험기간				
		1년 미만	1년 이상 3년 미만	3년 이상 5년 미만	5년 이상 10년 미만	10년 이상
이직일 현재 연령	30세 미만	90일	90일	120일	150일	180일
	30세 이상 50세 미만	90일	120일	150일	180일	210일
	50세 이상 및 장애인	90일	150일	180일	210일	240일

비 고: 장애인이란 「장애인고용촉진 및 직업재활법」에 따른 장애인을 말한다.

정답 04. ③

05. 고용보험법상 구직급여에 관한 설명으로 옳지 않은 것은? 〈노무사 2010년〉

① 구직급여의 수급요건으로 근로의 의사와 능력을 필요로 한다.
② 구직급여는 수급자격자가 실업한 상태에 있는 날 중에서 직업안정기관의 장으로부터 실업의 인정을 받은 날에 대하여 지급한다.
③ 소정급여일수는 피보험기간 및 연령을 기준으로 정해진다.
④ 실업신고일부터 7일 간은 대기기간으로 보아 구직급여를 지급하지 않는다.
⑤ 구직급여기초 임금일액의 상한액은 8만 원이다.

해설

⑤ 구직급여의 산정기초가 되는 임금일액이 8만 6천원을 초과하는 경우에는 8만 6천원을 해당 임금일액으로 한다(고용보험법 시행령 제68조 1항). ① 고용보험법 제40조 1항 2호, ② 구직급여는 수급자격자가 실업한 상태에 있는 날 중에서 직업안정기관의 장으로부터 실업의 인정을 받은 날에 대하여 지급한다(고용보험법 제44조 1항). ③ 하나의 수급자격에 따라 구직급여를 지급받을 수 있는 날(이하 "소정급여일수"라 한다)은 대기기간이 끝난 다음날부터 계산하기 시작하여 피보험기간과 연령에 따라 별표에서 정한 일수가 되는 날까지로 한다(고용보험법 제50조 1항). ④ 실업의 신고일부터 계산하기 시작하여 7일 간은 대기기간으로 보아 구직급여를 지급하지 아니한다(고용보험법 제49조).

06. 다음 설명 중 옳지 않은 것은?

① 구직급여를 지급받으려는 자는 이직 후 30일 이내에 직업안정기관에 출석하여 실업을 신고하여야 한다.
② 구직급여는 수급자격자가 실업한 상태에 있는 날 중에서 직업안정기관의 장으로부터 실업의 인정을 받은 날에 대하여 지급한다.
③ 실업의 신고일부터 7일간은 대기기간으로 보아 구직급여를 지급하지 않는다.
④ 소정급여일수는 피보험기간 및 연령을 기준으로 정해진다.
⑤ 자영업자인 피보험자의 피보험기간은 그 수급자격과 관련된 폐업 당시의 적용 사업에의 보험가입기간 중에서 실제로 납부한 고용보험료에 해당하는 기간으로 한다.

해설

① 구직급여를 지급받으려는 자는 이직 후 지체없이 직업안정기관에 출석하여 실업을 신고하여야 한다(고용보험법 제42조 1항). ②③ 고용보험법 제49조, ④ 고용보험법 제50조 1항, ⑤ 고용보험법 제50조 3항 단서

정답 05. ⑤ 06. ①

07. 고용보험법상 자발적 이직시 구직급여 수급자격이 제한되는 것은?

〈노무사 2010년〉

① 사업장에서 종교, 성별, 신체장애 등을 이유로 불합리한 차별대우를 받은 경우
② 사업장에서 본인의 의사에 반하여 성희롱, 성폭력, 그 밖의 성적인 괴롭힘을 당한 경우
③ 사업장의 도산·폐업이 확실하거나 대량의 감원이 예정되어 있는 경우
④ 부모나 동거 친족의 질병·부상 등으로 30일 이상 본인이 간호해야 하는 기간에 기업의 사정상 휴가나 휴직이 허용되지 않는 경우
⑤ 이직일 전 1년 이내에 1개월 이상 임금체불이 발생한 경우

해설

이직일 전 1년 이내에 2개월 이상 임금체불이 발생한 경우이어야 한다(고용보험법 시행규칙 별표 2. 수급자격이 제한되지 아니하는 정당한 이직사유).

〈참 고〉 [별표 2] 수급자격이 제한되지 아니하는 정당한 이직사유(제101조 2항 관련)

1. 다음 각 목의 어느 하나에 해당하는 사유가 이직일 전 1년 이내에 2개월 이상 발생한 경우
   가. 실제 근로조건이 채용 시 제시된 근로조건이나 채용 후 일반적으로 적용받던 근로조건보다 낮아지게 된 경우
   나. 임금체불이 있는 경우
   다. 소정근로에 대하여 지급받은 임금이 「최저임금법」에 따른 최저임금에 미달하게 된 경우
   라. 「근로기준법」 제53조에 따른 연장근로의 제한을 위반한 경우
   마. 사업장의 휴업으로 휴업 전 평균임금의 70퍼센트 미만을 지급받은 경우
2. 사업장에서 종교, 성별, 신체장애, 노조활동 등을 이유로 불합리한 차별대우를 받은 경우
3. 사업장에서 본인의 의사에 반하여 성희롱, 성폭력, 그 밖의 성적인 괴롭힘을 당한 경우
4. 사업장의 도산·폐업이 확실하거나 대량의 감원이 예정되어 있는 경우
5. 다음 각 목의 어느 하나에 해당하는 사정으로 사업주로부터 퇴직을 권고받거나, 인원 감축이 불가피하여 고용조정계획에 따라 실시하는 퇴직 희망자의 모집으로 이직하는 경우
   가. 사업의 양도·인수·합병
   나. 일부 사업의 폐지나 업종전환
   다. 직제개편에 따른 조직의 폐지·축소

정답 07. ⑤

라. 신기술의 도입, 기술혁신 등에 따른 작업형태의 변경
마. 경영의 악화, 인사 적체, 그 밖에 이에 준하는 사유가 발생한 경우
6. 다음 각 목의 어느 하나에 해당하는 사유로 통근이 곤란(통근 시 이용할 수 있는 통상의 교통수단으로는 사업장으로의 왕복에 드는 시간이 3시간 이상인 경우를 말한다)하게 된 경우
가. 사업장의 이전
나. 지역을 달리하는 사업장으로의 전근
다. 배우자나 부양하여야 할 친족과의 동거를 위한 거소 이전
라. 그 밖에 피할 수 없는 사유로 통근이 곤란한 경우
7. 부모나 동거 친족의 질병·부상 등으로 30일 이상 본인이 간호해야 하는 기간에 기업의 사정상 휴가나 휴직이 허용되지 않아 이직한 경우
8. 「산업안전보건법」 제2조 7호에 따른 "중대재해"가 발생한 사업장으로서 그 재해와 관련된 고용노동부장관의 안전보건상의 시정명령을 받고도 시정기간까지 시정하지 아니하여 같은 재해 위험에 노출된 경우
9. 체력의 부족, 심신장애, 질병, 부상, 시력·청력·촉각의 감퇴 등으로 피보험자가 주어진 업무를 수행하는 것이 곤란하고, 기업의 사정상 업무 종류의 전환이나 휴직이 허용되지 않아 이직한 것이 의사의 소견서, 사업주 의견 등에 근거하여 객관적으로 인정되는 경우
10. 임신, 출산, 만 6세 이하의 초등학교 취학 전 자녀(2008년 1월 1일 이후 출생한 자만 해당한다)의 육아, 「병역법」에 따른 의무복무 등으로 업무를 계속적으로 수행하기 어려운 경우로서 사업주가 휴가나 휴직을 허용하지 않아 이직한 경우
11. 사업주의 사업 내용이 법령의 제정·개정으로 위법하게 되거나 취업 당시와는 달리 법령에서 금지하는 재화 또는 용역을 제조하거나 판매하게 된 경우
12. 정년의 도래나 계약기간의 만료로 회사를 계속 다닐 수 없게 된 경우
13. 그 밖에 피보험자와 사업장 등의 사정에 비추어 그러한 여건에서는 통상의 다른 근로자도 이직했을 것이라는 사실이 객관적으로 인정되는 경우

08. 고용보험법상 구직급여를 받기 위한 적극적인 재취업 활동을 한 것이라고 볼 수 없는 것은? 〈노무사 2010년〉

① 구인업체를 방문하거나 우편·인터넷 등을 이용하여 구인에 응모한 경우
② 채용관련 행사에 방문한 경우
③ 직업안정기관에서 실시하는 직업지도 프로그램에 참여한 경우
④ 직업안정기관의 지원을 받아 재취업활동에 관한 계획을 수립하는 경우
⑤ 해당 실업인정일부터 30일 이내에 취업하기로 확정된 경우

정답 08. ②

✍ 해설

적극적인 재취업활동의 인정기준: 1. 구인업체를 방문하거나 우편·인터넷 등을 이용하여 구인에 응모한 경우, 2. 채용관련 행사에 참여하여 채용을 위한 면접에 응한 경우, 3. 직업능력개발 훈련 등을 받는 경우 중 고용노동부장관이 정한 경우, 4. 직업안정기관에서 실시하는 직업지도 프로그램에 참여한 경우, 5. 해당 실업인정일부터 30일 이내에 취업하기로 확정된 경우, 6. 「근로자직업능력 개발법」에 따른 직업능력개발 훈련시설(법인을 포함한다)이나 「학원의 설립·운영 및 과외교습에 관한 법률」에 따른 학원 등에서 재취업을 위하여 수강 중인 경우로서 따로 재취업활동이 필요하지 아니하다고 직업안정기관의 장이 인정하는 경우, 7. 구인업체가 부족한 경우 등 노동시장의 여건상 고용정보의 제공이 어려운 경우로서 직업지도를 위하여 필요하다고 판단되어 직업안정기관의 장이 소개한 사회봉사활동에 참여하는 경우, 8. 고용노동부장관이 정하는 바에 따라 자영업 준비활동을 한 경우, 9. 직업안정기관의 지원을 받아 재취업활동에 관한 계획을 수립하는 경우, 10. 제1호부터 제9호까지의 규정에 준하는 경우로서 고용노동부장관이 정하는 경우(고용보험법 시행령 제63조 3항; 고용보험법 시행규칙 제87조) 따라서 단순히 채용관련 행사에 참여한 경우는 적극적인 재취업 활동이라고 보기 어렵다.

09. 고용보험법상 구직급여의 수급자격 제한 또는 지급 제한 사유에 해당하지 않는 것은? 〈노무사 2011년〉

① 형법을 위반하여 벌금형을 선고받아 해고된 경우
② 전직을 하기 위하여 이직한 경우
③ 정당한 사유 없이 직업안정기관의 장이 소개하는 취업에 취직을 거부한 경우
④ 정당한 사유 없이 직업안정기관의 장이 지시한 직업능력개발 훈련을 거부한 경우
⑤ 사업자의 기물을 고의로 파손하여 사업에 막대한 지장을 초래한 자가 해고되지 아니하고 사업주의 권고로 이직한 경우

✍ 해설

① 형법을 위반하여 금고 이상의 형을 선고받은 경우에 수급자격이 제한된다(고용보험법 제58조 1호 가목). ②⑤ 고용보험법 제58조, ③④ 수급자격자가 직업안정기관의 장이 소개하는 직업에 취직하는 것을 거부하거나 직업안정기관의 장이 지시한 직업능력개발 훈련 등을 거부하면 대통령령으로 정하는 바에 따라 구직급여의 지급을 정지한다(고용보험법 제60조 1항 본문).

정답 09. ①

10. 고용보험법상 구직급여의 수급요건으로 옳지 않은 것은? 〈노무사 2011년〉

① 이직일 이전 18개월간 피보험 단위기간이 통산하여 180일 이상일 것
② 근로의 의사와 능력이 있음에도 불구하고 취업하지 못한 상태에 있을 것
③ 이직사유가 수급자격의 제한사유에 해당하지 아니할 것
④ 재취업을 위한 노력을 적극적으로 할 것
⑤ 최종 이직 당시 일용근로자였던 자는 수급자격 인정신청일 이전 1개월 동안의 근무일수가 10일 이상일 것

해설

⑤ 10일 미만이어야 한다(고용보험법 제40조 1항 5호). ①②③④ 고용보험법 제40조 1항

11. 30세인 甲은 A회사에 취업한 지 2년 6개월 만에 해고되어 90일 간의 구직급여를 받은 후 B회사에 취업하여 1년 6개월간 근무하다가 자발적으로 이직하였다. 그 후 2년간 실업상태에서 구직급여를 받고 있지 않다가 C회사에 취업하여 3년 6개월 만에 해고당하였다. 이 경우 甲의 피보험기간은? (A, B, C회사는 모두 고용보험적용사업장이며, 甲은 적용제외 근로자로 고용된 기간은 없음)

〈노무사 2011년〉

① 3년 6개월 ② 4년 ③ 5년
④ 5년 6개월 ⑤ 7년 6개월

해설

원칙적으로 피보험 단위기간은 피보험기간 중 보수 지급의 기초가 된 날을 합하여 계산한다(고용보험법 제41조 1항). 그러나 고용보험법 제41조 1항에 따라 피보험 단위기간을 계산할 때에는 최후로 피보험자격을 취득한 날 이전에 구직급여를 받은 사실이 있는 경우에는 그 구직급여와 관련된 이직일 이전의 보수 지급의 기초가 된 날은 피보험 단위기간에 넣지 아니한다(고용보험법 제41조 2항). 따라서 A회사에서의 2년 6개월은 피보험 단위기간에 산입하지 않아 甲의 총피보험 단위기간은 B와 C회사의 근무기간의 합인 5년이 된다.

12. 다음 설명 중 옳지 않은 것은?

① 피보험 단위기간은 피보험기간 중 보수 지급의 기초가 된 날을 합하여 계산한다.
② 구직급여를 지급받으려는 자는 이직 후 7일 이내에 직업안정기관에 출석

정답 10. ⑤ 11. ③ 12. ②

하여 실업을 신고하여야 한다.

③ 구직급여는 수급자격자가 실업한 상태에 있는 날 중에서 직업안정기관의 장으로부터 실업의 인정을 받은 날에 대하여 지급한다.

④ 피보험 단위기간을 계산할 때에는 최후로 피보험자격을 취득한 날 이전에 구직급여를 받은 사실이 있는 경우에는 그 구직급여와 관련된 피보험자격 상실일 이전의 피보험 단위기간은 넣지 아니한다.

⑤ 질병이나 부상으로 직업안정기관에 출석할 수 없었던 경우로서 그 기간이 계속하여 7일 미만인 경우에는 실업의 인정을 받을 수 있다.

해설

② 구직급여를 지급받으려는 자는 이직 후 지체없이 직업안정기관에 출석하여 실업을 신고하여야 한다(고용보험법 제42조 1항). ① 피보험 단위기간은 피보험기간 중 보수 지급의 기초가 된 날을 합하여 계산한다(고용보험법 제41조 1항). ③ 구직급여는 수급자격자가 실업한 상태에 있는 날 중에서 직업안정기관의 장으로부터 실업의 인정을 받은 날에 대하여 지급한다(고용보험법 제44조 1항). ④ 고용보험법 제41조 2항, ⑤ 수급자격자가 다음 각 호의 어느 하나에 해당하면 직업안정기관에 출석할 수 없었던 사유를 적은 증명서를 제출하여 실업의 인정을 받을 수 있다. 1. 질병이나 부상으로 직업안정기관에 출석할 수 없었던 경우로서 그 기간이 계속하여 7일 미만인 경우(고용보험법 제44조 3항 1호)

13. 다음 중 일용근로자의 구직급여의 수급요건을 모두 고르시오.

A. 이직일 이전 18개월간 피보험 단위기간이 통산(通算)하여 180일 이상일 것
B. 근로의 의사와 능력이 있음에도 불구하고 취업하지 못한 상태에 있을 것
C. 이직사유가 제58조에 따른 수급자격의 제한사유에 해당하지 아니할 것
D. 재취업을 위한 노력을 적극적으로 할 것
E. 수급자격 인정신청일 이전 1개월 동안의 근로일수가 10일 미만일 것
F. 최종 이직일 이전 기준기간의 피보험 단위기간 180일 중 다른 사업에서 수급자격의 제한사유에 해당하는 사유로 이직한 사실이 있는 경우에는 그 피보험 단위기간 중 90일 이상을 일용근로자로 근로하였을 것

① A, B, C, D ② E, F
③ A, B, E, F ④ A, B, C, D, E
⑤ A, B, C, D, E, F

정답 13. ⑤

✍ 해설

A, B, C, D, E, F 의 요건을 모두 갖춘 경우에 구직급여를 지급한다(고용보험법 제40조 1항).

14. 고용보험법상 근로자인 피보험자가 구직급여를 받기 위한 요건에 관한 설명으로 옳지 않은 것은? 〈노무사 2014년〉

① 전직을 위하여 이직한 경우가 아니어야 한다.

② 재취업을 위한 노력을 적극적으로 하여야 한다.

③ 이직일 이전 18개월간 피보험 단위기간이 통상하여 180일 이상이어야 한다.

④ 일용근로자는 수급자격 인정신청일 이전 30일 동안의 근로일수가 10일 이하이어야 한다.

⑤ 구직급여를 받으려는 자는 이직 후 지체없이 직업안정기관에 출석하여 실업을 신고하여야 한다.

✍ 해설

① 자기사정으로 이직한 피보험자로서 전직 또는 자영업을 하기 위하여 이직한 경우로 직업안정기관의 장이 인정하는 경우 수급자격이 없는 것으로 본다(고용보험법 제58조 2호 가목). ⑤ 고용보험법 제42조 1항, ②③④ 고용보험법 제40조 1항, 구직급여는 이직한 피보험자가 다음 각 호의 요건을 모두 갖춘 경우에 지급한다. 다만, 제5호와 제6호는 최종 이직 당시 일용근로자였던 자만 해당한다.

1. 이직일 이전 18개월간(이하 "기준기간"이라 한다) 제41조에 따른 피보험 단위기간이 통산(通算)하여 180일 이상일 것
2. 근로의 의사와 능력이 있음에도 불구하고 취업(영리를 목적으로 사업을 영위하는 경우를 포함한다. 이하 이 장에서 같다)하지 못한 상태에 있을 것
3. 이직사유가 제58조에 따른 수급자격의 제한 사유에 해당하지 아니할 것
4. 재취업을 위한 노력을 적극적으로 할 것
5. 제43조에 따른 수급자격 인정신청일 이전 1개월 동안의 근로일수가 10일 미만일 것
6. 최종 이직일 이전 기준기간의 피보험 단위기간 180일 중 다른 사업에서 제58조에 따른 수급자격의 제한 사유에 해당하는 사유로 이직한 사실이 있는 경우에는 그 피보험 단위기간 중 90일 이상을 일용근로자로 근로하였을 것

15. 다음 중 구직급여의 수급기간의 연장사유가 아닌 것은?

① 배우자의 질병이나 부상

정답 14. ④ 15. ②

② 본인 또는 배우자의 출산
③ 병역법에 따른 의무복무
④ 범죄혐의로 인한 구속이나 형의 집행
⑤ 배우자의 국외 발령 등에 따른 동거 목적의 거소 이전

✍ 해설

수급기간의 연장사유는 1. 본인의 질병이나 부상(법 제63조에 따라 상병급여를 받은 경우의 질병이나 부상은 제외한다), 2. 배우자의 질병이나 부상, 3. 본인과 배우자의 직계존속 및 직계비속의 질병이나 부상, 4. 배우자의 국외발령 등에 따른 동거 목적의 거소 이전, 5. 「병역법」에 따른 의무복무, 6. 범죄혐의로 인한 구속이나 형의 집행(법 제58조 1호 가목에 따라 수급자격이 없는 자는 제외한다), 7. 1호부터 6호까지의 규정에 준하는 경우로서 고용노동부령으로 정하는 사유가 있다(고용보험법 시행령 제70조).

16. 고용보험법상 구직급여(상병급여)의 수급자격 제한 또는 지급 제한이 되지 않는 경우는? 〈노무사 2015년〉

① 중대한 귀책사유로 해고된 피보험자로서 정당한 사유 없이 근로계약 또는 취업규칙 등을 위반하여 장기간 무단 결근한 경우
② 자기 사정으로 이직한 피보험자로서 전직 또는 자영업을 하기 위하여 이직한 경우
③ 중대한 귀책사유가 있는 자가 해고되지 아니하고 사업주의 권고로 이직한 경우
④ 퇴직한 근로자로서 국민연금법에 의한 노령연금을 지급받는 경우
⑤ 실업신고 이후 산업재해보상보험법에 따른 휴업급여를 지급받을 수 있는 경우

✍ 해설

① 고용보험법 제58조 1호 다목, ② 고용보험법 제58조 2호 가목, ③ 고용보험법 제58조 2호 나목, ⑤ 수급자격자가 「근로기준법」 제79조에 따른 휴업보상, 「산업재해보상보험법」 제39조에 따른 휴업급여, 그 밖에 이에 해당하는 급여 또는 보상으로서 대통령령으로 정하는 보상 또는 급여를 지급받을 수 있는 경우에는 상병급여를 지급하지 아니한다(고용보험법 제63조 4항).

17. 다음 설명 중 옳지 않은 것은?

① 기초일액은 수급자격의 인정과 관련된 마지막 이직 당시의 근로기준법상

정답 16. ④ 17. ②

평균임금으로 한다.

② 마지막 사업 당시 일용근로자였던 자의 산정된 기초일액이 근로기준법에 따른 통상임금보다 적을 경우에는 그 통상임금액을 기초일액으로 한다.

③ 산정된 기초일액이 최저기초일액보다 낮은 경우에는 최저기초일액을 기초일액으로 한다.

④ 기초일액이 8만 6천 원을 초과하는 경우에는 8만 6천 원을 기초일액으로 한다.

⑤ 기초일액을 산정하는 것이 곤란한 경우에는 보험료징수법 제3조에 따른 기준보수를 기초일액으로 한다.

해설

② 제1항에 따라 산정된 금액이 「근로기준법」에 따른 그 근로자의 통상임금보다 적을 경우에는 그 통상임금액을 기초일액으로 한다. 다만, 마지막 사업에서 이직 당시 일용근로자였던 자의 경우에는 그러하지 아니하다(고용보험법 제45조 2항). ① 구직급여의 산정기초가 되는 임금일액[이하 "기초일액(基礎日額)"이라 한다]은 제43조 1항에 따른 수급자격의 인정과 관련된 마지막 이직 당시 「근로기준법」 제2조 1항 6호에 따라 산정된 평균임금으로 한다(고용보험법 제45조 1항). ③ 산정된 기초일액이 그 수급자격자의 이직 전 1일 소정근로시간에 이직일 당시 적용되던 「최저임금법」에 따른 시간 단위에 해당하는 최저임금액을 곱한 금액(이하 "최저기초일액"이라 한다)보다 낮은 경우에는 최저기초일액을 기초일액으로 한다(고용보험법 제45조 4항). ④ 구직급여의 산정기초가 되는 임금일액이 8만 원을 초과하는 경우에는 8만 원을 해당 임금일액으로 한다(고용보험법 시행령 제68조 1항). ⑤ 기초일액을 산정하는 것이 곤란한 경우와 보험료를 보험료징수법 제3조에 따른 기준보수(이하 "기준보수"라 한다)를 기준으로 낸 경우에는 기준보수를 기초일액으로 한다(고용보험법 제45조 3항).

18. 다음 중 소정급여일수에 관한 설명 중 옳지 않은 것은?

① 하나의 수급자격에 따라 구직급여를 지급받을 수 있는 날(소정급여일수)은 대기기간이 끝난 다음날부터 계산하기 시작하여 피보험기간과 연령에 따라 별표에서 정한 일수가 되는 날까지로 한다.

② 수급자격자가 소정급여일수 내에 임신·출산·육아, 그 밖에 대통령령으로 정하는 사유로 수급기간을 연장한 경우에는 그 기간만큼 구직급여를 유예하여 지급한다.

③ 피보험기간은 그 수급자격과 관련된 이직 당시의 적용사업에서의 고용기간으로 한다.

④ 그 사업에 고용되기 전에 다른 적용사업에서 이직한 사실이 있고 그 이직

정답 18. ④

일로부터 5년 이내에 피보험자격을 재취득한 경우에는 그 이직 전 적용사업에서의 고용기간을 포함하여 피보험기간을 계산한다.

⑤ 하나의 피보험기간에 피보험자로 된 날이 피보험자격 취득이 확인된 날부터 소급하여 3년이 되는 해의 1월 1일 전이면 그 확인된 날부터 소급하여 3년이 되는 날이 속하는 보험연도의 첫 날에 그 피보험자격을 취득한 것으로 보아 피보험기간을 계산한다.

해설

④ 그 사업에 고용되기 전에 다른 적용사업에서 이직한 사실이 있고 그 이직일부터 3년 이내에 피보험자격을 재취득한 경우에는 그 이직 전 적용사업에서의 고용기간을 포함하여 피보험기간을 계산한다(고용보험법 제50조 4항 1호). ①②③⑤ 고용보험법 제50조

19. 다음 설명 중 옳은 것은?

① 훈련연장급여의 지급기간은 2년이다.

② 개별연장급여는 90일의 범위에서 대통령령으로 정하는 기간 동안 지급한다.

③ 구직급여는 구직급여의 수급자격과 관련된 이직일부터 계산하기 시작하여 12개월 내에 소정급여일수를 한도로 하여 지급한다.

④ 실업의 신고일부터 계산하기 시작하여 14일간은 대기기간으로 보아 구직급여를 지급하지 아니한다.

⑤ 훈련연장급여를 지급하는 경우에 그 일액은 해당 수급자격자의 구직급여 일액의 100분의 70으로 한다.

해설

① 직업안정기관의 장은 제1항에 따라 직업능력개발 훈련 등을 받도록 지시한 경우에는 수급자격자가 그 직업능력개발 훈련 등을 받는 기간 중 실업의 인정을 받은 날에 대하여는 소정급여일수를 초과하여 구직급여를 연장하여 지급할 수 있다. 이 경우 연장하여 지급하는 구직급여(이하 "훈련연장급여"라 한다)의 지급기간은 대통령령으로 정하는 기간을 한도로 한다(고용보험법 제51조 2항). 법 제51조 2항 후단에서 "대통령령으로 정하는 기간"이란 2년을 말한다(고용보험법 시행령 제72조). ② 제1항에 따라 연장하여 지급하는 구직급여(이하 "개별연장급여"라 한다)는 60일의 범위에서 대통령령으로 정하는 기간 동안 지급한다(고용보험법 제52조 2항). ③ 구직급여는 이 법에 따로 규정이 있는 경우 외에는 그 구직급여의 수급자격과 관련된 이직일의 다음 날부터 계산하기 시작하여 12개월 내에 제50조 1항에 따른 소정급여일수를 한도로 하여 지급한다(고용보험법 제48조 1항). ④ 제44조에도 불구하고 제42조에 따른 실업의 신고일

정답 19. ①

부터 계산하기 시작하여 7일간은 대기기간으로 보아 구직급여를 지급하지 아니한다(고용보험법 제49조). ⑤ 훈련연장급여를 지급하는 경우에 그 일액은 해당 수급자격자의 구직급여 일액의 100분의 100으로 하고, 제52조 또는 제53조에 따라 개별연장급여 또는 특별연장급여를 지급하는 경우에 그 일액은 해당 수급자격자의 구직급여일액의 100분의 70을 곱한 금액으로 한다(고용보험법 제54조 2항).

20. 다음 설명 중 옳지 않은 것은?

① 훈련연장급여를 지급하는 경우에 그 일액은 해당 수급자격자의 구직급여 일액의 100분의 100으로 한다.
② 개별연장급여를 지급하는 경우에 그 일액은 해당 수급자격자의 구직급여 일액의 100분의 70으로 한다.
③ 특별연장급여를 지급하는 경우에 그 일액은 해당 수급자격자의 구직급여 일액의 100분의 100으로 한다.
④ 훈련연장급여의 지급기간은 2년이다.
⑤ 고용노동부장관은 특별연장급여를 지급하려면 기간을 정하여 실시하여야 한다.

해설

②③ 개별연장급여 또는 특별연장급여를 지급하는 경우에 그 일액은 해당 수급자격자의 구직급여일액의 100분의 70으로 한다(고용보험법 제54조 2항 후단). ① 고용보험법 제54조 2항 전단, ④ 고용보험법 제51조 2항; 고용보험법 시행령 제72조, ⑤ 고용보험법 제53조 2항

21. 고용보험법상 연장급여에 대한 설명 중 옳지 않은 것은?

① 훈련연장급여, 개별연장급여, 특별연장급여는 그 수급자격자가 지급받을 수 있는 구직급여의 지급이 끝난 후에 지급한다.
② 이직 후의 생활안정을 위한 일정기준 이상의 소득이 있는 수급자격자에게도 개별연장급여는 지급되지 아니하나, 특별연장급여는 지급된다.
③ 훈련연장급여를 지급받고 있는 수급자격자에게는 그 훈련연장급여의 지급이 끝난 후가 아니면 개별연장급여 및 특별연장급여를 지급하지 아니한다.
④ 개별연장급여 또는 특별연장급여를 지급받고 있는 수급자격자가 훈련연장급여를 지급받게 되면 개별연장급여나 특별연장급여를 지급하지 아니한다.

정답 20. ③ 21. ②

⑤ 특별연장급여를 지급받고 있는 수급자격자에게는 특별연장급여의 지급이 끝난 후가 아니면 개별연장급여를 지급하지 아니하고, 개별연장급여를 지급받고 있는 수급자격자에게는 개별연장급여의 지급이 끝난 후가 아니면 특별연장급여를 지급하지 아니한다.

✍ 해설

② 이직 후의 생활안정을 위한 일정 기준 이상의 소득이 있는 수급자격자 등 고용노동부령으로 정하는 수급자격자에 대하여는 특별연장급여를 지급하지 아니한다(고용보험법 제53조 1항 단서). ① 고용보험법 제55조 1항, ③ 고용보험법 제55조 2항, ④ 고용보험법 제55조 3항, ⑤ 고용보험법 제55조 4항

22. 다음 설명 중 옳은 것은?

① 수급자격자가 사망한 경우 그 수급자격자에게 지급되어야 할 구직급여로서 아직 지급되지 아니한 것이 있으면 그 수급자격자의 배우자(사실상의 혼인관계에 있는 자는 제외한다)·자녀·부모·손자녀·조부모 또는 형제자매로서 수급자격자와 생계를 같이하고 있던 자의 청구에 따라 그 미지급분을 지급한다.

② 수급자격자가 사망한 경우 지급되지 아니한 구직급여의 지급을 청구하려는 자는 미지급 실업급여 청구서를 미지급 급여 청구자의 거주지 관할 직업안정기관의 장에게 제출하여야 한다.

③ 수급자격자가 사망하여 실업의 인정을 받을 수 없었던 기간에 대하여는 지급되지 아니한 구직급여의 지급을 청구하는 자가 그 수급자격자에 대한 실업의 인정을 받아야 한다.

④ 수급자격자가 사망한 경우 지급되지 아니한 구직급여를 지급받을 수 있는 같은 순위자가 2명 이상이면 그 중 1명이 한 청구를 전원을 위하여 한 것으로 보지 않는다.

⑤ 개별연장급여 또는 특별연장급여를 지급받고 있는 수급자격자가 훈련연장급여를 지급받더라도 개별연장급여나 특별연장급여의 지급에 영향을 미치지 않는다.

✍ 해설

③ 고용보험법 제57조 2항, ① 수급자격자가 사망한 경우 그 수급자격자에게 지급되어야 할 구직급여로서 아직 지급되지 아니한 것이 있는 경우에는 그 수급자격자의 배우자(사실상의 혼인관계에 있는 자를 포함한다)·자녀·부모·손자녀·조부모 또는 형제자매로서 수급자격자와 생계를 같이하고 있던 자의 청구에 따라 그 미지급분을 지급한다

정답 22. ③

(고용보험법 제57조 1항). ② 법 제57조 1항에 따라 지급되지 아니한 구직급여의 지급을 청구하려는 자(이하 "미지급급여 청구자"라 한다)는 미지급 실업급여 청구서를 사망한 수급자격자의 신청지 관할 직업안정기관의 장에게 제출하여야 한다(고용보험법 시행령 제76조 1항). ④ 수급자격자가 사망한 경우 지급되지 아니한 구직급여를 지급받을 수 있는 자의 순위는 같은 항에 열거된 순서로 한다. 이 경우 같은 순위자가 2명 이상이면 그 중 1명이 한 청구를 전원(全員)을 위하여 한 것으로 보며, 그 1명에게 한 지급은 전원에 대한 지급으로 본다(고용보험법 제57조 3항). ⑤ 개별연장급여 또는 특별연장급여를 지급받고 있는 수급자격자가 훈련연장급여를 지급받게 되면 개별연장급여나 특별연장급여를 지급하지 아니한다(고용보험법 제55조 3항).

23. 고용보험법상 연장급여에 관한 설명으로 옳지 않은 것은? 〈노무사 2010년〉

① 훈련연장급여를 지급하는 경우에 그 일액은 해당 수급자격자의 구직급여일액의 100분의 100으로 한다.

② 개별연장급여 또는 특별연장급여를 지급하는 경우에 그 일액은 해당 수급자격자의 구직급여일액의 100분의 80을 곱한 금액으로 한다.

③ 훈련연장급여를 지급받고 있는 수급자격자에게는 그 훈련연장급여의 지급이 끝난 후가 아니면 개별연장급여 및 특별연장급여를 지급하지 아니한다.

④ 특별연장급여의 실시기간은 6개월 이내로 한다.

⑤ 개별연장급여를 지급받고 있는 수급자격자가 훈련연장급여를 지급받게 되면 개별연장급여를 지급하지 아니한다.

해설

② 개별연장급여 또는 특별연장급여를 지급하는 경우에 그 일액은 해당 수급자격자의 구직급여일액의 100분의 70을 곱한 금액으로 한다(고용보험법 제54조 2항 후단). ① 고용보험법 제54조 2항 전단, ③ 고용보험법 제55조 2항, ④ 특별연장급여의 지급기간은 최장 60일이며(고용보험법 제53조 1항), 실시기간은 6개월 이내로 한다(고용보험법 시행규칙 제98조). ⑤ 고용보험법 제55조 3항

24. 다음 중 구직급여의 지급 제한사유에 대한 설명 중 옳지 않은 것은?

① 소개된 직업 또는 직업능력개발 훈련 등을 받도록 지시된 직종이 수급자격자의 능력에 맞지 아니한 경우에는 구직급여의 지급을 정지하지 않는다.

② 소개된 직업의 임금수준이 같은 지역의 같은 종류의 업무 또는 같은 정도의 기능에 대한 통상의 임금수준에 비하여 100분의 20 이상 낮은 경우에

정답 23. ② 24. ④

는 구직급여의 지급을 정지하지 않는다.

③ 거짓이나 그 밖의 부정한 방법으로 실업급여를 받았거나 받으려 한 자에게는 그 급여를 받은 날 또는 받으려 한 날부터의 구직급여를 지급하지 않는다.

④ 고용노동부장관은 거짓이나 그 밖의 부정한 방법으로 구직급여를 지급한 자에게 지급받은 전체 구직급여의 전부 또는 일부의 반환을 명할 수 있다.

⑤ 직업안정기관의 장은 수급자격자 또는 수급자격이 있었던 자에게 잘못 지급된 구직급여가 있으면 그 지급금액을 징수할 수 있다.

해설

④ 고용노동부장관이 아니라 직업안정기관의 장이다. 직업안정기관의 장은 거짓이나 그 밖의 부정한 방법으로 구직급여를 지급받은 자에게 지급받은 전체 구직급여의 전부 또는 일부의 반환을 명할 수 있고, 이에 추가하여 고용노동부령으로 정하는 기준에 따라 그 거짓이나 그 밖의 부정한 방법으로 지급받은 구직급여액에 상당하는 액수 이하의 금액을 징수할 수 있다(고용보험법 제62조 1항). ① 고용보험법 제60조 1항 1호, ② 고용보험법 제60조 1항 3호, ③ 거짓이나 그 밖의 부정한 방법으로 실업급여를 받았거나 받으려 한 자에게는 그 급여를 받은 날 또는 받으려 한 날부터의 구직급여를 지급하지 아니한다(고용보험법 제61조 1항). ⑤ 고용보험법 제62조 3항

25. 수급자격자가 사망한 경우에 지급되지 아니한 구직급여를 받는 우선순위가 옳게 나열된 것은? 〈단시간직업상담원 2011년〉

① 배우자 - 자녀 - 부모 - 손자녀 - 조부모 - 형제자매
② 배우자 - 자녀 - 부모 - 조부모 - 손자녀 - 형제자매
③ 자녀 - 배우자 - 부모 - 조부모 - 손자녀 - 형제자매
④ 자녀 - 부모 - 배우자 - 조부모 - 형제자매 - 손자녀
⑤ 부모 - 자녀 - 배우자 - 손자녀 - 조부모 - 형제자매

해설

수급자격자가 사망한 경우 그 수급자격자에게 지급되어야 할 구직급여로서 아직 지급되지 아니한 것이 있는 경우에는 그 수급자격자의 배우자(사실상의 혼인 관계에 있는 자를 포함한다)·자녀·부모·손자녀·조부모 또는 형제자매로서 수급자격자와 생계를 같이하고 있던 자의 청구에 따라 그 미지급분을 지급한다(고용보험법 제57조 1항).

정답 25. ①

Ⅲ. 취업촉진 수당

01. 다음 중 조기재취업 수당에 관한 설명 중 타당하지 않은 것은?

① 조기재취업 수당은 수급자격자가 안정된 취업에 재취직하거나 스스로 영리를 목적으로 하는 사업을 영위하는 경우로서 대기기간이 지난 후 재취업한 날의 전날을 기준으로 소정급여일수를 2분의 1이상 남기고 재취업한 경우로서 12개월 이상 계속하여 고용된 경우 지급한다.

② 조기재취업 수당의 금액은 구직급여일액에 미지급일수의 2분의 1을 곱한 금액으로 한다.

③ 조기재취업 수당의 수급자격자가 재취직 당시 연령이 55세 이상인 경우 조기재취업 수당의 금액은 구직급여일액에 미지급일수의 3분의 2를 곱한 금액으로 한다.

④ 외국인근로자의 고용 등에 관한 법률 제2조에 따른 외국인 근로자는 수급자격자가 될 수 있다.

⑤ 수급자격자를 조기에 재취업시켜 구직급여의 지급 기간이 단축되도록 한 자에게는 대통령령으로 정하는 바에 따라 장려금을 지급할 수 있다.

해설

①④ 조기재취업 수당은 수급자격자(「외국인근로자의 고용 등에 관한 법률」 제2조에 따른 외국인 근로자는 제외한다)가 안정된 직업에 재취직하거나 스스로 영리를 목적으로 하는 사업을 영위하는 경우로서 대통령령으로 정하는 기준에 해당하면 지급한다(고용보험법 제64조 1항, 고용보험법 시행령 제84조 1항 1호). ② 고용보험법 시행령 제85조 1항, ③ 고용보험법 시행령 제85조 2항 2호의 내용으로 현재 삭제되었다. ⑤ 수급자격자를 조기에 재취업시켜 구직급여의 지급 기간이 단축되도록 한 자에게는 대통령령으로 정하는 바에 따라 장려금을 지급할 수 있다(고용보험법 제64조 5항).

02. 甲(50세)은 구직급여를 받아가 소정급여일수를 80일 남겨 두고 재취업하였다. 甲의 소정급여일수는 150일이고, 이직 당시 평균임금은 10만 원이었다. 甲이 수령할 수 있는 조기 재취업수당은 얼마인가? 〈노무사 2014년 변형〉

① 160만 원 ② 172만 원
③ 320만 원 ④ 344만 원
⑤ 받을 수 없다.

정답 01. ④ 02. ②

✍ 해설

갑의 평균임금이 10만 원으로 기초일액 상한인 8만 6천 원을 초과하여 기초일액은 8만 6천 원이 된다(고용보험법 제45조 5항, 동법 시행령 제68조 1항). 구직급여일액은 기초일액의 100분의 50이므로 4만 3천원이 되고(고용보험법 제46조 1항 1호), 따라서 조기재취업 수당의 금액은 구직급여일액인 4만3천원 × 미지급일수 80일×2분의1 = 172만 원이 된다(고용보험법 제64조 3항, 동법 시행령 제85조).

03. 고용보험법령상 다음 피보험자(비장애인)가 지급받을 수 있는 조기재취업 수당은 얼마인가? 〈노무사 2012년〉

○ 재취업한 때(2012년 1월)의 연령: 50세 ○ 구직급여일액: 4만 원 ○ 미지급 소정급여일수: 120일

① 120만 원 ② 240만 원
③ 320만 원 ④ 360만 원
⑤ 480만 원

✍ 해설

조기재취업 수당의 금액은 구직급여일액에 미지급일수의 2분의 1을 곱한 금액으로 한다(고용보험법 시행령 제85조 1항). 따라서 4만원 × 120일 ×2분의1 = 240만 원이 된다.

04. 다음 설명 중 옳지 않은 것은?

① 광역 구직활동비는 수급자격자가 직업안정기관의 소개에 따라 광범위한 지역에 걸쳐 구직활동을 하는 경우로서 대통령령으로 정하는 기준에 따라 직업안정기관의 장이 필요하다고 인정하면 지급할 수 있다.
② 이주비는 수급자격자가 취업하거나 직업안정기관의 장이 지시한 직업능력개발 훈련 등을 받기 위하여 그 주거를 이전하는 경우로서 대통령령으로 정하는 기준에 따라 직업안정기관의 장이 필요하다고 인정하면 지급할 수 있다.
③ 이주비의 금액은 수급자격자 및 그 수급자격자에 의존하여 생계를 유지하는 동거 친족의 이주에 일반적으로 드는 비용으로 한다.
④ 거짓이나 그 밖의 부정한 방법으로 실업급여를 받은 자에게는 그 급여를

정답 03. ② 04. ④

받은 다음 날부터의 취업촉진 수당을 지급하지 아니한다.

⑤ 거짓이나 그 밖의 부정한 방법이 실업인정대상기간 중의 근로에 대한 신고의무 불이행 또는 거짓의 신고인 경우 취업촉진 수당의 지급을 제한하지 아니할 수 있다.

해설

④ 거짓이나 그 밖의 부정한 방법으로 실업급여를 받았거나 받으려 한 자에게는 그 급여를 받은 날 또는 받으려 한 날부터의 취업촉진 수당을 지급하지 아니한다(고용보험법 제68조 1항). ① 광역 구직활동비는 수급자격자가 직업안정기관의 소개에 따라 광범위한 지역에 걸쳐 구직 활동을 하는 경우로서 대통령령으로 정하는 기준에 따라 직업안정기관의 장이 필요하다고 인정하면 지급할 수 있다(고용보험법 제66조 1항). ② 이주비는 수급자격자가 취업하거나 직업안정기관의 장이 지시한 직업능력개발 훈련 등을 받기 위하여 그 주거를 이전하는 경우로서 대통령령으로 정하는 기준에 따라 직업안정기관의 장이 필요하다고 인정하면 지급할 수 있다(고용보험법 제67조 1항). ⑤ 고용보험법 제68조 2항

05. 고용보험법령상 급여에 관한 설명으로 옳은 것은? 〈노무사 2015년〉

① 이주비의 금액은 수급자격자 및 그 수급자격자에 의존하여 생계를 유지하는 동거친족의 이주에 일반적으로 드는 비용으로 하되, 그 금액의 산정은 고용노동부령으로 정하는 바에 따라 따른다.

② 근로자를 전혀 사용하지 아니하는 자영업자는 자신을 피보험자로 하여 조기재취업 수당을 지급받을 수 있다.

③ 구직급여의 산정기초가 되는 임금일액(기초일액)의 상한액은 9만 6천원이다.

④ 고용노동부장관은 고용조정이 불가피하게 된 사업주가 근로자에 대한 휴업을 실시한 경우, 근로자의 임금이 평균임금의 100분의 70 미만으로 감소할 때는 그 근로자에게도 필요한 지원을 할 수 있다.

⑤ 피보험자가 육아휴직 급여 기간 중에 그 사업에서 이직한 경우에도 육아휴직 급여를 지급한다.

해설

① 이주비의 금액은 수급자격자 및 그 수급자격자에 의존하여 생계를 유지하는 동거친족의 이주에 일반적으로 드는 비용으로 하되, 그 금액의 산정은 고용노동부령으로 정하는 바에 따라 따른다. ② 자영업자인 피보험자의 실업급여의 종류는 제37조에 따른다. 다만, 제51조부터 제55조까지의 규정에 따른 연장급여와 제64조에 따른 조기재

정답 05. ①

취업 수당은 제외한다(고용보험법 제69조의2). ③ 법 제45조 5항에 따라 구직급여의 산정 기초가 되는 임금일액이 8만 6천 원을 초과하는 경우에는 8만 6천 원을 해당 임금일액으로 한다(고용보험법 시행령 제68조 1항). ④ 고용노동부장관은 경기의 변동, 산업구조의 변화 등에 따른 사업 규모의 축소, 사업의 폐업 또는 전환으로 고용조정이 불가피하게 된 사업주가 근로자에 대한 휴업, 휴직, 직업전환에 필요한 직업능력개발 훈련, 인력의 재배치 등을 실시하거나 그 밖에 근로자의 고용안정을 위한 조치를 하면 대통령령으로 정하는 바에 따라 그 사업주에게 필요한 지원을 할 수 있다. 이 경우 휴업이나 휴직 등 고용안정을 위한 조치로 근로자의 임금이 대통령령으로 정하는 수준으로 감소할 때에는 대통령령으로 정하는 바에 따라 그 근로자에게도 필요한 지원을 할 수 있다(고용보험법 제21조 1항), 법 제21조제1항 후단에서 "대통령령으로 정하는 수준"이란 평균임금의 100분의 50 미만(지급되는 임금이 없는 경우를 포함한다)을 말한다(고용보험법 시행령 제21조의2). ⑤ 피보험자가 육아휴직 급여 기간 중에 그 사업에서 이직하거나 새로 취업한 경우에는 그 이직 또는 취업하였을 때부터 육아휴직 급여를 지급하지 아니한다(고용보험법 제73조 1항).

06. 다음 중 취업촉진 수당에 해당하는 것은? 〈단시간직업상담원 2011년〉

① 구직급여
② 근로자 수강지원금
③ 광역 구직활동비
④ 고령자 고용연장 지원금
⑤ 고용유지 지원금

해설

취업촉진 수당의 종류(고용보험법 제37조 2항)

1. 조기(早期)재취업 수당
2. 직업능력개발 수당
3. 광역 구직활동비
4. 이주비

07. 고용보험법상 자영업자인 피보험자에게 지급될 수 있는 급여는 모두 몇 개인가? 〈노무사 2014년〉

ㄱ. 이주비	ㄴ. 훈련연장급여	ㄷ. 육아휴직 급여
ㄹ. 조기재취업 수당	ㅁ. 직업능력개발 수당	

① 1개
② 2개
③ 3개
④ 4개
⑤ 5개

정답 06. ③ 07. ②

✍ 해설

이주비와 직업능력개발수당은 자영업자인 피보험자에게 지급될 수 있다. 조기재취업수당은 제외한다(고용보험법 제69조의2).

08. 폐업한 자영업자인 피보험자에게 구직급여를 지급하기 위한 요건이 아닌 것은?

① 폐업일 이전 24개월간 제41조 1항 단서에 따라 자영업자인 피보험자로서 갖춘 피보험 단위기간이 통산하여 1년 이상일 것
② 근로의 의사와 능력이 있음에도 불구하고 취업을 하지 못한 상태에 있을 것
③ 폐업사유가 제69조의7에 따른 수급자격의 제한사유에 해당하지 아니할 것
④ 폐업 후 3개월 이상의 시간이 경과하였을 것
⑤ 재취업을 위한 노력을 적극적으로 할 것

✍ 해설

①②③⑤ 구직급여는 폐업한 자영업자인 피보험자가 다음 각 호의 요건을 모두 갖춘 경우에 지급한다. 1. 폐업일 이전 24개월간 제41조 1항 단서에 따라 자영업자인 피보험자로서 갖춘 피보험 단위기간이 통산(通算)하여 1년 이상일 것, 2. 근로의 의사와 능력이 있음에도 불구하고 취업을 하지 못한 상태에 있을 것, 3. 폐업사유가 제69조의7에 따른 수급자격의 제한 사유에 해당하지 아니할 것, 4. 재취업을 위한 노력을 적극적으로 할 것(고용보험법 제69조의3)

09. 다음 빈 칸에 들어갈 알맞은 말은?

자영업자인 피보험자로서 폐업한 수급자격자에 대한 구직급여일액은 그 수급자격자의 기초일액에 (　　)을 곱한 금액으로 한다.

① 100분의 20　② 100분의 30　③ 100분의 40
④ 100분의 50　⑤ 100분의 90

✍ 해설

자영업자인 피보험자로서 폐업한 수급자격자에 대한 구직급여일액은 그 수급자격자의 기초일액에 100분의 50을 곱한 금액으로 한다(고용보험법 제69조의5).

정답 08. ④ 09. ④

10. 고용보험법상 자영업자인 피보험자에 대한 실업급여 적용의 특례에 관한 설명으로 옳지 않은 것은? 〈노무사 2013년〉

① 고용노동부장관은 보험료를 체납한 사람에게는 고용노동부령으로 정하는 바에 따라 실업급여를 지급하지 아니할 수 있다.
② 자영업자인 피보험자로서 폐업한 수급자격자에 대한 구직급여일액은 그 수급자격자의 기초일액에 100분의 50을 곱한 금액으로 한다.
③ 자영업자인 피보험자로부터 고용보험 및 산업재해보상보험의 보험료징수 등에 관한 법률에 따라 징수된 고용안정·직업능력개발 사업의 보험료 및 실업급여의 보험료는 각각 자영업자인 피보험자를 위한 그 사업에 드는 비용에 충당한다.
④ 자영업자인 피보험자의 실업급여의 종류에는 조기재취업 수당이 포함된다.
⑤ 자영업자인 피보험자의 실업급여를 받을 권리는 양도 또는 압류하거나 담보로 제공할 수 없다.

해설

④ 자영업자인 피보험자의 실업급여의 종류는 제37조에 따른다. 다만, 제51조부터 제55조까지의 규정에 따른 연장급여와 제64조에 따른 조기재취업 수당은 제외한다(고용보험법 제69조의2). ① 고용보험법 제69조의8, ② 고용보험법 제69조의5, ③ 고용보험법 제6조 3항, ⑤ 고용보험법 제69조의9(준용). 고용보험법 제38조(실업급여를 받을 권리는 양도 또는 압류하거나 담보로 제공할 수 없다)

11. 다음 설명 중 옳지 않은 것은?

① 자영업자인 피보험자의 실업급여 받을 권리는 양도 또는 압류할 수 없으나, 담보로 제공할 수 있다.
② 고용노동부장관은 보험료를 체납한 자영업자에게는 고용노동부령으로 정하는 바에 따라 실업급여를 지급하지 아니할 수 있다.
③ 자영업자인 피보험자가 방화 등 본인의 중대한 귀책사유로서 고용노동부령으로 정하는 사유로 폐업한 경우에 해당한다고 직업안정기관의 장이 인정하는 경우에는 수급자격이 없는 것으로 본다.
④ 자영업자인 피보험자로서 폐업한 수급자격자에 대한 소정급여일수는 대기기간이 끝난 다음 날부터 계산한다.
⑤ 구직급여를 지급받으려는 자영업자인 피보험자는 폐업 후 지체없이 직업안정기관에 출석하여 실업을 신고하여야 한다.

정답 10. ④ 11. ①

✍ 해설

① 자영업자인 피보험자의 실업급여의 경우 고용보험법 제38조가 준용된다. 따라서 실업급여를 받을 권리는 양도 또는 압류하거나 담보로 제공할 수 없다(고용보험법 제69조의9, 제38조). ② 고용노동부장관은 보험료를 체납한 사람에게는 고용노동부령으로 정하는 바에 따라 이 장에 따른 실업급여를 지급하지 아니할 수 있다(고용보험법 제69조의8). ③ 폐업한 자영업자인 피보험자가 방화(放火) 등 피보험자 본인의 중대한 귀책사유로서 고용노동부령으로 정하는 사유로 폐업한 경우 해당한다고 직업안정기관의 장이 인정하는 경우에는 수급자격이 없는 것으로 본다(고용보험법 제69조의7 2호). ④ 자영업자인 피보험자로서 폐업한 수급자격자에 대한 소정급여일수는 제49조에 따른 대기기간이 끝난 다음날부터 계산하기 시작하여 피보험기간에 따라 별표 2에서 정한 일수가 되는 날까지로 한다(고용보험법 제69조의6). ⑤ 자영업자인 피보험자의 실업급여의 경우 고용보험법 제42조 1항이 준용된다. 따라서 구직급여를 지급받으려는 자는 이직 후 지체없이 직업안정기관에 출석하여 실업을 신고하여야 한다(고용보험법 제69조의9, 고용보험법 제42조 1항).

제5절 육아휴직 급여 등

Ⅰ. 육아휴직 급여 및 육아기 근로시간 단축 급여

01. 고용보험법령상 육아휴직 급여에 관한 설명으로 옳은 것은? 〈노무사 2013년〉

① 육아휴직 급여의 지급대상 기간이 1개월을 채우지 못하는 경우에는 근로기준법에 따라 산정한 월 평균임금의 100분의 70에 해당하는 금액을 해당 월에 휴직한 일수로 일할계산(日割計算)하여 지급한다.
② 피보험자가 육아휴직 급여 기간 중에 그 사업에서 이직(離職)한 경우에는 그 이직하였을 때부터 육아휴직 급여를 지급하지 아니한다.
③ 피보험자가 육아휴직 급여 기간 중에 사업주로부터 금품을 지급받은 경우에는 그 사실을 근로복지공단 이사장에게 신고하여야 한다.
④ 본인의 형제자매의 부상은 육아휴직급여 신청기간의 연장사유에 해당된다.
⑤ 직업안정기관의 장은 필요하다고 인정하면 직권으로 그 자에게 행하는 육아휴직 급여에 관한 사무를 다른 직업안정기관의 장에게 위탁하여 처리할 수 있다.

해설

① 육아휴직 급여는 육아휴직 개시일을 기준으로 「근로기준법」에 따라 산정한 월 통상임금의 100분의 40에 해당하는 금액을 월별 지급액으로 한다. 다만, 육아휴직 급여의 지급대상 기간이 1개월을 채우지 못하는 경우에는 「근로기준법」에 따라 산정한 월 통상임금의 100분의 40에 해당하는 금액을 해당 월에 휴직한 일수로 일할계산(日割計算)하여 지급한다(고용보험법 시행령 제95조 1항). ② 고용보험법 제73조 1항, ③ 피보험자가 육아휴직 급여 기간 중에 이직 또는 새로 취업(취직한 경우 1주간의 소정근로시간이 15시간 미만인 경우는 제외한다. 이하 이 장에서 같다)하거나 사업주로부터 금품을 지급받은 경우에는 그 사실을 직업안정기관의 장에게 신고하여야 한다(고용보험법 제72조 1항). ④ 육아휴직 급여 신청기간의 연장사유는 다음과 같다. 1. 천재지변. 2. 본인이나 배우자의 질병·부상, 3. 본인이나 배우자의 직계존속 및 직계비속의 질병·부상, 4. 「병역법」에 따른 의무복무, 5. 범죄혐의로 인한 구속이나 형의 집행(고용보험법 시행령 제94조), ⑤ 고용보험법 시행령 제99조

정답 01. ②

02. 다음 ( ) 안에 들어갈 내용으로 옳은 것은? 〈노무사 2011년 변형〉

고용보험법령상 육아휴직 급여는 육아휴직 개시일을 기준으로 근로기준법에 따라 산정한 월 통상임금의 (ㄱ)에 해당하는 금액으로 한다. 이 때 육아휴직 급여의 상한액은 월 (ㄴ)만 원이고, 하한액은 월 (ㄷ)만 원이다.

① ㄱ : 100분의 40　ㄴ : 100　ㄷ : 50
② ㄱ : 100분의 40　ㄴ : 200　ㄷ : 100
③ ㄱ : 100분의 50　ㄴ : 200　ㄷ : 100
④ ㄱ : 100분의 100　ㄴ : 100　ㄷ : 50
⑤ ㄱ : 100분의 100　ㄴ : 200　ㄷ : 100

해설

ㄱ. 법 제70조 3항에 따른 육아휴직 급여는 육아휴직 개시일을 기준으로 「근로기준법」에 따라 산정한 월 통상임금의 100분의 40에 해당하는 금액으로 한다(고용보험법 시행령 제95조 1항 본문). ㄴㄷ. 육아휴직 급여의 상한선과 하한선은 다음 각 호의 구분과 같다. 1. 제1항 본문에 따라 지급하는 경우 가. 상한액: 월 100만 원. 나. 하한액: 월 50만 원(고용보험법 시행령 제95조 2항). 따라서 답은 ①이 된다.

03. 다음 육아휴직과 관련한 설명 중 옳지 않은 것은?

① 육아휴직 급여를 지급받으려는 사람은 육아휴직을 시작한 날 이후 1개월부터 육아휴직이 끝난 날 이후 12개월 이내에 신청하여야 한다.
② 육아휴직 급여를 받기 위하여는 육아휴직을 시작한 날 이전에 피보험단위기간이 180일 이상이어야 한다.
③ 피보험자가 육아휴직 급여 기간 중에 그 사업에서 이직한 경우에는 이직하였을 때부터 육아휴직 급여를 지급하지 아니한다.
④ 육아휴직 급여의 지급대상 기간이 1개월을 채우지 못한 경우에는 근로기준법에 따라 산정한 평균임금에 육아휴직일수를 곱하여 산정한 금액의 100분의 40으로 한다.
⑤ 피보험자가 사업주로부터 육아휴직을 이유로 금품을 지급받은 경우 대통령령으로 정하는 바에 따라 급여를 감액하여 지급할 수 있다.

해설

④ 육아휴직 급여의 지급대상 기간이 1개월을 채우지 못하는 경우에는 「근로기준법」에 따라 산정한 일 통상임금에 육아휴직일수를 곱하여 산정한 금액의 100분의 40으로

정답 02 ① 03. ④

한다(고용보험법 시행령 제95조 1항 단서). ① 육아휴직 급여를 지급받으려는 사람은 육아휴직을 시작한 날 이후 1개월부터 육아휴직이 끝난 날 이후 12개월 이내에 신청하여야 한다(고용보험법 제70조 2항). ② 육아휴직을 시작한 날 이전에 제41조에 따른 피보험 단위기간이 통산하여 180일 이상이어야 한다(고용보험법 제70조 1항 1호). ③ 피보험자가 육아휴직 급여 기간 중에 그 사업에서 이직하거나 새로 취업한 경우에는 그 이직 또는 취업하였을 때부터 육아휴직 급여를 지급하지 아니한다(고용보험법 제73조 1항). ⑤ 피보험자가 사업주로부터 육아휴직을 이유로 금품을 지급받은 경우 대통령령으로 정하는 바에 따라 급여를 감액하여 지급할 수 있다(고용보험법 제73조 2항).

04. 다음 설명 중 옳지 않은 것은?

① 고용노동부장관은 육아기 근로시간 단축을 30일 이상 실시한 피보험자가 일정한 요건을 갖춘 경우 육아기 근로시간 단축 급여를 지급한다.

② 육아기 근로시간 단축 급여를 받기 위하여는 피보험자가 육아기 근로시간 단축을 시작한 날 이전에 피보험 단위기간이 통산하여 180일 이상이어야 한다.

③ 육아휴직 급여와 달리 같은 자녀에 대하여 피보험자인 배우자가 30일 이상의 육아휴직을 부여받은 경우에도 육아기 근로시간 단축 급여를 지급한다.

④ 고용노동부장관은 피보험자가 '남녀고용평등과 일·가정 양립 지원에 관한 법률' 제19조의 2에 따른 근로시간 단축기간 중 매월 단위로 사업주로부터 지급받은 금품과 고용보험법 제73조의2에 따른 육아기 근로시간 단축 급여를 합한 금액이 육아기 근로시간 단축 시작일의 직전 월을 기준으로 한 월 통상임금을 초과한 경우에는 그 초과하는 금액을 육아기 근로시간 단축 급여에서 빼고 지급한다.

⑤ 피보험자가 사업주로부터 육아기 근로시간 단축을 이유로 금품을 지급받은 경우 대통령령으로 정하는 바에 따라 육아기 근로시간 단축 급여를 지급하지 아니한다.

해설

①②③ 고용노동부장관은 육아기 근로시간 단축을 30일(「근로기준법」 제74조에 따른 출산전후휴가기간 90일과 중복되는 기간은 제외한다) 이상 실시한 피보험자 중 다음 각 호의 요건을 모두 갖춘 피보험자에게 육아기 근로시간 단축 급여를 지급한다. 1. 육아기 근로시간 단축을 시작한 날 이전에 제41조에 따른 피보험 단위기간이 통산하여 180일 이상일 것. 2. 같은 자녀에 대하여 피보험자인 배우자가 30일 이상의 육아휴직을 부여받지 아니하거나 육아기 근로시간 단축을 30일 이상 실시하지 아니하고 있을

정답 04. ③

것(고용보험법 제73조의2 1항). 따라서 ③이 틀리다. ④ 고용노동부장관은 법 제74조 2항에 따라 피보험자가 「남녀고용평등과 일·가정 양립 지원에 관한 법률」 제19조의2에 따른 육아기 근로시간 단축기간 중 매월 단위로 사업주로부터 지급받은 금품(임금과 육아기 근로시간 단축을 이유로 지급받은 금품)과 법 제73조의2에 따른 육아기 근로시간 단축 급여를 합한 금액이 육아기 근로시간 단축 시작일의 직전 월을 기준으로 한 월 통상임금을 초과한 경우에는 그 초과하는 금액을 육아기 근로시간 단축 급여에서 빼고 지급한다(고용보험법 시행령 제104조의4). ⑤ 육아기 근로시간 단축급여에 관하여는 고용보험법 제73조가 준용된다. 따라서 피보험자가 사업주로부터 육아기 근로시간 단축을 이유로 금품을 지급받은 경우 대통령령으로 정하는 바에 따라 육아기 근로시간 단축 급여를 지급하지 아니한다(고용보험법 제74조, 제73조).

05. 육아휴직 급여의 신청기간으로 옳은 것은? 〈단시간직업상담원 2011년〉

① 육아휴직 급여를 지급받으려는 사람은 육아휴직을 시작한 날 이후 1개월부터 육아휴직이 끝난 날 이후 12개월 이내에 신청하여야 한다.
② 육아휴직 급여를 지급받으려는 사람은 육아휴직을 시작한 날 이후 3개월부터 육아휴직이 끝난 날 이후 12개월 이내에 신청하여야 한다.
③ 육아휴직 급여를 지급받으려는 사람은 육아휴직을 시작한 날 이후 1개월부터 육아휴직이 끝난 날 이후 6개월 이내에 신청하여야 한다.
④ 육아휴직 급여를 지급받으려는 사람은 육아휴직을 시작한 날 이후 3개월부터 육아휴직이 끝난 날 이후 6개월 이내에 신청하여야 한다.
⑤ 해당 기간에 대통령령으로 정하는 사유로 육아휴직 급여를 신청할 수 없었던 사람은 그 사유가 끝난 후 60일 이내에 신청하여야 한다.

해설

육아휴직 급여를 지급받으려는 사람은 육아휴직을 시작한 날 이후 1개월부터 육아휴직이 끝난 날 이후 12개월 이내에 신청하여야 한다. 다만, 해당 기간에 대통령령으로 정하는 사유로 육아휴직 급여를 신청할 수 없었던 사람은 그 사유가 끝난 후 30일 이내에 신청하여야 한다(고용보험법 제70조 2항).

06. 고용보험법령상 육아휴직 급여 신청기간의 연장 사유에 해당하지 않는 것은? 〈노무사 2012년〉

① 천재지변
② 형제의 질병
③ 배우자의 직계존속의 부상

정답 05. ① 06. ②

④ 범죄혐의로 인한 구속
⑤ 병역법에 따른 의무복무

✍ 해설

①②③④⑤ 육아휴직 급여 신청기간의 연장 사유는 1. 천재지변, 2. 본인이나 배우자의 질병·부상, 3. 본인이나 배우자의 직계존속 및 직계비속의 질병·부상, 4. 병역법에 따른 의무복무, 5. 범죄혐의로 인한 구속이나 형의 집행

07. 다음 중 육아휴직 급여 신청기간의 연장사유에 해당하지 않는 것은 모두 몇 개인가?

ㄱ. 천재지변
ㄴ. 본인이나 배우자의 질병
ㄷ. 본인이나 배우자의 직계존속의 부상
ㄹ. 본인이나 배우자의 형제자매의 부상
ㅁ. 범죄혐의로 인한 구속이나 형의 집행
ㅂ. 병역법에 따른 의무복무
ㅁ. 거주목적의 국외이주

① 1개 ② 2개 ③ 3개 ④ 4개 ⑤ 5개

✍ 해설

육아휴직 급여 신청기간의 연장사유(고용보험법 시행령 제94조)

1. 천재지변
2. 본인이나 배우자의 질병·부상
3. 본인이나 배우자의 직계존속 및 직계비속의 질병·부상
4. 병역법에 따른 의무복무
5. 범죄혐의로 인한 구속이나 형의 집행

ㄹ,ㅁ 본인이나 배우자의 형제자매의 부상, 거주목적의 국외이주는 육아휴직급여 신청기간의 연장사유에 해당하지 않는다(고용보험법시행령 제94조).

08. 육아휴직 급여에 관한 설명으로 옳지 않은 것은? 〈단시간직업상담원 2011년〉

① 고용보험법에는 육아휴직 급여의 감액 규정이 있다.
② 피보험자가 육아휴직 급여 기간 중에 그 사업에서 이직한 경우에는 이직하였을 때부터 육아휴직 급여를 지급하지 아니한다.

정답 07. ② 08. ③

③ 피보험자가 육아휴직 급여 기간 중에 새로 취업한 경우에도 육아휴직 급여는 계속 지급하여야 한다.

④ 거짓이나 그 밖의 부정한 방법으로 육아휴직 급여를 받았거나 받으려 한 자에게는 그 급여를 받은 날 또는 받으려 한 날부터의 육아휴직 급여를 지급하지 아니한다.

⑤ ④의 경우, 그 급여와 관련된 육아휴직 이후에 새로 육아휴직 급여 요건을 갖춘 경우 그 새로운 요건에 따른 육아휴직 급여에 대하여는 이를 지급한다.

해설

피보험자가 육아휴직 급여 기간 중에 그 사업에서 이직하거나 새로 취업한 경우에는 그 이직 또는 취업하였을 때부터 육아휴직 급여를 지급하지 아니한다(고용보험법 제73조 1항).

09. 육아휴직 급여와 관련하여 빈칸에 들어갈 알맞은 말을 순서대로 바르게 나열한 것은? 〈단시간직업상담원 2011년〉

고용노동부장관은 육아휴직을 ____(출산전후휴가기간 ____과 중복되는 기간은 제외한다) 이상 부여받은 피보험자 중 다음 요건을 모두 갖춘 경우에 육아휴직 급여를 지급한다. 1. 육아휴직을 시작한 날 이전에 피보험 단위기간이 통산하여 ____ 이상일 것 2. 같은 자녀에 대하여 피보험자인 배우자가 ____ 이상의 육아휴직을 부여받지 아니하거나 「남녀고용평등과 일·가정 양립지원에 관한 법률」에 따른 육아기 근로시간 단축을 ____ 이상 실시하지 아니하고 있을 것

① 30일 - 60일 - 180일 - 30일 - 60일
② 30일 - 60일 - 120일 - 30일 - 30일
③ 30일 - 90일 - 180일 - 30일 - 30일
④ 30일 - 90일 - 180일 - 60일 - 60일
⑤ 30일 - 90일 - 90일 - 60일 - 30일

해설

30일 - 90일 - 180일 - 30일 - 30일(고용보험법 제70조)

정답 09. ③

10. 다음 빈 칸에 들어갈 내용으로 옳은 것은?

> A. 육아휴직 급여는 육아휴직 개시일을 기준으로 「근로기준법」에 따라 산정한 월 통상임금의 (ㄱ)에 해당하는 금액을 월별 지급액으로 한다.
> B. 같은 자녀에 대하여 부모가 순차적으로 육아휴직을 하는 경우 두 번째 육아휴직을 한 피보험자의 최초 1개월의 육아휴직 급여는 월 통상임금에 해당하는 금액으로 한다. 이 경우 그 상한액은 (ㄴ)으로 한다.

① ㄱ : 100분의 50 ㄴ : 100만 원
② ㄱ : 100분의 60 ㄴ : 100만 원
③ ㄱ : 100분의 60 ㄴ : 150만 원
④ ㄱ : 100분의 40 ㄴ : 100만 원
⑤ ㄱ : 100분의 40 ㄴ : 150만 원

해설

A. 고용보험법 시행령 제95조 1항 본문. 법 제70조 3항에 따른 육아휴직 급여는 육아휴직 개시일을 기준으로 「근로기준법」에 따라 산정한 월 통상임금의 100분의 40에 해당하는 금액을 월별 지급액으로 한다. B. 고용보험법 시행령 제95조의2. 제95조에도 불구하고 같은 자녀에 대하여 부모가 순차적으로 육아휴직을 하는 경우 두 번째 육아휴직을 한 피보험자의 최초 1개월의 육아휴직 급여는 월 통상임금에 해당하는 금액으로 한다. 이 경우 그 상한액은 150만 원으로 한다.

11. 다음은 육아기 근로시간 단축급여액의 계산식이다. 빈 칸에 들어갈 내용으로 옳은 것은?

> 육아기 근로시간단축 개시일을 기준으로 근로기준법에 따라 산정한 월 통상임금의 ㉠에 해당하는 금액 (㉡을 상한액으로 하고, ㉢을 하한액으로 한다.) × $\frac{\text{단축 전 소정근로시간} - \text{단축 후 소정근로시간}}{\text{단축 전 소정근로시간}}$

① ㉠ : 100분의 40 ㉡ : 150만 원 ㉢ : 50만 원
② ㉠ : 100분의 40 ㉡ : 100만 원 ㉢ : 50만 원
③ ㉠ : 100분의 60 ㉡ : 150만 원 ㉢ : 50만 원
④ ㉠ : 100분의 60 ㉡ : 100만 원 ㉢ : 50만 원
⑤ ㉠ : 100분의 60 ㉡ : 150만 원 ㉢ : 100만 원

해설

고용보험법 시행령 제104조의2 2항

정답 10. ⑤ 11. ②

Ⅱ. 출산전후휴가 급여 등

01. 다음 ( )에 들어갈 말로 바르게 짝지어진 것은?

> 고용노동부장관은 「남녀고용평등과 일·가정 양립 지원에 관한 법률」 제18조에 따라 피보험자가 「근로기준법」 제74조에 따른 출산전후휴가 또는 유산·사산휴가를 받은 경우로서 다음 각 호의 요건을 모두 갖춘 경우에 출산전후휴가 급여 등을 지급한다.
> 1. 휴가가 끝난 날 이전에 제41조에 따른 피보험 단위기간이 통산하여 (A)일 이상일 것
> 2. 휴가를 시작한 날(제19조 2항에 따라 근로자의 수 등이 대통령령으로 정하는 기준에 해당하는 기업이 아닌 경우는 휴가 시작 후 60일이 지난 날로 본다) 이후 (B)개월부터 휴가가 끝난 날 이후 (C)개월 이내에 신청할 것. 다만, 그 기간에 대통령령으로 정하는 사유로 출산전후휴가 급여등을 신청할 수 없었던 자는 그 사유가 끝난 후 (D)일 이내에 신청하여야 한다.

① A : 180 B : 1 C: 12 D : 30
② A : 180 B : 3 C: 12 D : 60
③ A : 150 B : 1 C: 24 D : 60
④ A : 150 B : 1 C: 12 D : 60
⑤ A : 180 B : 1 C: 24 D : 30

해설

고용보험법 제75조 참조

02. 다음 출산전후휴가 급여 등에 관한 설명 중 옳지 않은 것은?

① 출산전후휴가 급여의 상한액은 405만 원이다.
② 출산전후휴가 급여의 하한액은 출산전후휴가 시작일 당시 적용되던 최저임금법에 따른 시간단위에 해당하는 최저임금액보다 그 근로자의 시간급 통상임금이 낮은 경우에는 시간급 최저임금액을 시간급 통상임금으로 하여 산정된 출산전후휴가 급여의 지원기간 중 통상임금에 상당하는 금액으로 한다.
③ 사업주가 출산전후휴가 급여 등의 지급사유와 같은 사유로 그에 상응하는

정답 01. ① 02. ③

금품을 근로자에게 미리 지급한 경우로서 그 금품이 출산전후휴가 급여등을 대체하여 지급한 것으로 인정되면 그 급여를 감액하여 지급할 수 있다.

④ 피보험자가 출산전후휴가 급여 등 기간 중에 이직 또는 새로 취업(취직한 경우 1주간의 소정근로시간이 15시간 미만인 경우는 제외한다)하거나 사업주로부터 금품을 지급받은 경우에는 그 사실을 직업안정기관의 장에게 신고하여야 한다.

⑤ 피보험자가 출산전후휴가 급여 등 기간 중에 그 사업에서 이직하거나 새로 취업한 경우에는 그 이직 또는 취업하였을 때부터 육아휴직 급여를 지급하지 아니한다.

✍ 해설

③ 사업주가 출산전후휴가 급여등의 지급사유와 같은 사유로 그에 상당하는 금품을 근로자에게 미리 지급한 경우로서 그 금품이 출산전후휴가 급여 등을 대체하여 지급한 것으로 인정되면 그 사업주는 지급한 금액(제76조 2항에 따른 상한액을 초과할 수 없다)에 대하여 그 근로자의 출산전후휴가 급여 등을 받을 권리를 대위한다(고용보험법 제75조의2). ①② 1. 상한액: 출산전후휴가기간 또는 유산·사산휴가기간 90일에 대한 통상임금에 상당하는 금액이 405만 원을 초과하는 경우에는 405만 원. 다만, 출산전후휴가 급여 등의 지급기간이 90일 미만인 경우에는 일수로 계산한 금액으로 한다. 2. 하한액 : 출산전후휴가 또는 유산·사산휴가기간 시작일 당시 적용되던 「최저임금법」에 따른 시간 단위에 해당하는 최저임금액(이하 "시간급 최저임금액"이라 한다)보다 그 근로자의 시간급 통상임금이 낮은 경우에는 시간급 최저임금액을 시간급 통상임금으로 하여 산정된 출산전후휴가 급여 등의 지원기간 중 통상임금에 상당하는 금액(고용보험법 시행령 제101조). ④ 피보험자가 출산전후휴가 급여 등 기간 중에 이직 또는 새로 취업(취직한 경우 1주간의 소정근로시간이 15시간 미만인 경우는 제외한다)하거나 사업주로부터 금품을 지급받은 경우에는 그 사실을 직업안정기관의 장에게 신고하여야 한다(고용보험법 제77조, 제72조 1항). ⑤ 피보험자가 출산전후휴가 급여 등 기간 중에 그 사업에서 이직하거나 새로 취업한 경우에는 그 이직 또는 취업하였을 때부터 육아휴직 급여를 지급하지 아니한다(고용보험법 제77조, 제73조 1항).

03. 고용보험법상 급여의 상한액과 하한액으로 옳지 않은 것은?

〈단시간직업상담원 2011년〉

① 구직급여기초 임금일액의 상한액은 8만 원이다.
② 육아휴직급여의 상한액은 원칙적으로 월 100만 원이다.
③ 육아휴직급여의 하한액은 원칙적으로 월 50만 원이다.
④ 출산전후휴가급여의 상한액은 원칙적으로 300만 원이다(휴가기간 90일 기준).

정답 03. ④

⑤ 출산전후휴가급여의 하한액은 원칙적으로 시간급 최저임금액이다.

✍ 해설

법 제76조 2항에 따라 피보험자에게 지급하는 출산전후휴가급여 등의 상한액과 하한액은 다음 각 호와 같다.

1. 상한액: 출산전후휴가기간 또는 유산·사산휴가기간 90일에 대한 통상임금에 상당하는 금액이 405만 원을 초과하는 경우에는 405만 원. 다만, 출산전후휴가급여 등의 지급기간이 90일 미만인 경우에는 일수로 계산한 금액으로 한다.
2. 하한액: 출산전후휴가 또는 유산·사산휴가기간 시작일 당시 적용되던 '최저임금법'에 따른 시간 단위에 해당하는 최저임금액(이하 "시간급 최저임금액"이라 한다)보다 그 근로자의 시간급 통상임금이 낮은 경우에는 시간급 최저임금액을 시간급 통상임금으로 하여 산정된 출산전후휴가급여 등의 지원기간 중 통상임금에 상당하는 금액(고용보험법 시행령 제101조)

04. 출산전후휴가 급여에 대한 설명으로 옳은 것은? 〈단시간직업상담원 2011년〉

㉠ 사업주가 출산전후휴가 급여 등의 지급사유와 같은 사유로 그에 상당하는 금품을 근로자에게 미리 지급한 경우로서 그 금품이 출산전후휴가 급여 등을 대체하여 지급한 것으로 인정된다 하더라도 그 사업주는 지급한 금액에 대하여 그 근로자의 출산전후휴가 급여 등을 받을 권리를 대위할 수는 없다.
㉡ 출산전후휴가 기간 중 우선지원 대상기업은 90일분, 그 외의 기업은 30일분에 대해 근로기준법상 통상임금상당액을 지급한다.
㉢ ㉡의 경우 30일 분의 통상임금이 135만 원을 초과하는 경우에는 그 초과분까지 지급한다.
㉣ 통상임금이 최저임금에 미달하는 경우에는 최저임금액을 지급한다.
㉤ 출산전후휴가급여의 수급권 대위는 인정되지 않는다.

① ㉠, ㉡ ② ㉠, ㉢ ③ ㉡, ㉢
④ ㉡, ㉣ ⑤ ㉣, ㉤

✍ 해설

㉠ 사업주가 출산전후휴가 급여 등의 지급사유와 같은 사유로 그에 상당하는 금품을 근로자에게 미리 지급한 경우로서 그 금품이 출산전후휴가 급여 등을 대체하여 지급한 것으로 인정 경우 그 사업주는 지급한 금액에 대하여 그 근로자의 출산전후휴가급여 등을 받을 권리를 대위할 수 있다(고용보험법 제75조의2). ㉢ 30일 분의 통상임금이

정답 04. ④

135만 원을 초과하는 경우에는 135만 원을 지급한다(고용보험법 시행령 제101조). ⓜ 출산전후휴가 급여의 수급권 대위는 인정된다. 사업주가 출산전후휴가 급여 등의 지급사유와 같은 사유로 그에 상당하는 금품을 근로자에게 미리 지급한 경우로서 그 금품이 출산전후휴가급여 등을 대체하여 지급한 것으로 인정되면 그 사업주는 지급한 금액(제76조 2항에 따른 상한액을 초과할 수 없다)에 대하여 그 근로자의 출산전후휴가 급여 등을 받을 권리를 대위한다(고용보험법 제75조의2).

05. 다음 중 출산전후휴가 급여에 관한 설명으로 옳지 않은 것은?

① 출산전후휴가 급여를 지급받기 위하여는 휴가가 시작한 날 이전에 피보험단위기간이 통산하여 180일 이상이어야 한다.

② 사업주가 출산전후휴가 급여등의 지급사유와 같은 사유로 그에 상당하는 금품을 근로자에게 미리 지급한 경우로서 그 금품이 출산전후휴가 급여등을 대체하여 지급한 것으로 인정되면 그 사업주는 지급한 금액에 대하여 그 근로자의 출산전후휴가 급여등을 받을 권리를 대위한다.

③ 출산전후휴가 급여등은 출산전후휴가 기간에 대하여 휴가를 시작한 날을 기준으로 산정한 근로기준법의 통상임금에 해당하는 금액을 지급한다.

④ 피보험자가 출산전후휴가 급여 등 기간 중에 이직 또는 새로 취업하거나 사업주로부터 금품을 지급받은 경우에는 그 사실을 직업안정기관의 장에게 신고하여야 한다

⑤ 피보험자가 출산전후휴가 급여 기간 중에 그 사업에서 이직하거나 새로 취업한 경우에는 그 이직 또는 취업하였을 때부터 출산전후휴가 급여를 지급하지 아니한다.

해설

① 출산전후휴가 급여를 지급받기 위하여는 휴가가 끝난 날 이전에 피보험단위기간이 통산하여 180일 이상이어야 한다.(고용보험법 제75조 1호). ② 고용보험법 제75조의2, ③ 고용보험법 제76조 1항, ④ 피보험자가 출산전후휴가 또는 유산·사산휴가 급여 기간 중에 이직 또는 새로 취업(취직한 경우 1주간의 소정근로시간이 15시간 미만인 경우는 제외한다. 이하 이 장에서 같다)하거나 사업주로부터 금품을 지급받은 경우에는 그 사실을 직업안정기관의 장에게 신고하여야 한다(고용보험법 제77조, 고용보험법 제72조 준용). ⑤ 피보험자가 출산전후휴가 또는 유산·사산휴가 급여 기간 중에 그 사업에서 이직하거나 새로 취업한 경우에는 그 이직 또는 취업하였을 때부터 출산전후휴가 또는 유산·사산휴가 급여를 지급하지 아니한다(고용보험법 제77조, 고용보험법 제73조 1항 준용).

정답 05. ①

제6절 고용보험기금

01. 고용보험법상 고용보험기금에 관한 설명으로 옳은 것은? 〈노무사 2013년〉

① 고용보험기금을 지출할 때 자금 부족이 발생하더라도 고용보험기금의 부담으로 금융기관으로부터 차입을 할 수 없다.
② 고용보험기금계정은 모든 고용보험사업을 통합하여 관리한다.
③ 고용보험기금의 결산상 손실금이 생기면 적립금을 사용하여 이를 보전(補塡)할 수 없다.
④ 고용보험기금은 근로복지공단 이사장이 관리·운용한다.
⑤ 고용보험기금의 관리·운용에 관한 세부 사항은 국가재정법의 규정에 따른다.

해설

① 기금을 지출할 때 자금 부족이 발생하거나 발생할 것으로 예상되는 경우에는 기금의 부담으로 금융기관·다른 기금과 그 밖의 재원 등으로부터 차입을 할 수 있다(고용보험법 제86조). ② 고용보험기금계정은 고용안정·직업능력개발 사업 및 실업급여, 자영업자의 고용안정·직업능력개발 사업 및 자영업자의 실업급여로 구분하여 관리한다(고용보험법 제82조 2항). ③ 기금의 결산상 손실금이 생기면 적립금을 사용하여 이를 보전(補塡)할 수 있다(고용보험법 제85조 2항). ④ 기금은 고용노동부장관이 관리·운용한다(고용보험법 제79조 1항). ⑤ 기금의 관리·운용에 관한 세부 사항은 「국가재정법」의 규정에 따른다(고용보험법 제79조 2항).

02. 고용보험법상 고용보험기금에 관한 설명으로 옳지 않은 것은?
〈단시간직업상담원 2011년〉

① 고용보험기금은 고용노동부장관이 관리·운영한다.
② 고용노동부장관은 보험사업에 필요한 재원에 충당하기 위하여 고용보험기금을 설치한다.
③ 고용보험기금은 실업급여의 지급, 고용안정・직업능력개발 사업에 필요한 경비 등에 사용할 수 있다.
④ 고용보험기금은 현금 취급이 원칙이다.
⑤ 기금은 국가회계법에서 정하는 바에 따라 계산한다.

정답 01. ⑤ 02. ④

✍ 해설

고용보험기금은 현금 취급 금지가 원칙이다. 기금지출관과 기금출납공무원은 현금을 보관하거나 출납할 수 없다. 다만, '국고금관리법' 제22조 4항과 같은 법 제24조에 따른 경우에는 그러하지 아니하다(고용보험법 시행령 제115조).

03. 고용보험법상 고용보험기금의 용도로 틀린 것은? 〈단시간직업상담원 2011년〉

① 보장급여의 지급
② 실업급여의 지급
③ 육아휴직급여의 지급
④ 보험사업의 관리·운영에 드는 경비
⑤ 고용안정·직업능력개발 사업에 필요한 경비

✍ 해설

기금은 다음 각 호의 용도에 사용하여야 한다.

1. 고용안정·직업능력개발 사업에 필요한 경비
2. 실업급여의 지급
3. 육아휴직 급여 및 출산전후휴가 급여 등의 지급
4. 보험료의 반환
5. 일시 차입금의 상환금과 이자
6. 이 법과 보험료징수법에 따른 업무를 대행하거나 위탁받은 자에 대한 출연금
7. 그 밖에 이 법의 시행을 위하여 필요한 경비로서 대통령령으로 정하는 경비와 제1호 및 2호에 따른 사업의 수행에 딸린 경비(고용보험법 제80조 1항)

법 제80조 1항 7호에서 "대통령령으로 정하는 경비"란 다음 각 호의 경비를 말한다.

1. 보험사업의 관리·운영에 드는 경비
2. 기금의 관리·운용에 드는 경비
3. 보험료징수법 제33조에 따른 보험사무대행기관에 대한 교부금
4. 법과 보험료징수법에 따른 사업이나 업무의 위탁수수료 지급금(고용보험법 시행령 제107조 1항)

04. 고용보험법상 고용보험기금에 대한 설명으로 맞는 것은?

〈단시간직업상담원 2011년〉

① 고용노동부장관은 매년 기금의 운용 결과에 대해서 고용보험위원회 및 국무회의의 심의를 거쳐 대통령의 승인을 받아야 한다.
② 고용노동부장관은 매년 기금운용 계획을 세워 고용보험위원회의 심의를 거쳐 대통령의 승인을 받아야 한다.

정답 03. ① 04. ④

③ 고용보험기금을 지출할 때 자금 부족이 발생하거나 발생할 것으로 예상되는 경우라도 고용보험기금의 부담으로 금융기관 등으로부터 차입을 해서는 아니 된다.
④ 고용노동부장관은 한국은행에 고용보험기금계정을 설치하여야 한다.
⑤ 기금지출관과 기금출납공무원은 원칙적으로 현금으로 보관하고 출납하여야 한다.

✍ 해설

① 고용노동부장관은 매년 기금의 운용 결과에 대해서 고용보험위원회의 심의를 거쳐 공표하여야 한다(고용보험법 제81조 2항). ② 고용노동부장관은 매년 기금운용 계획을 세워 고용보험위원회 및 국무회의의 심의를 거쳐 대통령의 승인을 받아야 한다 (고용보험법 제81조 1항). ③ 기금을 지출할 때 자금 부족이 발생하거나 발생할 것으로 예상되는 경우에는 기금의 부담으로 금융기관·다른 기금과 그 밖의 재원 등으로부터 차입을 할 수 있다(고용보험법 제86조). ④ 고용노동부장관은 한국은행에 고용보험기금계정을 설치하여야 한다(고용보험법 제82조 1항). ⑤ 기금지출관과 기금출납공무원은 현금을 보관하거나 출납할 수 없다. 다만, '국고금관리법' 제22조 4항과 같은 법 제24조에 따른 경우에는 그러하지 아니하다(고용보험법 시행령 제115조).

05. 고용보험기금에 관한 설명으로 옳지 않은 것은?

① 고용노동부장관은 보험사업에 필요한 재원에 충당하기 위하여 고용보험기금을 설치한다.
② 고용보험기금은 고용노동부장관이 관리·운용한다.
③ 고용노동부장관은 매년 기금운용 계획을 세워 고용보험위원회 및 국무회의의 심의를 거쳐 대통령의 승인을 받아야 한다.
④ 고용보험기금계정은 고용안정·직업능력개발 사업 및 실업급여, 자영업자의 고용안정·직업능력개발 사업 및 자영업자의 실업급여로 구분하여 관리한다.
⑤ 고용보험기금의 결산상 잉여금이 생기면 이를 적립금으로 적립하여야 하고, 결산상 손실금이 생기면 적립금을 사용하여 이를 보전(補塡)하여야 한다.

✍ 해설

① 고용보험법 제78조 1항, ② 고용보험법 제79조 1항, ③ 고용보험법 제81조 1항, ④ 고용보험법 제82조 1항, ⑤기금의 결산상 손실금이 생기면 적립금을 사용하여 이를 보전(補塡)할 수 있다(고용보험법 제85조).

정답 05. ⑤

제7절 심사 및 재청구

01. 고용보험법상 심사의 청구에 관한 내용으로 옳지 않은 것은? 〈노무사 2014년〉

① 심사의 청구는 시효중단에 관하여 재판상의 청구로 본다.
② 심사의 청구는 원처분등을 한 직업안정기관을 거쳐 고용보험심사관에게 하여야 한다.
③ 심사의 청구는 확인 또는 처분이 있음을 안 날부터 90일 이내에 제기하여야 한다.
④ 결정은 심사청구인 및 직업안정기관의 장에게 결정서의 정본을 보낸 날부터 효력이 발생한다.
⑤ 고용보험심사관은 심사청구인의 신청에 의하여 원처분등의 집행을 정지시킬 수 있다.

해설

① 고용보험법 제87조 3항, ② 고용보험법 제90조 1항, ③ 고용보험법 제87조 2항, ④ 고용보험법 제98조 1항, ⑤ 심사의 청구는 원처분등의 집행을 정지시키지 아니한다. 다만, 심사관은 원처분등의 집행에 의하여 발생하는 중대한 위해(危害)를 피하기 위하여 긴급한 필요가 있다고 인정하면 직권으로 그 집행을 정지시킬 수 있다(고용보험법 제93조 1항).

02. 고용보험법상 심사 및 재심사청구에 관한 설명으로 옳지 않은 것은? 〈노무사 2013년〉

① 심사청구 당사자는 고용보험심사관에게 심리·결정의 공정을 기대하기 어려운 사정이 있으면 그 심사관에 대한 기피신청을 고용노동부장관에게 할 수 있다.
② 심사청구인 또는 재심사청구인은 법정대리인 외에 청구인인 법인의 임원 또는 직원을 대리인으로 선임할 수 있다.
③ 재심사의 청구는 원처분등을 행한 직업안정기관의 장을 상대방으로 한다.
④ 결정은 심사청구인 및 직업안정기관의 장이 결정서의 정본을 받은 날부터 효력이 발생한다.
⑤ 고용보험심사관은 원처분등의 집행에 의하여 발생하는 중대한 위해(危害)를 피하기 위하여 긴급한 필요가 있다고 인정하면 직권으로 그 집행을

정답 01. ⑤ 02. ④

정지시킬 수 있다.

✍ 해설

④ 결정은 심사청구인 및 직업안정기관의 장에게 결정서의 정본을 보낸 날부터 효력이 발생한다(고용보험법 제98조 1항). ① 고용보험법 제89조 4항, ② 고용보험법 제88조 2호, 심사청구인 또는 재심사청구인은 법정대리인 외에 다음 각 호의 어느 하나에 해당하는 자를 대리인으로 선임할 수 있다. 1. 청구인의 배우자, 직계존속·비속 또는 형제자매, 2. 청구인인 법인의 임원 또는 직원, 3. 변호사나 공인노무사, 4. 제99조에 따른 심사위원회의 허가를 받은 자, ③ 고용보험법 제100조, ⑤ 심사의 청구는 원처분등의 집행을 정지시키지 아니한다. 다만, 심사관은 원처분등의 집행에 의하여 발생하는 중대한 위해(危害)를 피하기 위하여 긴급한 필요가 있다고 인정하면 직권으로 그 집행을 정지시킬 수 있다(고용보험법 제93조 1항).

03. 고용보험법상 원처분에 대하여 이의가 있는 경우 이의를 제기하는 순서가 바른 것은? 〈단시간직업상담원 2011년〉

① 지방노동청에 심사 - 고용보험심사위원회에 재심사 - 행정소송
② 지방노동청에 심사 - 행정소송 - 고용보험심사관에 재심사
③ 고용보험심사관에게 심사 - 고용보험심사위원회에 재심사 - 행정소송
④ 고용보험심사위원회에 심사 - 고용보험심사관에게 재심사 - 행정소송
⑤ 고용보험심사위원회에 심사 - 행정소송 - 고용보험심사관에게 재심사

✍ 해설

제17조에 따른 피보험자격의 취득·상실에 대한 확인, 제4장의 규정에 따른 실업급여 및 제5장에 따른 육아휴직급여와 출산전후휴가급여 등에 관한 처분(이하 "원처분 등"이라 한다)에 이의가 있는 자는 제89조에 따른 고용보험심사관에게 심사를 청구할 수 있고, 그 결정에 이의가 있는 자는 제99조에 따른 고용보험심사위원회에 재심사를 청구할 수 있다(고용보험법 제87조 1항).

04. 고용보험법상 심사 및 재심사청구에 관한 설명으로 옳지 않은 것은? 〈단시간직업상담원 2011년〉

① 심사의 청구는 확인 또는 처분이 있음을 안 날부터 90일 이내에 제기하여야 한다.
② 재심사의 청구는 심사청구에 대한 결정이 있음을 안 날부터 180일 이내에 제기하여야 한다.
③ 심사 및 재심사의 청구는 시효중단에 관하여 재판상의 청구로 본다.

정답 03. ③ 04. ②

④ 심사의 청구는 원처분 등의 집행을 정지시키지 아니한다.
⑤ 고용보험심사관의 결정은 원처분 등을 행한 직업안정기관의 장을 기속한다.

✍ 해설

심사의 청구는 확인 또는 처분이 있음을 안 날부터 90일 이내에, 재심사의 청구는 심사청구에 대한 결정이 있음을 안 날부터 90일 이내에 각각 제기하여야 한다(고용보험법 제87조 2항).

05. 고용보험법상 심사의 청구와 결정에 관한 설명으로 옳지 않은 것은?

〈단시간직업상담원 2011년〉

① 심사의 청구는 원처분 등을 한 직업안정기관을 거치지 아니하고 고용보험심사관에게 직접 하여야 한다.
② 심사의 청구는 문서로 하여야 한다.
③ 고용보험심사관은 심사의 청구에 대한 심리를 마쳤을 때에는 원처분등의 전부 또는 일부를 취소하거나 심사청구의 전부 또는 일부를 기각한다.
④ 고용보험심사관의 결정은 문서로 하여야 한다.
⑤ 고용보험심사관의 결정은 심사청구인 및 직업안정기관의 장에게 결정서의 정본을 보낸 날부터 효력이 발생한다.

✍ 해설

심사의 청구는 원처분등을 한 직업안정기관을 거쳐 심사관에게 하여야 한다(고용보험법 제90조 1항).

06. 고용보험법상 고용보험심사위원회의 재심사 청구에서 재심사 청구인의 대리인이 될 수 없는 자는?

〈노무사 2015년〉

① 청구인의 법인의 직원
② 청구인의 배우자
③ 청구인이 가입한 노동조합의 위원장
④ 변호사
⑤ 고용보험심사위원회의 허가를 받은 자

✍ 해설

심사청구인 또는 재심사청구인은 법정대리인 외에 다음 각 호의 어느 하나에 해당하는 자를 대리인으로 선임할 수 있다.

정답 05. ① 06. ③

1. 청구인의 배우자, 직계존속·비속 또는 형제자매
2. 청구인인 법인의 임원 또는 직원
3. 변호사나 공인노무사
4. 제99조에 따른 심사위원회의 허가를 받은 자

(고용보험법 제88조)

07. 고용보험법상 심사청구에 대한 설명으로 옳지 않은 것은?

① 피보험자격의 취득·상실에 대한 확인이나 실업급여 및 육아휴직 급여와 출산전후휴가 급여등에 관한 처분에 이의가 있는 자는 확인 또는 처분이 있음을 안 날부터 90일 이내에 고용보험심사관에게 심사를 청구할 수 있다.

② 심사의 청구는 원처분등을 한 직업안정기관을 거쳐 고용보험심사관에게 하여야 한다.

③ 고용보험심사관은 심사청구를 받으면 30일 이내에 그 심사청구에 대한 결정을 하여야 하나, 부득이한 사정으로 그 기간에 결정할 수 없을 때에는 1차에 한하여 10일을 넘지 아니하는 범위에서 그 기간을 연장할 수 있다.

④ 고용보험심사관은 원처분등의 집행에 의하여 발생하는 중대한 위해(危害)를 피하기 위하여 긴급한 필요가 있다고 인정하면 직권으로 그 집행을 정지시킬 수 있다.

⑤ 결정은 심사청구인 및 직업안정기관의 장이 결정서의 정본을 받은 날부터 효력이 발생한다.

해설

① 고용보험법 제87조 1항, ② 고용보험법 제90조 1항, ③ 고용보험법 제89조 2항, ④ 고용보험법 제93조 1항 단서, ⑤ 결정은 심사청구인 및 직업안정기관의 장에게 결정서의 정본을 보낸 날부터 효력이 발생한다(고용보험법 제98조).

08. 고용보험법상 재심사청구에 대한 설명으로 옳은 것은?

① 재심사의 청구는 심사청구에 대한 결정이 있음을 안 날부터 180일 이내에 제기하여야 한다.

② 재심사의 청구는 시효중단에 관하여 재판상의 청구로 볼 수 없다.

③ 재심사의 청구에 대한 재결은 「행정소송법」 제18조를 적용할 경우 행정심판에 대한 재결로 본다.

④ 고용보험심사위원회의 재심사청구에 대한 심리는 비공개로 진행한다.

정답 07. ⑤ 08. ③

⑤ 재심사의 청구는 심사청구에 대한 결정을 한 고용보험심사관을 상대방으로 한다.

✍ 해설

① 심사의 청구는 같은 항의 확인 또는 처분이 있음을 안 날부터 90일 이내에, 재심사의 청구는 심사청구에 대한 결정이 있음을 안 날부터 90일 이내에 각각 제기하여야 한다(고용보험법 제87조 제2항). ② 심사 및 재심사의 청구는 시효중단에 관하여 재판상의 청구로 본다(고용보험법 제87조 제3항). ③재심사의 청구에 대한 재결은 「행정소송법」 제18조를 적용할 경우 행정심판에 대한 재결로 본다(고용보험법 제104조). ④ 심사위원회의 재심사청구에 대한 심리는 공개한다(고용보험법 제101조 3항). ⑤ 재심사의 청구는 원처분등을 행한 직업안정기관의 장을 상대방으로 한다(고용보험법 제100조).

09. 다음 중 고용보험심사위원회에 대한 설명으로 옳지 않은 것은?

① 고용보험법 제87조에 따른 재심사를 하게 하기 위하여 고용노동부에 고용보험심사위원회를 둔다.

② 고용보험심사위원회는 근로자를 대표하는 자 및 사용자를 대표하는 자 각 1명 이상을 포함한 15명 이내의 위원으로 구성한다.

③ 위원 중 2명은 상임위원으로 하고, 상임위원은 정당에 가입하거나 정치에 관여하여서는 아니 된다.

④ 고용보험심사위원회는 재심사의 청구를 받으면 30일 이내에 재결(裁決)을 하여야 한다.

⑤ 고용보험심사위원회에 사무국을 둔다.

✍ 해설

① 고용보험법 제99조 1항, ② 고용보험법 제99조 2항, ③ 고용보험법 제99조 3항 및 제 6항, ④ 심사위원회는 제87조 1항에 따라 재심사의 청구를 받으면 50일 이내에 재결(裁決)을 하여야 한다(고용보험법 제99조 7항). ⑤ 고용보험법 제99조 8항

정답 09. ④

제8절 보 칙

01. 다음 설명 중 옳지 않은 것은?

① 사업주는 근로자가 피보험자격의 취득 또는 상실에 관한 확인을 청구한 것을 이유로 그 근로자에게 해고나 그 밖의 불이익한 처우를 하여서는 아니 된다.
② 실업급여를 지급받거나 그 반환을 받을 권리는 3년간 행사하지 아니하면 시효로 소멸한다.
③ 육아휴직 급여를 지급받거나 그 반환을 받을 권리는 3년간 행사하지 아니하면 시효로 소멸한다.
④ 고용노동부장관은 이 법에 따른 고용안정·직업능력개발 사업의 지원·위탁 및 실업급여·육아휴직 급여 또는 출산전후휴가 급여등의 지원과 관련한 부정행위를 신고한 자에게 예산의 범위에서 포상금을 지급하여야 한다.
⑤ 고용노동부장관은 보험사업의 효율적인 운영을 위하여 필요하면 관계 중앙행정기관·지방자치단체, 그 밖의 공공단체 등에게 필요한 자료의 제출을 요청할 수 있다.

해설

① 고용보험법 제105조, 고용보험법 제17조, ②③ 고용보험법 제107조 1항, ④ 고용노동부장관은 이 법에 따른 고용안정·직업능력개발 사업의 지원·위탁 및 실업급여·육아휴직 급여 또는 출산전후휴가 급여등의 지원과 관련한 부정행위를 신고한 자에게 예산의 범위에서 포상금을 지급할 수 있다(고용보험법 제112조 1항). ⑤ 고용보험법 제110조 1항

정답 01. ④

제3장 국민건강보험법

제1절 총 칙

01. 다음 중 국민건강보험법에 대한 설명으로 옳지 않은 것은?

① 국민건강보험법은 국민의 질병·부상에 대한 예방·진단·치료·재활과 출산·사망 및 건강증진에 대하여 보험급여를 실시함으로써 국민보건 향상과 사회보장 증진에 이바지함을 목적으로 한다.
② "근로자"란 직업의 종류와 관계없이 근로의 대가로 보수를 받아 생활하는 사람(법인의 이사와 그 밖의 임원을 포함한다)으로서 공무원 및 교직원을 제외한 사람을 말한다.
③ "공무원"이란 국가공무원법 또는 지방공무원법에 따른 공무원을 말한다.
④ "사업장"이란 사업소나 사무소를 말한다.
⑤ "교직원"이란 사립학교나 사립학교의 경영기관에서 근무하는 교원과 직원을 말한다.

해설

① 국민건강보험법 제1조, ② 국민건강보험법 제3조 제1호, ③"공무원"이란 국가나 지방자치단체에서 상시 공무에 종사하는 사람을 말한다(국민건강보험법 제3조 제4호). ④ 국민건강보험법 제3조 제3호, ⑤국민건강보험법 제3조 제5호

02. 다음 설명 중 옳지 않은 것은?

① 국민건강보험법상의 근로자에는 법인의 이사 및 임원을 포함한다.
② 국민건강보험법에 따른 건강보험사업은 보건복지부 장관이 맡아 주관한다.
③ 법원공무원의 경우 건강보험법상의 사용자는 대법원장이 된다.
④ 춘천시 공무원의 경우 춘천시장이 건강보험법상의 사용자가 된다.
⑤ 국공립학교의 초·중등교원의 경우 건강보험법상의 사용자는 교육감, 교육장이 된다.

해설

① 건보법 제3조 1호, "근로자"란 직업의 종류와 관계없이 근로의 대가로 보수를 받아 생활하는 사람(법인의 이사와 그 밖의 임원을 포함한다)으로서 공무원 및 교직원을 제

정답 01. ③ 02. ③

외한 사람을 말한다. ② 건보법 제2조, 이 법에 따른 건강보험사업은 보건복지부장관이 맡아 주관한다. ③ 건보법 시행령 제2조 별표 1. 법원공무원의 경우 법원행정처장, 각급 법원 및 법원 지원의 장이 건강보험법상 사용자가 된다. ④ 건보법 시행령 제2조 별표 1, ⑤ 건보법 시행령 제2조 별표 1. 사립학교 교원의 경우에는 사립학교를 설립·운영하는 자가 사용자가 된다.

03. 국민건강보험의 보험자는?

① 국민건강보험공단　　② 건강보험심사평가원
③ 건강보험심의조정위원회　　④ 건강보험분쟁조정위원회
⑤ 보건복지부장관

해설

건강보험사업은 보건복지부장관이 관장하지만(건보법 제2조), 건강보험의 보험자는 국민건강보험공단이다(건보법 제13조).

04. 다음 설명 중 옳지 않은 것은?

① 국민건강보험법상 근로자에는 법인의 이사와 그 밖의 임원을 포함한다.
② 국민건강보험법상 사용자에는 근로자가 소속되어 있는 사업장의 사업주도 포함된다.
③ 지역가입자는 직장가입자와 그 피부양자를 제외한 가입자를 말한다.
④ 공무원의 경우는 그 종류를 불문하고 국민건강보험법상 가입자가 될 수 있다.
⑤ 1개월 미만의 기간 동안 고용된 일용근로자는 국민건강보험법의 대상에서 제외된다.

해설

①② 건보법 제3조. 1. "근로자"란 직업의 종류와 관계없이 근로의 대가로 보수를 받아 생활하는 사람(법인의 이사와 그 밖의 임원을 포함한다)으로서 공무원 및 교직원을 제외한 사람을 말한다. 2. "사용자"란 다음 각 목의 어느 하나에 해당하는 자를 말한다. 가. 근로자가 소속되어 있는 사업장의 사업주, 나. 공무원이 소속되어 있는 기관의 장으로서 대통령령으로 정하는 사람, 다. 교직원이 소속되어 있는 사립학교(「사립학교교직원 연금법」 제3조에 규정된 사립학교를 말한다)를 설립·운영하는 자, ③ 건보법 제6조 3항. 지역가입자는 직장가입자와 그 피부양자를 제외한 가입자를 말한다. ④ 건보법 제6조 2항 3호에 의하면 선거에 의하여 취임하는 공무원으로서 매월 보수 또는 이에 준하는 급료를 받지 아니하는 자는 이 법의 제외대상에 해당한다. 따라서 "~종류를 불문하고~"라는 부분은 타당하지 않다.

정답 03. ① 04. ④

05. 건강보험정책심의위원회에 관한 설명 중 옳지 않은 것은?

① 건강보험정책에 관한 사항을 심의·의결하기 위하여 국무총리 소속으로 건강보험정책심의위원회를 둔다.
② 심의위원회의 위원(중앙행정기관 소속공무원은 제외한다)의 임기는 3년으로 한다.
③ 심의위원회는 위원장 1명과 부위원장 1명을 포함하여 25명의 위원으로 구성한다.
④ 근로자단체 및 사용자단체가 추천하는 각 2명을 위원으로 보건복지부 장관이 임명 또는 위촉한다.
⑤ 심의위원회의 위원장은 보건복지부 차관이 된다.

✍ 해설

① 국무총리 소속이 아니라 보건복지부장관 소속으로 둔다(건보법 제4조 1항). ② 건보법 제5항, ③ 건보법 제4조 2항, ④ 건보법 제4조 1호, ⑤ 건보법 제4조 3항

06. 다음은 국민건강보험법상의 특성에 대한 설명이다. 옳지 않은 것은?

① 국민건강보험은 보험형식으로 운영되지만 민간보험이 아닌 사회보험이다.
② 국민건강보험법상의 보험가입은 법적 요건이 충족되면 개인의 의사와는 관계 없이 강제 가입된다.
③ 국민건강보험은 특정한 자를 대상으로 하는 개별적 사회보험이다.
④ 국민건강보험은 보험료의 부과수준과 관계 없이 법령에 따라 균등하게 급여된다.
⑤ 국민건강보험은 회계연도가 1년 단위인 단기보험이다.

✍ 해설

③ 국민건강보험은 그 적용범위가 전 국민을 대상으로 하는 보편적인 보험이다.

07. 다음은 국민건강보험에 대한 헌법재판소의 결정이다. 옳지 않은 것을 모두 고르시오.

건강보험의 문제를 시장경제원리에 따라 사보험에 맡기면 상대적으로 질병발생위험이 높거나 소득수준이 낮은 사람들은 보험에 가입하는 것이 매우 어렵거나 불가능하게 되어, 국가가 소득수준이나 질병위험도에 관계없이 모든 국민에게 동질의 의료보장을 제공하고자 하는 목적을 달성할 수

정답 05. ① 06. ③ 07. ②

> 없으므로, 국민건강보험법 제5조, 제31조 1항·2항, 제62조 1항·3항·4항은 원칙적으로 ㉠ 전 국민을 강제로 보험 가입시키고, ㉡ 경제적 능력과 관계없이 보험료를 납부하도록 함으로써, 의료보장과 동시에 소득재분배 효과를 얻고자 하는 것이다. 따라서 이러한 강제가입과 보험료의 납부는 ㉢ 일반적 행동의 자유권과 공법상 단체에 강제로 가입하지 아니할 자유와 정당한 사유 없이 급전을 납부를 강제당하는 재산권에 대한 제한에 해당하지 않으며, 또한 ㉣ 가입강제와 보험료의 차등부과로 인하여 달성되는 공익은 그로인하여 침해되는 사익과 비하여 월등히 크다고 할 수 있으므로, ㉤ 위의 조항들이 헌법상의 행복추구권이나 재산권을 침해한다고 볼 수 없다.

① ㉠㉡ ② ㉡㉢ ③ ㉢㉣
④ ㉣㉤ ⑤ 없음

해설

㉡ 헌재 2003.10.30, 2000헌마801. "~경제적 능력과 관계없이~"가 아니라 "경제적 능력에 비례하여~"가 타당하다. ㉢ 헌재 2003.10.30, 2000헌마801. "~제한에 해당하지 않으며~"라는 부분이 타당하지 않다. 결정에 의하면 일반적 행동의 자유권이나 단체에 강제로 가입하지 아니할 자유 재산권에 대한 제한은 인정하였지만, 달성되는 공익이 더 크므로 침해로 볼 수 없다고 판시하였다.

08. 국민건강보험법상 보험급여가 아닌 것은? 〈노무사 2010년〉

① 요양비 ② 임신·출산 진료비 ③ 요양급여
④ 유족급여 ⑤ 건강검진

해설

①③⑤ 요양급여, 요양비, 건강검진은 국민건강보험법상의 법정급여이다. ④ 유족급여는 건보법상 보험급여에 해당하지 않는다(산업재해보상보험법상의 급여에는 해당됨). ② 임신·출산진료비는 부가급여이다(건보법 제50조, 건보법 시행령 제23조 1항).

정답 08. ④

제2절 가입자

01. 다음은 국민건강보험법상의 가입자에 대한 설명으로 옳지 않은 것은?

① 의료급여법에 따라 의료급여를 받는 사람은 이 법의 적용대상에서 제외된다.

② 직장가입자에게 주로 생계를 의존하는 사람으로서 보수나 소득이 없는 사람이라도 형제·자매는 피부양자에 해당하지 않는다.

③ 유공자 등 의료보호대상자 중 건강보험의 적용을 보험자에게 신청한 사람은 가입자가 된다.

④ 건강보험을 적용받고 있던 사람이 유공자 등 의료보호대상자로 되었으나 건강보험의 적용배제신청을 보험자에게 하지 아니한 사람은 가입자가 된다.

⑤ 직장가입자에게 주로 생계를 의존하는 사람으로서 보수나 소득이 없는 사람인 배우자의 직계존속은 피부양자에 해당한다.

해설

① 건보법 제5조 1항 1호, ②⑤ 피부양자는 다음 각 호의 어느 하나에 해당하는 사람 중 직장가입자에게 주로 생계를 의존하는 사람으로서 보수나 소득이 없는 사람을 말한다. 1. 직장가입자의 배우자, 2. 직장가입자의 직계존속(배우자의 직계존속을 포함한다), 3. 직장가입자의 직계비속(배우자의 직계비속을 포함한다)과 그 배우자, 4. 직장가입자의 형제·자매(건보법 제5조 2항). ③ 건보법 제5조 1항 2호 가목, ④ 건보법 제5조 1항 2호 나목

02. 국민건강보험법령상 가입자의 종류에 대한 설명으로 옳지 않은 것은?

① 지역가입자는 직장가입자와 그 피부양자를 제외한 가입자를 말한다.

② 가입자는 직장가입자와 지역가입자로 구분한다.

③ 모든 사업장의 근로자 및 사용자와 공무원 및 교직원은 직장가입자가 된다.

④ 병역법에 따라 현역복무 중인 군인은 직장가입자에서 제외한다.

⑤ 고용 기간이 2개월 미만인 일용근로자는 직장가입자에서 제외된다.

해설

① 건보법 제6조 3항, ② 건보법 제6조 1항, ③ 건보법 제6조 2항, ④⑤ 건보법 제6조

정답 01. ② 02. ⑤

2항 1호·2호. 1개월 미만인 일용근로자가 직장가입자에서 제외된다.

03. 국민건강보험법령상 외국인 등에 대한 특례의 설명으로 옳지 않은 것은?

① 정부는 외국 정부가 사용자인 사업장의 근로자의 건강보험에 관하여는 외국 정부와 한 합의에 따라 이를 따로 정할 수 있다.
② 출입국관리법에 의해 강제퇴거명령서가 발부된 자는 가입자가 될 수 없다.
③ 직장가입자가 되는 재외국민 또는 외국인은 출입국관리법규정에 의하여 외국인등록을 한 자로서 직장가입자 적용사업장에 근무하는 자이다.
④ 출입국관리법에 의해 외국인 등록을 한 자가 공무원·교직원으로 채용된 경우 개별법령에 의하므로 국민건강보험법의 적용대상에서 제외된다.
⑤ 재외동포 입국과 법적 지위에 관한 법률에 의해 국내거소를 신고한 자도 본인의 신청에 의해 직장가입자가 될 수 있다.

해설

① 건보법 제109조 1항, 정부는 외국 정부가 사용자인 사업장의 근로자의 건강보험에 관하여는 외국 정부와 한 합의에 따라 이를 따로 정할 수 있다. ② 다음 각 호의 어느 하나에 해당하는 사람은 직장가입자, 지역가입자 및 피부양자가 될 수 없다. 1.「출입국관리법」 제25조 및 「재외동포의 출입국과 법적 지위에 관한 법률」 제10조 2항에 따라 체류기간 연장허가를 받지 아니하고 체류하는 사람, 2.「출입국관리법」 제59조 3항에 따라 강제퇴거명령서가 발급된 사람(건보법 시행령 제76조 4항 2호), ③④ 법 제109조 2항의 규정에 의하여 직장가입자가 되는 재외국민 또는 외국인은 다음 각 호의 어느 하나에 해당하는 자로서 직장가입자 적용사업장에 근무하는 자와 공무원·교직원으로 임용 또는 채용된 자로 한다. 1.「출입국관리법」 제31조의 규정에 의하여 외국인등록을 한 자, 2.「재외동포의 출입국과 법적 지위에 관한 법률」 제6조의 규정에 의하여 국내거소신고를 한 자, ⑤ 법 제109조 2항에 따라 직장가입자가 되는 재외국민 또는 외국인은 건강보험 적용 사업장의 근로자, 공무원 또는 교직원으로서 다음 각 호의 어느 하나에 해당하는 사람으로 한다. 다만, 법 제6조 2항 각 호의 사람은 제외한다. 1.「주민등록법」 제6조 1항 3호에 따라 등록을 한 사람, 2.「재외동포의 출입국과 법적 지위에 관한 법률」 제6조에 따라 국내거소신고를 한 사람, 3.「출입국관리법」 제31조에 따라 외국인등록을 한 사람(건보법 시행령 제76조 1항)

04. 국민건강보험법령상 직장가입자에 해당되는 자는? 〈노무사 2014년〉

① 고용기간이 1개월 미만인 일용근로자
② 의료급여법에 따라 의료급여를 받는 자
③ 소재지가 일정하지 아니한 사업자의 근로자

정답 03. ④ 04. ⑤

④ 비상근 근로자만을 고용하고 있는 사업장의 사업주
⑤ 1개월 동안의 소정근로시간이 60시간인 단시간근로자

해설

건보법 제6조 2항, 건보법 시행령 제9조, ⑤ 1개월 동안의 소정근로시간이 60시간 미만인 단시간 근로자는 직장가입자에서 제외된다. 따라서 1개월 동안의 소정근로시간이 60시간인 단시간 근로자는 직장가입자가 된다.

〈참 고〉 국민건강보험법 제6조(가입자의 종류)

① 가입자는 직장가입자와 지역가입자로 구분한다.
② 모든 사업장의 근로자 및 사용자와 공무원 및 교직원은 직장가입자가 된다. 다만, 다음 각 호의 어느 하나에 해당하는 사람은 제외한다.
1. 고용 기간이 1개월 미만인 일용근로자
2. 「병역법」에 따른 현역병(지원에 의하지 아니하고 임용된 하사를 포함한다), 전환복무된 사람 및 무관후보생
3. 선거에 당선되어 취임하는 공무원으로서 매월 보수 또는 보수에 준하는 급료를 받지 아니하는 사람
4. 그 밖에 사업장의 특성, 고용 형태 및 사업의 종류 등을 고려하여 대통령령으로 정하는 사업장의 근로자 및 사용자와 공무원 및 교직원
③ 지역가입자는 직장가입자와 그 피부양자를 제외한 가입자를 말한다.
④ <생략>

〈참 고〉 국민건강보험법 시행령 제9조(직장가입자에서 제외되는 사람)

법 제6조 2항 4호에서 "대통령령으로 정하는 사업장의 근로자 및 사용자와 공무원 및 교직원"이란 다음 각 호의 어느 하나에 해당하는 사람을 말한다.
1. 비상근 근로자 또는 1개월 동안의 소정(所定)근로시간이 60시간 미만인 단시간근로자
2. 비상근 교직원 또는 1개월 동안의 소정근로시간이 60시간 미만인 시간제공무원 및 교직원
3. 소재지가 일정하지 아니한 사업장의 근로자 및 사용자
4. 근로자가 없거나 1호에 해당하는 근로자만을 고용하고 있는 사업장의 사업주

05. 국민건강보험법령상 가입자에 관한 설명으로 옳지 않은 것은? 〈노무사 2011년〉

① 1월 미만의 기간 동안 고용되는 일용근로자는 직장가입자에서 제외된다.
② 의료급여법에 따라 의료급여를 받는 자는 국민건강보험법의 적용대상자가 아니다.

정답 05. ⑤

③ 소재지가 일정하지 아니한 사업장의 근로자 및 사용자는 직장가입자에서 제외된다.

④ 선거에 의하여 취임하는 공무원으로서 매월 보수 또는 이에 준하는 급료를 받지 아니하는 자는 직장가입자에서 제외된다.

⑤ 병역법의 규정에 의한 무관후보생은 직장가입자가 된다.

해설

⑤ 국민건강보험법 제6조 2항 2호에 의하면 무관후보생은 직장가입자에서 제외되는 자이다.

06. 피부양자에 관한 설명으로 옳지 않은 것은?

① 직장가입자의 배우자로서 직장가입자에게 주로 생계를 의존하고, 보수나 소득이 없는 경우에는 피부양자가 된다.

② 피부양자에는 직장가입자의 배우자의 직계존속도 포함된다.

③ 직장가입자의 배우자의 경우에는 동거 유무를 불문하고 피부양자 자격이 인정된다.

④ 자녀인 직계비속의 경우, 동거 시에는 부양이 인정되지만 비동거 시에는 자녀가 미성년인 경우에만 부양이 인정된다.

⑤ 직계비속의 배우자의 경우에도 동거 시에는 부양이 인정된다.

해설

①② 제1항의 피부양자는 다음 각 호의 어느 하나에 해당하는 사람 중 직장가입자에게 주로 생계를 의존하는 사람으로서 보수나 소득이 없는 사람을 말한다. 1. 직장가입자의 배우자, 2. 직장가입자의 직계존속(배우자의 직계존속을 포함한다), 3. 직장가입자의 직계비속(배우자의 직계비속을 포함한다)과 그 배우자, 4. 직장가입자의 형제·자매(건보법 제5조 2항), ③④⑤ 건보법 시행규칙 제2조 1항 1호 별표 1. 직장가입자의 자녀가 직장가입자와 비동거 시에도 미혼인 경우에는 부양이 인정된다.

07. 국민건강보험법상 자격의 취득, 변동에 관한 설명으로 옳지 않은 것은?

① 가입자는 국내에 거주하게 된 날에 직장가입자 또는 지역가입자 자격을 얻는다.

② 수급권자이었던 자는 그 대상자에서 제외된 날에 자격을 얻는다.

③ 직장가입자 또는 지역가입자의 자격을 얻은 자는 자격취득일부터 14일 이내에 보험자에게 신고하여야 한다.

정답 06. ④ 07. ⑤

④ 직장가입자인 근로자 등이 그 사용관계가 끝난 날의 다음 날에 그 자격이 변동된다.

⑤ 직장가입자가 다른 적용대상사업장의 사용자로 되거나 근로자 등으로 사용된 다음 날에 그 자격이 변동된다.

해설

① 건보법 제8조 1항, ② 건보법 제8조 1항 1호, ③ 건보법 제8조 2항, ④ 건보법 제9조 1항 3호, ⑤ 건보법 제9조 1항 2호. "~사용된 다음 날~"이 아니라 "~사용된 날"에 그 자격이 변동된다.

08. 국민건강보험법상 자격을 잃게 되는 사유에 해당하지 않는 것은?

① 사망 ② 국적상실
③ 직장가입자의 피부양자가 되는 것 ④ 사용자가 되는 것
⑤ 수급권자가 되는 것

해설

건보법 제10조. 가입자는 다음 각 호의 어느 하나에 해당하게 된 날에 그 자격을 잃는다.

1. 사망한 날의 다음 날
2. 국적을 잃은 날의 다음 날
3. 국내에 거주하지 아니하게 된 날의 다음 날
4. 직장가입자의 피부양자가 된 날
5. 수급권자가 된 날
6. 건강보험을 적용받고 있던 사람이 유공자등 의료보호대상자가 되어 건강보험의 적용배제신청을 한 날

09. 다음 중 가입자격의 상실시기로 옳지 않은 것은? 〈노무사 2013년〉

① 가입자가 사망한 날의 다음 날
② 국적을 잃은 날의 다음 날
③ 직장가입자의 피부양자가 된 날
④ 국내에 거주하지 아니하게 된 날
⑤ 수급권자가 된 날

해설

④ 건보법 제10조 1항. 국내에 거주하지 아니하게 된 날의 다음 날이다.

정답 08. ④ 09. ④

10. 국민건강보호법 제12조(건강보험증)에 관한 설명으로 옳지 않은 것은?

① 국민건강보험공단은 가입자가 청구하는 경우 건강보험증을 발급하여야 한다.

② 누구든지 건강보험증이나 신분증명서를 다른 사람에게 양도하거나 대여하여 보험급여를 받게 하여서는 아니 된다.

③ 가입자 또는 피부양자가 요양급여를 받을 때에는 제1항의 건강보험증을 요양기관에 제출하여야 한다.

④ 요양기관이 주민등록증 등 보건복지부령으로 정하는 본인 여부를 확인할 수 있는 신분증명서로 자격을 확인할 수 있으면 가입자 또는 피부양자는 건강보험증을 제출하지 아니할 수 있다.

⑤ 누구든지 건강보험증이나 신분증명서를 양도 또는 대여받거나 그 밖에 이를 부정하게 사용하여 보험급여를 받아서는 아니 된다.

해설

① 국민건강보험공단은 가입자에게 건강보험증을 발급하여야 한다. 즉 청구 여부에 관계없이 발급하여야 한다(건보법 제12조 1항). ② 건보법 제12조 5항, ③ 건보법 제12조 2항, ④ 가입자 또는 피부양자는 2항 본문에도 불구하고 주민등록증, 운전면허증, 여권, 그 밖에 보건복지부령으로 정하는 본인 여부를 확인할 수 있는 신분증명서로 요양기관이 그 자격을 확인할 수 있으면 건강보험증을 제출하지 아니할 수 있다(건보법 제12조 3항). ⑤ 건보법 제12조 6항

정답 10. ①

제3절 국민건강보험공단

01. 국민건강보험공단이 관장하는 업무에 해당하지 않는 것은?

① 보험급여의 관리
② 의료시설의 운영
③ 보험분쟁에 관한 조정
④ 건강보험에 관한 교육훈련 및 홍보
⑤ 자산의 관리·운영 및 증식사업

✍ 해설

③ 건보법 제14조 1항. 보험분쟁에 관한 조정은 건강보험분쟁조정위원회의 업무이다(건보법 제89조).

02. 다음 괄호 안에 들어갈 말로 알맞은 것은?

> 이 법에 따른 건강보험사업은 (㉠)이 맡아 주관하고, 건강보험의 보험자는 (㉡)으로 한다.

① ㄱ: 보건복지부장관, ㄴ: 보건복지부장관
② ㄱ: 국민건강보험공단, ㄴ: 국민건강보험공단
③ ㄱ: 국민건강보험공단, ㄴ: 보건복지부장관
④ ㄱ: 보건복지부장관, ㄴ: 국민건강보험공단
⑤ ㄱ: 근로복지공단, ㄴ: 보건복지부장관

✍ 해설

건보법 제2조 및 제13조. 건강보험은 보건복지부장관이 관장하지만 보험자는 국민건강보험공단으로 건강보험공단이 업무를 수행한다.

03. 국민건강보험공단에 관한 설명으로 옳은 것은?

① 공단은 주된 사무소뿐만 아니라 지점의 사무소에서도 설립등기를 해야 성립한다.
② 공단에 정관에는 주된 사무소 및 분사무소 소재지를 기재하여야 한다.
③ 공단의 설립등기에는 이사장의 성명·주소 및 주민등록번호를 기재하여야 한다.

정답 01. ③ 02. ④ 03. ③

④ 공단은 정관을 변경하고자 할 때에는 보건복지부장관의 허가를 받아야 한다.

⑤ 공단의 정관에는 보험료 및 보험급여에 관한 사항과 사원총회에 사항을 기재해야 한다.

✍ 해설

① 건보법 제15조 2항. 공단은 주된 사무소의 소재지에서 설립등기를 함으로써 성립한다. ② 건보법 제18조. 주된 사무소 및 분사무소 소재지는 정관에 기재하는 사항이 아니라 등기할 때 기재해야 하는 사항이다. ③ 건보법 제18조 4호, ④ 건보법 제17조 2항. 허가가 아니라 인가이다. ⑤ 건보법 제17조 1항. 사원총회에 관한 사항은 정관에 기재해야 하는 사항이 아니다.

04. 국민건강보험공단에 관한 설명으로 옳지 않은 것은?

① 이사장은 임원추천위원회가 복수로 추천한 사람 중에서 보건복지부장관의 제청으로 대통령이 임명한다.

② 공단은 임원으로서 이사장 1명, 이사 14명 및 감사 1명을 둔다. 이 경우 이사장, 이사 중 5명 및 감사는 상임으로 한다.

③ 국민건강보험공단은 의료시설의 운영, 보험급여의 관리, 보험급여 비용의 지급 등의 업무를 관장한다.

④ 공단의 해산에 관하여는 법률로 정한다.

⑤ 공단의 비상임 임원인 경우라도 영리를 목적으로 하는 사업에는 종사할 수 없다.

✍ 해설

① 이사장은 「공공기관의 운영에 관한 법률」 제29조에 따른 임원추천위원회가 복수로 추천한 사람 중에서 보건복지부장관의 제청으로 대통령이 임명한다(건보법 제20조 2항). ② 건보법 제20조 1항, ③ 건보법 제14조 제1항 3호, 5호, 7호, ④ 건보법 제19조, ⑤ 건보법 제25조 1항. 상임임원의 경우에는 그 직무 외에 영리를 목적으로 하는 사업에 종사하지 못하지만 비상임임원의 경우에는 이러한 제한이 없다.

05. 다음 설명 중 옳은 것은?

① 상임이사는 이사장의 명을 받아 공단의 업무를 집행하고, 이사장이 부득이한 사유로 그 직무를 수행할 수 없을 때에는 감사가 그 업무를 대행한다.

② 공단의 이사장, 상임이사, 상임감사는 영리를 목적으로 하는 사업에 종사

정답 04. ⑤ 05. ④

하거나 어떠한 경우도 다른 직무를 겸할 수 없다.

③ 신체상 또는 정신상의 장애로 직무를 수행할 수 없다고 인정된 때에는 임면권자는 그 임원을 해임해야 한다.

④ 국민건강보험법에 따른 보건복지부장관의 명령을 위반한 경우도 임원의 해임사유에 해당한다.

⑤ 대한민국 국민이 아닌 자도 공단의 임원이 될 수 있다.

✍ 해설

① 건보법 제22조 3항. 이사장이 부득이한 사유로 그 직무를 수행할 수 없을 때에는 정관으로 정하는 바에 따라 상임이사 중 1명이 그 직무를 대행하고, 상임이사가 없거나 그 직무를 대행할 수 없을 때에는 정관으로 정하는 임원이 그 직무를 대행한다. 즉 감사가 이사장의 업무를 대행하는 것이 아니라 상임이사가 그 업무를 대행한다. ② 건보법 제25조. 공단의 상임임원이 임명권자 또는 제청권자의 허가를 받거나 공단의 직원이 이사장의 허가를 받은 경우에는 비영리 목적의 업무를 겸할 수 있다. ③ 건보법 제24조 2항. "~해임해야 한다"가 아니라 "~해임할 수 있다"이다. ④ 건보법 제24조 2항 5호, ⑤ 건보법 제23조 1호. 대한민국 국민이 아닌 자는 임원이 될 수 없다.

06. 다음 중 옳지 않은 것은?

① 이사장은 공단의 업무에 관한 일체의 재판상 또는 재판 외의 행위를 대행하기 위하여 공단의 이사 또는 직원 중에서 대리인을 선임할 수 있다.

② 공단의 이익과 이사장의 이익이 상반되는 사항에 대하여는 이사장이 공단을 대표하지 못하며, 이 경우 상임이사가 공단을 대표한다.

③ 이사장의 권한 중 급여의 제한, 보험료의 납입고지 등은 정관에 정하는 바에 의하여 분사무소 장에게 위임할 수 있다.

④ 재정운영위원회의 위원장은 위원 중 호선한다.

⑤ 재정운영위원회의 위원은 직장가입자를 대표하는 자 10인, 지역가입자를 대표하는 자 10인, 공익을 대표하는 자 10인으로 한다.

✍ 해설

② 건보법 제31조 1항. 이사장은 공단의 이익과 자기의 이익이 상반되는 사항에 대하여는 공단을 대표하지 못한다. 이 경우 감사가 공단을 대표한다. 따라서 상임이사가 공단을 대표하는 것이 아니라 상임감사가 공단을 대표한다.

07. 다음 중 옳지 않은 것은?

① 공단은 직장가입자와 지역가입자의 재정을 통합하여 운영한다.

정답 06. ② 07. ③

② 공단은 매 회계연도의 예산안을 그 내용의 성질별로 구분 편성하여 보건복지부장관의 승인을 얻어야 한다.
③ 공단은 1년 이상 장기차입을 할 경우에는 보건복지부장관의 인가를 얻어야 한다.
④ 준비금은 보험급여에 소요되는 비용의 부족에 충당하거나 현금의 지출에 부족이 생긴 때 이외에는 이를 사용할 수 없다.
⑤ 공단은 회계연도마다 결산보고서 및 사업보고서를 작성하여 다음해 2월 말일까지 보건복지부장관에게 이를 보고하여야 한다.

해설

③ 건보법 제37조. 공단은 지출할 현금이 부족한 경우에는 차입할 수 있다. 다만, 1년 이상 장기로 차입하려면 보건복지부장관의 승인을 받아야 한다.

제4절 보험급여

01. 다음 중 요양급여를 실시하지 않는 사항은?

① 약제·치료재료의 지급
② 이송, 간호, 입원
③ 진찰·검사
④ 예방·재활
⑤ 건강검진

✍ 해설

건보법 제41조 1항, 가입자와 피부양자의 질병, 부상, 출산 등에 대하여 다음 각 호의 요양급여를 실시한다, 1. 진찰·검사, 2. 약제(藥劑)·치료재료의 지급, 3. 처치·수술 및 그 밖의 치료, 4. 예방·재활, 5. 입원, 6. 간호, 7. 이송(移送)

02. 국민건강보험법에 관한 설명으로 옳지 않은 것은? 〈노무사 2010년〉

① 요양급여는 진찰, 약제지급, 수술, 재활, 입원 등 현물급여이다.
② 일상생활에 지장이 없는 질환은 요양급여 대상에서 제외할 수 있다.
③ 요양기관으로 지정된 경우에는 정당한 이유 없이 요양급여를 거부하지 못한다.
④ 가입자가 긴급 기타 부득이한 사유로 요양기관과 유사한 기능을 수행하는 기관에서 요양을 받은 경우 그 요양급여에 상당하는 금액을 요양비로 지급한다.
⑤ 업무정지처분기간 중인 요양기관에서 요양을 받은 경우에는 요양비를 지급하지 아니한다.

✍ 해설

① 건보법 제41조 1항, ② 건보법 제41조 3항, ③ 건보법 제42조 5항, ④⑤ 건보법 제49조 1항. 긴급 기타 부득이한 사유로 인하여 요양기관과 유사한 기능을 수행하는 기관으로서 보건복지부령이 정하는 기관(업무정지처분 기간중인 요양기관을 포함한다)에서 질병·부상·출산 등에 대하여 요양을 받거나 요양기관 외에서 출산을 한 때에는 요양비를 지급받을 수 있다.

03. 다음 설명 중 옳지 않은 것은?

① 보건복지부장관은 요양급여의 기준을 정할 때 업무나 일상생활에 지장이 없는 질환, 그 밖에 보건복지부령으로 정하는 사항은 요양급여의 대상에

정답 01. ⑤ 02. ⑤ 03. ④

서 제외할 수 있다.

② 공단은 「장애인복지법」에 따라 등록한 장애인인 가입자 및 피부양자에게는 보장구(補裝具)에 대하여 보험급여를 할 수 있다.

③ 요양급여는 전액 보험자의 비용으로 부담하는 것이 아니라 일부 요양급여 비용은 본인이 부담한다.

④ 공단은 보험급여를 받을 수 있는 사람이 다른 법령에 따라 국가나 지방자치단체로부터 보험급여에 상당하는 급여를 받거나 보험급여에 상당하는 비용을 지급받게 되는 경우에도 보험급여를 지급할 수 있다.

⑤ 공단은 가입자가 대통령령으로 정하는 기간 이상의 보험료를 체납한 경우 그 체납한 보험료를 완납할 때까지 그 가입자 및 피부양자에 대하여 보험급여를 실시하지 아니할 수 있다.

해설

① 건보법 제41조 3항, ② 건보법 제51조 1항, ③ 요양급여를 받는 자는 대통령령으로 정하는 바에 따라 비용의 일부를 본인이 부담한다(건보법 제44조). ④ 공단은 보험급여를 받을 수 있는 사람이 다른 법령에 따라 국가나 지방자치단체로부터 보험급여에 상당하는 급여를 받거나 보험급여에 상당하는 비용을 지급받게 되는 경우에는 그 한도에서 보험급여를 하지 아니한다(건보법 제53조 2항). ⑤ 건보법 제53조 3항

04. 국민건강보험법령상 요양급여비용계약에 관한 설명으로 옳지 않은 것은?

〈노무사 2012년〉

① 요양급여비용은 국민건강보험공단의 이사장과 대통령령이 정하는 의약계를 대표하는 자와의 계약으로 정한다.

② 계약이 체결된 경우 그 계약은 국민건강보험공단과 각 요양기관 간에 체결된 것으로 본다.

③ 계약기간 만료일의 60일 전까지 계약이 체결되지 아니하는 경우에는 전년도와 동일한 요양급여비용을 적용한다.

④ 건강보험심사평가원은 국민건강보험공단의 이사장이 계약을 체결하지 위하여 필요한 자료를 요청하는 경우에는, 이에 성실히 응하여야 한다.

⑤ 요양급여비용이 정하여지는 경우에 보건복지부장관은 그 요양급여비용의 내역을 지체없이 고시하여야 한다.

해설

① 요양급여비용은 공단의 이사장과 대통령령으로 정하는 의약계를 대표하는 사람들

정답 04. ③

의 계약으로 정한다. 이 경우 계약기간은 1년으로 한다(건보법 제45조 1항). ② 계약이 체결되면 그 계약은 공단과 각 요양기관 사이에 체결된 것으로 본다(건보법 제45조 2항). ③ 계약은 그 직전 계약기간 만료일이 속하는 연도의 5월 31일까지 체결하여야 하며, 그 기한까지 계약이 체결되지 아니하는 경우 보건복지부장관이 그 직전 계약기간 만료일이 속하는 연도의 6월 30일까지 심의위원회의 의결을 거쳐 요양급여비용을 정한다(건보법 제45조 3항). ④ 건보법 제45조 6항, ⑤ 건보법 제45조 4항

05. 다음 설명 중 옳지 않은 것은?

① 요양급여를 받는 자는 대통령령으로 정하는 바에 따라 비용의 일부를 본인이 부담한다.

② 요양급여비용은 공단의 이사장과 대통령령으로 정하는 의약계를 대표하는 사람들의 계약으로 정한다. 이 경우 계약기간은 2년으로 한다.

③ ②의 계약이 체결되면 그 계약은 공단과 각 요양기관 사이에 체결된 것으로 본다.

④ 외국인의 경우 건강보험 적용 사업자의 근로자, 공무원 또는 교직원으로서 출입국관리법 제31조에 따라 외국인등록을 한 경우 직장가입자가 될 수 있다.

⑤ 가입자와 피부양자에 대한 질병, 부상, 출산 등에 대한 이송(移送)도 요양급여에 포함된다.

해설

① 건보법 제44조. 요양급여를 받는 자는 대통령령으로 정하는 바에 따라 비용의 일부를 본인이 부담한다. ② 건보법 제45조 1항. 요양급여비용은 공단의 이사장과 대통령령으로 정하는 의약계를 대표하는 사람들의 계약으로 정한다. 이 경우 계약기간은 1년으로 한다. ③ 건보법 제45조 2항. 계약이 체결되면 그 계약은 공단과 각 요양기관 사이에 체결된 것으로 본다. ④ 건보법 시행령 제 76조 1항. 직장가입자가 되는 재외국민 또는 외국인은 건강보험 적용 사업장의 근로자, 공무원 또는 교직원으로서 다음 각 호의 어느 하나에 해당하는 사람으로 한다. 1. 「재외동포의 출입국과 법적 지위에 관한 법률」 제6조에 따라 국내거소신고를 한 사람, 2. 「출입국관리법」 제31조에 따라 외국인등록을 한 사람, ⑤ 건보법 제41조 1항 7호

06. 요양비(국민건강보험법 제49조)에 관한 설명 중 옳지 않은 것은?

① 요양기관을 이용할 수 없거나 요양기관이 없는 경우에 요양기관과 비슷한 기능을 하는 기관으로서 보건복지부령으로 정하는 기관에서 질병·부상 등에 대하여 요양을 받는 경우에는 그 요양급여에 상당하는 금액을 가입자

정답 05. ② 06. ③

나 피부양자에게 요양비로 지급한다.

② 산소치료를 필요로 하는 환자가 의사의 산소치료 처방전에 따라 보건복지부장관이 정하여 고시하는 방법으로 가정에서 산소치료를 받는 경우에도 법 제49조 1항의 사유에 해당된다.

③ 업무정지 중인 요양기관에서 요양을 받은 경우에는 요양비를 지급하지 아니한다.

④ 공단은 요양비 지급을 청구하는 사람이 국민건강보험법 시행규칙 제23조 2항 2호부터 5호까지의 규정에 따른 판매자 또는 기관에 요양비를 지급할 것을 신청한 경우에는 그 판매자 또는 기관에 요양비를 직접 지급할 수 있다.

⑤ 요양비는 요양기관이 아닌 장소에서 출산한 경우에도 보건복지부령이 정하는 바에 따라 가입자나 피부양자에게 지급한다.

해설

①② 건보법 시행규칙 제23조 1항. 법 제49조 1항에서 "보건복지부령으로 정하는 긴급하거나 그 밖의 부득이한 사유"란 다음 각 호의 어느 하나에 해당하는 경우를 말한다. 1. 요양기관을 이용할 수 없거나 요양기관이 없는 경우, 2. 만성신부전증 환자가 의사의 처방전에 따라 복막관류액 또는 자동복막투석에 사용되는 소모성 재료를 요양기관 외의 의약품판매업소에서 구입·사용한 경우, 3. 산소치료를 필요로 하는 환자가 의사의 산소치료 처방전에 따라 보건복지부장관이 정하여 고시하는 방법으로 가정에서 산소치료를 받는 경우, 4. 제1형 당뇨병 환자가 의사의 처방전에 따라 혈당검사에 사용되는 소모성 재료를 요양기관 외의 의료기기판매업소에서 구입·사용한 경우, 5. 선천성 신경인성 방광환자가 의사의 처방전에 따라 자가도뇨에 사용되는 소모성 재료를 요양기관 외의 의료기기판매업소에서 구입·사용한 경우, ③ 건보법 시행규칙 제23조 5항. 공단은 3항에 따른 요양비의 지급청구를 받으면 1항 각 호의 사유에 해당하는지 등을 지체 없이 확인한 후 요양비를 지급하여야 한다. 다만, 공단은 2항 1호에 따른 의료기관 등 및 법 제98조 1항에 따라 업무정지 중인 요양기관에서 요양을 받은 경우의 요양비에 대해서는 심사평가원의 심사를 거쳐 지급하여야 한다. ④ 건보법 시행규칙 제23조 6항. 공단은 3항에 따라 요양비 지급을 청구하는 사람이 2항 2호부터 5호까지의 규정에 따른 판매자 또는 기관에 요양비를 지급할 것을 신청한 경우에는 그 판매자 또는 기관에 요양비를 직접 지급할 수 있다. ⑤ 건보법 제49조 1항. 공단은 가입자나 피부양자가 보건복지부령으로 정하는 긴급하거나 그 밖의 부득이한 사유로 요양기관과 비슷한 기능을 하는 기관으로서 보건복지부령으로 정하는 기관(제98조 1항에 따라 업무정지기간 중인 요양기관을 포함한다)에서 질병·부상·출산 등에 대하여 요양을 받거나 요양기관이 아닌 장소에서 출산한 경우에는 그 요양급여에 상당하는 금액을 보건복지부령으로 정하는 바에 따라 가입자나 피부양자에게 요양비로 지급한다.

07. 다음 중 국민건강보험법상 요양기관에 해당하지 않는 것은?

① 「의료법」에 따라 개설된 의료기관
② 「의료법」에 따라 설립된 부속의료기관
③ 「지역보건법」에 따른 보건소·보건의료원 및 보건지소
④ 「약사법」에 따라 설립된 한국희귀의약품센터
⑤ 「약사법」에 따라 등록된 약국

✍ 해설

② 건보법 제42조 1항, 시행령 제18조 1항 1호. 「의료법」 제35조에 따라 설립된 부속의료기관은 건보법상 요양기관에서 제외되는 의료기관이다.

08. 다음 설명 중 옳지 않은 것은?

① 국민건강보험법 제42조에 의해 요양기관은 의료기관의 의사와 관계없이 국가에 의하여 강제로 요양기관으로 지정된다.
② 건보법상의 강제지정제는 헌법재판소의 결정에 의하면 평등원칙에 위배되지 않는다.
③ 강제지정제는 의료인의 직업의 자유에 대한 포괄적인 제한에도 불구하고 강제지정제의 범주 내에서 가능하면 직업행사의 자유를 고려하고 존중하는 여러 규정을 갖추고 있으므로, 강제지정제는 최소침해의 원칙에 위배되지 아니한다.
④ '요양기관 강제지정제'의 목적은 법률에 의하여 모든 의료기관을 국민건강보험체계에 강제로 편입시킴으로써 요양급여에 필요한 의료기관을 확보하고 이를 통하여 피보험자인 전 국민의 의료보험수급권을 보장하고자 하는 것이다.
⑤ 진료를 받고자 하는 국민은 자신의 부담으로 선택할 수 있는 비급여대상의 의료행위를 선택할 수는 없다.

✍ 해설

요양기관 강제지정제에 관한 헌법재판소 결정(2000.10.31, 99헌바76·2000헌마505(병합)에 관한 문제이다. ⑤ 국민은 진료를 받고자 하는 의료기관을 자유롭게 선택할 수 있을 뿐 아니라, 의료보험법과 국민건강보험법은 의료보험에 의하여 보장되는 급여부분 외에 의료소비자의 자율적인 결정에 따라 자신의 부담으로 선택할 수 있는 소위 비급여대상의 의료행위를 함께 제공하고 있다. 따라서 모든 의료기관이 요양기관으로서 법이 정한 기준의 보험급여를 제공하고 이에 따라 의료소비자의 선택권이 제한을

정답 07. ② 08. ⑤

받는다고 하더라도, 이러한 제한은 의료보험의 기능확보라는 중대한 공익의 실현을 위하여 행해지는 것으로서, 의료소비자인 국민의 선택권을 과도하게 침해하는 것이라고 볼 수 없다.

09. 다음 설명 중 옳은 것은?

① 요양급여비용은 공단의 이사장과 의약계를 대표하는 자와의 계약으로 정하고 계약기간은 제한이 없다.
② 요양급여비용에 대한 계약이 체결된 경우 그 계약은 공단과 각 요양기관간에 체결된 것으로 본다.
③ 요양급여비용에 대해 공단이 계약을 체결한 경우 이사장은 재정운영위원회의 심의·의결을 거칠 수 있다.
④ 공단의 이사장은 건강보험심사평가원에게 계약체결을 위하여 필요한 자료를 요청할 수 있는데, 건강보험심사평가원은 이러한 요청을 거부할 수 없다.
⑤ 요양급여비용에 대한 계약이 체결되지 아니한 경우, 보건복지부장관이 이를 직권으로 결정한다.

해설

① 건보법 제45조 1항. 계약기간은 1년으로 한다. ② 건보법 제45조 2항, ③ 건보법 제45조 5항. "~재정운영위원회의 심의·의결을 거칠 수 있다."가 아니라 "~심의·의결을 거쳐야 한다."가 타당하다. ④ 건보법 제45조 6항. "~ 이러한 요청을 건강보험심사평가원은 거부할 수 없다."가 아니라 이에 성실이 응할 의무가 있을 뿐이다. ⑤ 건보법 제45조 3항. 계약이 체결되지 않은 경우 보건복지부장관이 심의위원회의 의결을 거쳐 정하는 금액을 요양급여비용으로 한다. 따라서 직권으로 결정한다는 것은 타당하지 않다.

10. 다음은 요양급여비용의 청구와 지급에 관한 설명이다. 옳지 않은 것은 모두 몇 개인가?

요양기관은 요양급여의 지급을 공단에 청구할 수 있고, 이러한 요양급여의 비용을 청구하고자 하는 경우 ㉠ 요양기관은 건강보험심사평가원에 이에 대한 심사청구를 하여야 하며, ㉡ 심사청구를 받은 건강보험심사평가원은 이를 심사한 후 지체없이 그 내용을 공단 및 요양기관에 알려야 한다. 이에 따라 심사의 내용을 통보받은 공단은 지체없이 그 내용에 따라 요양급여비용을 요양기관에게 지급한다. ㉢ 이 경우 이미 낸 본인일부부담금이 통보된

정답 09. ② 10. ③

금액보다 과다한 경우에는 요양기관에게 지급할 금액에서 그 과다하게 납부된 금액을 공제하여 지급하거나, 공제하지 않고 지급할 수 있으며, ㉣ 가입자가 내야 할 보험료 기타 징수금이 있는 경우에는 상계처리할 수 있다. ㉤ 공단은 요양급여비용을 지급함에 있어 건강보험심사평가원이 요양급여의 적정성을 평가하여 통보하는 경우 그 평가결과에 따라 요양급여비용을 가산 또는 감액 조정하여 지급할 수 있다.

① 4개 ② 3개 ③ 2개
④ 1개 ⑤ 없음

✍ 해설

㉢ 건보법 제47조 3항. 과다하게 납부된 금액은 공제하여 당해 가입자에게 지급하여야 한다고 규정하고 있으므로 공제하지 않을 수 있다는 부분은 타당하지 않다. ㉤ 건보법 제47조 5항. "~감액 조정하여 지급할 수 있다."가 아니라 "~감액 조정하여 지급한다."이다.

11. 다음 설명 중 옳지 않은 것은?

① 요양기관은 공단에 요양급여비용의 지급을 청구할 수 있다.
② 요양급여비용을 청구하려는 요양기관은 심사평가원에 요양급여비용의 심사청구를 하여야 하며, 심사청구를 받은 심사평가원은 이를 심사한 후 지체 없이 그 내용을 공단과 요양기관에 알려야 한다.
③ 공단은 요양급여비용의 지급을 청구한 요양기관이 「의료법」 제33조 2항을 위반하였다는 사실을 수사기관의 수사 결과로 확인한 경우에는 해당 요양기관이 청구한 요양급여비용의 지급을 보류할 수 있다.
④ 법원의 무죄 판결이 확정되거나 불기소 처분(혐의없음 또는 죄가 안됨 처분에 한정한다)이 확정되어 요양기관이 「의료법」 제33조 2항을 위반한 혐의가 입증되지 아니한 경우에는 공단은 지급 보류된 요양급여비용에 지급 보류된 기간 동안의 이자를 가산하여 해당 요양기관에 지급하여야 한다.
⑤ 공단은 이 법에 따른 보험급여로 지급되는 현금을 받는 수급자의 신청이 있는 경우에는 요양비등을 수급자 명의의 지정된 계좌로 입금하여야 한다.

✍ 해설

① 건보법 제47조 1항. 요양기관은 공단에 요양급여비용의 지급을 청구할 수 있다.
② 건보법 제47조 2항. 요양급여비용을 청구하려는 요양기관은 심사평가원에 요양급

정답 11. ④

여비용의 심사청구를 하여야 하며, 심사청구를 받은 심사평가원은 이를 심사한 후 지체 없이 그 내용을 공단과 요양기관에 알려야 한다. ③ 건보법 제47조의2 1항. 제47조 3항에도 불구하고 공단은 요양급여비용의 지급을 청구한 요양기관이 「의료법」 제33조 2항 또는 「약사법」 제20조 1항을 위반하였다는 사실을 수사기관의 수사 결과로 확인한 경우에는 해당 요양기관이 청구한 요양급여비용의 지급을 보류할 수 있다. ④ 건보법 제47조의2 3항. 법원의 무죄 판결이 확정되는 등 대통령령으로 정하는 사유로 제1항에 따른 요양기관이 「의료법」 제33조 2항 또는 「약사법」 제20조 1항을 위반한 혐의가 입증되지 아니한 경우에는 공단은 지급 보류된 요양급여비용에 지급 보류된 기간 동안의 이자를 가산하여 해당 요양기관에 지급하여야 한다.; 건보법 시행령 제22조의2 4항 2호. ⑤ 건보법 제56조의2 1항. 공단은 이 법에 따른 보험급여로 지급되는 현금(이하 "요양비등"이라 한다)을 받는 수급자의 신청이 있는 경우에는 요양비등을 수급자 명의의 지정된 계좌(이하 "요양비등수급계좌"라 한다)로 입금하여야 한다.

12. 다음 설명 중 옳지 않은 것은?

① 국민건강보험법상 부가급여는 임신·출산 진료비, 장제비, 상병수당, 그 밖의 급여를 실시할 수 있다고 규정되어 있으나 현재 임신·출산 진료비만 시행되고 있다.

② 임신·출산 진료비는 하나의 태아를 임신한 경우 50만 원의 범위에서 실제 부담한 금액으로 한다.

③ 임신·출산 진료비를 지급받으려면 임신한 사실을 증명하는 확인서를 첨부하여 공단에 신청하여야 한다.

④ 임신한 가입자 또는 피부양자가 임신·출산 진료비를 신청할 당시에 보험급여가 제한되거나 정지된 경우에는 부가급여를 실시하지 아니한다.

⑤ 공단은 임신·출산 진료비의 지급과 관련하여 가입자 또는 피부양자에게 이용권을 발급하여야 하는데, 이는 요양기관이 확인한 분만 예정일로부터 30일이 지난 후에는 사용할 수 없다.

해설

① 공단은 이 법에서 정한 요양급여 외에 대통령령으로 정하는 바에 따라 임신·출산 진료비, 장제비, 상병수당, 그 밖의 급여를 실시할 수 있다(건보법 제50조). 법 제50조에 따른 부가급여는 임신·출산 진료비로 한다(동법 시행령 제23조). ② 건보법 시행령 제23조 2항 1호. 하나의 태아를 임신한 경우: 50만 원, ③ 건보법 시행규칙 제24조 1항. 임신한 가입자 또는 피부양자는 영 제23조 1항에 따른 임신·출산 진료비를 지급받으려면 같은 조 3항에 따라 임신한 사실을 증명하는 확인서를 첨부하여 공단에 신청하여야 한다. ④ 건보법 시행령 제23조 4항. 임신한 가입자 또는 피부양자가 3항에 따라 임신·출산 진료비를 신청할 당시에 법 제53조 및 제54조에 따라 보험급여가 제한되거

정답 12. ⑤

나 정지된 경우에는 1항에 따른 부가급여를 실시하지 아니한다. ⑤ 건보법 시행령 제23조 6항. 요양기관이 확인한 분만 예정일부터 60일이 지난 후에는 사용할 수 없다.

13. 다음 설명 중 옳지 않은 것은?

① 가입자나 피부양자는 긴급 기타 부득이한 경우에는 요양기관과 유사한 기능을 수행하는 기관에서 요양을 받은 경우 요양비를 지급받을 수 있다.
② ①과 같은 경우, 요양을 실시한 기관은 요양비명세서 또는 요양의 내역을 기재한 영수증을 요양을 받은 자에게 교부하여야 한다.
③ 건보법상 부가급여는 임신·출산 진료비인데, 이는 임신과 출산에 관련된 진료에 드는 비용으로 하되, 하나의 태아를 임신한 경우 50만 원, 둘 이상의 태아를 임신한 경우 70만 원의 범위 내에서 가입자 또는 피부양자가 실제 부담한 금액으로 한다.
④ 임신, 출산과 관련된 진료비는 가입자의 신청 여부를 떠나 지급받을 수 있다.
⑤ 공단은 임신·출산 진료비의 지급과 관련하여 가입자 또는 피부양자에게 이용권을 발급하여야 하는데, 이는 요양기관이 확인한 분만 예정일로부터 60일이 지난 후에는 사용할 수 없다.

해설

①② 건보법 49조, ③⑤ 건보법 시행령 제23조 1항·2항 및 6항, ④ 국민건강보험법 시행령 제23조 3항. 임신한 가입자 또는 피부양자가 부가급여를 받으려면 공단에 신청하여야 한다.

14. 다음 부가급여에 대한 설명 중 옳지 않은 것은?

① 현재 부가급여는 임신·출산 진료비에 대해서만 실시하고 있다.
② 임신·출산 진료비는 임신한 가입자 또는 피부양자가 임신과 출산에 관련된 진료에 드는 비용으로 하되, 그 지급액은 20만 원의 범위에서 임신한 가입자 또는 피부양자가 실제 부담한 금액으로 한다.
③ 임신한 가입자 또는 피부양자가 부가급여를 받으려면 공단에 신청하여야 한다.
④ 임신한 가입자 또는 피부양자가 임신·출산 진료비를 신청할 당시에 보험급여가 제한되거나 정지된 때에는 부가급여를 실시하지 아니한다.
⑤ 임신한 가입자 또는 피부양자는 공단이 발행한 임신과 출산에 관련된 진료를 받을 수 있는 이용권을 요양기관이 확인한 분만 예정일부터 60일이

정답 13. ④ 14. ②

지난 후에는 사용할 수 없다.

✍ 해설

② 건보법 시행령 제23조 2항. 하나의 태아를 임신한 경우는 50만 원, 둘 이상의 태아를 임신한 경우는 70만 원이다.

15. 다음 중 국민건강보험법상 건강검진에 관한 설명 중 옳지 않은 것은?

① 건강검진에는 일반건강검진, 암검진, 영유아건강검진이 있다.
② 일반건강검진을 받을 수 있는 자는 직장가입자, 세대주인 지역가입자, 40세 이상인 지역가입자 및 40세 이상인 피부양자이다.
③ 6세 미만의 가입자 및 피부양자는 영유아 건강검진을 받을 수 있다.
④ 공단이 직장가입자에게 실시하는 건강검진의 경우에는 직장가입자 본인에게 건강검진의 실시에 관한 사항을 통보하여야 한다.
⑤ 건강검진을 실시한 검진기관은 공단에 건강검진의 결과를 통보하여야 하며, 공단은 이를 건강검진을 받은 자에게 통보하여야 한다.

✍ 해설

① 건보법 시행령 제25조 1항, ② 건보법 시행령 제25조 2항 1호, ③ 건보법 시행령 제25조 2항 3호, ④ 건보법 시행령 제25조 5항 1호. 직장가입자 본인에게 통보하는 것이 아니라 소속 사용자에게 통보하여야 한다. ⑤ 건보법 시행령 제25조 6항

16. 국민건강보험법상 보험급여 제한에 관한 설명 중 옳지 않은 것은?

① 고의 또는 과실로 인한 범죄행위에 그 원인이 있거나 고의로 사고를 일으킨 경우에는 보험급여를 하지 아니한다.
② 고의 또는 중대한 과실로 공단이나 요양기관의 요양에 관한 지시에 따르지 아니한 경우에는 보험급여를 하지 아니한다.
③ 요양기관은 가입자 등이 ①,②에 해당되는 것으로 판단되는 경우에도 요양급여를 실시하되, 지체 없이 급여제한여부 조회서에 의하여 공단에 급여제한 여부를 조회하여야 한다.
④ 급여제한 여부의 조회를 받은 공단은 7일 이내에 급여의 제한여부를 결정하여 당해 요양기관에 급여제한여부결정통보서로 회신하여야 하며, 회신을 받은 요양기관은 요양급여를 개시한 날부터 소급하여 공단의 결정에 따라야 한다.
⑤ 회신 없이 7일이 경과된 때에는 공단이 당해 요양기관에 대하여 요양급여

정답 15. ④ 16. ①

를 인정한 것으로 본다. 다만, 공단이 7일이 경과된 후에 급여제한을 결정하여 회신한 때에는 요양기관은 회신을 받은 날부터 공단의 결정에 따라야 한다.

✍ 해설

① 건보법 제53조 1항 1호. 경과실로 인한 범죄행위에 그 원인이 있는 경우에도 보험급여를 지급받을 수 있다. ② 건보법 제53조 1항 2호, ③④⑤ 국민건강보험 요양급여의 기준에 관한 규칙 제4조 1항·2항·3항

17. 국민건강보험법상 보험급여 제한사유가 아닌 것은?

① 고의 또는 중대한 과실로 인한 범죄행위에 기인하거나 고의로 사고를 발생시킨 때
② 고의 또는 중대한 과실로 공단이나 요양기관의 요양에 관한 지시에 따르지 아니한 때
③ 고의 또는 중대한 과실로 제55조의 규정에 의한 문서 기타 물건의 제출을 거부하거나 질문 또는 진단을 기피한 때
④ 업무상 또는 공무상 질병·부상·재해로 인하여 다른 법령에 의한 보험급여나 보상 또는 보상을 받게 되는 때
⑤ 보험료를 2월 이상 체납한 지역가입자

✍ 해설

⑤ 건보법 제53조 3항 및 시행령 제26조. 세대 단위의 보험료를 1월 이상 체납한 지역가입자에 대하여 보험료를 완납할 때까지 보험급여를 실시하지 아니할 수 있다. 다만, 보험료의 체납기간에 관계없이 월별 보험료의 총체납횟수(체납횟수 산정시 이미 납부된 체납보험료의 횟수를 제외한다)가 6회 미만인 경우에는 법 제48조 3항을 적용하여서는 아니 된다.

18. 국민건강보험법상 보험급여에 관한 설명으로 옳지 않은 것은? 〈노무사 2011년〉

① 보험급여를 받을 수 있는 자가 고의 또는 중대한 과실로 사고를 발생시킨 때에는 보험급여를 하지 아니한다.
② 보험급여를 받을 수 있는 자가 업무상 질병·부상·재해로 인하여 다른 법령에 의한 보험급여를 받게 되는 때에는 보험급여를 하지 아니한다.
③ 보험급여를 받을 수 있는 자가 국외에서 업무에 종사하고 있는 때에는 그 기간 중 보험급여를 하지 아니한다.

정답 17. ⑤ 18. ①

④ 보험급여를 실시함에 있어서 필요하다고 인정되는 때에는 보험급여를 받는 자에 대하여 문서의 제출을 요구할 수 있다.

⑤ 공단은 제3자의 행위로 인한 보험급여사유가 발생하여 가입자에게 보험급여를 한 때에는 그 급여에 소요된 비용의 한도 내에서 그 제3자에 대한 손해배상청구의 권리를 얻는다.

해설

① 건보법 제53조 1항 1호에 의하면"고의 또는 중대한 과실로 인한 범죄행위에 기인하거나 고의로 사고를 발생시킨 때"이다. 따라서 중대한 과실로 사고를 발생시킨 때는 보험금을 지급하지 않는 경우에 해당하지 아니한다.

19. 다음 중 급여제한에 대한 설명으로 옳은 것은?

① 건보법 제53조 1항 1호의 '중대한 과실'은 징벌적·보험정책적인 면에서 급여를 제한하는 의미만 있는 것이므로 중대한 과실의 의미는 되도록 덜 엄격하게 해석하여야 한다.

② 보험급여를 받을 수 있는 가입자가 만일 이 사건 법률조항의 급여제한 규정에 의하여 보험급여를 받을 수 없게 되면 사회적 기본권의 제한은 되지만 헌법상의 재산권에 대한 제한은 아니다.

③ 건보법 제53조 1항 1호의 범죄행위에는 도로교통법 제12장의 범칙행위는 포함되지 않는다.

④ 경과실로 인한 범죄행위에 기인하는 보험사고에 대하여 의료보험급여를 부정하는 것은 우연한 사고로 인한 위험으로부터 다수의 국민을 보호하고자 하는 사회보장제도로서의 의료보험의 본질을 침해하여 헌법에 위반된다.

⑤ 도로공사로 인하여 편도가 좁아져 사고가 발생한 경우에는 보험가입자 자신 또는 주로 보험가입자의 안전운전의무 위반행위로 발생한 것이므로 급여의 제한사유에 해당한다.

해설

① 대판 2003.2.28, 2002두12175. 국민건강보험법 제48조 1항 1호는 보험급여를 받을 수 있는 자가 고의 또는 중대한 과실로 인한 범죄행위에 기인하거나 고의로 사고를 발생시킨 때에는 보험급여를 하지 아니한다고 규정하고 있는바, 국민건강보험법은 제1조에 명시되어 있는 바와 같이 국민의 질병·부상에 대한 예방·진단·치료·재활과 출산·사망 및 건강증진에 대하여 보험급여를 실시함으로써 국민보건을 향상시키고 사회보장을 증진함을 목적으로 하고 있음에 비추어 볼 때, 위 법조 소정의 급여제한 사유로

정답 19. ④

되는 '중대한 과실'이라는 요건은 되도록 엄격하게 해석하여야 할 것이다. 따라서 덜 엄격하게 해석하는 것이 아니라 엄격하게 해석하여야 한다. ②④ 법률에 의하여 구체적으로 형성된 의료보험수급권에 대하여 헌법재판소는 이를 재산권의 보장을 받는 공법상의 권리로서 헌법상의 사회적 기본권의 성격과 재산권의 성격을 아울러 지니고 있다고 보므로, 보험급여를 받을 수 있는 가입자가 만일 이 사건 법률조항의 급여제한 규정에 의하여 보험급여를 받을 수 없게 된다면 이것은 헌법상의 재산권과 사회적 기본권에 대한 제한이 된다. 이 사건 법률조항은 보험급여의 제한 사유인 '범죄행위'에 고의나 중과실에 의한 것 이외에 경과실에 의한 것까지 포함하고 있는바, 고의·중과실을 제외한 경과실범의 경우에는 그 비난가능성이 상대적으로 낮으며 우연히 발생한 경과실에 의한 범죄행위에 기인한 보험사고에 대하여 보험급여를 하는 것이 의료보험의 공공성에 위반된다고 보기 어렵다. 보험재정의 공공성을 유지하기 위하여 범죄행위에 기인한 보험사고에 대하여 보험급여를 하지 않는 것은 고의범과 중과실범의 경우로 한정하면 충분하므로, 여기에서 더 나아가 경과실범에 의한 보험사고의 경우에까지 의료보험수급권을 부정하는 것은 기본권 제한에 있어서의 최소침해의 원칙에 어긋나며, 나아가 보호되는 공익에 비하여 침해되는 사익이 현저히 커서 법익균형의 원칙에도 어긋나므로 이는 재산권에 대한 과도한 제한으로서 헌법에 위반된다. 경과실의 범죄로 인한 사고는 개념상 우연한 사고의 범위를 벗어나지 않으므로 경과실로 인한 범죄행위에 기인하는 보험사고에 대하여 의료보험급여를 부정하는 것은 우연한 사고로 인한 위험으로부터 다수의 국민을 보호하고자 하는 사회보장제도로서의 의료보험의 본질을 침해하여 헌법에 위반된다(헌재 2003.12.18. 2002헌바1). ③ 대판 1990.5.22, 90누752. 도로교통법에 의한 범칙행위는 범죄행위에 해당한다. ⑤ 대판 2004.4.27, 2002두13079. 이 경우는 운전자의 안전의무위반으로 볼 수 없으므로 급여제한사유에 해당하지 아니한다.

20. 국민건강보험법상 보험급여 정지사유에 해당하는 것은? 〈노무사 2013년〉

① 업무로 생긴 재해로 다른 법령에 따른 보험급여를 받게 되는 경우
② 다른 법령에 따라 국가로부터 보험급여에 상당하는 비용을 지급받게 되는 경우
③ 고의 또는 중대한 과실로 요양기관의 요양에 관한 지시에 따르지 아니한 경우
④ 고의 또는 중대한 과실로 인한 범죄행위에 그 원인이 있거나 고의로 사고를 일으킨 경우
⑤ 국외에 여행 중인 경우

해설

①②③④ 건보법 제53조. 보험급여의 제한 사유에 해당한다. ⑤ 건보법 제54조. 보험급여를 받을 수 있는 사람이 다음 각 호의 어느 하나에 해당하면 그 기간에는 보험급여

정답 20. ⑤

를 하지 아니한다. 1. 국외에 여행 중인 경우, 2. 국외에서 업무에 종사하고 있는 경우, 3. 제6조 2항 2호에 해당하게 된 경우, 4. 교도소, 그 밖에 이에 준하는 시설에 수용되어 있는 경우

21. 국민건강보험법상 보험급여 정지사유가 아닌 것은?

① 국외에 여행 중인 경우
② 국외에서 업무에 종사하고 있는 경우
③ 병역법에 따른 현역병에 해당하게 된 경우
④ 교도소, 그 밖에 이에 준하는 시설에 수용되어 있는 경우
⑤ 지역가입자가 보험료를 1월 이상 체납한 경우

해설

건보법 제54조. 지역가입자가 보험료를 1월 이상 체납한 경우에는 급여의 정지사유가 아니라 제한사유이다. ⑤ 건보법 제53조 3항 및 시행령 제26조. 세대 단위의 보험료를 1월 이상 체납한 지역가입자에 대하여 보험료를 완납할 때까지 보험급여를 실시하지 아니할 수 있다. 다만, 보험료의 체납기간에 관계없이 월별 보험료의 총체납횟수(체납횟수 산정시 이미 납부된 체납보험료의 횟수를 제외한다)가 6회 미만인 경우에는 법 제53조 3항을 적용하여서는 아니 된다.

22. 다음 설명 중 옳지 않은 것은?

① 공단은 보험급여를 받을 수 있는 사람이 다른 법령에 따라 국가나 지방자치단체로부터 보험급여에 상당하는 비용을 지급받게 되는 경우에는 그 한도에서 보험급여를 하지 아니한다.
② 공단은 국민건강보험법에 따라 지급의무가 있는 요양비 또는 부가급여의 청구를 받으면 지체없이 이를 지급하여야 한다.
③ 공단은 제3자의 행위로 보험급여사유가 생겨 가입자 또는 피부양자에게 보험급여를 한 경우에는 그 급여에 들어간 비용 한도에서 그 제3자에게 손해배상을 청구할 권리를 얻는다.
④ 건강보험법상 급여를 받은 자가 제3자로부터 이미 손해배상을 받은 때에는 공단은 그 배상액 한도에서 보험급여를 하지 아니한다.
⑤ 국민건강보험법에 따라 보험급여를 받은 피해자가 제3자에 대하여 손해배상청구를 할 경우 그 손해발생에 피해자의 과실이 경합된 때에는 먼저 산정된 손해액에서 과실상계를 한 다음 거기에서 보험급여를 공제하여야 하고, 그 공제되는 보험급여에 대하여는 다시 과실상계를 할 수 있다.

정답 21. ⑤ 22. ⑤

✍ 해설

① 건보법 제53조 2항, ② 건보법 제56조, ③④ 건보법 제58조, ⑤ 산업재해보상보험법 또는 국민건강보험법에 따라 보험급여를 받은 피해자가 제3자에 대하여 손해배상청구를 할 경우 그 손해발생에 피해자의 과실이 경합된 때에는 먼저 산정된 손해액에서 과실상계를 한 다음 거기에서 보험급여를 공제하여야 하고, 그 공제되는 보험급여에 대하여는 다시 과실상계를 할 수 없으며, 보험자가 불법행위로 인한 피해자에게 보험급여를 한 후 피해자의 가해자에 대한 손해배상채권을 대위하는 경우 그 대위의 범위는 손해배상채권의 범위 내에서 보험급여를 한 전액이다(대판 2002.12.26, 2002다50149).

23. 국민건강보험법상 보험료와 보험급여에 관한 설명으로 옳지 않은 것은?

〈노무사 2010년〉

① 보험급여를 받을 수 있는 자가 국외에 여행 중인 때에는 그 기간 중 보험급여는 정지한다.

② 직장가입자가 교도소에 수용되어 있는 경우에 그 기간 중에 당해 가입자의 보험료는 면제한다.

③ 피부양자가 없는 직장가입자가 현역병으로 입영한 경우에 그 기간 중 당해 가입자의 보험료는 면제한다.

④ 피부양자가 없는 직장가입자가 국외에서 업무에 종사하고 있다면 그 기간에 대해서는 보험급여를 정지하고 당해 가입자의 보험료는 50% 감액한다.

⑤ 휴직 기타의 사유로 보수의 전부 또는 일부가 지급되지 아니하는 가입자의 보험료는 당해 사유가 발생하기 전월의 보수월액을 기준으로 보험료를 산정한다.

✍ 해설

④ 건보법 제54조, 제74조 1항 단서. 공단은 직장가입자가 제54조 2호부터 4호까지의 어느 하나에 해당하면 그 가입자의 보험료를 면제한다. 다만, 제54조 2호(국외에서 업무에 종사하고 있는 경우)에 해당하는 직장가입자의 경우에는 국내에 거주하는 피부양자가 없을 때에만 보험료를 면제한다. 따라서 50% 감액이 아니라 보험료를 면제하는 것이 타당하다.

24. 다음 설명 중 옳지 않은 것은?

① 공단은 보험급여를 할 때 필요하다고 인정되면 보험급여를 받는 사람에게

정답 23. ④ 24. ⑤

문서와 그 밖의 물건을 제출하도록 요구하거나 관계인을 시켜 질문 또는 진단하게 할 수 있다.

② 보험급여를 받을 권리는 양도하거나 압류할 수 없다.

③ 공단은 이 법에 따라 지급의무가 있는 요양비 또는 부가급여의 청구를 받으면 지체없이 이를 지급하여야 한다.

④ 보험급여를 받은 사람이 제3자로부터 이미 손해배상을 받은 경우에는 공단은 그 배상액 한도에서 보험급여를 하지 아니 한다.

⑤ 직장가입자, 지역가입자는 나이에 관계없이 일반건강검진을 받을 수 있다.

해설

① 건보법 제55조, ② 건보법 제59조, ③ 건보법 제56조, ④ 건보법 제58조 2항, ⑤ 건보법 제25조 2항 1호. 세대주가 아닌 지역가입자는 40세 이상이어야 일반건강검진을 받을 수 있다.

25. 다음은 국민건강보험법상 부당이득의 징수에 관한 설명이다. 옳지 않은 것은? (다툼이 있는 경우 판례에 의함)

① '속임수나 그 밖의 부당한 방법으로 보험급여를 지급받은 경우'란 요양기관이 요양급여비용을 받기 위하여 허위의 자료를 제출 또는 사실을 적극적으로 은폐할 것을 요하는 것은 아니다.

② 관련법령에 의하여 요양급여비용으로 지급받을 수 없는 비용임에도 불구하고 이를 청구하여 지급받는 행위도 '속임수나 그 밖의 부당한 방법으로 보험급여를 지급받은 경우'에 해당한다.

③ 신고 및 검사·측정의무를 이행하지 않은 장비를 이용하여 실시하여 요양급여비용을 받는 경우는 속임수나 그 밖의 부당한 방법에 해당한다.

④ 속임수나 그 밖의 부당한 방법으로 보험급여를 받은 사람이 피부양자인 경우에는 그 직장가입자가 연대하여 징수책임을 부담한다.

⑤ 부당이득금징수권의 소멸시효에 대해서는 건강보험법상 아무런 규정을 두고 있지 않기 때문에 예산회계법 제96조 1항을 준용하여 5년이 적용된다.

해설

①②③ 건보법 제52조(현행 제57조) 1항에서 '사위 기타 부당한 방법으로 보험급여비용을 받은 경우'라 함은 요양기관이 요양급여비용을 받기 위하여 허위의 자료를 제출하거나 사실을 적극적으로 은폐할 것을 요하는 것은 아니고, 관련 법령에 의하여 요양

정답 25. ⑤

급여비용으로 지급받을 수 없는 비용임에도 불구하고, 이를 청구하여 지급받는 행위를 모두 포함한다고 할 것이므로, 신고 및 검사·측정 의무를 이행하지 않은 요양급여장비를 사용하여 실시한 요양급여비용을 받는 경우도 '사위 기타 부당한 방법으로 보험급여비용을 받은 경우'에 해당한다(대판 2008.7.10, 2008두3975). ⑤ 대판 2006.11.9, 2004두7467. 예산회계법 제96조 1항을 준용하는 것이 아니라 민법 제162조 1항을 준용하여 10년의 소멸시효의 적용을 받는다.

26. 다음 설명 중 옳은 것은?

① 공단은 속임수나 그 밖의 부당한 방법으로 보험급여를 받은 자 또는 보험급여비용을 받은 요양기관에 대하여 그 급여 또는 급여비용에 상당한 금액의 전부 또는 일부를 징수할 수 있다.
② 허위로 보험급여를 받은 자뿐만 아니라 이 보험급여에 대해 허위보고 한 자, 허위진단한 요양기관들에 대하여도 연대하여 징수금을 납부하게 할 수 있다.
③ 제3자의 행위로 인하여 보험급여사유가 발생한 경우 보험급여를 받을 자가 제3자로부터 이미 손해배상을 받은 때에도 보험금을 지급할 수 있다.
④ 보험급여를 받을 권리는 재산권의 성격을 가지므로 양도 또는 압류할 수 있다.
⑤ 현역병은 어떠한 경우에도 공단에서 요양급여를 지급받을 수 없다.

해설

① 건보법 제57조 1항. "~징수할 수 있다."가 아니라 "~징수한다."이다. ② 건보법 제57조 3항, ③ 건보법 제58조 2항. 제3자로부터 이미 손해배상을 받은 경우에는 보험금을 지급하지 아니한다. ④ 건보법 제59조. 양도 또는 압류할 수 없다. ⑤ 건보법 제60조 1항. 공단이 부담하는 비용은 일정 기관의 장에게 예탁 받아 지급할 수 있다. 따라서 어떠한 경우에도 지급받을 수 없다는 설명은 옳지 않다.

정답 26. ②

제5절 건강보험심사평가원

01. 다음 설명 중 옳지 않은 것은?

① 심사평가원의 업무는 요양급여비용의 심사, 요양급여의 적정성에 대한 평가, 심사 및 평가기준의 개발 등이다.
② 심사평가원에 임원으로서 원장, 이사 15인 및 감사 1인을 둔다.
③ 원장 및 감사는 보건복지부장관의 제청에 의하여 대통령이 임명한다.
④ 원장, 이사 중 4인 및 감사는 상임으로 한다.
⑤ 심사평가원의 원장의 임기는 3년으로 한다.

해설

① 건보법 제63조 1항 1호 내지 3호, ② 건보법 제65조 1항, ③ 건보법 제65조 2항·5항. 감사는 기획재정부장관의 제청으로 대통령이 임명한다. ④ 건보법 제65조 2항, ⑤ 건보법 제65조 7항

02. 건강보험심사평가원에 관한 설명 중 옳지 않은 것은?

① 요양급여비용을 심사하고 요양급여의 적정성을 평가하기 위하여 건강보험심사평가원을 설립한다.
② 심사평가원에 임원으로서 원장, 이사 15인 및 감사 1인을 두고, 이 경우 원장, 이사 중 4명 및 감사는 상임으로 한다.
③ 심사평가원은 법인으로 하고, 주된 사무소의 소재지에서 설립등기를 함으로써 성립한다.
④ 상임이사는 보건복지부장관의 제청으로 대통령이 임명한다.
⑤ 비상임이사는 정관으로 정하는 바에 따라 실비변상을 받을 수 있고, 임기는 2년이다.

해설

① 건보법 제62조, ② 건보법 제65조 1항, ③ 건보법 제64조, ④ 건보법 제65조 3항. 상임이사는 보건복지부령으로 정하는 추천 절차를 거쳐 원장이 임명한다. ⑤ 건보법 제65조 6항·7항

정답 01. ③ 02. ④

03. 국민건강보험법상 건강보험심사평가원의 관장 업무가 아닌 것은?

〈노무사 2015년〉

① 요양급여비용의 심사
② 요양급여의 적정성 평가
③ 심사기준 및 평가기준의 개발
④ 직장가입자의 보험료율에 대한 심사
⑤ 건강보험과 관련하여 보건복지부장관이 필요하다고 인정한 업무

해설

심사평가원은 다음 각 호의 업무를 관장한다.

1. 요양급여비용의 심사
2. 요양급여의 적정성 평가
3. 심사기준 및 평가기준의 개발
4. 제1호부터 제3호까지의 규정에 따른 업무와 관련된 조사연구 및 국제협력
5. 다른 법률에 따라 지급되는 급여비용의 심사 또는 의료의 적정성 평가에 관하여 위탁받은 업무
6. 건강보험과 관련하여 보건복지부장관이 필요하다고 인정한 업무
7. 그 밖에 보험급여 비용의 심사와 보험급여의 적정성 평가와 관련하여 대통령령으로 정하는 업무(건보법 제63조 1항)

04. 국민건강보험법상 진료심사평가위원회에 대한 설명으로 옳지 않은 것은?

① 심사평가원의 업무를 효율적으로 수행하기 위하여 심사평가원에 진료심사평가위원회를 둔다.
② 진료심사평가위원회는 위원장을 포함하여 50명 이내의 상근 심사위원과 1천명 이내의 비상근 심사위원으로 구성하며, 진료과목별 분과위원회를 둘 수 있다.
③ 진료심사평가위원회의 위원장은 심사평가원의 원장이 임명한다.
④ 진료심사평가위원회의 회의는 재적위원 3분의 1 이상이 요구할 때 또는 심사평가원 원장이나 심사위원회 위원장이 요구할 때에 소집한다.
⑤ 진료심사평가위원회의 심사위원의 임기는 2년으로 한다.

해설

① 국민건강보험법 제66조 제1항, ② 심사위원회는 위원장을 포함하여 90명 이내의 상근 심사위원과 1천명 이내의 비상근 심사위원으로 구성하며, 진료과목별 분과위원회를 둘 수 있다. 2016년 2월 3일 개정내용으로 즉시 시행된 규정이다. ③ 국민건강보험

정답 03. ④ 04. ②

법 시행규칙 제35조 제1항, ④ 국민건강보험법 시행규칙 제36조 제1항, ⑤ 국민건강보험법 시행규칙 제34조

제6절 보험료

01. 다음 설명 중 옳지 않은 것은?.

① 보험료는 가입자의 자격을 취득한 날이 속하는 달의 다음 달부터 가입자의 자격을 잃은 날의 전날이 속하는 달까지 징수한다. 다만, 가입자 자격을 매월 1일에 취득한 경우는 그 달부터 징수한다.

② 휴직 기타의 사유로 보수의 전부 또는 일부가 지급되지 아니한 가입자의 보수월액보험료는 당해 사유가 발생하기 전월의 보수월액을 기준으로 보험료를 산정한다.

③ 가입자의 자격이 변동된 경우 변동된 날이 속하는 달의 보험료는 변동된 후의 자격을 기준으로 산정한다.

④ 직장가입자의 보수 월액 보험료의 산정은 보수월액에 보험률을 곱한 금액으로 하는데, 이 때 보수에는 실비변상적인 것은 제외된다.

⑤ 지역가입자의 월별 보험료 액은 세대단위로 산정한다.

해설

① 건보법 제69조 2항, ② 건보법 제70조 2항, ③ 건보법 제69조 3항. 1항 및 2항에 따라 보험료를 징수할 때 가입자의 자격이 변동된 경우에는 변동된 날이 속하는 달의 보험료는 변동되기 전의 자격을 기준으로 징수한다. 다만, 가입자의 자격이 매월 1일에 변동된 경우에는 변동된 자격을 기준으로 징수한다. 변동된 후의 자격을 기준으로 하는 것이 아니라 변동되기 전의 자격을 기준으로 한다. ④ 건보법 제69조 4항 및 제70조 3항, ⑤ 지역가입자의 월별 보험료액은 세대 단위로 산정하되, 지역가입자가 속한 세대의 월별 보험료액은 제72조에 따라 산정한 보험료부과점수에 제73조 3항에 따른 보험료부과점수당 금액을 곱한 금액으로 한다(건보법 제69조 5항).

02. 다음 설명 중 옳지 않은 것은?

① 직장가입자가 국외에서 업무에 종사하고 있을 때, 피부양자가 있는 경우에는 보험료를 면제하지 아니한다.

② 직장가입자가 국외로 여행 중인 경우에는 그 보험료를 면제한다.

③ 65세 이상인 가입자에 대해서는 보험료 일부를 경감할 수 있다.

④ 「장애인 복지법」에 따라 등록한 장애인에 대해서는 보험료 일부를 경감할 수 있다.

⑤ 직장가입자의 보험료율은 1천분의 80의 범위 안에서 심의위원회의 의결

정답 01. ③ 02. ②

을 거쳐 대통령령으로 정한다.

✍ 해설

① 건보법 제74조 1항 단서. 다만, 제54조 2호에 해당하는 직장가입자의 경우에는 국내에 거주하는 피부양자가 없을 때에만 보험료를 면제한다. ② 건보법 제54조, 제74조. 국외로 여행 중일 때는 보험료 면제사유에 해당하지 않는다. ③ 건보법 제75조 1항 2호. ④ 건보법 제75조 1항 3호, ⑤ 건보법 제73조 1항. 직장가입자의 보험료율은 1천분의 80의 범위에서 심의위원회의 의결을 거쳐 대통령령으로 정한다.

03. 보수월액에 관한 설명 중 옳지 않은 것은?

① 휴직이나 그 밖의 사유로 보수의 전부 또는 일부가 지급되지 아니하는 가입자의 보수월액보험료는 해당 사유가 생기기 전 달의 보수월액을 기준으로 산정한다.
② 보수월액의 상한 7,810만 원이고 하한은 28만 원이다.
③ 보수월액에는 실비변상적인 성격을 갖는 금품은 제외한다.
④ 퇴직금과 현상금, 소득세법에 따른 비과세 근로소득은 보수에서 제외된다.
⑤ 번역료와 원고료는 보수월액의 보수에 포함된다.

✍ 해설

① 건보법 제70조 2항. 휴직이나 그 밖의 사유로 보수의 전부 또는 일부가 지급되지 아니하는 가입자의 보수월액보험료는 해당 사유가 생기기 전 달의 보수월액을 기준으로 산정한다. ② 건보법 시행령 제32조. 1. 보수월액이 28만 원 미만인 경우에는 28만 원으로 할 것, 2. 보수월액이 7,810만 원을 초과하는 경우에는 7,810만 원으로 할 것 ③ 건보법 제70조 3항. 1항에 따른 보수는 근로자등이 근로를 제공하고 사용자·국가 또는 지방자치단체로부터 지급받는 금품(실비변상적인 성격을 갖는 금품은 제외한다)으로서 대통령령으로 정하는 것을 말한다. 이 경우 보수 관련 자료가 없거나 불명확한 경우 등 대통령령으로 정하는 사유에 해당하면 보건복지부장관이 정하여 고시하는 금액을 보수로 본다. ④⑤ 건보법 시행령 제33조 1항 1호·2호·3호. 번역료와 원고료도 보수에 포함되지 않는다.

04. 다음 설명 중 옳지 않은 것은?

① 직장가입자가 근로자인 경우에는 근로자와 사업주가 각각 보험료 액의 100분의 50씩을 부담한다.
② 직장가입자가 교직원인 경우에는 직장가입자가 100분의 50을 사립학교를 설립·운영하는 자가 100분의 30을, 국가가 100분의 20을 부담한다.

정답 03. ⑤ 04. ③

③ 직장가입자가 교직원인 경우, 사립학교를 설립·운영하는 자가 보험료의 부담액 전부를 부담할 수 없는 경우에는 국가가 이를 부담한다.
④ 지역가입자의 보험료는 그 가입자가 속한 세대의 지역가입자 전원이 연대하여 부담한다.
⑤ 직장가입자의 소득월액보험료는 직장가입자가 부담한다.

해설

① 건보법 제76조 1항, ② 건보법 제76조 1항 단서. 다만, 직장가입자가 교직원으로서 사립학교에 근무하는 교원이면 보험료액은 그 직장가입자가 100분의 50을, 제3조2호 다목(교직원이 소속되어 있는 학교를 설립·운영하는 자)에 해당하는 사용자가 100분의 30을, 국가가 100분의 20을 각각 부담한다. ③ 건보법 제76조 4항(2014.1.1. 신설) 사립학교를 설립·운영하는 자가 이를 부담할 수 없는 경우에는 국가가 아니라 학교에 속하는 회계에서 이를 부담할 수 있다고 규정하고 있다. ④ 건보법 제76조 3항

05. 국민건강보험법령상 보험료에 관한 설명으로 옳지 않은 것은?

〈노무사 2015년〉

① 직장가입자의 보수월액보험료는 직장가입자가 납부한다.
② 보수가 지급되지 아니하는 사용자의 보수월액은 객관적인 자료를 통하여 확인된 금액으로 하고, 객관적인 자료가 없는 경우에는 사용자의 신고금액으로 한다.
③ 직장가입자의 소득월액보험료 및 지역가입자의 보험료는 분기별로 납부할 수 있다.
④ 직장가입자의 월별 보험료액은 보수월액에 보험료율을 곱하여 얻은 금액과 소득월액에 보험료율의 100분의 50을 곱하여 얻은 금액으로 한다.
⑤ 직장가입자의 소득월액보험료는 직장가입자가 전액 부담한다.

해설

① 직장가입자의 보수월액보험료는 직장가입자와 다음 각 호의 구분에 따른 자가 각각 보험료액의 100분의 50씩 부담한다(건보법 제76조 1항). 소득월액보험료는 직장가입자가 부담한다. ② 건보법 제70조 제4항. 동법시행령 제38조 1항 제2호, ③ 건보법 제78조 1항 단서, ④ 건보법 제69조 제4항, ⑤ 건보법 제76조 2항

정답 05. ①

06. 국민건강보험법상 보험료의 부담 및 납부와 관련한 설명 중 옳지 않은 것은?

① 직장가입자의 보험료는 직장가입자와 직장가입자가 근로자인 경우에는 당해 근로자가 소속되어 있는 사업장의 사업주, 직장가입자가 공무원인 경우에는 그 공무원이 소속되어 있는 국가 또는 지방자치단체가 각각 보험료 액의 100분의 50씩 부담한다.

② 직장가입자가 교직원인 경우의 보험료액은 그 직장가입자가 100분의 50을, 당해 교직원이 소속되어 있는 사립학교를 설립·운영하는 자가 100분의 30을, 국가가 100분의 20을 각각 부담한다.

③ 지역가입자의 보험료는 그 가입자가 속한 세대의 지역가입자 전원이 연대하여 부담한다.

④ 건강보험료는 당연히 납부되어야 하는 것이므로 사용자는 직장가입자에게 통지 여부를 불문하고 그 보수에서 당연히 공제하여 납부하여야 한다.

⑤ 소득·생활수준·경제활동참가율 등을 고려하여 대통령령으로 정하는 기준에 해당하는 미성년자는 납부의무를 부담하지 아니한다.

해설

① 건보법 제76조 1항 1호 및 2호, ② 건보법 제76조 1항 단서, ③ 건보법 제76조 3항, ④ 건보법 제77조 3항. 이 경우 직장가입자에게 그 공제액을 알려야 한다. ⑤ 건보법 제77조 2항 단서, 지역가입자의 보험료는 그 가입자가 속한 세대의 지역가입자 전원이 연대하여 납부한다. 다만, 소득·생활수준·경제활동참가율 등을 고려하여 대통령령으로 정하는 기준에 해당하는 미성년자는 납부의무를 부담하지 아니한다.

07. 다음 설명 중 옳지 않은 것은?

① 지역가입자의 보험료는 가입자가 전액부담하고 가입자가 속한 세대의 전원이 연대하여 납부한다.

② 신용카드등으로 보험료등을 납부하는 경우에는 보험료등납부대행기관의 승인일을 납부일로 본다.

③ 동일한 사무실을 사용하면서 각자 독립하여 운영하는 공동사업자는 보험료 체납에 대해 연대책임을 진다.

④ 건강보험 적용대상자 중 직장가입자와 그 피부양자를 제외한 자는 지역가입자가 된다.

⑤ 직장가입자의 적용대상이 되는 근로자란 직업의 종류를 불구하고 근로의 대가로서 보수를 받아 생활하는 자로서 공무원과 교직원을 제외한 자를

정답 06. ④ 07. ③

말한다.

✍ 해설

① 건보법 제76조 3항, ② 건보법 제79조의2 2항, ③ 대판 2008.5.29. 2006두8419에 의하면 '법령상 특별규정이 없거나 채무가 성질상 불가분 채무에 해당한다는 등 특별한 사정이 없는 한 다른 사람의 채무에 대하여 연대책임을 부담할 수 없으므로 공동사용자 개인의 보험료 채무가 공동사용자들 사이에 성질상 불가분 채무가 될 수 없다'고 한다. ④ 건보법 제6조 3항, ⑤ 건보법 제3조 1호

08. 보험료율에 관하여 틀린 것을 고르시오.

직장가입자의 보험료율은 ㉮ 1천분의 80의 범위에서 심의위원회의 의결을 거쳐 대통령령으로 정한다. 현재 국민건강보험법 시행령에서는 ㉯ 1만분의 612로 정하고 있다. 국외에서 업무에 종사하고 있는 직장가입자에 대한 보험료율은 법 제73조 1항에 따라 정해진 보험료율의 ㉰ 100분의 50으로 한다. 지역가입자의 보험료부과점수당 금액은 ㉱ 179.6원으로 하고 있다.

① 가, 나, 다, 라 ② 가, 나, 다 ③ 나, 다, 라
④ 나, 다 ⑤ 틀린 것 없음.

✍ 해설

건보법 제73조 및 동법 시행령 제44조. 전부 옳은 지문이다.

09. 국민건강보험법상의 보험료의 납부와 관련한 설명으로 옳지 않은 것은?

① 직장가입자의 보수월액보험료는 사용자가 납부한다.
② 지역가입자의 보험료는 그 가입자가 속한 세대의 지역가입자 전원이 연대하여 납부한다.
③ 보험료 납부의무가 있는 자는 가입자에 대한 그 달의 보험료를 그 다음 달 10일까지 납부하여야 한다. 다만, 직장가입자의 소득월액보험료 및 지역가입자의 보험료는 보건복지부령으로 정하는 바에 따라 분기별로 납부할 수 있다.
④ 직장가입자의 소득월액보험료는 직장가입자가 납부한다.
⑤ 공단은 보험료 분할 납부를 승인받은 자가 정당한 사유 없이 1회 이상 그 승인된 보험료를 납부하지 아니한 때에는 그 분할 납부의 승인을 취소한다.

정답 08. ⑤ 09. ⑤

해설

①④ 직장가입자의 보험료는 다음 각 호의 구분에 따라 그 각 호에서 정한 자가 납부한다. 1. 보수월액보험료: 사용자. 이 경우 사업장의 사용자가 2명 이상인 때에는 그 사업장의 사용자는 해당 직장가입자의 보험료를 연대하여 납부한다. 2. 소득월액보험료: 직장가입자(건보법 제77조 1항). ③ 제77조 1항 및 2항에 따라 보험료 납부의무가 있는 자는 가입자에 대한 그 달의 보험료를 그 다음 달 10일까지 납부하여야 한다. 다만, 직장가입자의 소득월액보험료 및 지역가입자의 보험료는 보건복지부령으로 정하는 바에 따라 분기별로 납부할 수 있다(건보법 제78조). ⑤ 건보법 제82조 1항·2항. 분할납부를 승인받은 자가 정당한 사유 없이 2회 이상 보험료를 납부하지 아니한 때에 그 분할 납부의 승인을 취소한다.

10. 국민건강보험법상 보험료의 경감에 관한 설명으로 옳지 않은 것은?

① 요양기관까지의 거리가 멀거나 대중교통으로 이동하는 시간이 오래 걸리는 지역으로서 보건복지부장관이 정하여 고시하는 섬·벽지 지역의 가입자 또는 그 가입자가 속한 세대의 보험료의 일부를 경감할 수 있다.
② 65세 이상인 사람, 장애인복지법에 따라 등록한 장애인의 보험료의 일부를 경감할 수 있다.
③ 보험료를 자동 계좌이체의 방법으로 내는 경우 그에 따라 절감되는 우편요금 등 행정비용의 범위에서 공단의 정관으로 정하는 바에 따라 보험료를 감액하거나 감액하는 금액에 상당하는 금품을 제공할 수 있다.
④ 보험료의 납입고지를 전자문서로 받는 경우에도 ③과 같다.
⑤ 휴직자의 경우에는 보험료를 경감할 수 없고 전액 납부를 해야 한다.

해설

① 요양기관까지의 거리가 멀거나 대중교통으로 이동하는 시간이 오래 걸리는 지역으로서 보건복지부장관이 정하여 고시하는 섬·벽지 지역에 거주하는 가입자에 대하여는 보험료의 일부를 경감할 수 있다(건보법 제75조 1항 1호, 건보법 시행령 제45조 1호). ② 건보법 제75조 1항 2호·3호. 다음 각 호의 어느 하나에 해당하는 가입자 중 보건복지부령으로 정하는 가입자에 대하여는 그 가입자 또는 그 가입자가 속한 세대의 보험료의 일부를 경감할 수 있다. 2. 65세 이상인 사람. 3. 「장애인복지법」에 따라 등록한 장애인, ③④ 건보법 시행령 제45조의2. 공단은 법 제75조 2항에 따라 전자문서로 납입 고지를 받거나 자동계좌이체의 방법으로 보험료를 내는 납부의무자에 대해서는 그에 따라 절감되는 우편요금 등 행정비용의 범위에서 공단의 정관으로 정하는 바에 따라 보험료를 감액하거나 감액하는 금액에 상당하는 금품을 제공할 수 있다. ⑤ 휴직자의 경우에도 보험료의 일부를 경감할 수 있다(건보법 제75조 1항 5호).

정답 10. ⑤

11. 다음 설명 중 옳지 않은 것은?

① 지역가입자의 월별 보험료액은 세대 단위로 산정하되, 지역가입자가 속한 세대의 월별 보험료액은 보험료부과점수에 보험료부과점수당 금액을 곱한 금액으로 한다.

② 보험료부과점수는 지역가입자의 소득·재산·생활수준·경제활동참가율 등을 고려하여 정하되, 부과점수의 하한은 20점이고, 상한은 1만 2,680점이다.

③ 현재 보험료부과점수당 금액은 178원으로 한다.

④ 직장가입자가 국외에서 업무에 종사하고 있는 경우에는 보험료를 면제한다.

⑤ 사업장의 폐업·폐쇄로 체납액을 징수할 수 없는 경우에는 공단은 연체금을 징수하지 아니할 수 있다.

해설

① 건보법 제69조 5항. 지역가입자의 월별 보험료액은 세대 단위로 산정하되, 지역가입자가 속한 세대의 월별 보험료액은 제72조에 따라 산정한 보험료부과점수에 제73조 3항에 따른 보험료부과점수당 금액을 곱한 금액으로 한다. ② 건보법 제72조 1항. 제69조 5항에 따른 보험료부과점수는 지역가입자의 소득·재산·생활수준·경제활동참가율 등을 고려하여 정하되, 대통령령으로 정하는 기준에 따라 상한과 하한을 정할 수 있다. ③ 건보법 시행령 제44조 2항. 법 제73조 3항에 따른 지역가입자의 보험료부과점수당 금액은 178원으로 한다. ④ 건보법 제74조 1항. 국내에 거주하는 피부양자가 없을 때에만 보험료를 면제한다. ⑤ 건보법 제80조 3항 및 동법 시행규칙 제51조

12. 국민건강보험법상 보험료 등의 독촉 및 체납처분에 관한 설명으로 옳지 않은 것은?

① 지역가입자의 세대가 2인으로 구성된 때 그 중 1인에게 행한 독촉은 세대 구성원인 다른 지역가입자 모두에게 효력이 있는 것으로 본다.

② 보험료 등에 대해 독촉을 하는 때에는 10일 이상 15일 이내의 납부기한을 정하여 독촉장을 발부하여야 한다.

③ 공단은 독촉을 받은 자가 그 납부기한까지 보험료등을 내지 아니하면 보건복지부장관의 승인을 받아 국세 체납처분의 예에 따라 이를 징수할 수 있다.

④ 국세체납 처분하는 경우 공매는 일정한 경우에는 한국자산관리공사로 하여금 대행하게 할 수 있으며, 이 경우 그 공매는 국민건강보험공단이 한

정답 11. ④ 12. ⑤

것으로 본다.

⑤ 한국자산관리공사가 공매를 대행하는 경우 공단은 반드시 그 수수료를 지급하여야 한다.

✍ 해설

① 건보법 제81조 1항 후단, ② 건보법 제81조 2항, ③ 건보법 제81조 3항, ④ 건보법 제81조 4항, ⑤ 건보법 제81조 5항. 반드시 수수료를 지급하여야 하는 것이 아니라 보건복지부령이 정하는 바에 의하여 그 수수료를 지급할 수 있다.

13. 다음은 설명 중 옳지 않은 것은?

① 보험료 등의 납부의무자가 보험료 등을 납부기한까지 납부하지 않은 경우 그 납부기한이 경과한 날부터 체납된 보험료에 100분에 3에 해당하는 연체금을 징수한다.

② 보험료 등의 납부의무자가 체납된 보험료를 납부하지 아니한 때 납부기한이 경과한 날부터 1개월이 경과할 때마다 체납된 보험료 등의 100분의 1에 해당하는 연체금을 가산한다.

③ ②의 경우 연체금은 체납된 보험료 등에 100분의 10을 초과하지 못한다.

④ 체납된 보험료 등은 국세 및 지방세를 제외한 다른 채권에 우선하여 징수하는 것이 원칙이다.

⑤ 보험자는 납부의무자가 보험료 등으로 낸 금액 중 과오 납부한 금액이 있으면 즉시 그 과오납금을 환급금으로 결정하여야 한다.

✍ 해설

① 건보법 제80조 1항, ② 건보법 제80조 2항, ③ 건보법 제80조 2항 후단. 100분의 10이 아니라 100분의 9이다. ④ 건보법 제85조. 보험료등은 국세와 지방세를 제외한 다른 채권에 우선하여 징수한다. 다만, 보험료등의 납부기한 전에 전세권·질권·저당권 또는 「동산·채권 등의 담보에 관한 법률」에 따른 담보권의 설정을 등기 또는 등록한 사실이 증명되는 재산을 매각할 때에 그 매각대금 중에서 보험료등을 징수하는 경우 그 전세권·질권·저당권 또는 「동산·채권 등의 담보에 관한 법률」에 따른 담보권으로 담보된 채권에 대하여는 그러하지 아니하다. ⑤ 건보법 제86조 1항. 공단은 납부의무자가 보험료등·연체금 또는 체납처분비로 낸 금액 중 과오납부(過誤納付)한 금액이 있으면 즉시 그 과오납금을 환급금으로 결정하여야 한다.

14. 다음은 결손처분에 관한 설명이다. 옳지 않은 것은?

① 결손처분이란 보험자가 보험료 등을 징수할 가능성이 없다고 인정되는 때

정답 13. ③ 14. ⑤

에 보험료 등 납부의무가 있는 자에게 보험료 등의 납부의무를 소멸시키는 행정처분이다.

② 결손처분은 납부의무자의 무자력으로 건강보험공단이 채권을 실현시킬 수 없을 경우에 오랜 기간 동안 미결산으로 인한 행정비용의 증가를 방지하기 위한 것이다.

③ 체납처분이 끝나고 체납액에 충당될 배분금액이 그 체납액에 미치지 못하는 경우는 결손처분을 할 수 있는 사유에 해당한다.

④ 체납처분의 목적물인 총재산이 보험료 기타 이 법에 의한 징수금 등보다 우선하는 국세, 지방세, 전세권, 질권 또는 저당권에 의하여 담보된 채권 등의 변제에 충당하고 잔여가 생길 여지가 없음이 확인 된 경우에는 결손처분을 할 수 있다.

⑤ 보험자가 결손처분한 후, 그 처분 당시 압류할 수 있었던 다른 재산이 발견되어도 이미 처분이 된 것이므로 취소할 수 없다.

해설

④ 건보법 시행령 제50조. 법 제84조 1항 3호에서 "대통령령으로 정하는 경우"란 다음 각 호의 경우를 말한다. 1. 체납자의 재산이 없거나 체납처분의 목적물인 총재산의 견적가격이 체납처분비에 충당하고 나면 남을 여지가 없음이 확인된 경우, 2. 체납처분의 목적물인 총재산이 보험료등보다 우선하는 국세, 지방세, 전세권·질권·저당권 또는 「동산·채권 등의 담보에 관한 법률」에 따른 담보권에 따라 담보된 채권 등의 변제에 충당하고 나면 남을 여지가 없음이 확인된 경우. 3. 그 밖에 징수할 가능성이 없다고 재정운영위원회에서 의결한 경우. ⑤ 건보법 제84조 2항. 처분 당시 압류할 수 있는 다른 재산이 있었던 것을 발견한 때에는 지체없이 그 처분을 취소하고 체납처분을 하여야 한다.

제7절 이의신청 및 심판청구 등

01. 국민건강보험법상 이의신청 및 심판청구에 관한 내용으로 옳은 것은?

〈노무사 2014년〉

① 이의신청에 대한 결정에 불복하는 자는 건강보험분쟁조정위원회에 심판청구를 할 수 있다.

② 가입자 및 피부양자의 자격에 관한 국민건강보험공단의 처분에 이의가 있는 자는 건강보험분쟁조정위원회에 이의신청을 할 수 있다.

③ 요양급여의 적정성 평가에 관한 심사평가원의 처분에 이의가 있는 요양기관은 심사평가원에 심판청구를 할 수 있다.

④ 이의신청은 처분이 있음을 안 날부터 180일 이내에 제기하여야 한다.

⑤ 이의신청에 불복하는 자는 심판청구를 거치지 아니하고는 행정소송을 제기할 수 없다.

해설

① 건보법 제88조 1항, ② 건보법 제87조 1항, ③ 건보법 제87조 2항, ④ 건보법 제87조 3항. 1항 및 2항에 따른 이의신청은 처분이 있음을 안 날부터 90일 이내에 문서(전자문서를 포함한다)로 하여야 하며 처분이 있은 날부터 180일을 지나면 제기하지 못한다. ⑤ 건보법 제90조

02. 국민건강보험법상의 권리구제절차에 관한 설명으로 옳지 않은 것은?

① 가입자 및 피부양자의 자격, 보험료 등, 보험급여 및 보험급여비용에 관해 이의가 있는 자는 국민건강보험공단에 이의신청을 할 수 있다.

② 요양급여비용 및 요양급여의 적정성 평가 등에 관한 심사평가원의 처분에 이의가 있는 자는 건강보험심사평가원에 이의신청을 할 수 있다.

③ 이의신청은 처분이 있음을 안 날로부터 90일 이내에 문서로 하여야 한다.

④ 공단 또는 심사평가원은 이의신청을 받은 날부터 90일 이내에 결정을 하여야 한다.

⑤ 이의신청에 대한 결정에 불복이 있는 자는 건강보험분쟁조정위원회에 심판청구를 할 수 있다.

해설

① 건보법 제87조 1항, ② 건보법 제87조 2항, ③ 건보법 제87조 3항, ④ 건보법 시행

정답 01. ① 02. ④

령 제58조 1항. 90일이 아니라 60일이다. ⑤ 건보법 제88조 1항

03. 국민건강보험법상의 권리구제절차에 관한 설명으로 옳지 않은 것은?

① 공단 또는 심사평가원의 처분에 대해 행정소송을 제기하려면 반드시 이의신청과 심판청구 절차를 거쳐야 한다.
② 심판청구를 심리·의결하기 위하여 보건복지부에 건강보험분쟁조정위원회를 둔다.
③ 처분이 있음을 안 날로부터 90일 이내에 이의신청을 제기하였더라도 처분이 있은 날로부터 180일이 지나면 이의신청을 제기할 수 없다.
④ 요양기관이 요양급여대상 여부에 대한 심사평가원의 확인에 대하여 이의신청을 하려면 통보받은 날로부터 30일 이내에 제기하여야 한다.
⑤ 이의신청에 대한 결정에 불복하는 자는 건강보험분쟁조정위원회에 심판청구를 할 수 있고, 제기기간 및 제기방법은 이의신청에 관한 법 제87조 3항을 준용한다.

해설

① 건보법 제90조. 이의신청과 심판청구는 임의적인 절차이다. 공단이나 심사평가원의 처분에 대하여 곧바로 행정소송을 제기할 수 있다. ② 건보법 제89조 1항, ③ 건보법 제87조 3항, ④ 건보법 제87조 4항, ⑤ 건보법 제88조 1항

04. 다음은 국민건강보험법에 관한 내용이다. ( ) 안에 들어갈 내용으로 옳은 것은? 〈노무사 2012년〉

> 가입자 및 피부양자의 자격·보험료에 관한 국민건강보험공단의 처분에 이의가 있는 자는 (ㄱ)에, 요양급여비용 및 요양급여의 적정성에 대한 평가에 관한 건강보험심사평가원의 처분에 이의가 있는 자는 (ㄴ)에 이의신청을 할 수 있다. 다만 이의신청은 처분이 있는 날부터(ㄷ)일을 경과하면 이를 제기하지 못하는 것이 원칙이다. 한편, 이의신청에 대한 결정에 불복이 있는 자는 (ㄹ)에 심판청구를 할 수 있다.

① ㄱ: 국민건강보험공단, ㄴ: 건강보험심사평가원, ㄷ: 180, ㄹ: 건강보험분쟁조정위원회
② ㄱ: 건강보험심사평가원, ㄴ: 국민건강보험공단, ㄷ: 90, ㄹ: 보건복지부
③ ㄱ: 보건복지부, ㄴ: 국민건강보험공단, ㄷ: 180, ㄹ: 건강보험분쟁조정위원회

정답 03. ① 04. ①

④ ㄱ: 국민건강보험공단, ㄴ: 건강보험심사평가원, ㄷ: 180, ㄹ: 행정법원
⑤ ㄱ: 건강보험심사평가원, ㄴ: 국민건강보험공단, ㄷ: 90, ㄹ: 행정법원

✍ 해설

㉠ 건보법 제87조 1항, ㉡ 건보법 제87조 2항, ㉢ 건보법 제87조 3항, ㉣ 건보법 제88조 1항

05. 국민건강보험법상의 권리구제절차에 관한 설명으로 옳지 않은 것은?

① 보험가입자 및 피부양자의 자격·보험료·보험급여 및 보험급여비용의 처분에 이의가 있는 이해관계당사자는 처분이 있은 날로부터 180일을 지나면 이의신청을 제기할 수 없다.
② 보험급여 등에 대한 처분이 있은 날로부터 180일이 경과하지 않더라도 처분이 있음을 안 날로부터 90일이 경과하면 이의신청을 할 수 없다.
③ ①과 ②의 경우 정당한 사유로 그 기간에 이의신청을 할 수 없었음을 소명한 경우에는 이의신청을 할 수 있다.
④ 요양급여의 대상 여부의 확인 등에 따른 건강보험심사평가원의 확인에 대하여 이의신청이 있는 경우에도 통보받은 날로부터 90일 이내에 이의신청을 할 수 있다.
⑤ 심사평가원과 보험자인 건강보험공단은 독립적인 법인에 해당되는 것이므로 건강보험공단도 심사평가원의 요양급여결정에 대해서 이의신청을 할 수 있는 당사자가 된다.

✍ 해설

①②③ 건보법 제87조 1항 내지 3항, ④ 건보법 제87조 4항. 건강보험심사평가원의 확인에 대한 이의신청 기간은 통보받은 날부터 30일 이내에 하여야 한다.

06. 다음 설명 중 옳지 않은 것은?

① 심판을 청구하고자 하는 자는 심판청구서를 건강보험공단, 심사평가원 또는 건강보험분쟁조정위원회에 제출하여야 한다.
② 분쟁조정위원회는 위원장을 포함한 60명 이내의 위원으로 구성하고, 위원장을 제외한 위원 중 1명은 당연직 위원으로 한다.
③ 분쟁조정위원회의 회의는 구성원 과반수의 출석과 출석위원 과반수의 찬성으로 의결한다.
④ 분쟁조정위원회가 심판청구서를 제출받은 때에는 지체없이 그 사본 또는

정답 05. ④ 06. ⑤

부본을 공단 또는 심사평가원 및 이해관계인에게 송부하고, 공단 또는 심사평가원은 그 사본 또는 부본을 받은 날부터 10일 이내에 원처분을 행한 자의 답변서 및 이의신청결정서 사본을 분쟁조정위원회에 제출하여야 한다.

⑤ 건강보험공단 또는 심사평가원이 심판청구서를 제출받은 때에는 그 심판청구서를 받은 날로부터 20일 이내에 그 심판청구서에 원처분을 행한 자의 답변서 및 이의신청결정서 사본을 첨부하여 분쟁조정위원회에 제출하여야 한다.

✍ 해설

① 건보법 시행령 제59조 1항. 법 제88조 1항에 따라 심판청구를 하려는 자는 다음 각 호의 사항을 적은 심판청구서를 공단, 심사평가원 또는 법 제89조에 따른 건강보험분쟁조정위원회에 제출하여야 한다. ② 건보법 제89조 2항, ③ 건보법 제89조 4항, ④ 건보법 시행령 제59조 3항, ⑤ 건보법 시행령 제59조 2항. 20일 이내가 아니라 10일 이내이다.

07. 다음 중 설명 중 옳지 않은 것은?

① 보험료를 징수할 권리는 3년 동안 행사하지 아니하면 시효가 완성되고, 고지 또는 독촉으로 인해 시효가 중단된다.

② 요양기관은 요양급여가 끝난 날부터 5년간 법 제47조에 따라 요양급여비용의 청구에 관한 서류를 보존하여야 한다. 다만 약국 등 보건복지부령으로 정하는 요양기관은 처방전을 요양급여비용을 청구한 날부터 3년간 보존하여야 한다.

③ 사용자는 5년간 보건복지부령으로 정하는 바에 따라 자격 관리 및 보험료 산정 등 건강보험에 관한 서류를 보존하여야 한다.

④ 공단은 사용자, 직장가입자 및 세대주에게 가입자의 거주지 변경, 가입자의 보수·소득 그 밖에 건강보험사업을 위하여 필요한 사항에 대하여 신고하게 하거나 관계 서류를 제출하게 할 수 있다.

⑤ 공단은 속임수나 그 밖의 부당한 방법으로 보험급여 비용을 지급받은 요양기관을 신고한 사람에 대하여 포상금을 지급할 수 있다. 요양기관 이용자가 신고한 경우 징수금의 금액이 2천 원 이상 2만 5천 원 이하인 경우 포상금은 1만 원이다.

정답 07. ③

✍ 해설

① 다음 각 호의 권리는 3년 동안 행사하지 아니하면 소멸시효가 완성된다. 1. 보험료·연체금을 징수할 권리, 2. 보험료·연체금으로 과오납부한 금액을 환급받을 권리, 3. 보험급여를 받을 권리, 4. 보험급여 비용을 받을 권리, 5. 제47조 3항 후단에 따라 과다납부된 본인일부부담금을 돌려받을 권리, 6. 제61조에 따른 근로복지공단의 권리(건보법 제91조 1항). 시효는 보험료의 고지 또는 독촉 또는 보험급여 또는 보험급여 비용의 청구로 중단된다(건보법 제91조 2항). ② 건보법 제96조의2 1항, 요양기관은 요양급여가 끝난 날부터 5년간 보건복지부령으로 정하는 바에 따라 제47조에 따른 요양급여비용의 청구에 관한 서류를 보존하여야 한다. 다만, 약국 등 보건복지부령으로 정하는 요양기관은 처방전을 요양급여비용을 청구한 날부터 3년간 보존하여야 한다. ③ 건보법 제96조 2항. 5년이 아니라 3년간 보존하여야 한다. ④ 건보법 제 94조 1항, 공단은 사용자, 직장가입자 및 세대주에게 다음 각 호의 사항을 신고하게 하거나 관계 서류를 제출하게 할 수 있다. 1. 가입자의 거주지 변경, 2. 가입자의 보수·소득, 3. 그 밖에 건강보험사업을 위하여 필요한 사항, ⑤ 건보법 제104조 1항 및 동법 시행령 제75조 4항 별표 6

〈참 고〉 [별표 6] 포상금 지급 기준 (제75조 제4항 관련)

신고인 유형	지급기준	
	징수금의 금액	포상금의 금액
1. 요양기관 관련자 가. 요양기관에 근무하거나 근무하였던 의사, 약사, 간호사, 의료기사 및 그 밖의 직원 등이 그 요양기관을 신고한 경우 나. 약제 · 치료재료의 제조업자 · 판매업자에게 고용되어 있거나 고용되었던 사람이 요양기관을 신고하는 경우	15만 원 이상 1천만 원 이하	징수금 × 30/100
	1천만 원 초과 5천만 원 이하	300만 원 + [(징수금 - 1천만 원) × 20/100]
	5천만 원 초과	1,100만 원 + (5천만 원 초과 징수금 × 10/100) 다만, 10억 원이 넘는 경우에는 10억 원으로 한다.
2. 요양기관 이용자 요양기관에서 진료를 받은 사람, 그 배우자 및 직계존비속이 해당 진료와 관련된 요양급여비용에 대하여 요양기관을 신고하는 경우	2천 원 이상 2만 5천 원 이하	1만 원
	2만 5천 원 초과	징수금 × 40/100 다만, 500만 원이 넘는 경우에는 500만 원으로 한다.
3. 그 밖의 신고인	10만 원 이상 1천만 원	징수금 × 20/100

	이하	
제1호와 제2호의 사람 외의 사람이 요양기관을 신고하는 경우	1천만 원 초과 2천만 원 이하	200만 원 + (1천만 원 초과 징수금 × 15/100)
	2천만 원 초과	500만 원의 범위에서 350만 원 + (2천만 원 초과 징수금 × 10/100)

[비 고]

1. "징수금"이란 요양기관이 속임수나 그 밖의 부당한 방법으로 받은 요양급여비용에 대하여 징수한 금액을 말한다.
2. 위 표의 징수금의 금액에 해당되지 않는 경우는 신고 대상에서 제외한다.
3. 위 표의 지급 기준에 따라 산정된 포상금을 지급할 때에는 1천 원 미만은 지급하지 않는다.

08. 다음 중 국민건강보험법상 3년의 소멸시효의 적용을 받지 않는 것은?

① 보험료·연체금을 징수할 권리
② 보험료·연체금으로 과오납부한 금액을 환급받을 권리
③ 부당이득금 징수권
④ 보험급여를 받을 권리
⑤ 보험급여비용을 받을 권리

해설

③ 보험자의 부당이득금 징수권의 소멸시효기간은 민법 제162조 1항에 따라 10년이라고 봄이 상당하고, 구 의료보험법 제67조 1항을 적용하여 2년이라거나 예산회계법 제96조 1항을 적용하여 5년이라고 할 수 없다(대판 2006.11.9, 2004두7467).

①②④⑤ 건보법 제91조 1항. 다음 각 호의 권리는 3년 동안 행사하지 아니하면 소멸시효가 완성된다.

1. 보험료·연체금을 징수할 권리
2. 보험료·연체금으로 과오납부한 금액을 환급받을 권리
3. 보험급여를 받을 권리
4. 보험급여 비용을 받을 권리
5. 제47조 3항 후단에 따라 과다납부된 본인일부부담금을 돌려받을 권리
6. 제61조에 따른 근로복지공단의 권리

09. 다음 중 국민건강보험법상 업무정지에 대한 설명이다. 옳지 않은 것은?

① 요양기관이 속임수나 그 밖의 부당한 방법으로 보험자·가입자 및 피부양자에게 요양급여를 부담하게 한 경우 1년의 범위 안에서 기간을 정하여

정답 08. ③ 09. ②

요양기관의 업무정지를 명할 수 있다.

② 업무정지의 효과는 그 처분이 확정된 요양기관을 양수한 자 또는 합병 후 존속하는 법인에 승계되지 않는다.

③ 업무정지처분을 받은 자는 해당 업무정지기간 중에는 요양급여를 하지 못한다.

④ 업무정치처분의 절차가 진행 중인 때에는 양수인 또는 합병 후 존속하는 법인에 대해서는 그 절차를 계속 진행할 수 있다.

⑤ 요양·약제의 지급 등 보험급여에 관한 명령을 위반 또는 거짓 보고를 하거나, 소속공무원의 검사 또는 질문을 거부·방해 또는 기피한 때에도 업무정지처분을 할 수 있다.

해설 ………………………………………

① 건보법 제98조 1항 1호, ②④ 건보법 제98조 3항. 업무정지 효과는 그 처분이 확정된 요양기관을 양수한 자 또는 합병 후 존속하는 법인에 승계되고, 업무정지 처분의 절차가 진행 중인 때에는 양수인 또는 합병 후 존속하는 법인이나 합병으로 설립되는 법인에 대하여 그 절차를 계속 진행할 수 있다. ③ 건보법 제98조 2항, ⑤ 건보법 제98조 1항 2호

10. 다음 설명 중 옳은 것은?

① 건보법 제99조의 업무정지처분을 하는 경우 업무정지처분과 과징금을 동시에 병과하여 처분할 수 있다.

② 과징금은 요양기관이 속임수나 그 밖의 부당한 방법으로 부담하게 된 금액의 3배 이하의 금액으로 하고, 12개월의 범위 내에서 분할납부가 가능하다.

③ 과징금은 요양급여 비용으로 지급하는 자금과 「응급의료원에 관한 법률」에 따른 응급의료기금에의 지원 이외의 용도로 사용할 수 없다.

④ 업무정지처분 또는 과징금의 행정처분을 받은 요양기관이 관련 서류를 위조·변조하여 요양급여 비용을 거짓으로 청구한 금액이 1천 5백만 원 이상이거나 요양급여 비용 총액 중 거짓으로 청구한 금액의 비율이 100분의 20인 경우에는 위반사실을 공표할 수 있다.

⑤ 보건복지부장관은 공표심의위원회의 심의를 거친 공표대상자에게 공표대상자인 사실을 통지하여 소명자료를 제출하거나 출석하여 의견진술을 할 수 있는 기회를 부여할 수 있다.

정답 10. ④

해설

① 건보법 제99조 1항. 업무정지처분을 하는 경우 그 요양기관을 이용하는 자에게 심한 불편을 주거나 특별한 사정이 있는 경우 업무정지처분에 갈음하여 과징금을 부과할 수 있는 것이지 병과하여 처분할 수는 없다. ② 건보법 제99조 1항. 3배가 아니라 5배이다. ③ 건보법 제99조 4항. 보험료는 과징금의 용도에 해당하지 않는다. ④ 건보법 제100조 1항, ⑤ 건보법 제100조 3항. 의견진술기회를 부여할 수 있는 것이 아니라 반드시 부여하여야 한다.

11. 국민건강보험법의 실효성을 확보하는 수단에 해당하지 않는 것은?

① 건보법 제29조, 제36조, 제103조 보건복지부장관의 승인 또는 업무보고
② 건보법 제98조 업무정지
③ 건보법 제102조 비밀유지
④ 건보법 제99조 과징금 부과
⑤ 건보법 제100조 위반사실의 공표

해설

③ 건보법 제102조의 비밀유지는 업무에 종사하던 자에게 일정한 의무를 부과하는 것으로 국민건강보험법의 실효성 확보의 수단으로는 볼 수 없다.

정답 11. ③

제4장 국민연금법

제1절 총 칙

01. 국민연금법상 급여의 종류가 아닌 것은? 〈노무사 2014년〉

① 반환일시금 ② 장애연금 ③ 유족연금
④ 노령연금 ⑤ 상병연금

✍ **해설**

국민연금의 급여 종류로는 노령연금·장애연금·유족연금 및 반환일시금이 있다(국민연금법 제49조).

02. 국민연금법에서 사용하는 용어를 잘못 정의한 것은?

① "근로자"란 직업의 종류가 무엇이든 사업장에서 노무를 제공하고 그 대가로 임금을 받아 생활하는 자(법인의 이사와 그 밖의 임원을 포함한다)를 말한다.
② "사용자(使用者)"란 해당 근로자가 소속되어 있는 사업장의 사업주를 말한다.
③ "사업장"이라 함은 근로자를 사용하는 사업소 및 사무소를 말한다.
④ "부담금"이라 함은 지역가입자가 부담하는 금액을 말한다.
⑤ "기여금"이란 사업장가입자가 부담하는 금액을 말한다.

✍ **해설**

① 국민연금법 제3조 1항 1호, ② 국민연금법 제3조 1항 2호, ③ 국민연금법 제3조 1항 13호, ④ 국민연금법 제3조 1항 11호. 부담금이라 함은 사업장가입자의 사용자가 부담하는 금액을 말한다. ⑤ 국민연금법 제3조 1항 12호

〈참 고〉 국민연금법 제3조(정의 등)

① 이 법에서 사용하는 용어의 뜻은 다음과 같다.
1. "근로자"란 직업의 종류가 무엇이든 사업장에서 노무를 제공하고 그 대가로 임금을 받아 생활하는 자(법인의 이사와 그 밖의 임원을 포함한다)를

정답 01. ⑤ 02. ④

말한다. 다만, 대통령령으로 정하는 자는 제외한다.

2. "사용자(使用者)"란 해당 근로자가 소속되어 있는 사업장의 사업주를 말한다.
3. "소득"이란 일정한 기간 근로를 제공하여 얻은 수입에서 대통령령으로 정하는 비과세소득을 제외한 금액 또는 사업 및 자산을 운영하여 얻는 수입에서 필요경비를 제외한 금액을 말한다. 이 경우 국민연금가입자(이하 "가입자"라 한다)의 종류에 따른 소득 범위는 대통령령으로 정한다.
4. "평균소득월액"이란 매년 사업장가입자 및 지역가입자 전원(全員)의 기준소득월액을 평균한 금액을 말하며, 그 산정방법은 대통령령으로 정한다.
5. "기준소득월액"이란 연금보험료와 급여를 산정하기 위하여 가입자의 소득월액을 기준으로 하여 대통령령으로 정하는 금액을 말하며, 그 결정방법 및 적용기간 등에 관하여는 대통령령으로 정한다.
6. "사업장가입자"란 사업장에 고용된 근로자 및 사용자로서 제8조에 따라 국민연금에 가입된 자를 말한다.
7. "지역가입자"란 사업장가입자가 아닌 자로서 제9조에 따라 국민연금에 가입된 자를 말한다.
8. "임의가입자"란 사업장가입자 및 지역가입자 외의 자로서 제10조에 따라 국민연금에 가입된 자를 말한다.
9. "임의계속가입자"란 국민연금 가입자 또는 가입자였던 자가 제13조 1항에 따라 가입자로 된 자를 말한다.
10. "연금보험료"란 국민연금사업에 필요한 비용으로서 사업장가입자의 경우에는 부담금 및 기여금의 합계액을, 지역가입자·임의가입자 및 임의계속가입자의 경우에는 본인이 내는 금액을 말한다.
11. "부담금"이란 사업장가입자의 사용자가 부담하는 금액을 말한다.
12. "기여금"이란 사업장가입자가 부담하는 금액을 말한다.
13. "사업장"이란 근로자를 사용하는 사업소 및 사무소를 말한다.

② 이 법을 적용할 때 배우자, 남편 또는 아내에는 사실상의 혼인관계에 있는 자를 포함한다.

③ 이 법에 따른 급여를 받을 권리를 취득할 당시 가입자 또는 가입자였던 자의 태아가 출생하면 그 자녀는 가입자 또는 가입자였던 자에 의하여 생계를 유지하고 있던 자녀로 본다.

03. 국민연금법 제3조 1항 1호 단서에 따라 근로자에서 제외되는 사람은?

㉠ 일용근로자
㉡ 1개월 미만의 기한을 정하여 사용하는 근로자
㉢ 소재지가 일정하지 아니한 사업장에 종사하는 근로자

정답 03. ⑤

㉣ 1개월 동안 소정근로시간이 60시간 미만인 단시간근로자

① ㉠, ㉡ ② ㉠, ㉡, ㉢ ③ ㉠, ㉡, ㉣
④ ㉡, ㉣ ⑤ ㉠, ㉡, ㉢, ㉣

해설

⑤ 국민연금법 시행령 제2조 1호·2호·4호.

〈참 고〉 **국민연금법 제2조(근로자에서 제외되는 사람)**

「국민연금법」 제3조 1항 1호 단서에 따라 근로자에서 제외되는 사람은 다음과 같다.

1. 일용근로자나 1개월 미만의 기한을 정하여 사용되는 근로자. 다만, 1개월 이상 계속 사용되는 경우는 그러하지 아니하다.
2. 소재지가 일정하지 아니한 사업장에 종사하는 근로자
3. 법인의 이사 중 제3조 1항 2호에 따른 소득이 없는 사람
4. 1개월 동안의 소정근로시간이 60시간 미만인 단시간근로자. 다만, 해당 단시간근로자 중 생업을 목적으로 3개월 이상 계속하여 근로를 제공하는 사람으로서, 다음 각 목의 어느 하나에 해당하는 사람은 제외한다.
   가. 「고등교육법 시행령」 제7조 3호에 따른 시간강사
   나. 사용자의 동의를 받아 근로자로 적용되기를 희망하는 사람

04. 지역가입자와 지역가입자의 요건을 갖춘 임의계속가입자의 소득의 범위에 해당하지 않는 것은?

① 농업소득 ② 부동산 임대소득 ③ 임업소득
④ 근로소득 ⑤ 사업소득

해설

② 국민연금법 시행령 제3조 2항. 부동산 임대소득은 삭제되었다.

05. 다음은 설명 중 옳은 것은?

① 근로자란 법인의 이사나 그 밖의 임원을 제외한 노무를 제공하고 그 대가를 받아 생활하는 자이다.
② 1개월간 사용된 근로자는 국민연금법의 적용을 받지 않는다.
③ 연금보험료란 국민연금사업에 필요한 비용으로 사업장가입자의 경우에는 본인이 내는 금액이고 지역가입자·임의가입자의 경우엔 부담금 및 기여금의 합계액이다.

정답 04. ② 05. ④

④ 국가는 국민연금법에 따른 연금급여가 안정적·지속적으로 지급되도록 필요한 시책을 수립·시행한다.

⑤ 국민연금법에 따른 급여를 받을 권리를 취득할 당시 가입자 또는 가입자였던 자의 태아가 출생하더라도 그 자녀는 가입자 또는 가입자였던 자에 의하여 생계를 유지하고 있던 자녀로 보지 않는다.

✍ 해설

① 국민연금법 제3조 1항 1호. 국민연금법의 근로자에는 법인의 이사와 그 밖의 임원도 포함된다. ② 국민연금법 시행령 제2조 1호·4호. 일용근로자나 1개월 미만의 기한을 정하여 사용되는 근로자는 국민연금법의 근로자에 해당하지 않는데, 1개월 이상 계속 사용된 경우엔 그러하지 아니하다고 규정되어 있다. 따라서 1개월 동안 사용되면서 제4호에 따라서 소정근로시간이 60시간 이상인 근로자는 이 법의 적용을 받을 수 있다. ③ 국민연금법 제3조 1항 10호, ④ 국민연금법 제3조의2(2014.1.14. 개정), ⑤ 국민연금법 제3조 3항. 국민연금법에 따른 급여를 받을 권리를 취득할 당시 가입자 또는 가입자였던 자의 태아가 출생하면 그 자녀는 가입자 또는 가입자였던 자에 의하여 생계를 유지하고 있던 자녀로 본다.

06. 국민연금법 제4조(국민연금 재정 계산 및 장기재정균형유지)에 대한 설명이다. 옳지 않은 것을 모두 고르시오.

국민연금법에 따른 급여수준과 ㉠ 연금보험료는 국민연금 재정이 장기적으로 균형을 유지할 수 있도록 조정되어야 한다. ㉡ 보건복지부장관은 대통령령이 정하는 바에 따라 5년마다 국민연금 재정 수지를 계산하고, 국민연금의 재정 전망과 연금보험료의 조정 및 국민연금기금의 운용계획 등이 포함된 ㉢ 국민연금 운영 전반에 관한 계획을 수립하여 대통령의 승인을 받아야 하며, ㉣ 승인받은 계획을 국회에 제출하고 대통령령으로 정하는 바에 따라 공시하여야 한다. 또한 ㉤ 국민연금법에 따른 연금보험료, 급여액, 급여의 수급 요건 등은 국민연금의 장기재정균형 유지, 인구구조의 변화, 국민의 생활수준, 임금, 물가, 그 밖에 경제사정에 뚜렷한 변동이 생기면 그 사정에 맞게 조정되어야 한다.

① 4개 ② 3개 ③ 2개
④ 1개 ⑤ 없음

✍ 해설

㉢ 국민연금법 제4조 2항. "~국민연금 운영 전반에 관한 계획을 수립하여 대통령의 승인을 받아야 하며~"가 아니라 "~국민연금 운영 전반에 관한 계획을 수립하여 국무

정답 06. ④

회의의 심의를 거쳐 대통령의 승인을 받아야 하며~"가 옳다.

07. 다음은 "국민연금심의위원회"에 관한 사항이다. 옳은 것은?

① 국민연금사업에 관한 사항을 심의하기 위하여 국민연금관리공단에 국민연금심의위원회를 둔다.
② 국민연금심위원회는 연금보험료에 관한 사항, 국민연금기금에 관한 사항, 그 밖의 국민연금제도의 운영과 관련하여 보건복지부차관이 이 회의에 부치는 사항에 대해 심의한다.
③ 국민연금심의위원회는 위원장·부위원장 및 위원으로 구성하되, 위원장은 보건복지부차관이 된다.
④ 국민연금심의위원회의 부위원장은 공익을 대표하는 위원 중에서 보건복지부차관이 지명한다.
⑤ 국민연금심의위원회의 위원은 사용자단체가 추천하는 자, 근로자단체가 추천하는 자, 소비자단체와 시민단체가 추천하는 자로만 구성된다.

✍ 해설

① 국민연금법 제5조 1항. 국민연금공단이 아니라 보건복지부에 둔다. ② 국민연금법 제5조 1항 3-5호. 보건복지부차관이 아니라 보건복지부 장관이 회의에 부치는 사항이다. ③ 국민연금법 제5조 2항. 국민연금심의위원회는 위원장·부위원장 및 위원으로 구성하되, 위원장은 보건복지부차관이 되고, 부위원장은 공익을 대표하는 위원 중에서 호선(互選)하며, 위원은 다음 구분에 따라 보건복지부장관이 지명하거나 위촉한다.
④ 국민연금법 제5조 2항. 부위원장은 공익을 대표하는 위원 중에서 호선한다. ⑤ 국민연금법 제5조 2항 1-4호. 국민연금심의위원회의 위원은 사용자단체가 추천하는 자, 근로자단체가 추천하는 자, 소비자단체와 시민단체가 추천하는 자뿐만 아니라, 지역가입자를 대표하는 자, 공익을 대표하는 위원으로서 국민연금에 관한 전문가도 포함된다.

08. 국민연금심의위원회의 심의사항이 아닌 것은?

① 국민연금제도 및 재정 계산에 관한 사항
② 그 밖에 국민연금제도의 운영과 관련하여 국민연금심의위원회 위원장이 회의에 부치는 사항
③ 급여에 관한 사항
④ 연금보험료에 관한 사항
⑤ 국민연금기금에 관한 사항

정답 07. ③ 08. ②

✍ 해설

국민연금법 제5조. 그 밖에 국민연금제도의 운영과 관련하여 보건복지부장관이 회의에 부치는 사항이다.

제2절 국민연금가입자

01. 국민연금법의 적용을 받는 가입자가 아닌 것은?

① 임의가입자 ② 임의계속가입자 ③ 사업장가입자
④ 지역가입자 ⑤ 의제가입자

해설

가입자는 사업장가입자, 지역가입자, 임의가입자 및 임의계속가입자로 구분한다(국민연금법 제7조).

02. 다음 중 가입자에 대한 설명 중 옳지 않은 것은?

① 「공무원연금법」, 「군인연금법」 및 「사립학교교직원 연금법」을 적용받는 공무원, 군인 및 사립학교 교직원, 그 밖에 대통령령으로 정하는 자는 가입대상에서 제외한다.
② 별정우체국 직원의 배우자로서 별도의 소득이 없는 자는 지역가입자에서 제외한다.
③ 사망, 국적의 상실 또는 국외 이주, 60세가 된 경우는 사업장가입자, 직장가입자, 임의가입자의 공통적인 자격상실 사유이다.
④ 사업장가입자의 경우 대통령령으로 정하는 기간 이상 계속하여 연금보험료를 체납한 경우 가입자 자격을 상실한다.
⑤ 임의가입자는 사업장가입자, 지역가입자 이외의 자로 국민연금공단에 신청하면 임의가입자가 되는데 신청이 수리된 날부터 그 자격을 취득한다.

해설

① 국민연금법 제6조. 국내에 거주하는 국민으로서 18세 이상 60세 미만인 자는 국민연금 가입 대상이 된다. 다만, 「공무원연금법」, 「군인연금법」 및 「사립학교교직원 연금법」을 적용받는 공무원, 군인 및 사립학교 교직원, 그 밖에 대통령령으로 정하는 자는 제외한다. ② 국민연금법 제9조 1호 다목. 제8조에 따른 사업장가입자가 아닌 자로서 18세 이상 60세 미만인 자는 당연히 지역가입자가 된다. 다만, 다음 각 호의 어느 하나에 해당하는 자는 제외한다. 1. 다음 각 목의 어느 하나에 해당하는 자의 배우자로서 별도의 소득이 없는 자 다. 별정우체국 직원, ③ 국민연금법 제12조 1항 1호·2호·4호, 2항 1호·2호·6호, 3항 1호·2호·4호. 사업장가입자는 다음 각 호의 어느 하나에 해당하게 된 날의 다음 날에 자격을 상실한다. 다만, 5호의 경우에는 그에 해당하게 된 날에 자격을 상실한다. 1. 사망한 때, 2. 국적을 상실하거나 국외로 이주한 때, 4. 60세

정답 01. ⑤ 02. ④

가 된 때, 지역가입자는 다음 각 호의 어느 하나에 해당하게 된 날의 다음 날에 자격을 상실한다. 다만, 3호와 4호의 경우에는 그에 해당하게 된 날에 그 자격을 상실한다. 1. 사망한 때, 2. 국적을 상실하거나 국외로 이주한 때, 6. 60세가 된 때, 임의가입자는 다음 각 호의 어느 하나에 해당하게 된 날의 다음 날에 자격을 상실한다. 다만, 6호와 7호의 경우에는 그에 해당하게 된 날에 그 자격을 상실한다. 1. 사망한 때, 2. 국적을 상실하거나 국외로 이주한 때, 4. 60세가 된 때, ④ 국민연금법 제12조 1항. 연금보험료의 체납으로 가입자 자격을 상실하는 경우는 임의 가입자의 경우이다. ⑤ 국민연금법 제10조 1항. 다음 각 호의 어느 하나에 해당하는 자 외의 자로서 18세 이상 60세 미만인 자는 보건복지부령으로 정하는 바에 따라 국민연금공단에 가입을 신청하면 임의가입자가 될 수 있다. 제11조 3항. 임의가입자는 가입 신청이 수리된 날에 자격을 취득한다.

03. 다음 중 가입자에 대한 설명 중 옳지 않은 것은?

① 조기노령연금의 수급권을 취득한 자는 국민연금 가입 대상에서 제외한다.
② 국민연금이 가입된 사업장에 종사하는 18세 미만 근로자는 자기가 원하면 사용자의 동의를 받아 사업장가입자가 될 수 있다.
③ 1명 이상의 근로자를 사용하는 사업장은 당연적용사업장이다.
④ 사업장 상호 간에 본점과 지점·대리점·출장소 등의 관계에 있고 그 사업 경영이 일체로 되어 있는 경우에는 이를 하나의 사업장으로 본다.
⑤ 「국민기초생활보장법」에 따른 생계급여 수급자 또는 의료급여 수급자는 본인의 희망에 따라 사업장가입자가 될 수 있다.

해설

⑤ 국민연금법 제8조 3항. 본인의 희망에 따라 사업장 가입자가 되지 아니할 수 있다. ① 국민연금법 시행령 제18조. 법 제6조 단서에 따라 다음 각 호의 어느 하나에 해당하는 자는 국민연금 가입 대상에서 제외한다. 2. 법 제61조 2항에 따른 조기노령연금의 수급권을 취득한 자. 다만, 법 제66조 1항에 따라 조기노령연금의 지급이 정지 중인 자는 제외한다. ② 국민연금법 제8조 2항. 국민연금에 가입된 사업장에 종사하는 18세 미만 근로자는 자기가 원하면 사용자의 동의를 받아 사업장가입자가 될 수 있다. ③ 국민연금법 시행령 제19조 1항 1호. 법 제8조 1항에 따른 당연적용사업장은 다음 각 호의 어느 하나에 해당하는 사업장으로 한다. 1. 1명 이상의 근로자를 사용하는 사업장, ④ 국민연금법 시행령 제19조 2항. 연금보험료의 체납으로 가입자 자격을 상실하는 경우는 임의 가입자의 경우이다. 사업장 상호 간에 본점과 지점·대리점·출장소 등의 관계에 있고 그 사업 경영이 일체로 되어 있는 경우에는 이를 하나의 사업장으로 보아 1항(당연적용사업)을 적용한다.

정답 03. ⑤

04. 지역가입자에 해당하지 않는 자가 아닌 경우는?

① 국민기초생활 보장법에 따른 수급권자
② 공무원연금법, 군인연금법, 사립학교교직원 연금법을 적용받는 자의 별도의 소득 없는 배우자
③ 사업장가입자, 지역가입자 및 임의계속가입자의 별도의 소득 없는 배우자
④ 국민연금과 직역임금의 연계에 관한 법률 제8조에 따라 연계신청을 한 경우의 퇴직금연금 등 수급권자
⑤ 1년 이상 행방불명된 자

해설

퇴직연금 등 수급권자는 원칙적으로는 지역가입자에 해당하지 않는다. 그러나 국민연금과 직역임금의 연계에 관한 법률 제8조에 따라 연계신청을 한 경우에는 지역가입자가 될 수 있다.

05. 지역가입자에 대한 설명 중 옳지 않은 것은?

① 사업장 가입자가 아닌 자로서 18세 이상 60세 미만의 자는 당연히 지역가입자가 된다.
② 행방불명된 자의 연금보험료가 납부된 사실이 있는 경우에는 연금보험료가 납부된 기간은 행방불명된 기간에 산입하지 아니한다.
③ 행방불명된 자의 증명은 특별자치도지사·시장·군수·구청장이 확인하는 바에 따라며, 행방불명기간의 기산일은 특별자치도지사·시장·군수·구청장이 확인한 날의 다음 날로 한다.
④ 지역가입자의 자격을 상실한 경우에는 그 사유가 발생한 날이 속하는 달의 다음 달 15일까지 공단에 지역가입자 자격상실신고서를 제출하여야 한다.
⑤ 18세 이상 27세 미만인 자로서 학생이거나 군 복무 등의 이유로 소득이 없는 자(연금보험료를 납부한 사실이 있는 자는 제외)는 지역가입자에 해당하지 않는다.

해설

③ 국민연금법 시행령 제20조 1항·2항. 행방불명기간의 기산일은 특별자치도지사·시장·군수·구청장이 확인한 날로 한다. ① 국민연금법 제9조. 제8조에 따른 사업장가입자가 아닌 자로서 18세 이상 60세 미만인 자는 당연히 지역가입자가 된다. ② 국민연금법 시행령 제20조 4항. 3항, 1항에도 불구하고 행방불명된 자의 연금보험료가 납부된

정답 04. ④ 05. ③

사실이 있는 경우에는 연금보험료가 납부된 기간은 행방불명된 기간에 산입하지 아니한다. ④ 국민연금법 시행규칙 제7조 2호. 지역가입자는 법 제11조 2항에 따라 지역가입자의 자격을 취득하거나 법 제12조 2항에 따라 지역가입자의 자격을 상실한 경우에는 그 사유가 발생한 날이 속하는 달의 다음 달 15일까지 다음 각 호의 구분에 따른 서류를 공단에 제출하여야 한다. ⑤ 국민연금법 제9조 3호. 18세 이상 27세 미만인 자로서 학생이거나 군 복무 등의 이유로 소득이 없는 자(연금보험료를 납부한 사실이 있는 자는 제외한다).

06. 다음은 국민연금법 가입자격의 취득 및 상실에 관한 내용이다. 옳지 않은 것은?

① 임의가입자의 경우엔 사업장가입자 또는 지역가입자 자격을 취득한 날에 그 자격을 상실한다.
② 사업장가입자, 지역가입자, 임의가입자의 공통 자격상실요건으로는 가입자가 60세가 된 때이다.
③ 사업장가입자는 사용관계가 끝난 때의 다음 날 그 자격이 상실한다.
④ 사업장가입자, 지역가입자, 임의가입자, 임의계속가입자의 공통으로 자격상실되는 요건 중 하나는 사망이다.
⑤ 가입자의 배우자로서 별도의 소득이 없게 된 때를 자격상실요건으로 하는 것은 임의가입자이다.

해설

① 국민연금법 제12조 3항 6호, ②④ 사업장가입자, 지역가입자, 임의가입자의 공통된 자격상실요건은 1. 사망한 때, 2. 국적을 상실하거나 국외로 이주한 때, 3. 60세가 된 때, 4. 제6조 단서에 따른 국민연금 가입대상 제외자에 해당하게 된 때이다. ③ 국민연금법 제12조 1항 3호, ⑤ 국민연금법 제12조 2항 5호. 임의가입자가 아니라 지역가입자이다.

07. 국민연금 가입자격의 취득 및 상실에 관한 설명 중 옳지 않은 것은?

① 임의가입자는 가입신청이 수리된 날에 가입자격을 취득하며, 국민연금가입대상 제외자에 해당하게 된 날에 그 자격을 상실한다.
② 사업장가입자는 사업장이 당연적용사업장으로 된 날에 그 자격을 취득하며, 국민연금가입대상 제외자에 해당하게 된 날에 그 자격을 상실한다.
③ 임의계속가입자는 가입신청이 수리된 날에 그 자격을 취득하고, 탈퇴신청이 수리된 때의 다음 날에 그 자격을 상실한다.
④ 임의가입자는 3개월 이상 계속하여 연금보험료를 체납한 때의 다음 날에

정답 06. ⑤ 07. ⑤

그 자격을 상실한다.

⑤ 사업장가입자는 사망하게 된 때 그 자격을 상실한다.

해설

① 국민연금법 제11조 3항. 국민연금법 제12조 3항 7호, ② 국민연금법 제11조 1항 2호. 국민연금법 제12조 1항 5호, ③ 국민연금법 제13조 1항. 국민연금법 제13조 3항 2호, ④ 국민연금법 시행령 제21조. 임의가입자와 임의계속가입자가 그 자격을 상실하게 되는 연금보험료의 체납기간은 3개월로 한다. ⑤ 국민연금법 제12조 1항. 사업장가입자는 사망한 때의 다음 날에 그 자격을 상실한다.

08. 사업장가입자의 상실시기에 관한 설명 중 옳지 않은 것은?

① 사망한 때의 다음 날
② 국적을 상실하거나 국외로 이주한 날의 다음 날
③ 65세가 된 때의 다음 날
④ 사용관계가 끝난 때의 다음 날
⑤ 공무원연금법, 군인연금법, 사립학교교직원 연금법을 적용받게 된 날

해설

국민연금법 제12조 1항. 65세가 아니라 60세가 된 때의 다음 날에 그 자격을 상실한다.

09. 다음 임의계속가입자에 대한 설명 중 옳지 않은 것은?

① 국민연금 가입자 또는 가입자였던 자로서 60세가 된 자는 65세가 될 때까지 보건복지부령으로 정하는 바에 따라 국민연금공단에 가입을 신청하면 임의계속가입자가 될 수 있다.
② 임의계속가입자는 국민연금공단의 가입신청이 수리된 날에 그 자격을 취득한다.
③ 임의계속가입자는 보건복지부령으로 정하는 바에 따라 국민연금공단에 신청하면 탈퇴할 수 있다.
④ 임의계속가입자가 그 자격을 상실하게 되는 연금보험료의 체납기간은 6개월로 한다.
⑤ 노령연금 수급권자로서 급여를 지급받고 있는 자는 임의계속가입자가 될 수 없다.

정답 08. ③ 09. ④

✍ 해설

④ 국민연금법 시행령 제21조. 자격을 상실하게 되는 연금보험료의 체납기간은 3개월로 한다. ①② 국민연금법 제13조 1항. 다음 각 호의 어느 하나에 해당하는 자는 제6조에도 불구하고 65세가 될 때까지 보건복지부령으로 정하는 바에 따라 국민연금공단에 가입을 신청하면 임의계속가입자가 될 수 있다. 이 경우 가입 신청이 수리된 날에 그 자격을 취득한다. ③ 국민연금법 제13조 2항. 임의계속가입자는 보건복지부령으로 정하는 바에 따라 국민연금공단에 신청하면 탈퇴할 수 있다. ⑤ 국민연금법 제13조 1항 1호 나목

10. 임의계속가입자의 상실시기에 관한 설명 중 옳지 않은 것은?

① 사망한 때의 다음 날
② 국적을 상실하거나 국외로 이주한 날의 다음 날
③ 임의계속가입자 탈퇴 신청이 수리된 날의 다음 날
④ 3개월 이상 계속하여 연금보험료를 체납한 날의 다음 날
⑤ 사업장가입자 또는 지역가입자의 자격을 취득한 날

✍ 해설

⑤ 국민연금법 제13조 3항. 임의계속가입자는 다음 각 호의 어느 하나에 해당하게 된 날의 다음 날에 그 자격을 상실한다. 1. 사망한 때, 2. 국적을 상실하거나 국외로 이주한 때, 3. 제2항에 따른 탈퇴 신청이 수리된 때, 4. 대통령령으로 정하는 기간 이상 계속하여 연금보험료를 체납한 때

11. 다음 중 옳은 것은?

① 국민연금공단은 가입자의 자격 취득 및 상실에 관한 확인을 할 수 있다.
② 가입자의 자격 취득 및 상실에 관한 확인은 국민연금공단의 직권으로만 할 수 있다.
③ 국민연금공단은 가입자가 희망하는 경우 가입자에게 국민연금가입자 증명서를 내주어야 한다.
④ 국민연금 가입기간은 월 단위로 계산하는데, 가입자의 자격을 취득한 날이 속하는 달의 다음 달부터 자격을 상실한 날이 속한 달까지로 한다.
⑤ 가입자의 자격을 상실한 후 다시 그 자격을 취득한 자에 대하여는 전후의 가입기간을 합산하지만, 가입자의 종류가 변동되면 이를 개별적으로 보아야 하므로 합산하지 아니한다.

정답 10. ⑤ 11. ③

✍ 해설

① 국민연금법 제14조 1항. "~ 할 수 있다"가 아니라 "~하여야 한다"이다. ② 국민연금법 제14조 3항. 국민연금공단의 직권뿐만 아니라 국민연금법 제21조에 따른 신고 또는 가입자의 청구로도 할 수 있다. ③ 국민연금법 제16조 1항, ④ 국민연금법 제17조 1항. 국민연금 가입기간(이하 "가입기간"이라 한다)은 월 단위로 계산하되, 가입자의 자격을 취득한 날이 속하는 달의 다음 달부터 자격을 상실한 날의 전날이 속하는 달까지로 한다. ⑤ 국민연금법 제20조 2항. 가입자의 가입 종류가 변동되면 그 가입자의 가입기간은 각 종류별 가입기간을 합산한 기간으로 한다.

12. 다음 중 옳은 것은 모두 몇 개인가?

㉠ 국민연금법에 따른 급여 수준과 연금보험료는 국민연금 재정이 장기적으로 유지될 수 있도록 조정할 수 있다. ㉡ 병역법 제5조 1항 1호에 따른 현역병이 6개월 미만의 병역의무를 수행한 때에는 노령연금수급권을 취득한 때에 6개월의 가입기간을 추가로 산입한다. ㉢ 사용자는 근로자가 가입자로 되는 것을 방해하거나 부담금의 증가를 기피할 목적으로 정당한 사유 없이 근로자의 승급 또는 임금 인상을 하지 아니하거나 해고나 그 밖의 불리한 대우를 하여서는 아니 된다. ㉣ 국민연금공단은 제3자 행위로 장애연금이나 유족연금의 지급사유가 발생한 때에는 그 급여액의 범위에서 제3자에 대한 수급권자의 손해배상 청구권에 관하여 수급권자를 대위할 수 있다. ㉤ 사업장가입자 또는 지역가입자가 된 외국인에게는 반환일시금에 대해선 적용하지 않는다.

① 5개 ② 4개 ③ 3개
④ 2개 ⑤ 1개

✍ 해설

㉠ 국민연금법 제4조 1항. "~조정할 수 있다."가 아니라 "~조정되어야 한다."이다. ㉡ 국민연금법 제18조 1항. 단서에 병역의무가 6개월 미만인 경우에는 6개월의 가입기간을 추가로 산입하지 아니한다고 규정되어 있다. ㉢ 국민연금법 제119조. 사용자는 근로자가 가입자로 되는 것을 방해하거나 부담금의 증가를 기피할 목적으로 정당한 사유 없이 근로자의 승급(昇級) 또는 임금 인상을 하지 아니하거나 해고(解雇)나 그 밖의 불리한 대우를 하여서는 아니 된다. ㉣ 국민연금법 제114조 1항. "~대위할 수 있다"가 아니라 "~대위한다."이다. ㉤ 국민연금법 제126조. 사업장가입자 또는 지역가입자가 된 외국인에게는 제77조부터 제79조까지의 규정(반환일시금에 관한 규정)을 적용하지 아니한다.

정답 12. ④

13. 국민연금법령상 국민연금 가입기간에 관한 설명으로 옳지 않은 것은?

〈노무사 2012년〉

① 사용자가 근로자의 임금에서 기여금을 공제하고 연금보험료를 내지 아니한 경우에는 그 내지 아니한 기간은 근로자의 가입기간에 산입하지 아니한다.

② 가입자의 가입 종류가 변동되면 그 가입자의 가입기간은 각 종류별 가입기간을 합산한 기간으로 한다.

③ 가입자의 자격을 상실한 후 다시 그 자격을 취득한 자에 대하여는 전후의 가입기간을 합산한다.

④ 임의계속가입자의 자격을 취득한 경우에는 자격을 취득한 날이 속하는 달을 가입기간에 산입한다.

⑤ 가입자가 지급받은 반환일시금이 환수할 급여에 해당하는 경우 이를 반납하지 아니하는 때에는 그에 상응하는 기간을 가입기간에 산입하지 아니한다.

해설

① 국민연금법 제17조 2항 단서. 사용자가 근로자의 임금에서 기여금을 공제하고 연금보험료를 내지 아니한 경우에는 그 내지 아니한 기간의 2분의 1에 해당하는 기간을 근로자의 가입기간으로 산입한다. ② 국민연금법 제20조 2항, ③ 국민연금법 제20조 1항, ④ 국민연금법 제17조 1항 2호, ⑤ 국민연금법 제17조 4항. 제77조에 따라 지급받은 반환일시금이 제57조 1항에 따라 환수할 급여에 해당하는 경우 이를 반납하지 아니하는 때에는 그에 상응하는 기간을 가입기간에 산입하지 아니한다.

14. 다음 중 옳지 않은 것은?

① 국민연금은 노령에 따른 소득감소를 보장하기 위한 소득보장에 중점을 둔 사회보험이다.

② 국민연금법이 보호하는 노령은 원칙적으로 60세이다.

③ 노령연금 수급권자, 가입기간이 10년 이상 가입자였던 자, 장애등급이 2급 이상인 장애연금 수급권자가 사망한 경우에는 그 유족은 유족연금수급권자가 된다.

④ 국민연금법상에도 민법과 동일하게 실종자에 대한 사망추정규정이 있는데, 국민연금법은 가입자의 유족이 부양을 상실한 상황을 보호하고자 하는 취지를 고려하여 실종기간이 3개월이다.

⑤ 국민연금법상 사망추정의 규정에 의하면 사망추정시기는 실종기간이 만

정답 13. ① 14. ⑤

료한 때에 사망한 것으로 추정한다.

✍ 해설

③ 국민연금법 제72조 1항, ④⑤ 국민연금법 시행령 제23조, 국민연금법상 사망추정 시기는 사고가 발생한 날 또는 행방불명된 날이다.

15. 다음은 국민연금강제가입에 대한 99헌마365의 결정요지이다. 옳은 것을 모두 고르시오.

> 국민연금제도는 가입기간 중에 납부한 보험료를 급여의 산출근거로 하여 급여를 지급하는 것이므로 ㉠ 반대급부 없이 국가에서 강제로 금전을 징수하는 조세와는 성격을 달리 한다. 또한 국민연금제도에 소득재분배의 효과가 있지만, 이는 사회보험의 본질적 요소로서 소득재분배를 어느 정도로 할 것인지는 입법정책적 문제이며, 뿐만 아니라 ㉡ 연금보험료의 징수는 재산권행사의 사회적 의무성의 한계 밖에 있다고 볼 수 있다. 따라서 국민연금제도는 조세법률주의나 재산권보장에 위배되지 않는다.
>
> 강제가입과 연금보험료의 강제징수를 전제로 한 ㉢ 국민연금제도는 자신 스스로 사회적 위험에 대처하고자 하는 개인들의 행복추구권을 제한한다고 볼 수 없는데, 이는 ㉣ 국민연금제도를 통하여 달성하고자 하는 공익이 개별적인 내용의 저축에 대한 선택권이라는 개인적 사익보다 월등히 크기 때문에 과잉금지원칙에 위배되지 않기 때문이다. 우리 헌법의 경제질서 원칙에 비추어 보면, 사회보험방식에 의하여 재원을 조성하여 반대급부로 노후생활을 보장하는 강제저축 프로그램으로서의 국민연금제도는 ㉤ 상호부조의 원리에 입각한 사회연대성을 기초하여 고소득계층에서 저소득층으로, 근로세대에서 노년세대로, 현재세대에서 다음세대로 국민간에 소득재분배의 기능을 함으로써 오히려 사회적 시장경제질서에 부합하는 제도라고 할 것이다.

① ㉠, ㉡, ㉢　　② ㉠, ㉢, ㉣　　③ ㉠, ㉣, ㉤
④ ㉠, ㉡, ㉣　　⑤ ㉠, ㉡, ㉤

✍ 해설

㉠ 옳음, ㉡ 틀림. 사회적 의무성의 한계 내에 있다고 본다. ㉢ 틀림. 국민연금제도는 자신 스스로 사회적 위험에 대처하고자 하는 개인들의 행복추구권을 제한한다. 그러나 그 제한이 과잉금지원칙에 위배되지 않으므로 헌법에 위반되지 않는다. ㉣ 옳음, ㉤ 옳음

정답 15. ③

16. **다음 중 옳지 않은 것은 모두 몇 개인가?**

> ㉠ 병역법 제5조 1항 1호에 따른 현역병이나 제2조 1항 10호에 따른 공익근무요원이었던 자가 노령연금수급권을 취득한 때에는 6개월을 가입기간에 추가로 산입한다.
> ㉡ 병역법에 따른 병역의무를 수행한 기간의 전부가 공무원연금법, 사립학교교직원 연금법, 별정우체국법에 따라 재직기간에 산입되거나 군인연금법에 따라 복무기간에 산입된 경우에만 6개월을 가입기간에 추가로 산입하지 않는다.
> ㉢ 병역법에 의해서 기간을 추가로 산입하는 경우, 필요한 재원은 국가가 전부 부담한다.
> ㉣ 2 이상의 자녀가 있는 가입자 또는 가입자였던 자가 노령연금수급권을 취득한 때에는 자녀가 2명인 경우에는 12개월, 자녀가 3명 이상인 경우엔 둘째 자녀에 대하여 인정되는 12개월에 2자녀를 초과하는 자녀 1명 마다 18개월을 더한 개월 수를 산입한다.
> ㉤ 출산에 대한 추가산입기간은 부모가 모두 가입자 또는 가입자였던 자인 경우 균등배분하여 각각의 가입기간에 산입하는 것이 원칙이다.

① 5개 ② 4개 ③ 3개
④ 2개 ⑤ 1개

✍ **해설**

㉠ 국민연금법 제18조 1항 1호, ㉡ 국민연금법 제18조 2항 1호. 전부가 아니라 전부 또는 일부이다. ㉢ 국민연금법 제18조 3항, ㉣ 국민연금법 제19조 1항, ㉤ 국민연금법 제19조 2항. 추가 가입기간은 원칙적으로 당사자의 합의에 따라 2명 중 1명의 가입기간에만 산입한다.

정답 16. ④

제3절 국민연금공단

01. 국민연금공단의 기본 업무로 옳지 않은 것은?

① 급여의 결정 및 지급
② 연금보험료의 부과
③ 가입자에 대한 기록의 관리 및 유지
④ 가입자·가입자이었던 자에 대한 기금증식을 위한 자금의 대여사업
⑤ 의료시설의 운영

해설

국민연금법 제25조. 의료시설의 운영은 국민건강보험공단의 업무에 해당한다(건보법 제14조).

02. 국민연금공단의 정관에 기재해야 할 사항에 해당하지 않는 것은?

① 주된 사무소와 분사무소에 관한 사항
② 예산 및 결산에 관한 사항
③ 재정운영위원회에 관한 사항
④ 이사회에 관한 사항
⑤ 정관의 변경에 관한 사항

해설

재정운영위원회에 관한 사항은 정관에 기재하여야 할 사항에 해당하지 않는다(국민연금법 제28조).

03. 다음 중 옳은 것은?

① 국민연금사업은 고용노동부장관이 맡아 주관한다.
② 국민연금공단은 국민연금사업의 목적을 효율적·전문적으로 달성하기 위하여 특수 사법인이다.
③ 국민연금공단은 법인이기 때문에 민법상 재단법인에 관한 규정이 준용되므로 정관을 변경하고자 할 때에는 반드시 보건복지부장관의 허가를 받아야 한다.
④ 공단의 이사장·상임이사·감사 및 직원은 어떠한 경우에도 다른 업무를 겸직할 수 없다.
⑤ 알선수뢰죄에 대해서는 국민연금공단의 임직원은 공무원으로 본다.

정답 01. ⑤ 02. ③ 03. ⑤

✍ 해설

① 보건복지부장관이 관장하고 있다(국민연금법 제2조). ② 사법인이 아니라 공법인이다. ③ 허가가 아니라 인가이다(국민연금법 제28조 2항). ④ 국민연금법 제37조. 이사장·상임이사 및 감사는 보건복지부장관의, 직원은 이사장의 허가를 얻으면 겸직할 수 있다. ⑤ 국민연금법 제40조. 공단의 임직원은 「형법」 제129조부터 제132조까지의 규정을 적용할 때 공무원으로 본다.

04. 다음 중 공단의 이사회의 심의·의결 사항은 몇 개인가?

㉠ 예산과 결산에 관한 사항 ㉡ 정관 변경에 관한 사항 ㉢ 중요 재산의 취득과 관리 및 처분에 관한 사항 ㉣ 사업 운영 계획이나 그 밖의 공단 운영의 기본 방침에 관한 사항 ㉤ 지역가입자 및 지역임의계속가입자의 연간 소득 확인 계획에 관한 사항 ㉥ 자산 및 회계에 관한 사항 ㉦ 공고에 관한 사항 ㉧ 신고권장소득월액의 산정 기준 및 방법 등에 관한 사항 ㉦ 임직원에 관한 사항 ㉨ 주된 사무소와 분사무소에 관한 사항

① 5개 ② 6개 ③ 7개
④ 8개 ⑤ 9개

✍ 해설

㉠㉡㉢㉣㉤㉧ 국민연금법 시행령 제26조

05. 다음 공단의 임원에 대한 설명 중 옳지 않은 것은?

① 공단의 임원으로 이사장 1명, 상임이사 3명 이내, 이사 7명, 감사 1명을 둔다.
② 이사장과 상임이사는 보건복지부 장관의 제청으로 대통령이 임면(任免)한다.
③ 임원의 임기는 3년으로 한다.
④ 이사에게는 보수를 지급하지 아니한다.
⑤ 이사장, 상임이사 및 감사는 보건복지부장관의 허가 없이 다른 직무를 겸할 수 없다.

정답 04. ② 05. ②

✍ 해설

② 국민연금법 제30조 2항. 상임이사는 이사장의 제청으로 보건복지부장관이 임면한다. ① 국민연금법 제30조 1항. 공단에 임원으로 이사장 1명, 상임이사 3명 이내, 이사 7명, 감사 1명을 두되, 이사에는 사용자 대표, 근로자 대표, 지역가입자 대표 각 1명 이상과 당연직 이사로서 보건복지부에서 국민연금 업무를 담당하는 3급 국가공무원 또는 고위공무원단에 속하는 일반직 공무원 1명이 포함되어야 한다. ③ 국민연금법 제32조. 임원의 임기는 3년으로 한다. 다만, 당연직 이사의 임기는 그 재임기간으로 하고, 기금이사의 임기는 계약기간으로 한다. ④ 국민연금법 제30조 3항. 이사에게는 보수를 지급하지 아니한다. 다만, 실비(實費)는 지급할 수 있다. ⑤ 국민연금법 제37조. 공단의 이사장·상임이사·감사 및 직원은 영리를 목적으로 하는 업무에 종사하지 못하며, 이사장·상임이사 및 감사는 보건복지부장관의, 직원은 이사장의 허가 없이 다른 직무를 겸할 수 없다.

06. 다음 기금이사에 대한 설명 중 옳지 않은 것은?

① 기금이사는 상임이사 중에서 선임한다.
② 기금이사 후보를 추천하기 위하여 공단에 이사장을 위원장으로 하고 이사를 위원으로 하는 기금이사추천위원회를 둔다.
③ 기금이사추천위원회는 주요 일간신문에 기금이사 후보의 모집공고를 하여야 한다.
④ 이사장이 기금이사 후보를 추천하는 때에는 기금이사추천위원회의 의결을 거쳐야 한다.
⑤ 기금이사추천위원회 회의는 재적위원 3분의2 이상의 출석으로 열고, 출석위원 과반수의 찬성으로 의결한다.

✍ 해설

⑤ 국민연금법 시행규칙 제20조 5항. 추천위원회의 회의는 재적 위원 과반수의 출석으로 열고, 출석 위원 과반수의 찬성으로 의결한다. ① 국민연금법 제31조 1항. 상임이사 중 제101조에 따른 국민연금기금의 관리·운용에 관한 업무를 담당하는 이사는 경영·경제 및 기금 운용에 관한 지식과 경험이 풍부한 자 중에서 선임하여야 한다. ② 국민연금법 제31조 2항. 기금이사 후보를 추천하기 위하여 공단에 이사장을 위원장으로 하고 이사를 위원으로 하는 기금이사추천위원회를 둔다. ③ 국민연금법 제31조 3항. 추천위원회는 주요 일간신문에 기금이사 후보의 모집 공고를 하여야 하며, 이와 별도로 적임자로 판단되는 기금이사 후보를 조사하거나 전문단체에 조사를 의뢰할 수 있다. ④ 국민연금법 시행규칙 제20조 4항. 이사장이 기금이사 후보를 추천하는 때에는 추천위원회의 의결을 거쳐야 한다.

정답 06. ⑤

제4절 연금급여

Ⅰ. 통 칙

01. 다음은 국민연금 급여에 대한 설명이다. 옳지 않은 것은?

① 급여는 수급권자의 청구에 따라 연금공단이 지급하고, 연금액은 그 지급사유에 따라 기본연금액과 부양가족연금액을 기초로 산정된다.

② 국민연금 급여는 급여의 인적 대상에 따라 본인급여와 유족급여로 구별되는데, 본인급여는 소득상실에 대한 급여이고, 유족급여는 부양상실에 대한 보장급여이다.

③ 국민연금 급여는 지급형태에 따라 연금과 일시금으로 구분되는데, 급여의 지급은 연금을 원칙으로 하고 반환일시금은 연금수급조건을 충족시키지 못한 가입자에게 일정한 사유가 있는 경우 예외적으로 지급되는 급여이다.

④ 국민연금 급여는 연금을 받는 동안 매년 전국소비자 물가변동률을 반영하여 연금액을 조정함으로써 물가가 인상되더라도 항상 연금액의 실질가치를 보장하도록 한다.

⑤ 국민연금제도는 군복무 중에서 그 지급이 정지되므로 연금기간을 추가로 인정하지 않는다는 점이 그 특징이다.

해설

① 국민연금법 제50조. 급여는 받을 권리가 있는 자의 청구에 따라 공단이 지급한다, 연금액은 지급사유에 따라 기본연금액과 부양가족연금액을 기초로 산정한다. ⑤ 국민연금법 제18조. 국민연금제도는 군복무자에 대해서도 가입기간을 추가 인정해주는 크레딧제도를 통해 노령연금수급기회를 확대하고 있다.

02. 다음 설명 중 옳은 것을 모두 고르시오.

㉠ 우리나라의 연금금액은 소득상실의 보장기능을 수행하는 기본연금액을 균등부분과 소득비례부분으로 구성되고 부양사실의 보장기능을 수행하는 부양가족연금액을 가미한다는 점에서 혼합급여방식을 취한 것으로 보아야 한다.

㉡ 수급자의 기본연금액은 연금가입자의 평균소득월액(균등부분)과 연금수급가입자 개인의 기존소득월액(소득비례부분)을 합산한 금액의 1천분의 1200을

정답 01. ⑤ 02. ①

곱한 금액으로 하는데, "평균소득월액"이란 매년 사업장 가입자 및 지역가입자 개인의 기준소득월액을 평균한 금액을 말하는 것이다. ㉢ "기준소득월액"이란 보험료와 급여를 산정하기 위하여 사업장가입자 및 지역가입자 전원의 소득월액을 기준으로 하여 대통령령으로 정하는 금액을 말한다. ㉣ 부양가족연금액은 일종의 가족수당의 성격을 지닌 부가급여이다. 부양가족연금은 연금수급권자가 권리를 취득할 당시 그 수급권자에게 의하여 생계를 유지되고 있던 피부양자를 보호하기 위하여 지급되는데, 따라서 수급권자의 배우자, 18세 미만이거나 장애등급 2급 이상인 자녀, 60세 이상이거나 장애등급 2급 이상인 부모에게 지급된다. ㉤ 부양가족연금액에서의 자녀는 배우자가 혼인 전에 얻은 자녀도 포함되고, 부모는 자신의 친부모만 포함되지 배우자의 부모는 포함되지 않는다. 부양가족연금액은 배우자의 경우는 연 15만 원이고 18세 미만 또는 장애등급 2급 이상인 자녀인 경우는 연 10만 원으로 한다,

① ㉠, ㉣　② ㉠, ㉡, ㉢　③ ㉠, ㉡, ㉣
④ ㉡, ㉢, ㉣　⑤ ㉠, ㉡, ㉤

해설

㉠ 옳음, ㉡ 국민연금법 제51조 1항 제3조 1항 4호. 평균소득월액은 매년 사업장가입자 및 지역가입자 전원의 기준소득월액을 평균한 금액이지, 개인의 기준소득월액을 평균한 것은 아니다. ㉢ 국민연금법 제3조 1항 5호. 기준소득월액이란 사업장가입자와 지역가입자 전원의 소득월액을 기준으로 한 것이 아니라 가입자의 소득월액을 기준으로 한 것이다. ㉣ 옳음. 국민연금법 제52조 1항 1호·2호·3호, ㉤ 국민연금법 제52조 1항. 부모에는 친부모뿐만 아니라 배우자의 부모 역시도 포함된다.

03. 다음 설명 중 옳은 것을 모두 고르시오. 〈노무사 2014년〉

부양가족연금액은 수급권자를 기준으로 하는 다음 각 호의 자로서 수급권자에 의하여 생계를 유지하고 있는 자에 대하여 해당 호에 규정된 각각의 금액으로 한다. 1. 배우자: 연 (ㄱ)만 원 2. (ㄴ)세 미만이거나 장애등급 2급 이상인 자녀: 연 (ㄷ)만 원 3. (ㄹ)세 이상이거나 장애등급 2급 이상인 부모: 연 (ㄷ)만 원

① ㄱ: 20, ㄴ: 20, ㄷ: 15, ㄹ: 55

정답 03. ①

② ㄱ: 20, ㄴ: 18, ㄷ: 10, ㄹ: 60
③ ㄱ: 15, ㄴ: 18, ㄷ: 10, ㄹ: 60
④ ㄱ: 15, ㄴ: 19, ㄷ: 5, ㄹ: 60
⑤ ㄱ: 10, ㄴ: 19, ㄷ: 5, ㄹ: 65

✍ 해설

국민연금법 제52조 1항. 부양가족연금액은 수급권자(유족연금의 경우에는 사망한 가입자 또는 가입자였던 자를 말한다)를 기준으로 하는 다음 각 호의 자로서 수급권자에 의하여 생계를 유지하고 있는 자에 대하여 해당 호에 규정된 각각의 금액으로 한다. 이 경우 생계유지에 관한 대상자별 인정기준은 대통령령으로 정한다.

1. 배우자: 연 15만 원
2. 18세 미만이거나 장애등급 2급 이상인 자녀(배우자가 혼인 전에 얻은 자녀를 포함한다. 이하 이 조에서 같다): 연 10만 원
3. 60세 이상이거나 장애등급 2급 이상인 부모(부 또는 모의 배우자, 배우자의 부모를 포함한다. 이하 이 조에서 같다): 연 10만 원

04. 다음 중 부양가족연금액 계산에서 제외되는 자가 아닌 것은?

① 연금수급권자
② 사망한 때
③ 자녀가 다른 사람의 양자가 되거나 파양된 때
④ 재혼한 부 또는 모의 배우자와 수급자의 관계가 부모와 그 배우자의 이혼으로 종료된 경우.
⑤ 18세가 된 장애등급 2급 상태의 자녀

✍ 해설

① 국민연금법 제52조 3항 1호. 각 호의 자가 다음 각 호의 어느 하나에 해당하면 제1항에 따른 부양가족연금액 계산에서 제외한다, 1. 연금 수급권자(「국민연금과 직역연금의 연계에 관한 법률」에 따른 연계급여 수급권자를 포함한다), 2. 퇴직연금등수급권자. ②③④ 국민연금법 제52조 5항. 제1항 각 호에 해당하는 자가 다음 각 호의 어느 하나에 해당하게 되면 부양가족연금액의 계산에서 제외한다. 1. 사망한 때, 2. 수급권자에 의한 생계유지의 상태가 끝난 때, 3. 배우자가 이혼한 때, 4. 자녀가 다른 사람의 양자가 되거나 파양(罷養)된 때, 5. 자녀가 18세가 된 때. 다만, 수급권자가 그 권리를 취득할 당시부터 장애등급 2급 이상의 상태에 있는 자는 제외한다, 6. 장애등급 2급 이상의 상태에 있던 자녀 또는 부모가 그 장애상태에 해당하지 아니하게 된 때, 7. 배우자가 혼인 전에 얻은 자녀와의 관계가 이혼으로 인하여 종료된 때, 8. 재혼한 부 또는 모의 배우자와 수급자의 관계가 부모와 그 배우자의 이혼으로 인하여 종료된 경우,

정답 04. ⑤

⑤ 국민연금법 제52조 5항 5호. 수급권자가 그 권리를 취득할 당시부터 장애등급 2급 이상의 상태인 자는 18세가 된 때라도 제외대상자에 해당하지 않는다.

05. 다음 설명 중 옳지 않은 것은?

① 연금은 지급하여야 할 사유가 생긴 날이 속하는 달의 다음 달부터 수급권이 소멸한 날이 속하는 달까지 지급한다.
② 연금은 매월 25일에 그 달의 금액을 지급한다.
③ 연금은 지급을 정지하여야 할 사유가 생기면 그 사유가 생긴 날이 속하는 달부터 그 사유가 소멸한 날이 속하는 달까지는 지급하지 아니한다.
④ 부양가족연금액에서의 배우자 또는 자녀가 가출·실종 등의 사유로 명백하게 부양관계가 있는 것으로 볼 수 없는 경우에는 포함되지 않는다.
⑤ 부양가족연금액의 지급대상이 되는 대상자는 부양가족연금액을 계산할 때 2명 이상의 연금수급권자의 부양가족연금 계산 대상이 될 수 없다.

✍ **해설** ……………………………………

③ 국민연금법 제54조 3항. 연금은 지급을 정지하여야 할 사유가 생기면 그 사유가 생긴 날이 속하는 달의 다음 달부터 그 사유가 소멸한 날이 속하는 달까지는 지급하지 아니한다. ① 국민연금법 제54조 1항. 연금은 지급하여야 할 사유가 생긴 날(제78조 1항에 따른 반납금, 제92조 1항에 따른 추납보험료(追納保險料) 또는 체납된 연금보험료를 냄에 따라 연금을 지급하여야 할 사유가 생긴 경우에는 해당 금액을 낸 날)이 속하는 달의 다음 달부터 수급권이 소멸한 날이 속하는 달까지 지급한다. ② 국민연금법 제54조 2항. 연금은 매월 25일에 그 달의 금액을 지급하되, 지급일이 토요일이나 공휴일이면 그 전날에 지급한다. ④ 국민연금법 시행령 별표 1, ⑤ 국민연금법 제52조 4항. 1항 각 호의 자는 부양가족연금액을 계산할 때 2명 이상의 연금 수급권자의 부양가족연금 계산 대상이 될 수 없다.

〈참 고〉 국민연금법 시행령 [별표 1] 부양가족연금 지급대상

구분	대상자	인정기준
1. 부양가족 연금 (제38조 관련)	가. 배우자 · 자녀	인정. 다만, 가출 · 실종 등의 사유로 명백하게 부양관계가 있는 것으로 볼 수 없는 경우에는 인정하지 않음
	나. 배우자가 혼인 전에 얻은 자녀	주거를 같이하는 경우에만 인정
	다. 부모	1) 주거를 같이하는 경우: 인정 2) 주거를 달리하는 경우: 수급권자가 정기적으로 생계비 등 경제적 지원을

정답 05. ③

		한 경우에만 인정
	라. 부 또는 모의 배우자(다목에 해당하는 경우는 제외한다)	주거를 같이하는 경우에만 인정
	마. 가입자 또는 가입자였던 자와의 관계는 위 가목부터 라목까지 중 어느 하나에 해당하나, 수급권자와의 관계는 그에 해당하지 않는 경우	주거를 같이하는 경우에만 인정

06. 다음 보기 중 미지급 급여를 받을 순위로 올바른 것은?

① 배우자 - 부모 - 자녀- 손자녀 - 형제자매 - 조부모
② 배우자 - 자녀 - 부모 - 조부모 - 손자녀 - 형제자매
③ 배우자 - 부모 - 조부모 -자녀 - 손자녀 - 형제자매
④ 배우자 - 자녀 - 부모 - 손자녀 - 조부모 - 형제자매
⑤ 배우자 - 자녀 - 부모 - 형제자매 - 조부모 - 손자녀

해설

④ 국민연금법 제55조 2항. 제1항에 따른 급여를 받을 순위는 배우자, 자녀, 부모, 손자녀, 조부모, 형제자매의 순으로 한다. 이 경우 순위가 같은 사람이 2명 이상이면 똑같이 나누어 지급하되, 지급 방법은 대통령령으로 정한다.

07. 다음 중 미지급 급여에 대한 설명 중 옳은 것은?

① 같은 순위자가 2명 이상인 경우 같은 순위자 중 1명이 한 청구는 그가 지급받을 부분에 대하여 청구한 것으로 본다.
② 같은 순위자가 2명 이상인 경우 같은 순위자나 그의 법정대리인이 같은 순위자 전부 또는 일부의 급여를 지급받을 대표자를 선정하면 그 대표자가 같은 순위자 전부 또는 일부에 해당하는 미지급 급여를 청구할 수 있다.
③ 미지급 급여를 받을 수 있는 사람 중 경찰서장이 가출 또는 실종신고를 접수한 날로부터 1년이 지난 경우에는 미지급 급여를 지급하지 않는다.
④ 형제·자매의 경우 수급권자의 사망 당시 수급권자에 의하여 생계를 유지

정답 06. ④ 07. ⑤

하고 있던 사람에게만 지급한다.

⑤ 미지급 급여는 수급권자가 사망한 날부터 3년 이내에 청구하여야 한다.

✍ 해설

⑤ 국민연금법 제55조 3항. 미지급 급여는 수급권자가 사망한 날부터 5년 이내에 청구하여야 한다. ① 국민연금법 시행령 제40조 1호. 같은 순위자 중 1명이 한 청구는 그가 지급받을 부분에 대하여 청구한 것으로 본다. ② 국민연금법 시행령 제40조 2호. 같은 순위자나 그의 법정대리인이 같은 순위자 전부 또는 일부의 급여를 지급받을 대표자를 선정하면 그 대표자가 같은 순위자 전부 또는 일부에 해당하는 미지급급여를 청구할 수 있다. ③ 국민연금법 제55조 1항 단서, 국민연금법 시행령 별표1. 수급권자가 사망한 경우 그 수급권자에게 지급하여야 할 급여 중 아직 지급되지 아니한 것이 있으면 그 배우자·자녀·부모·손자녀·조부모 또는 형제자매의 청구에 따라 그 미지급 급여를 지급한다. 다만, 가출·실종 등 대통령령으로 정하는 경우에 해당하는 사람에게는 지급하지 아니하며, 형제자매의 경우에는 대통령령으로 정하는 바에 따라 수급권자의 사망 당시 수급권자에 의하여 생계를 유지하고 있던 사람에게만 지급한다. ④ 국민연금법 제55조 3항. 1항에 따른 미지급 급여는 수급권자가 사망한 날부터 5년 이내에 청구하여야 한다.

08. 다음은 국민연금보험법 제56조(중복급여의 조정)에 관한 설명이다. 빈 칸에 들어갈 말로 올바르게 짝지어진 것은?

> 수급권자에게 이 법에 따른 2 이상의 급여 수급권이 생기면 수급권자의 선택에 따라 그 중 하나만 지급하고 다른 급여의 지급은 정지된다. 수급권자가 선택하지 아니한 급여가 유족연금일 때(선택한 급여가 (ㄱ)일 때를 제외한다)에는 유족연금액의 (ㄴ)에 해당하는 금액을 선택한 급여에 추가하여 지급하여야 하고, 선택하지 아니한 급여가 반환일시금일 때(선택한 급여가 (ㄷ)이고, 선택하지 아니한 급여가 본인의 연금보험료 납부로 인한 반환일시금일 때를 제외한다)에는 제80조 2항에 상당하는 금액을 선택한 급여에 추가하여 지급하여야 한다.

① ㄱ: 사망일시금 ㄴ: 100분의 30 ㄷ: 노령연금
② ㄱ: 반환일시금 ㄴ: 100분의 20 ㄷ: 장애연금
③ ㄱ: 사망일시금 ㄴ: 100분의 20 ㄷ: 장애연금
④ ㄱ: 반환일시금 ㄴ: 100분의 20 ㄷ: 노령연금
⑤ ㄱ: 반환일시금 ㄴ: 100분의 30 ㄷ: 장애연금

정답 08. ②

✍ 해설

국민연금법 제56조 1항·2항. 1항에도 불구하고 1항에 따라 선택하지 아니한 급여가 다음 각 호의 어느 하나에 해당하는 경우에는 해당 호에 규정된 금액을 선택한 급여에 추가하여 지급한다. 1. 선택하지 아니한 급여가 유족연금일 때(선택한 급여가 반환일시금일 때를 제외한다): 유족연금액의 100분의 20에 해당하는 금액, 2. 선택하지 아니한 급여가 반환일시금일 때(선택한 급여가 장애연금이고, 선택하지 아니한 급여가 본인의 연금보험료 납부로 인한 반환일시금일 때를 제외한다): 제80조 2항에 상당하는 금액.

09. 다음은 국민연금법 시행령 제41조 3항의 환수금 분활 납부에 대한 설명이다. 빈 칸에 들어갈 말로 바르게 짝지어진 것은?

환수금이 20만 원 이상 40만 원 미만인 경우: (ㄱ) 회 이내 환수금이 40만 원 이상 120만 원 미만인 경우: (ㄴ)회 이내 환수금이 120만 원 이상 360만 원 미만인 경우: (ㄷ)회 이내 환수금이 360만 원 이상인 경우: (ㄹ)회 이내

① ㄱ: 2 ㄴ: 4 ㄷ: 12 ㄹ: 36
② ㄱ: 2 ㄴ: 6 ㄷ: 12 ㄹ: 18
③ ㄱ: 4 ㄴ: 8 ㄷ: 12 ㄹ: 16
④ ㄱ: 2 ㄴ: 4 ㄷ: 24 ㄹ: 36
⑤ ㄱ: 4 ㄴ: 12 ㄷ: 24 ㄹ: 36

✍ 해설

국민연금법 시행령 제41조 3항.
환수금은 다음 각 호에 정하는 바에 따라 매월 분할하여 납부하게 할 수 있다.
1. 환수금(분할 납부 신청일을 기준으로 한다. 이하 이 항에서 같다)이 20만 원 이상 40만 원 미만인 경우: 2회 이내
2. 환수금이 40만 원 이상 120만 원 미만인 경우: 4회 이내
3. 환수금이 120만 원 이상 360만 원 미만인 경우: 12회 이내
4. 환수금이 360만 원 이상인 경우: 36회 이내

10. 다음 중 급여의 환수에 대한 설명 중 옳은 것은?

① 공단은 급여를 받은 사람이 거짓이나 그 밖의 부정한 방법으로 급여를 받은 경우 10일 이상의 기한을 정하여 환수할 금액을 결정하여 고지하여야 한다.
② 환수금의 납부기한까지 환수금을 내지 않으면 20일 이상의 기한을 정하

정답 09. ① 10. ②

여 독촉하여야 한다.

③ 공단은 환수금을 6개월 이상 계속하여 체납한 경우에는 환수금을 한꺼번에 환수할 수 있다.

④ 급여를 받은 사람이 거짓이나 부정한 방법으로 급여를 받은 경우 급여의 환수시 가산할 이자율은 1년 만기 정기예금 이자율에 따른다.

⑤ 사망한 것으로 추정된 자의 생존이 확인되더라도 공단은 그 사망의 추정을 근거로 급여를 지급받은 자로부터 그 지급 금액을 환수할 수 없다.

✍ 해설

② 국민연금법 시행령 제41조 2항. 1항에 따른 기한까지 환수금을 내지 아니하면 20일 이상의 기한을 정하여 독촉하여야 한다. ① 국민연금법 제57조 1항 1호. 국민연금법 시행령 제41조 1항. 20일 이상의 기한의 정하여 환수할 금액을 결정하여 고지하여야 한다. ③ 국민연금법 시행령 제41조 4항. 6개월 이상이 아니라 3개월 이상이다. ④ 국민연금법 시행령 제42조 2항 1호. 거짓이나 부정한 방법으로 급여를 받은 경우 적용할 이자율은 3년 만기 정기예금 이자율에 따른다. ⑤ 국민연금법 제57조 4항. 사망한 것으로 추정된 자의 생존이 확인되면 공단은 그 사망의 추정을 근거로 급여를 지급받은 자로부터 그 지급 금액을 환수하여야 한다.

11. 다음 설명 중 옳지 않은 것은?

① 급여를 받을 권리는 양도·압류하거나 담보로 제공할 수 없다.

② 수급권자에게 지급된 급여로서 압류할 수 없는 금액은 150만 원을 말한다.

③ 가입자 또는 가입자였던 자가 수급권을 취득하거나 사망한 경우 제46조에 따라 대여한 자금의 상환금에 관한 채무가 있으면 이를 급여에서 공제할 수 있다.

④ 급여수급전용계좌에 입금된 급여와 이에 관한 채권은 압류할 수 없다.

⑤ 국민연금법에 따른 급여로 지급된 금액에 대하여는 조세 그 밖에 국가 또는 지방자치단체의 공과금을 면제한다.

✍ 해설

⑤ 국민연금법 제60조. 조세 그 밖에 국가 또는 지방자치단체의 공과금을 감면한다. ① 국민연금법 제58조 1항. 급여를 받을 권리는 양도·압류하거나 담보로 제공할 수 없다. ② 국민연금법 제58조 2항. 민사집행법 시행령 제2조(압류금지 생계비) 「민사집행법」 (이하 "법"이라 한다) 제195조 3호에서 "대통령령이 정하는 액수의 금전"이란 150만 원을 말한다. ③ 국민연금법 제59조 1항. 가입자 또는 가입자였던 자가 수급권을 취득하거나 사망한 경우 제46조에 따라 대여한 자금의 상환금에 관한 채무가 있으면 이를 이 법에 따른 급여(사망일시금을 포함하고 지급이 정지된 급여는 제외한다)에서 공제할 수 있다. ④ 국민연금법 제58조 3항

정답 11. ⑤

Ⅱ. 노령연금

01. 다음 노령연금액에 대한 설명 중 옳지 않은 것은?

① 가입기간이 10년 이상 20년 미만인 경우 노령연금액은 기본연금액의 1천분의 500에 해당하는 금액에 가입기간 10년을 초과하는 1년마다 기본연금액의 1천분의 30에 해당하는 금액을 합한 금액에 부양가족연금액을 더한 금액이다.

② 가입기간이 20년 이상인 경우 노령연금액은 기본연금액에 부양가족연금액을 더한 금액이다.

③ 가입기간이 10년 이상인 가입자 또는 가입자였던 자에 대하여는 60세가 된 때부터 그가 생존하는 동안 노령연금을 지급한다.

④ 공단은 노령연금 수급권자에게 연금을 지급하는 경우 국가 등으로부터 제공받은 자료에 근거하여 해당 연도의 연금을 감액하여 지급하거나 연금의 지급을 정지할 수 있다.

⑤ 노령연금의 수급권자로서 60세 이상 65세 미만인 사람이 연금지급의 연기를 희망하는 경우 1회에 한정하여 65세 전까지의 기간에 대하여 그 지급을 연기할 수 있다.

해설

① 국민연금법 제63조 2항. 가입기간 10년을 초과하는 1년마다 기본연금액의 1천분의 50에 해당하는 금액을 말한다. ② 국민연금법 제63조 1항. 제61조 1항에 따른 노령연금액은 다음 각 호의 구분에 따른 금액에 부양가족연금액을 더한 금액으로 한다. 1. 가입기간이 20년 이상인 경우: 기본연금액, ③ 국민연금법 제61조 1항. 가입기간이 10년 이상인 가입자 또는 가입자였던 자에 대하여는 60세(특수직종근로자는 55세)가 된 때부터 그가 생존하는 동안 노령연금을 지급한다. ④ 국민연금법 시행령 제45조 3항. 공단은 법 제61조에 따른 노령연금 수급권자에게 연금을 지급하는 경우에는 법 제123조 1항에 따라 국가 등으로부터 제공받은 자료에 근거하여 해당 연도의 연금을 감액하여 지급하거나 연금의 지급을 정지할 수 있다. 다만, 수급권자가 해당 연도의 소득을 증명할 수 있는 객관적인 자료를 제출하는 경우에는 그러하지 아니한다. ⑤ 국민연금법 제62조 1항. 제61조에 따른 노령연금의 수급권자로서 60세 이상 65세 미만인 사람(특수직종근로자는 55세 이상 60세 미만인 사람)이 연금지급의 연기를 희망하는 경우에는 1회에 한정하여 65세(특수직종근로자는 60세) 전까지의 기간에 대하여 그 지급을 연기할 수 있다.

정답 01. ①

02. 국민연금법상 조기노령연금에 관한 설명이다. ( ) 안에 들어 갈 숫자의 합은? 〈노무사 2011년〉

가입기간 ( )년 이상인 가입자 또는 가입자였던 자로서 ( )세 이상인 자가 소득이 있는 업무에 종사하지 아니하는 경우 본인이 희망하면 ( )세가 되기 전이라도 그가 생존하는 동안 일정한 금액의 연금을 받을 수 있다.

① 115 ② 120 ③ 125
④ 130 ⑤ 135

✍ 해설

국민연금법 제61조 2항. 가입기간이 10년 이상인 가입자 또는 가입자였던 자로서 55세 이상인 자가 대통령령으로 정하는 소득이있는 업무에 종사하지 아니하는 경우 본인이 희망하면 1항에도 불구하고 60세가 되기 전이라도 본인이 청구한 때부터 그가 생존하는 동안 일정한 금액의 연금(이하 "조기노령연금"이라 한다)을 받을 수 있다.
10년 + 55세 + 60세 = 125.

03. 국민연금법상 노령연금에 관한 설명이다. ( ) 안에 들어갈 내용으로 옳은 것은? 〈노무사 2013년〉

국민연금 가입기간이 (ㄱ)년 이상인 가입자 또는 가입자였던 자에 대하여는 (ㄴ)세(특수직종근로자는(ㄷ)세)가 된 때부터 그가 생존하는 동안 노령연금을 지급한다.

① ㄱ: 10, ㄴ: 55, ㄷ: 60 ② ㄱ: 10, ㄴ: 60, ㄷ: 55
③ ㄱ: 10, ㄴ: 60, ㄷ: 65 ④ ㄱ: 15, ㄴ: 55, ㄷ: 60
⑤ ㄱ: 15, ㄴ: 60, ㄷ: 55

✍ 해설

국민연금법 제61조 1항. 가입기간이 10년 이상인 가입자 또는 가입자였던 자에 대하여는 60세(특수직종근로자는 55세)가 된 때부터 그가 생존하는 동안 노령연금을 지급한다.

04. 노령연금에 대한 설명 중 옳지 않은 것은?

① 조기노령연금은 국민연금 가입기간이 10년 이상인 가입자 또는 가입자였던 자로서 55세 이상인 자가 소득이 있는 업무에 종사하지 아니하는 경우 본인이 청구하면 일정한 연금을 받을 수 있다.

정답 02. ③ 03. ② 04 ④

② 조기노령연금을 받고 있는 60세 미만자가 대통령령이 정하는 소득이 있는 업무에 종사하게 되면 그 기간에 해당하는 조기노령연금은 지급을 정지한다.

③ 분할연금제도는 혼인기간(배우자의 가입기간 중의 혼인 기간만 해당한다)이 5년 이상인 자가 이혼한 경우에 이혼한 배우자가 생존하는 동안 배우자였던 자의 노령연금 중 혼인기간에 해당하는 연금액을 균등 분할하여 받을 수 있는 청구권으로 민법상 이혼시 재산분할청구권의 내용을 도입한 것이다.

④ 분할연금수급권은 그 수급권을 취득한 후에 배우자였던 자에게 생긴 사유로 노령연금수급권이 소멸·정지되었다면 그 권리의 속성상 영향을 받게 되어 있다.

⑤ 헌법재판소에 의하면 수급권자에게 2 이상의 급여수급권이 발생한 때 그 자의 선택에 의하여 그 중 하나만을 지급하고 다른 급여의 지급이 정지되도록 하는 것은 공공복리를 위해 필요하고 평등권을 침해하지 않는다고 판단하고 있다.

해설

① 국민연금법 제61조 2항. 가입기간이 10년 이상인 가입자 또는 가입자였던 자로서 55세 이상인 자가 대통령령으로 정하는 소득이있는 업무에 종사하지 아니하는 경우 본인이 희망하면 1항에도 불구하고 60세가 되기 전이라도 본인이 청구한 때부터 그가 생존하는 동안 일정한 금액의 연금(이하 "조기노령연금"이라 한다)을 받을 수 있다. ② 국민연금법 제66조 1항. 제61조 2항과 제63조 2항에 따라 조기노령연금을 받고 있는 60세 미만인 자가 제61조 2항에 따른 소득이 있는 업무에 종사하게 되면 그 기간에 해당하는 조기노령연금은 지급을 정지한다. ③ 국민연금법 제64조 1항. 혼인 기간(배우자의 가입기간 중의 혼인 기간만 해당한다. 이하 같다)이 5년 이상인 자가 다음 각 호의 요건을 모두 갖추면 그때부터 그가 생존하는 동안 배우자였던 자의 노령연금을 분할한 일정한 금액의 연금(이하 "분할연금"이라 한다)을 받을 수 있다. ④ 국민연금법 제65조 1항. 제64조 1항에 따른 분할연금 수급권은 그 수급권을 취득한 후에 배우자였던 자에게 생긴 사유로 노령연금 수급권이 소멸·정지되어도 영향을 받지 아니한다. ⑤ 헌재 2000.6.1, 97헌마190. 국민연금은 국민이 인간다운 생활을 할 수 있도록 최저생활을 보장하기 위한 사회보장적 급여로서 법상의 급여액은 국민의 생활수준·물가 기타 경제사정에 맞추어 최저생활을 유지할 수 있도록 될 수 있으면 많은 급여를 지급하는 것이 바람직할 것이나, 한편 급여에 필요한 재원은 한정되어 있고, 인구의 노령화 등으로 급여대상자는 점점 증가하고 있어 급여수준은 국민연금재정의 장기적인 균형이 유지되도록 조정되어야 할 필요가 있으므로 한 사람의 수급권자에게 여러 종류의 연금의 수급권이 발생한 경우 그 연금을 모두 지급하는 것 보다는 일정한 범위에서 그

지급을 제한하여야 할 필요성이 있고 국민연금의 급여수준은 수급권자가 최저생활을 유지하는데 필요한 금액을 기준으로 결정해야 할 것이지 납입한 연금보험료의 금액을 기준으로 결정하거나 여러 종류의 수급권이 발생하였다고 하여 반드시 중복하여 지급해야 할 것은 아니므로, 이 사건 법률조항이 수급권자에게 2 이상의 급여의 수급권이 발생한 때 그 자의 선택에 의하여 그 중의 하나만을 지급하고 다른 급여의 지급을 정지하도록 한 것은 공공복리를 위하여 필요하고 적정한 방법으로서 헌법 제37조 2항의 기본권 제한의 입법적 한계를 일탈한 것으로 볼 수 없고, 또 합리적인 이유가 있으므로 평등권을 침해한 것도 아니다.

05. 분할연금과 노령연금의 관계 등에 대한 설명 중 옳지 않은 것은?

① 분할연금 수급권은 그 수급권을 취득한 후에 배우자에게 생긴 사유로 노령연금수급권이 소멸·정지되어도 영향을 받지 아니한다.

② 수급권자에게 2 이상의 분할연금 수급권이 생기면 2 이상의 분할연금액을 합산하여 지급한다.

③ 2 이상의 분할연금 수급권과 다른 급여(노령연금 제외)의 수급권이 생기면 그 2 이상의 분할연금 수급권을 하나의 분할연금 수급권으로 보고 본인의 선택에 따라 분할연금과 다른 급여 중 하나만 지급하고 선택하지 않은 분할연금 또는 다른 급여의 지급은 정지된다.

④ 분할연금 수급권자는 유족연금을 지급할 때 노령연금 수급권자로 보지 않는다.

⑤ 분할연금 수급권자에게 노령연금 수급권이 발생한 경우 본인의 선택에 따라 분할연금액과 노령연금액 중 하나만 지급한다.

해설

⑤ 국민연금법 제65조 4항. 분할연금 수급권자에게 노령연금 수급권이 발생한 경우에는 분할연금액과 노령연금액을 합산하여 지급한다. ① 국민연금법 제65조 1항. 제64조 1항에 따른 분할연금 수급권은 그 수급권을 취득한 후에 배우자였던 자에게 생긴 사유로 노령연금 수급권이 소멸·정지되어도 영향을 받지 아니한다. ② 국민연금법 제65조 2항 본문. 수급권자에게 2 이상의 분할연금 수급권이 생기면 제56조에도 불구하고 2 이상의 분할연금액을 합산하여 지급한다 ③ 국민연금법 제65조 2항 단서. 다만 2 이상의 분할연금 수급권과 다른 급여(노령연금을 제외한다. 이하 이 항에서 같다)의 수급권이 생기면 그 2 이상의 분할연금 수급권을 하나의 분할연금 수급권으로 보고 본인의 선택에 따라 분할연금과 다른 급여 중 하나만 지급하고 선택하지 아니한 분할연금 또는 다른 급여의 지급은 정지된다. ④ 국민연금법 제65조 3항. 분할연금 수급권자는 제72조 1항에 따른 유족연금을 지급할 때 노령연금 수급권자로 보지 아니한다.

정답 05. ⑤

Ⅲ. 장애연금

01. 다음 중 옳지 않은 것은?

① 질병이나 부상을 입은 자가 초진일(初診日)부터 1년 6개월이 지나도 완치되지 아니하면 그 1년 6개월이 지난 날을 기준으로 장애 정도를 결정하는 것이 원칙이다.

② 국민연금법의 지급대상이 되는 장애에 해당하기 위해서는 가입기간 중 발생한 질병 또는 부상을 원인으로 발생한 것이어야 한다.

③ 유전적인 원인으로 장애가 발생한 것은 비록 그 장애가 발병한 시기가 국민연금을 가입기간 중이라도 국민연금의 지급대상이 되지 않는다.

④ 장애연금 수급권자에게 다시 장애연금을 지급하여야 할 장애가 발생한 때에는 전후의 장애를 병합(併合)한 장애 정도에 따라 장애연금을 지급한다.

⑤ 국민연금법의 적용대상이 되는 장애는 신체적·정신적인 고통이나 기능의 저하로 인하여 일상생활을 방해받을 정도로 그 장애가 구체화된 경우에 국한되는 것은 아니다.

✍ 해설

①② 국민연금법 제67조 1항·2항. 가입 중에 생긴 질병(당해 질병의 초진일이 가입 중에 있는 경우로서 가입자가 가입 당시 발병 사실을 알지 못한 경우를 포함한다. 이하 이 절 및 제4절에서 같다)이나 부상으로 완치된 후에도 신체상 또는 정신상의 장애가 있는 자에 대하여는 그 장애가 계속되는 동안 장애 정도에 따라 장애연금을 지급한다. 제1항에 따른 질병이나 부상을 입은 자가 초진일(初診日)부터 1년 6개월이 지나도 완치되지 아니하면 그 1년 6개월이 지난 날을 기준으로 장애 정도를 결정한다. 다만, 그 1년 6개월이 지난 날에 장애연금의 지급 대상이 되지 아니한 자가 그 질병이나 부상이 악화되어 60세가 되기 전에 장애연금 지급 대상이 되는 경우에는 본인의 청구에 따라 그 청구한 날을 기준으로 장애 정도를 결정한다. ③⑤ 대판 2006.7.28, 2005두16918에 따르면 [1] 국민연금법 제58조 제1항은 국민연금의 가입 중에 발생한 질병 또는 부상으로 인하여 그 완치 후에도 신체 또는 정신상의 장애가 있는 사람에 대하여는 그 장애가 존속하는 동안 장애정도에 따라 장애연금을 지급한다고 규정하고 있으므로, 장애의 원인이 된 질병 또는 부상이 국민연금의 가입 중에 발생하는 것이 장애연금 수급권의 요건이 되고, 따라서 장애의 원인이 된 질병 또는 부상이 국민연금의 가입 중에 발생하지 아니한 경우에는 비록 장애가 국민연금의 가입 중에 발생하였다고 하더라도 장애연금의 수급권자에 해당한다고 볼 수 없다. [2] 국민연금법 제58조 제1항 소정의 '가입 중에 발생한' 질병 또는 부상의 의미는 장애의 원인이 된 질병 또는 부상이 의학

정답 01. ③

적·객관적으로 판단할 때 국민연금 가입기간 중에 발생하여야 한다는 뜻으로 보아야 하고, 이와 달리 원심과 같이 신체적·정신적인 고통이나 기능의 저하로 인하여 일상 생활을 방해받을 정도로 그 장애가 구체화된 경우로 국한하여 해석할 것은 아니다. [3] 유전적인 양안망막색소변성증을 갖고 있던 사람이 국민연금 가입 당시에 망막색소변성증이 어느 정도 진행되었다고 하더라도 그 후 시력이 급격히 저하됨을 느끼기 시작한 시기에 그 질병이 발생하였다고 봄이 상당하다는 이유로, 국민연금의 가입 중에 장애의 원인이 된 질병이 발생한 경우로서 국민연금법상 장애연금 수급권자라고 본 사례, ④ 국민연금법 제69조. 장애연금 수급권자에게 다시 장애연금을 지급하여야 할 장애가 발생한 때에는 전후의 장애를 병합(倂合)한 장애 정도에 따라 장애연금을 지급한다. 다만, 전후의 장애를 병합한 장애 정도에 따른 장애연금이 전의 장애연금보다 적으면 전의 장애연금을 지급한다.

02. 다음은 장애연금의 수급요건에 관한 설명이다. 옳지 않은 부분을 모두 고르시오.

> 국민연금법은 ㉠ '장애'가 가입 중에 발생할 것이 아니라 장애의 원인이 된 '질병이나 부상'이 가입 중에 발생할 것을 요구한다. 따라서 가입 중에 장애를 입게 되었다 하더라도 그 원인이 된 질병이나 부상이 가입 전이라면 장애연금은 인정되지 않는다. 통상은 가입자가 장애연금을 받게 되고, ㉡ 장애의 원인 되는 질병이나 부상이 가입 중에 발생하고 가입자격을 상실한 후에 장애가 발생하였다면 이 요건을 충족하지 못하게 된다. ㉢ 장애연금은 완치 후에 남은 장애로 인한 소득상실, 소득감소의 위험뿐만 아니라 그 치료과정 중의 소득 상실, 소득감소의 위험에 대해서도 보장한다. 다만, 이 경우 치료기간이 지나치게 장기화되는 경우 초진일로부터 1년 6개월이 경과한 날을 기준으로 장애정도를 결정하게 된다. 또한 ㉣ 1년 6개월이 지난 날에 장애연금의 지급대상이 되지 아니한 자가 그 질병이나 부상이 악화되어 60세가 되기 전에 장애연금 지급대상이 되는 경우에는 본인의 청구에 따라 그 청구한 날을 기준으로 장애정도를 결정한다. ㉤ 장애연금의 지급대상이 되는 자가 반환일시금을 지급받았으면 장애연금을 지급하지 아니한다.

① ㄱ, ㄴ, ㄷ　② ㄴ, ㄹ　③ ㄷ, ㄹ, ㅁ
④ ㄴ, ㄷ　⑤ ㄴ, ㄹ, ㅁ

해설

㉠ 국민연금법 제67조 1항. 가입 중에 생긴 질병(당해 질병의 초진일이 가입 중에 있는 경우로서 가입자가 가입 당시 발병 사실을 알지 못한 경우를 포함한다. 이하 이 절 및 제4절에서 같다)이나 부상으로 완치된 후에도 신체상 또는 정신상의 장애가 있는 자에

정답 02. ④

대하여는 그 장애가 계속되는 동안 장애 정도에 따라 장애연금을 지급한다. ㉡ 장애의 원인이 되는 질병이나 부상이 가입 중에 발생한 이상 그 후 가입자격을 상실한 후에 장애가 발생하더라도 요건에 충족되므로 장애연금이 인정된다. ㉢ 장애연금은 완치 후에 남은 장애로 인한 소득상실, 소득감소의 위험만을 보장하지 치료과정 중의 소득상실, 소득감소의 위험에 대해서는 전혀 보장하지 않는다. ㉣ 국민연금법 시행령 제46조의2. ㉤ 국민연금법 제67조 4항. 장애연금의 지급 대상이 되는 자가 제77조에 따라 반환일시금을 지급받았으면 장애연금을 지급하지 아니한다.

03. 다음은 장애연금액에 대한 설명이다. 빈 칸에 들어갈 말로 바르게 짝지어진 것은?

> ○ 장애등급 1급에 해당하는 자의 장애연금액은 기본연금액에 부양가족연금액을 더한 금액으로 한다.
> ○ 장애등급 2급에 해당하는 자의 장애연금액은 기본연금액의 (ㄱ)에 해당하는 금액에 부양가족연금액을 더한 금액
> ○ 장애등급 3급에 해당하는 자의 장애연금액은 기본연금액의 (ㄴ)에 해당하는 금액에 부양가족연금액을 더한 금액
> ○ 장애등급 4급에 해당하는 자의 장애연금액은 기본연금액의 (ㄷ)에 해당하는 금액을 일시보상금으로 지급한다

① ㄱ: 1천분의 800 ㄴ: 1천분의 500 ㄷ: 1천분의 1천250
② ㄱ: 1천분의 600 ㄴ: 1천분의 800 ㄷ: 1천분의 2천250
③ ㄱ: 1천분의 800 ㄴ: 1천분의 600 ㄷ: 1천분의 2천250
④ ㄱ: 1천분의 600 ㄴ: 1천분의 500 ㄷ: 1천분의 1천250
⑤ ㄱ: 1천분의 800 ㄴ: 1천분의 500 ㄷ: 1천분의 2천250

해설

국민연금법 제68조 1항·2항. 장애연금액은 장애 등급에 따라 다음 각 호의 금액으로 한다. 1. 장애등급 1급에 해당하는 자에 대하여는 기본연금액에 부양가족연금액을 더한 금액, 2. 장애등급 2급에 해당하는 자에 대하여는 기본연금액의 1천분의 800에 해당하는 금액에 부양가족연금액을 더한 금액, 3. 장애등급 3급에 해당하는 자에 대하여는 기본연금액의 1천분의 600에 해당하는 금액에 부양가족연금액을 더한 금액, 장애등급 4급에 해당하는 자에 대하여는 기본연금액의 1천분의 2천250에 해당하는 금액을 일시보상금으로 지급한다.

정답 03. ③

04. 국민연금법상 장애등급 3급에 해당하는 자에 대하여 지급하는 장애연금액은?

① 기본연금액의 100%
② 기본연금액의 90%에 부양가족연금액을 더한 금액
③ 기본연금액의 80%에 부양가족연금액을 더한 금액
④ 기본연금액의 70%에 부양가족연금액을 더한 금액
⑤ 기본연금액의 60%에 부양가족연금액을 더한 금액

해설

장애등급 3급에 해당하는 자에 대하여는 기본연금액의 1천분의 600(60%)하는 금액에 부양가족연금액을 더한 금액(국민연금법 제68조 1항 3호).

Ⅳ. 유족연금

01. 유족연금이 지급되는 자에 해당하지 않는 자는?

① 노령연금 수급권자의 유족
② 가입기간이 10년 이상인 가입자였던 자의 유족
③ 장애등급이 2급 이상인 장애연급 수급권자의 유족
④ 가입기간이 1년 미만인 가입자가 가입 전에 질병이나 부상으로 사망한 경우의 유족
⑤ 가입자의 유족

해설

④ 가입기간이 1년 미만인 가입자가 질병이나 부상으로 사망하면 가입 중에 생긴 질병이나 부상으로 사망한 경우에만 유족연금을 지급한다(국민연금법 제72조 1항 단서).

02. 다음은 국민연금법상 유족연금의 수급권자에 관한 내용이다. ( ) 안에 들어갈 숫자의 합은? 〈노무사 2015년〉

> 다음 각 호의 어느 하나에 해당하는 자가 사망하면 그 유족에게 유족연금을 지급한다. 다만, 가입기간이 ( )년 미만인 가입자가 질병이나 부상으로 사망하면 가입 중에 생긴 질병이나 부상으로 사망한 경우에만 유족연금을 지급한다.
> 1. 노령연금 수급권자

정답 04. ③ 01. ④ 02. ④

2. 가입기간이 (   )년 이상인 가입자였던 자
3. 가입자
4. 장애등급이 (   )급 이상인 장애연금 수급권자

① 10 ② 11 ③ 12 ④ 13 ⑤ 14

✍ 해설

다음 각 호의 어느 하나에 해당하는 자가 사망하면 그 유족에게 유족연금을 지급한다. 다만, 가입기간이 1년 미만인 가입자가 질병이나 부상으로 사망하면 가입 중에 생긴 질병이나 부상으로 사망한 경우에만 유족연금을 지급한다.

1. 노령연금 수급권자
2. 가입기간이 10년 이상인 가입자였던 자
3. 가입자
4. 장애등급이 2급 이상인 장애연금 수급권자

(국민연금법 제72조 1항)

03. 국민연금법상 가입자가 사망할 당시 그에 의하여 생계를 유지하고 있던 자(인정기준 충족) **중 유족연금을 지급받을 수 있는 유족의 범위에 해당하지 않는 자는?** 〈노무사 2012년〉

① 45세인 사실상의 혼인관계에 있는 배우자
② 65세인 부(父)
③ 장애등급 3등급인 25세의 자녀
④ 75세인 배우자의 조부
⑤ 8세인 손녀

✍ 해설

③ 국민연금법 제73조 자녀의 경우 19세 미만이거나 장애등급 2급 이상인 자만 해당한다.

04. 다음 설명 중 옳지 않은 것은?

① 같은 순위의 유족이 2명 이상이면 그 유족연금액을 똑같이 나누어 지급한다.
② 같은 순위의 유족이 2 이상이 있을 때 같은 순위자 중 1명이 한 청구는 유족급여 전부에 대하여 청구한 것으로 본다.

정답 03. ③ 04. ②

③ 같은 순위의 유족이 2 이상이 있을 때 같은 순위자나 그의 법정대리인이 같은 순위자 전부 또는 일부의 급여를 지급받을 대표자를 선정하면 그 대표자가 같은 순위자 전부 또는 일부에 해당하는 유족급여를 청구할 수 있다.

④ 가입자, 가입자였던 자에게 유족연금의 지급사유가 발생하면 그 유족은 사망경위서를 공단에 제출하여야 한다.

⑤ 유족연금의 수급권이 소멸하거나 유족연금의 지급이 정지되면 유족연금의 수급권을 취득하게 되는 다른 유족은 그 수급권의 변경사실을 30일 이내에 신고하여야 한다.

✍ 해설

② 국민연금법 시행령 제48조, 국민연금법 시행령 제40조 1호. 같은 순위자 중 1명이 한 청구는 그가 지급받을 부분에 대하여 청구한 것으로 본다. ① 국민연금법 제73조 3항. 2항의 경우 같은 순위의 유족이 2명 이상이면 그 유족연금액을 똑같이 나누어 지급하되, 지급 방법은 대통령령으로 정한다. ③ 국민연금법 시행령 제48조. 법 제73조 3항에 따라 같은 순위의 유족이 2명 이상 있을 때의 유족연금의 지급 방법에 관하여는 제40조를 준용한다. 국민연금법 시행령 제40조 2호. 2. 같은 순위자나 그의 법정대리인이 같은 순위자 전부 또는 일부의 급여를 지급받을 대표자를 선정하면 그 대표자가 같은 순위자 전부 또는 일부에 해당하는 미지급 급여를 청구할 수 있다. ④ 국민연금법 시행규칙 제51조. 가입자, 가입자였던 자 또는 수급권자에게 장애연금이나 유족연금의 지급 사유가 발생하면 본인이나 법 제73조 1항에 따른 유족은 법 제121조 1항에 따라 지급 사유에 해당하는 사실(법 제114조에 따른 제3자의 행위로 인한 경우를 포함한다)을 적은 별지 32호서식의 장애발생·사망경위(신고)서를 공단에 제출하여야 한다. ⑤ 국민연금법 시행규칙 제29조 3항. 법 제75조에 따라 유족연금의 수급권이 소멸하거나 법 제76조에 따라 유족연금의 지급이 정지되면 유족연금의 수급권을 취득하게 되는 다른 유족은 법 제121조 1항에 따라 그 수급권의 변경 사실을 공단에 30일 이내에 신고하여야 한다.

05. 유족연금에 대한 설명 중 옳은 것은?

① 유족연금을 지급받을 수 있는 유족은 가입자 또는 가입자였던 자가 사망할 당시에 생계를 유지하고 있던 자로서 배우자와 19세 미만이거나 장애등급 2급 이상인 자녀와 손자녀, 60세 이상이거나 장애등급이 2급 이상인 부모와 조부모(배우자의 부모 및 조부모 포함)이다.

② 배우자가 혼인 전에 얻은 자녀는 주거를 같이하는 지의 여부를 불문하고 수급권을 인정한다.

정답 05. ①

③ 손자녀가 주거를 같이하는 경우에 수급권자가 정기적으로 생계비 등을 경제적으로 지원한 경우에만 유족연금을 지급한다.

④ 배우자, 자녀, 부모, 형제자매에겐 모두 부양가족연금, 유족연금을 지급한다.

⑤ 유족이 자신이 유족연금의 수급권자라는 것을 증명하기 위해선 가족관계증명서와 주민등록등본을 제출하여야 한다.

✍ 해설

① 국민연금법 제73조 1항, ② 국민연금법 시행령 제47조 별표 1, ③ 국민연금법 시행령 제47조 별표 1. 손자녀의 경우 주거를 같이하고 있다면 손자녀의 부모가 없거나 있더라도 특수한 사유로 부양능력이 없는 경우에만 인정된다. ④ 국민연금법 시행령 제47조 별표 1. 형제자매에겐 미지급 급여가 인정된다. ⑤ 국민연금법 시행령 제47조 별표 1. 주민등록등본을 요하지 아니한다.

〈참 고〉 [별표 1] 유족연금의 지급대상 인정기준(제47조 관련)

3. 유족연금 (제47조 관련)	가. 배우자 · 자녀	인정. 다만, 가출 · 실종 등의 사유로 명백하게 부양관계가 있는 것으로 볼 수 없는 경우에는 인정하지 않음	ㅇ 주거를 같이하는 경우 - 가족관계증명서류 ㅇ 주거를 달리하는 경우 - 가족관계증명서류 - 재학증명서 · 재직증명서 · 요양증명서 · 사업자등록증 · 건물등기부등본 등 주거를 달리하는 사유를 증명할 수 있는 서류 또는 통장사본 등 경제적 지원 사실을 증명할 수 있는 서류 ㅇ 특수한 사유에 해당하는 경우 - 장애인증명서 등 해당 사유를 증명할 수 있는 서류
	나. 부모	1) 주거를 같이하는 경우: 인정 2) 주거를 달리하는 경우: 다음 중 어느 하나에 해당하는 경우에만 인정 가) 당사자의 학업 · 취업 · 요양 · 사업 · 주거의 형편, 그 밖에 이에 준하는 사유로 주거를 달리하는 경우 나) 가입자 또는 가입자였던 자가 정기적으로 생계비 등 경제적 지원을 한 경우	
	다. 손자녀	1) 주거를 같이하는 경우: 손자녀의 부모가 없거나, 부모가 있더라도 특수한 사유로 부양능력이 없는 경우에만 인정 2) 주거를 달리하는 경우: 다음 중 어느 하나에 해당하는 경우에만 인정 가) 당사자의 학업 · 취업 · 요양 · 사업 · 주거의 형편, 그 밖에 이에 준하는 사유로 주거를 달리하고, 손자녀의 부모가 없거나, 부모가 있더라도 특수한 사유로 부양능력이 없는 경우 나) 가입자 또는 가입자였던 자가 정기적으로 생계비 등 경제적 지원을 한 경우	

	라. 조부모	1) 주거를 같이하는 경우: 조부모와 주거를 같이하는 조부모의 자녀가 없거나, 자녀가 있더라도 특수한 사유로 부양능력이 없는 경우에만 인정 2) 주거를 달리하는 경우: 다음 중 어느 하나에 해당하는 경우에만 인정 가) 당사자의 학업 · 취업 · 요양 · 사업 · 주거의 형편, 그 밖에 이에 준하는 사유로 주거를 달리하고, 조부모와 주거를 같이하는 조부모의 자녀가 없거나, 자녀가 있더라도 특수한 사유로 부양능력이 없는 경우 나) 가입자 또는 가입자였던 자가 정기적으로 경제적 지원을 한 경우	

06. 다음은 유족연금액에 대한 설명이다. 빈 칸에 들어갈 말로 바르게 짝지어진 것은?

> ○ 가입기간이 10년 미만이면 기본연금액의 (ㄱ)에 해당하는 금액에 부양가족연금액을 더한 금액으로 한다.
> ○ 가입기간이 10년 이상 20년 미만이면 기본연금액의 (ㄴ)에 해당하는 금액에 부양가족연금액을 더한 금액으로 한다.
> ○ 가입기간이 20년 이상이면 기본연금액의 (ㄷ)에 해당하는 금액에 부양가족연금액을 더한 금액으로 한다.

① ㄱ: 1천분의 400 ㄴ: 1천분의 600 ㄷ: 1천분의 800
② ㄱ: 1천분의 400 ㄴ: 1천분의 500 ㄷ: 1천분의 600
③ ㄱ: 1천분의 200 ㄴ: 1천분의 400 ㄷ: 1천분의 600
④ ㄱ: 1천분의 300 ㄴ: 1천분의 500 ㄷ: 1천분의 800
⑤ ㄱ: 1천분의 300 ㄴ: 1천분의 500 ㄷ: 1천분의 600

✍ 해설

국민연금법 제74조. 유족연금액은 가입기간에 따라 다음 각 호의 금액에 부양가족연금액을 더한 금액으로 한다. 다만, 노령연금 수급권자가 사망한 경우의 유족연금액은 사망한 자가 지급받던 노령연금액을 초과할 수 없다. 1. 가입기간이 10년 미만이면 기본연금액의 1천분의 400에 해당하는 금액, 2. 가입기간이 10년 이상 20년 미만이면 기본연금액의 1천분의 500에 해당하는 금액, 3. 가입기간이 20년 이상이면 기본연금액의 1천분의 600에 해당하는 금액

정답 06. ②

07. 국민연금법상 유족연금 수급권의 소멸 사유에 해당하지 않는 것은?

〈노무사 2013년〉

① 유족연금 수급권자가 사망한 때
② 배우자인 유족연금 수급권자가 재혼할 때
③ 손자녀인 유족연금 수급권자가 다른 사람에게 입양된 때
④ 장애등급 2급 이상에 해당하지 아니한 자녀인 유족연금 수급권자가 18세가 된 때
⑤ 장애로 유족연금 수급권을 취득한 자가 장애등급 2급 이상에 해당하지 아니하게 된 때

해설

국민연금법 제75조(유족연금 수급권의 소멸)

① 유족연금 수급권자가 다음 각 호의 어느 하나에 해당하게 되면 그 수급권은 소멸한다.
1. 수급권자가 사망한 때
2. 배우자인 수급권자가 재혼한 때
3. 자녀나 손자녀인 수급권자가 다른 사람에게 입양되거나 파양된 때
4. 장애등급 2급 이상에 해당하지 아니한 자녀 또는 손자녀인 수급권자가 19세가 된 때
5. 장애로 수급권을 취득한 자가 장애등급 2급 이상에 해당하지 아니하게 된 때

② 부모, 손자녀 또는 조부모인 유족의 유족연금 수급권은 가입자 또는 가입자였던 자의 사망 당시의 태아가 출생하여 수급권을 갖게 되면 소멸한다.

08. 유족연금 수급권의 소멸에 대한 설명 중 옳지 않은 것은?

① 자녀나 손자녀인 수급권자가 다른 사람에게 입양되거나 파양된 때 유족연금 수급권은 소멸한다.
② 부모, 손자녀 또는 조부모인 유족의 유족연금 수급권은 가입자 또는 가입자였던 자의 사망 당시의 태아가 출생하여 수급권을 갖게 되면 균등하게 분할하여 지급한다.
③ 장애등급 2급 이상에 해당하지 아니한 자녀 또는 손자녀인 수급권자가 19세가 된 때 유족연금 수급권은 소멸한다.
④ 장애로 수급권을 취득한 자가 장애등급 2급 이상에 해당하지 아니하게 된 때 유족연금 수급권은 소멸한다.
⑤ 배우자인 수급권자가 재혼한 때 유족연금 수급권은 소멸한다.

정답 07. ④ 08. ②

✍ 해설

국민연금법 제75조 2항에 따르면 부모, 손자녀 또는 조부모인 유족의 유족연금 수급권은 가입자 또는 가입자였던 자의 사망 당시의 태아가 출생하여 수급권을 갖게 되면 소멸한다.

09. 다음 중 국민연금법상 배우자에 대한 유족연금의 지급 정지에 대한 설명으로 옳은 것은?

① 유족연금의 수급권자인 배우자에 대하여는 수급권이 발생한 때부터 10년 동안 유족연금을 지급한 후 55세가 될 때까지 지급을 정지한다.

② 유족연금의 수급권자인 배우자가 장애등급이 2급 이상인 경우 유족연금의 지급의 정지하지 아니한다.

③ 배우자 외의 자에 대한 유족연금의 수급권자가 2명 이상인 경우, 그 수급권자 중에서 1년 이상 소재를 알 수 없는 자가 있으면 다른 수급권자의 신청 여부에 관계 없이 그에 대한 모든 유족연금의 지급을 정지한다.

④ 유족연금의 수급권자인 배우자의 소재를 1년 이상 알 수 없는 때에는 최우선 유족의 신청에 의하여 그 소재불명의 기간 동안 그에게 지급하여야 할 유족연금은 지급을 정지한다.

⑤ 유족연금의 지급이 정지된 자의 소재가 확인된 경우에는 배우자의 신청에 의하여 지급 정지를 해제한다.

✍ 해설

① 국민연금법 제76조 1항. 배우자에게 수급권이 발생한 때부터 3년이다. ② 옳음. ③ 국민연금법 제76조 3항. 배우자 외의 자에 대한 유족연금의 수급권자가 2명 이상인 경우, 그 수급권자 중에서 1년 이상 소재를 알 수 없는 자가 있으면 다른 수급권자의 신청에 따라 그 소재 불명의 기간에 해당하는 그에 대한 모든 유족연금의 지급을 정지한다. ④ 국민연금법 제76조 2항. “~최우선 유족의 신청에 의하여~”가 아니라 “~유족인 자녀의 신청에 의하여~”이다. ⑤ 국민연금법 제76조 4항. 유족연금의 지급이 정지된 자의 소재가 확인된 경우에는 배우자의 신청에 의하는 것이 아니라 본인에 신청에 의하는 것이다.

Ⅴ. 반환일시금 등

01. 국민연금법상 반환일시금에 대한 설명으로 옳지 않은 것은?

① 반환일시금은 가입자 또는 가입자였던 자가 가입기간이 10년 미만인 자

정답 09. ② 01. ④

가 60세가 되거나 사망한 경우 등 유족연금의 대상이 되지 않는 수급권자에게 일시금을 지급하는 금액을 말한다.

② 가입자 또는 가입자였던 자가 국적을 상실하거나 국외로 이주한 때 본인이나 그 유족의 청구에 의하여 반환일시금을 지급받을 수 있다.

③ 가입자의 사망, 국적상실, 국외이주 등의 사유가 발생하거나 만 60세가 되어야만 국민연금 반환일시금을 받을 수 있도록 제한한 것은 반환일시금을 받을 권리의 행사시기와 요건을 가능한 최소한의 범위에서 재산권의 사회적 제약에 따른 제한이다.

④ 반환일시금의 수급권은 수급권자가 다시 가입자로 된 때에도 소멸하지 않는다.

⑤ 대한민국이 외국과 사회보장협정을 맺은 경우에는 국민연금법에도 불구하고 반환일시금의 지급에 관하여 그 사회보장협정에서 정하는 바에 따른다.

해설

③ 헌재 2004.6.24, 2002헌바15. 국민연금 반환일시금을 지급받을 권리의 처분은 사회보험상의 급여라는 특성상 어느 정도 제한될 수 있다. 국민연금 가입자 자격을 상실하였음을 이유로 반환일시금을 지급하면, 상당수의 국민이 반환일시금 수령을 선택하여 결과적으로 연금수급권 획득기회를 박탈당하고 연금제도로부터 제외될 가능성이 많다는 점을 기존의 반환일시금 제도의 운영결과가 말해 주고 있는바, 이는 가입을 강제화하는 공적연금제도의 존재이유를 상실하게 만들 우려가 크다. 가입자의 사망, 국적상실, 국외이주, 장애발생 등의 사유가 발생하거나 만 60세가 되어야만 국민연금 반환일시금을 받을 수 있도록 함으로써 국민연금의 가입자였다가 국민연금의 가입자 자격을 상실한 자들이 반환일시금을 받을 권리를 제한하는 것은 반환일시금을 받을 권리의 행사시기와 요건을 가능한 최소한의 범위에서 재산권의 사회적 제약에 따라 제한하는 것이며, 이러한 제한과 공익목적의 달성에는 합리적인 비례관계가 유지된다. ④ 국민연금법 제79조 1호에 의하면 수급권자가 다시 가입자가 되면 수급권은 소멸한다. ⑤ 국민연금법 제127조. 대한민국이 외국과 사회보장협정을 맺은 경우에는 이 법에도 불구하고 국민연금의 가입, 연금보험료의 납부, 급여의 수급 요건, 급여액의 산정, 급여의 지급 등에 관하여 그 사회보장협정에서 정하는 바에 따른다.

02. 다음은 반환일시금에 대한 설명이다. 옳지 않은 것은 모두 몇 개인가?

반환일시금의 액수는 가입자 또는 가입자였던 자가 납부한 ㉠ 연금보험료에 보험료에 대통령령이 정하는 이자를 합산한 금액인데, 대통령령이 정하는 이자율은 ㉡ 보험료를 낸 날이 속하는 달의 다음 달부터 자격상실일이 속하는 달까지의 이자는 1년 만기 정기예금 이자율을, 자격상실일이 속

정답 02. ④

하는 달의 다음 달부터 반환일시금의 사유가 발생한 날이 속하는 달까지의 이자는 3년 만기 정금예금 이자율을 말한다.
반환일시금을 받은 자가 다시 가입자격을 취득한 때에는 ㉢ 이미 지급받은 반환일시금에 대해 대통령령이 정하는 이자를 더한 금액을 공단에 내야 한다. 반납금은 대통령령이 정하는 바에 따라 분할하여 납부할 수 있는데, 이 경우 대통령령이 정하는 이자를 납입하여야 한다. 반납금을 낸 경우엔 이에 상응하는 기간이 가입기간에 산입된다.
반납금은 ㉣ 일시 반납인 경우에는 반납금의 납부신청을 한 날이 속하는 달의 다음달 말일까지, ㉤ 분할 납부의 경우엔 반납금의 납부신청을 한 날이 속하는 달의 다음 달부터 매월 말일까지 납부해야 한다.

① 5개 ② 4개 ③ 3개
④ 2개 ⑤ 1개

✍ 해설

㉠ 국민연금법 제77조 2항, 반환일시금의 액수는 가입자 또는 가입자였던 자가 납부한 연금보험료(사업장가입자 또는 사업장가입자였던 자의 경우에는 사용자의 부담금을 포함한다)에 대통령령으로 정하는 이자를 더한 금액으로 한다. ㉡ 국민연금법 시행령 제50조. 보험료를 낸 날이 속하는 달의 다음 달부터 자격상실일이 속하는 달까지의 이자는 3년 만기 정기예금 이자율이고, 자격상실일이 속하는 달의 다음 달부터 반환일시금의 사유가 발생한 날이 속하는 달까지의 이자는 1년 만기 정금예금 이자율이다. ㉢ 국민연금법 제78조 1항. "~내야 한다."가 아니라 "~낼 수 있다."이다. ㉣㉤ 국민연금법 시행령 제52조. 반환일시금을 지급받은 자가 공단에 반납하여야 할 반환일시금 및 이자는 일시 반납의 경우에는 반납금의 납부신청을 한 날이 속하는 달의 다음 달 말일까지 내고, 분할 반납의 경우에는 반납금의 납부 신청을 한 날이 속하는 달의 다음 달부터 매월 말일까지 내야 한다.

03. 다음 중 반환일시금 수급권의 소멸사유에 해당하지 않는 것은?

① 수급권자가 다시 가입자로 된 때
② 수급권자가 노령연금의 수급권을 취득한 때
③ 수급권자가 국적을 상실하거나 국외로 이주한 때
④ 수급권자가 장애연금의 수급권을 취득한 때
⑤ 수급권자의 유족이 유족연금의 수급권을 취득한 때

✍ 해설

③ 국민연금법 제79조. 수급권자가 국적을 상실하거나 국외로 이주한 때는 반환일시금

정답 03. ③

의 지급사유이지 소멸사유가 아니다.

국민연금법 제79조 (반환일시금 수급권의 소멸)
반환일시금의 수급권은 다음 각 호의 어느 하나에 해당하면 소멸한다.

1. 수급권자가 다시 가입자로 된 때
2. 수급권자가 노령연금의 수급권을 취득한 때
3. 수급권자가 장애연금의 수급권을 취득한 때
4. 수급권자의 유족이 유족연금의 수급권을 취득한 때

04. 다음 설명 중 옳지 않은 것은?

① 공단은 노령연금 수급권자에게 연금을 지급하는 경우에는 국가 등으로부터 제공받은 자료에 근거하여 해당 연도의 연금을 감액하여 지급하거나 연금의 지급을 정지할 수 있다.

② 공단은 종합소득과세표준 확정신고 후에 해당 연도의 연금감액 또는 지급정지액을 확정하여 그 정산차액을 다음 달 이후의 연금을 지급하는 때에 가감하여 지급한다.

③ 반환일시금을 지급할 때 가산되는 이자율은 납부예외기간에는 3년 만기 정기예금 이자율로, 자격상실기간에는 1년 만기 정기예금 이자율로 적용한다.

④ 반환일시금을 받은 자로서 다시 가입자의 자격을 취득한 자가 공단에 반납하여야 할 반납금은 일시 반납의 경우에는 반납금의 납부신청을 한 날이 속하는 달의 말일까지 내고, 분할 반납의 경우에는 반납금의 납부 신청을 한 날이 속하는 달의 다음 달부터 매월 말일까지 내야 한다.

⑤ 반환일시금의 수급권자가 노령연금의 수급권을 취득한 때에는 반환일시금의 수급권은 소멸하나, 장애연금의 수급권을 취득한 때에는 반환일시금의 수급권은 소멸하지 않는다.

해설

① 국민연금법 시행령 제45조 3항, ② 국민연금법 시행령 제45조 4항. 공단은「소득세법」제70조에 따른 종합소득과세표준 확정신고 후에 해당 연도의 연금감액 또는 지급정지액을 확정하여 그 정산차액을 연금을 지급하는 때에 가감하여 지급한다. ③ 국민연금법 시행령 제50조. 법 제77조 2항 또는 법 제116조 1항에 따라 반환일시금을 산정할 때 합하여 계산하여야 할 이자는 연금보험료(법 제92조에 따른 추납보험료를 포함한다)를 낸 날이 속하는 달의 다음 달부터 다음 각 호의 어느 하나에 해당하는 날이 속하는 달까지의 기간에 대하여 해당 기간의 3년 만기 정기예금 이자율을 곱하여 산정한다(2014.10.15. 개정된 내용으로 2015.4.16. 시행된다. 반환일시금에 가산되는 이

정답 04. ①

자를 계산할 때에 납부예외기간과 자격상실기간의 구분 없이 3년 만기 정기예금 이자율을 적용하도록 하였다). ④ 국민연금법 시행령 제52조 1항. 법 제78조 1항에 따라 반환일시금을 지급받은 자가 공단에 반납하여야 할 반환일시금 및 이자(이하 "반납금"이라 한다)는 일시 반납의 경우에는 반납금의 납부신청을 한 날이 속하는 달의 다음 달 말일까지 내고, 분할 반납의 경우에는 반납금의 납부 신청을 한 날이 속하는 달의 다음 달부터 매월 말일까지 내야 한다. ⑤ 국민연금법 제79조 3호 및 4호. 장애연금의 수급권을 취득할 때에도 반환일시금의 수급권은 소멸한다.

05. 반납금의 납부와 가입기간 등에 관한 설명 중 옳지 않은 것은?

① 반환일시금을 받은 자로서 다시 가입자의 자격을 취득한 자는 지급받은 반환일시금에 대통령령으로 정하는 이자를 더한 금액을 공단에 낼 수 있다.
② 반납금을 낸 경우에는 그에 상응하는 기간은 가입기간에 넣어 계산한다.
③ 반납금은 분할하여 납부할 수 있다.
④ 반납금을 일시 납부하는 경우 가산할 이자의 계산은 반환일시금에 대하여 반환일시금을 지급한 날이 속하는 달부터 반납금의 납부신청이 있는 날이 속하는 달의 전월까지의 기간 동안 해당 기간 중에 적용되었던 1년 만기 정기예금 이자율에 따라 계산한 금액으로 한다.
⑤ 반납금을 분할 납부하는 경우 가산할 이자의 계산은 각 분할 납부금에 대하여 반환일시금을 지급한 날이 속하는 달부터 분할 납부를 하는 날이 속하는 달의 전월까지의 기간 동안 해당 기간 중에 적용되었던 3년 만기 정기예금 이자율에 따라 계산한 금액으로 한다.

✍ 해설

⑤ 국민연금법 제52조 3항 2호. 1년 만기 정기예금 이자율에 따라 계산한 금액으로 한다. ① 국민연금법 제78조 1항, ② 국민연금법 제78조 3항, ③ 국민연금법 제78조 2항, ④ 국민연금법 시행령 제52조 3항 1호

06. 다음은 국민연금법 시행령 제52조 2항의 반납금 분할 납부 횟수에 대한 설명이다. 빈 칸에 들어갈 숫자의 합은?

◦ 가입 기간이 1년 미만인 경우: (ㄱ)회 ◦ 가입 기간이 1년 이상 5년 미만인 경우: (ㄴ)회 ◦ 가입 기간이 5년 이상인 경우: (ㄷ)회

① 38 ② 39 ③ 40 ④ 50 ⑤ 51

정답 05. ⑤ 06. ②

✍ 해설

② 국민연금법 시행령 제52조 2항. 공단은 법 제78조 2항에 따라 반납금을 분할하여 납부하게 하는 경우에는 다음 각 호의 어느 하나에 해당하는 횟수의 범위에서 납부할 자의 신청에 따라 반납금을 가입기간에 산입되는 개월 단위로 나누어 월별로 내게 하여야 한다. 1. 가입 기간이 1년 미만인 경우: 3회, 2. 가입 기간이 1년 이상 5년 미만인 경우: 12회, 3. 가입 기간이 5년 이상인 경우: 24회. 따라서 ㄱ: 3, ㄴ: 12, ㄷ: 24. 총합은 3+ 12+ 24=39

07. 사망일시금에 관한 설명 중 옳지 않은 것은?

① 가입자 또는 가입자였던 자가 사망한 때에 제73조에 따른 유족이 없으면 그 배우자·자녀·부모·손자녀·조부모·형제자매 또는 4촌 이내 방계혈족(傍系血族)에게 사망일시금을 지급한다.

② ①의 경우 가출·실종 등 대통령령으로 정하는 경우에 해당하는 사람에게는 지급하지 아니하며, 4촌 이내 방계혈족의 경우에는 대통령령으로 정하는 바에 따라 가입자 또는 가입자였던 사람의 사망 당시 가입자 또는 가입자였던 사람에 의하여 생계를 유지하고 있던 사람에게만 지급한다.

③ 사망일시금은 가입자 또는 가입자였던 자의 반환일시금에 상당하는 금액으로 한다.

④ 사망일시금 금액은 사망한 가입자 또는 가입자였던 자의 최종 기준소득월액을 연도별 재평가율에 따라 사망일시금 수급 전년도의 현재가치로 환산한 금액과 같은 호에 준하여 산정한 가입기간 중 기준소득월액의 평균액 중에서 많은 금액의 2배를 초과하지 못한다.

⑤ 사망일시금을 받을 자의 순위는 배우자·자녀·부모·손자녀·조부모·형제자매 및 4촌 이내의 방계혈족 순으로 한다.

✍ 해설

① 국민연금법 제80조 1항, ② 국민연금법 제80조 2항. 동법 시행령 제53조, 별표 1, ③④ 국민연금 제80조 2항. 1항에 따른 사망일시금은 가입자 또는 가입자였던 자의 반환일시금에 상당하는 금액으로 하되, 그 금액은 사망한 가입자 또는 가입자였던 자의 최종 기준소득월액을 제51조 1항 2호에 따른 연도별 재평가율에 따라 사망일시금 수급 전년도의 현재가치로 환산한 금액과 같은 호에 준하여 산정한 가입기간 중 기준소득월액의 평균액 중에서 많은 금액의 4배를 초과하지 못한다. ⑤ 국민연금법 제80조 3항

정답 07. ④

〈참 고〉 국민연금법 시행령 [별표 1] 사망일시금의 지급대상

<table>
<tr><th>구분</th><th>대상자</th><th>인정기준</th><th>입증자료</th></tr>
<tr><td rowspan="2">4. 사망일시금 (제53조관련)</td><td>가. 배우자 · 자녀 · 부모 · 손자녀 · 조부모 · 형제자매</td><td>인정. 다만, 다음 중 어느 하나에 해당하는 경우에는 인정하지 않음
1) 「주민등록법」 제20조 6항 본문에 따라 시장 · 군수 또는 구청장이 거주불명으로 등록한 날부터 1년이 지난 경우
2) 경찰서장이 가출 또는 실종 신고를 접수한 날부터 1년이 지난 경우
3) 1년 이내에 청구권이 시효완성으로 소멸되는 경우로서 공단이 1년 이상 연락이 끊어진 사실을 확인한 경우</td><td rowspan="2">○ 주거를 같이하는 경우
- 가족관계증명서류
○ 주거를 달리하는 경우
- 가족관계증명서류
- 통장사본 등 경제적 지원 사실을 증명할 수 있는 서류</td></tr>
<tr><td>나. 4촌 이내 방계혈족</td><td>1) 주거를 같이하는 경우: 인정. 다만, 가목 단서에 해당하는 경우에는 인정하지 않음
2) 주거를 달리하는 경우: 가목 단서에 해당하지 않는 경우로서 가입자 또는 가입자였던 자가 정기적으로 생계비 등 경제적 지원을 한 경우에만 인정</td></tr>
</table>

Ⅵ. 급여 제한 등

01. 다음 중 급여 제한에 대한 설명으로 옳지 않은 것은?

① 가입자 또는 가입자였던 자가 고의로 질병, 부상 또는 그 원인이 되는 사고를 일으켜 그로 인하여 장애를 입은 경우 장애연금을 지급하지 아니할 수 있다.

② 가입자 또는 가입자였던 자가 정당한 사유 없이 요양 지시를 따르지 아니하여 장애를 입거나 사망한 경우, 장애나 사망의 원인이 되는 사고를 일으

정답 01. ⑤

키거나 장애를 악화 또는 회복을 방해한 경우 급여의 전부 또는 일부를 지급하지 않을 수 있다.

③ 장애연금을 수급받을 자가 고의나 중대한 과실로 요양 지시에 따르지 아니하여 장애를 악화시키거나 회복을 방해하는 경우 장애연금액을 변경하지 아니할 수 있다.

④ 가입자 또는 가입자였던 자를 고의로 사망하게 한 유족에게는 유족연금을 지급하지 아니한다.

⑤ 장애연금의 경우 당해 질병 또는 부상 당시 연금보험료를 낸 사실이 없는 경우, 유족연금의 경우에도 사망 당시 연금보험료를 낸 사실이 없는 경우에 그 연금을 지급하지 아니한다.

해설

①② 국민연금법 제82조. 가입자 또는 가입자였던 자가 고의로 질병·부상 또는 그 원인이 되는 사고를 일으켜 그로 인하여 장애를 입은 경우에는 그 장애를 지급사유로 하는 장애연금을 지급하지 아니할 수 있다, 가입자 또는 가입자였던 자가 고의나 중대한 과실로 요양 지시에 따르지 아니하거나 정당한 사유 없이 요양 지시에 따르지 아니하여 다음 각 호의 어느 하나에 해당하게 되면 대통령령으로 정하는 바에 따라 이를 원인으로 하는 급여의 전부 또는 일부를 지급하지 아니할 수 있다. 1. 장애를 입거나 사망한 경우, 2. 장애나 사망의 원인이 되는 사고를 일으킨 경우, 3. 장애를 악화시키거나 회복을 방해한 경우, ③ 국민연금법 제83조. 장애연금의 수급권자가 고의나 중대한 과실로 요양 지시에 따르지 아니하거나 정당한 사유 없이 요양 지시에 따르지 아니하여 장애를 악화시키거나 회복을 방해한 경우에는 제70조에 따라 장애연금액을 변경하지 아니할 수 있다. ④ 국민연금법 제84조 1항. 가입자 또는 가입자였던 자를 고의로 사망하게 한 유족에게는 유족연금을 지급하지 아니한다. ⑤ 국민연금법 제85조는 "장애연금의 경우는 당해 질병 또는 부상 당시가 아니라 질병 또는 부상의 초진일 당시에 보험료를 낸 사실이 없는 경우에 연금을 지급하지 아니한다"라고 규정되어 있다.

02. 국민연금 지급의 제한 사유로 옳지 않은 것은?

① 장애연금의 수급권자가 고의나 중대한 과실로 요양 지시에 따르지 아니한 경우

② 가입자 또는 가입자였던 자를 고의로 사망하게 하거나, 유족연금의 수급권자가 될 수 있는 자를 고의로 사망하게 한 유족의 경우

③ 유족연금의 경우 사망일 당시 연금보험료를 낸 사실이 없는 경우

④ 수급권자가 정당한 사유 없이 공단의 서류, 그 밖의 자료 제출 요구에 불응한 경우

⑤ 유족연금의 수급권자가 다른 수급권자를 고의로 사망하게 한 경우

정답 02. ④

해설

④ 국민연금법 제86조 1항 1호. 지급의 제한사유가 아니라 지급정지사유에 해당한다. ① 국민연금법 제82조. 가입자 또는 가입자였던 자가 고의나 중대한 과실로 요양 지시에 따르지 아니하거나 정당한 사유 없이 요양 지시에 따르지 아니하여 다음 각 호의 어느 하나에 해당하게 되면 대통령령으로 정하는 바에 따라 이를 원인으로 하는 급여의 전부 또는 일부를 지급하지 아니할 수 있다. ② 국민연금법 제84조 1항·2항. 가입자 또는 가입자였던 자를 고의로 사망하게 한 유족에게는 유족연금을 지급하지 아니한다, 유족연금의 수급권자가 될 수 있는 자를 고의로 사망하게 한 유족에게는 유족연금을 지급하지 아니한다. ③ 국민연금법 제85조 1항 1호. 장애연금의 경우에는 당해 질병 또는 부상의 초진일 당시, 유족연금의 경우에는 사망일 당시 다음 각 호의 어느 하나에 해당하면 그 연금을 지급하지 아니한다. 1. 연금보험료를 낸 사실이 없는 경우, ⑤ 국민연금법 제84조 3항. 유족연금의 수급권자가 다른 수급권자를 고의로 사망하게 한 경우에는 그에게는 유족연금을 지급하지 아니한다.

03. 다음 중 연금의 지급을 정지하는 사유로 옳지 않은 것은?

① 수급권자가 정당한 사유 없이 공단이 제출을 요구하는 필요한 서류나 소득이나 재산에 대한 자료제출 요구에 응하지 않는 경우
② 장애연금 또는 유족연금의 수급권자가 정당한 사유 없이 공단의 진단 요구 또는 확인에 응하지 않는 경우
③ 가입자, 가입자였던 자 또는 수급권자가 사망하면 1개월 내에 신고하여야 하는데 이를 하지 않은 경우
④ 수급권자가 정당한 사유 없이 국민연금법 제121조 1항에 해당하는 신고를 하지 않은 경우
⑤ 장애연금 수급권자가 고의나 중대한 과실로 요양 지시에 따르지 아니하거나 정당한 사유 없이 요양 지시에 다르지 아니하여 회복을 방해한 경우

해설

①②③⑤ 제86조(지급의 정지 등) ① 수급권자가 다음 각 호의 어느 하나에 해당하면 급여의 전부 또는 일부의 지급을 정지할 수 있다. 1. 수급권자가 정당한 사유 없이 제122조 1항에 따른 공단의 서류, 그 밖의 자료 제출 요구에 응하지 아니한 때, 2. 장애연금 또는 유족연금의 수급권자가 정당한 사유 없이 제120조에 따른 공단의 진단 요구 또는 확인에 응하지 아니한 때, 3. 장애연금 수급권자가 고의나 중대한 과실로 요양 지시에 따르지 아니하거나 정당한 사유 없이 요양 지시에 따르지 아니하여 회복을 방해한 때, 4. 수급권자가 정당한 사유 없이 제121조 1항에 따른 신고를 하지 아니한 때, ④ 사망에 대한 신고의무는 제121조 2항에 규정된 것인데 이는 급여의 지급 정지사유에 해당하지 아니한다.

정답 03. ③

제5절 비용 부담 및 연금보험료의 징수 등

01. 국민연금법에 의한 연금보험료에 대한 설명으로 옳지 않은 것은?

① 국민연금법에 따른 연금보험료는 국민연금 재정이 장기적으로 균형을 유지할 수 있도록 조정되어야 한다.

② 사업장가입자의 연금보험료 중 기여금은 사용자가, 부담금은 사업장가입자 본인이 각각 부담한다.

③ 연금보험료나 그 밖의 국민연금법에 따른 징수금을 징수하는 순위는 국민건강보험법에 따른 보험료와 같은 순위로 한다.

④ 연금보험료는 납부의무자가 다음 달 10일까지 내야 한다.

⑤ 공단은 연금보험료의 납부의무자가 납부기한(납부기한을 연장한 경우에는 그 기한)까지 연금보험료를 내지 아니하면 연체금을 징수한다.

해설

① 국민연금법 제4조. 이 법에 따른 급여 수준과 연금보험료는 국민연금 재정이 장기적으로 균형을 유지할 수 있도록 조정(調整)되어야 한다. ② 국민연금법 제3조 1항 11호·12호. 사업장가입자의 연금보험료 중 기여금은 사업장가입자 본인이, 부담금은 사용자가 각각 부담한다. ③ 국민연금법 제98조. 연금보험료나 그 밖의 이 법에 따른 징수금을 징수하는 순위는 「국민건강보험법」에 따른 보험료와 같은 순위로 한다. ④ 국민연금법 제89조 1항. 연금보험료는 납부 의무자가 다음 달 10일까지 내야 한다. ⑤ 국민연금법 제97조. 건강보험공단은 연금보험료의 납부 의무자가 납부 기한까지 연금보험료를 내지 아니하면 그 납부 기한이 경과한 날부터 체납된 연금보험료의 1천분의 30에 해당하는 연체금을 징수한다.

02. 연금보험료에 대한 설명 중 옳지 않은 것은?

① 지역가입자의 연금보험료는 지역가입자 본인이 부담하며 그 금액은 기준소득월액의 1천분의 90으로 한다.

② 공단은 기준소득월액 정정 등의 사유로 당초 징수 결정한 금액을 다시 산정함으로써 연금보험료를 추가로 징수하여야 하는 경우 가입자 또는 사용자에게 그 추가되는 연금보험료를 나누어 내도록 할 수 있다.

③ ②에 따라 추가되는 연금보험료를 분할 납부하려는 가입자 및 사용자는 3회 이내에서 추가되는 연금보험료를 똑같이 나누어 월별로 낼 수 있다.

④ ②에 따라 추가되는 연금보험료를 분할하여 납부하는 경우 각 회차별 고

정답 01. ② 02. ⑤

지 월의 다음 달 10일까지 내야 한다.

⑤ 보건복지부장관은 국민연금사업 중 연금보험료의 부과 및 징수에 관하여 국민연금법에서 정하는 사항을 건강보험공단에 위탁한다

✍ 해설

⑤ 국민연금법 제88조 1항. 보건복지부장관은 국민연금사업 중 연금보험료의 징수에 관하여 이 법에서 정하는 사항을 건강보험공단에 위탁한다. 연금보험료의 징수에 관하여 건강보험공단에 위탁한다. ① 국민연금법 제88조 4항. 지역가입자, 임의가입자 및 임의계속가입자의 연금보험료는 지역가입자, 임의가입자 또는 임의계속가입자 본인이 부담하되, 그 금액은 기준소득월액의 1천분의 90으로 한다. ② 국민연금법 제88조 5항. 공단은 기준소득월액 정정 등의 사유로 당초 징수 결정한 금액을 다시 산정함으로써 연금보험료를 추가로 징수하여야 하는 경우 가입자 또는 사용자에게 그 추가되는 연금보험료를 나누어 내도록 할 수 있다. ③ 국민연금법 시행령 제56조의2 3항. 2항에 따라 소급분 연금보험료 분할 납부를 신청한 가입자 또는 사용자는 3회 이내에서 소급분 연금보험료를 똑같이 나누어 월별로 낼 수 있다. ④ 국민연금법 시행령 제56조의2 4항. 3항에 따라 분할하여 납부하는 소급분 연금보험료는 각 회차별 고지월의 다음 달 10일까지 내야 한다.

03. 연금보험료를 내지 아니할 수 있는 경우로 옳지 않은 것은?

① 대통령령으로 정하는 농업·임업·축산업 또는 수산업을 경영하거나 이에 종사하는 자 본인의 신청이 있는 경우

② 「형의 집행 및 수용자의 처우에 관한 법률」 제11조에 따라 교정시설에 수용 중인 경우

③ 1년 미만 행방불명된 경우. 이때 행방불명의 인정기준 및 방법은 대통령령으로 정한다.

④ 「병역법」 제3조에 따른 병역의무를 수행하는 경우

⑤ 사업 중단, 실직 또는 휴직 중인 경우

✍ 해설

① 국민연금법 제89조 1항 단서에 의하면 대통령령으로 정하는 농업, 임업, 축산업 또는 수산업을 경영하거나 이에 종사하는 자는 본인의 신청에 의하여 분기별 연금보험료를 해당 분기의 다음달 10일까지 낼 수 있는 것이지 납부하지 않아도 되는 경우에 해당하지 않는다. ②③④⑤ 국민연금법 제91조. 납부 의무자는 사업장가입자 또는 지역가입자가 다음 각 호의 어느 하나에 해당하는 사유로 연금보험료를 낼 수 없으면 대통령령으로 정하는 바에 따라 그 사유가 계속되는 기간에는 연금보험료를 내지 아니할 수 있다.

정답 03. ①

1. 사업 중단, 실직 또는 휴직 중인 경우
2. 「병역법」 제3조에 따른 병역의무를 수행하는 경우
3. 「초·중등교육법」 제2조나 「고등교육법」 제2조에 따른 학교에 재학 중인 경우
4. 「형의 집행 및 수용자의 처우에 관한 법률」 제11조에 따라 교정시설에 수용 중인 경우
5. 종전의 「사회보호법」 에 따른 보호감호시설이나 「치료감호법」 에 따른 치료감호시설에 수용 중인 경우
6. 1년 미만 행방불명된 경우. 이 경우 행방불명의 인정 기준 및 방법은 대통령령으로 정한다.
7. 재해·사고 등으로 소득이 감소되거나 그 밖에 소득이 있는 업무에 종사하지 아니하는 경우로서 대통령령으로 정하는 경우

04. 국민연금법에 의한 연금보험료에 대한 설명으로 옳지 않은 것은?

① 연금보험료를 분기별로 내려는 농어업인은 분기가 시작되는 달의 15일까지 신청서를 건강보험공단에 제출하여야 한다.

② 연금보험료를 미리 내려는 사람은 미리 내려는 기간이 시작되는 달의 전달 15일까지 연금보험료 선납 신청서를 건강보험공단에 제출하여야 한다.

③ 납부의무자의 책임 없는 사유로 고지서가 납부기한이 지나서 송달된 경우 연금보험료의 납부기한을 연장할 수 있다.

④ 자동계좌이체의 방법으로 연금보험료를 내는 경우로서 예금주의 책임 없는 사유로 납부기한까지 이체되지 아니한 경우 연금보험료의 납부기한을 연장할 수 있다.

⑤ ③에 따라 납부기한을 연장하려는 자는 그 해당하는 달의 연금보험료 납부기한까지 건강보험공단에 신청하여야 한다.

해설

⑤ 국민연금법 시행규칙 제39조 2항. 납부기한을 연장하려는 자는 그 해당하는 달의 다음 달 연금보험료의 납부기한까지 별지 제27호서식에 따라 건강보험공단에 납부기한 연장을 신청하여야 한다. ① 국민연금법 시행규칙 제37조, ② 국민연금법 시행규칙 제38조 1항, ③ 국민연금법 시행규칙 제39조 1항 1호, ④ 국민연금법 시행규칙 제39조 1항 2호

05. 다음 설명 중 옳지 않은 것은?

① 국민연금공단은 국민연금사업에 드는 비용에 충당하기 위하여 가입자와 사용자에게 가입기간 동안 매월 연금보험료를 부과하고, 건강보험공단이

정답 04. ⑤ 05. ④

이를 징수한다.
② 사업장가입자의 연금보험료 중 기여금은 사업장가입자 본인이 부담금은 사용자가 각각 부담하되, 그 금액은 각각 기준소득월액의 1천분의 45에 해당하는 금액으로 한다.
③ 지역가입자, 임의가입자 및 임의계속가입자의 연금보험료는 지역가입자, 임의가입자 또는 임의계속가입자 본인이 부담하되, 그 금액은 기준소득월액의 1천분의 90으로 한다.
④ 연금보험료를 납부기한의 1개월 이전에 미리 낸 경우에는 그 전달의 연금보험료 납부기한 날에 낸 것으로 본다.
⑤ 연금보험료를 연대하여 납부하여야 하는 자 중 1명에게 한 고지는 다른 연대 납부 의무자에게도 효력이 있다.

✍ 해설

① 국민연금법 제88조 2항. 공단은 국민연금사업에 드는 비용에 충당하기 위하여 가입자와 사용자에게 가입기간 동안 매월 연금보험료를 부과하고, 건강보험공단이 이를 징수한다. ② 국민연금법 제88조 3항. 사업장가입자의 연금보험료 중 기여금은 사업장가입자 본인이, 부담금은 사용자가 각각 부담하되, 그 금액은 각각 기준소득월액의 1천분의 45에 해당하는 금액으로 한다. ④ 국민연금법 제89조 2항에 따르면 "~납부기한 날에 낸 것으로 본다."가 아니라 "~납부기한이 속하는 날의 다음 날에 낸 것으로 본다." ⑤ 국민연금법 제88조의2 4항

06. 연금보험료의 선납 잔액에 대한 반환사유는 모두 몇 개인가?

㉠ 신청인이 사망한 경우 ㉡ 신청인이 국적을 상실하거나 국외로 이주한 경우 ㉢ 신청인이 임의계속가입자 자격을 취득한 경우 ㉣ 신청인이 노령연금을 받은 경우 ㉤ 신청인이 반환일시금을 받은 경우 ㉥ 선납 기간의 확정보험료가 모두 납부된 경우 ㉦ 신청인이 장애연금을 받은 경우 ㉧ 신청인이 「공무원연급법」의 적용을 받는 공무원이 된 경우

① 4개 ② 5개 ③ 6개
④ 7개 ⑤ 모두

✍ 해설

국민연금법 시행령 제58조 5항 각 목. ㉢, ㉦은 해당하지 않는다.

정답 06 ③

07. 사용자가 임금에서 기여금을 공제하는 경우 공제계산서를 작성하여 사업장 가입자에게 주어야 하는 바, 다음 중 공제 계산서에 들어갈 내용이 아닌 것은?

㉠ 가입자의 성명	㉡ 가입자의 주소
㉢ 가입자의 주민등록번호	㉣ 연금보험료의 내용
㉤ 공제 해당 월 및 공제연월일	㉥ 기여금의 개별 납부 안내

① ㉡, ㉢ ② ㉡, ㉢, ㉣ ③ ㉡, ㉣, ㉥
④ ㉡, ㉢, ㉥ ⑤ 없음

✍ 해설

국민연금법 시행규칙 제40조. 공제계산서 작성시 가입자의 성명·소득월액, 연금보험료의 내용, 공제해당 월 및 공제연월일을 적어야 한다.

08. 다음 중 추납보험료에 대한 설명으로 옳지 않은 것은?

① 「병역법」에 따라 병역의무를 마친 후 가입자의 자격을 취득한 자는 해당 병역의무를 수행한 기간의 전부 또는 일부에 상응하는 보험료의 추후 납부를 신청할 수 있다.
② 추납보험료는 추후 납부를 신청한 날이 속하는 달의 연금보험료에 추후 납부하려는 기간의 개월 수를 곱한 금액으로 한다.
③ 추납보험료는 대통령령이 정하는 바에 따라 분납할 수 있다.
④ 추납보험료를 분할 납부하는 경우 추납보험료의 납부 신청을 한 날이 속하는 달의 다음 달부터 매월 15일까지 내야 한다.
⑤ 추납보험료를 납부한 경우에는 그에 상응하는 기간은 가입기간에 넣어서 계산한다.

✍ 해설

④ 국민연금법 시행령 제62조 2항. 제52조 1항. 추납보험료를 분할 납부하는 경우 추납보험료의 납부 신청을 한 날이 속하는 달의 다음 달부터 매월 말일까지 내야 한다.
① 국민연금법 제92조 1항 2호, ② 국민연금법 제92조 2항, ③ 국민연금법 제92조 3항, ⑤ 국민연금법 제92조 4항

09. 사업장가입자의 연금보험료 납부의무자 및 지역가입자에게 다음의 어느 하나에 해당하는 사유가 있으면 납기 전이라도 연금보험료를 징수할 수 있다. 이러한 사유에 포함되는 것을 모두 고른 것은?

정답 07. ④ 08. ④ 09. ⑤

㉠ 국세, 지방세, 기타 공과금의 체납으로 인한 체납처분을 받았을 때 ㉡ 강제집행을 받은 때 ㉢ 파산선고를 받은 때 ㉣ 경매가 시작된 때 ㉤ 법인이 해산한 때

① ㉠, ㉡, ㉢ ② ㉠, ㉢, ㉤ ③ ㉡, ㉢, ㉣, ㉤
④ ㉠, ㉡, ㉢, ㉤ ⑤ ㉠, ㉡, ㉢, ㉣, ㉤

해설

국민연금법 제94조. 사업장가입자의 연금보험료 납부 의무자 및 지역가입자에게 다음 각 호의 어느 하나에 해당하는 사유가 있으면 납기 전이라도 연금보험료를 징수할 수 있다. 1. 국세, 지방세, 그 밖의 공과금이 체납되어 체납처분을 받은 때, 2. 강제집행을 받은 때, 3. 파산 선고를 받은 때, 4. 경매가 개시된 때, 5. 법인이 해산한 때

10. 다음 설명 중 옳지 않은 것은?

① 건강보험공단은 사업장가입자와 지역가입자가 연금보험료와 그에 따른 징수금을 기한까지 내지 아니하면 대통령령으로 정하는 바에 따라 기한을 정하여 독촉하여야 한다.
② 국민연금법 제89조 5항에 따라 납부기한을 연장한 경우 그 기한까지 내지 아니하면 대통령령으로 정하는 바에 따라 기한을 정하여 독촉하여야 한다.
③ 건강보험공단은 독촉할 경우에 10일 이상의 납부기한을 정하여 독촉장을 발부하여야 한다.
④ 연금보험료를 연대하여 내야하는 자 중 1명에게 한 독촉은 다른 연대납부 의무자에게도 효력이 있다.
⑤ 건강보험공단에 의하여 독촉을 받은 자가 그 기한까지 연금보험료와 그에 따른 징수금을 내지 아니하면 보건복지부장관의 승인을 받아 국세체납처분의 예에 따라 징수하여야 한다.

해설

①② 국민연금법 제95조 1항. 건강보험공단은 사업장가입자와 지역가입자가 연금보험료와 그에 따른 징수금을 기한(제89조 5항에 따라 납부 기한을 연장한 경우에는 그 기한을 말한다)까지 내지 아니하면 대통령령으로 정하는 바에 따라 기한을 정하여 독촉하여야 한다. ③ 국민연금법 제95조 2항, ④ 국민연금법 제95조 3항, ⑤ 국민연금법

정답 10. ⑤

제95조 4항. "~징수하여야 한다."가 아니라 "~징수할 수 있다."이다.

11. 다음 중 국민연금법령상 연체금의 징수 예외 사유에 해당하는 것을 모두 고른 것은?

㉠ 사업장의 폐쇄로 인하여 체납한 경우(사업장가입자만 해당한다) ㉡ 연체금의 금액이 공단의 정관으로 정하는 금액 이하인 경우 ㉢ 화재 등의 재해발생으로 인하여 체납한 경우 ㉣ 납부의무자가 중대한 질병 등의 사유로 소득의 100분의 50 이상이 감소하여 연금보험료의 납부가 어려운 경우 ㉤ 「채무자 회생 및 파산에 관한 법률」에 따른 징수 유예가 있는 경우

① ㉠, ㉢, ㉣　　② ㉠, ㉡, ㉤　　③ ㉡, ㉣, ㉤
④ ㉠, ㉢, ㉤　　⑤ ㉠, ㉡, ㉣

해설

① ㉠㉢㉣ 국민연금법 시행령 제71조. 국민연금법 시행규칙 제44조

12. 다음 설명 중 옳은 것은?

① 건강보험공단은 연금보험료의 납부의무자가 납부기한까지 연금보험료를 내지 아니하면 그 납기기한이 경과한 날 다음 날부터 체납된 연금보험료의 1천분의 30에 해당하는 연체료를 징수한다.
② 건강보험공단은 연금보험료의 납부의무자가 체납된 연금보험료를 내지 아니하면 납부기한이 경과한 날부터 1개월이 경과할 때마다 체납된 연금보험료의 1천분에 10에 해당하는 연체금을 가산하여 징수할 수 있다.
③ 천재지변이나 그 밖에 대통령령으로 정하는 부득이한 사유가 있는 경우에는 연체금을 징수하지 아니할 수 있다.
④ 연금보험료를 납부기한의 1개월 이전에 미리 낸 경우에는 그 전달의 연금보험료 납부기한 날에 낸 것으로 본다.
⑤ 공단은 연금보험료, 연체금, 체납처분비에서 발생한 과오납금이 있으면 대통령령으로 정하는 바에 따라 그 과오납금을 연금보험료나 그 밖의 이 법에 따른 징수금에 충당할 수 있다.

해설

① 국민연금법 제97조 1항. "~그 납부기한이 경과한 날 다음날~"이 아니라 "~그 납부

정답 11. ① 12. ③

기한 이 경과한 날부터~"이다. ② 국민연금법 제97조 2항. "~징수할 수 있다."가 아니라 "~징수한다."이다. ③ 국민연금법 제97조 3항. 천재지변이나 그 밖에 대통령령으로 정하는 부득이한 사유가 있는 경우에는 1항 및 2항에 따른 연체금을 징수하지 아니할 수 있다. ④ 국민연금법 제89조 2항. "~납부기한 날에 낸 것으로 본다."가 아니라 "~납부기한이 속하는 날의 다음 날에 낸 것으로 본다."이다. ⑤ 국민연금법 제100조. "~충당할 수 있다."가 아니라 "~충당하여야 한다."이다.

13. 다음 설명 중 옳은 것은?

① 건강보험공단은 납부기한의 다음 날부터 2년이 지난 연금보험료등의 총액이 3천만 원인 체납자가 납부능력이 있음에도 불구하고 체납한 경우 체납자의 인적사항 및 체납액 등을 공개할 수 있다.

② 인적사항 등에 대한 공개여부를 심의하기 위하여 국민연금공단에 보험료정보공개심의위원회를 둔다.

③ 건강보험공단은 보험료정보공개심의위원회의 심의를 거친 인적사항 등의 공개대상자에게 서면으로 통지하여 소명의 기회를 부여하여야 한다.

④ 건강보험공단은 인적사항 등을 공개할 때 체납자가 법인인 경우 대표자 성명을 제외한 법인 명칭, 주소, 납부기한, 체납액, 체납기간을 공개하여야 한다.

⑤ 체납자(사업장가입자만 해당)가 체납된 연금보험료, 연체금 및 체납처분비의 100분의 50 이상을 공개대상자 서면통지일부터 6개월 이내에 납부한 경우 인적사항 등을 공개하지 않는다.

해설

③ 국민연금법 제97조의2 3항. 건강보험공단은 보험료정보공개심의위원회의 심의를 거친 인적사항등의 공개대상자에게 공개대상자임을 서면으로 통지하여 소명의 기회를 부여하여야 하며, 통지일부터 6개월이 경과한 후 체납액의 납부 이행 등을 고려하여 공개대상자를 선정한다. ① 국민연금법 제97조의2 1항. 3천만 원이 아니라 5천만 원이다. ② 국민연금법 제97조의2 2항. 국민연금공단이 아니라 건강보험공단이다. ④ 국민연금법 시행령 제72조의2 4항. 체납자가 법인인 경우 법인 대표자의 성명을 포함한다. ⑤ 국민연금법 시행령 제72조의2 1항 1호. 100분의 50 이상이 아니라 100분의 30 이상이다.

14. 다음 중 과오납금의 우선 충당 순위에 대하여 올바른 것은?

① 체납처분비 - 미납 연금보험료 - 환수금 - 앞으로 내야 할 1개월 분의 보험료

정답 13. ③ 14. ②

② 체납처분비 - 환수금 - 미납 연금보험료 - 앞으로 내야 할 1개월분의 보험료
③ 미납 연금보험료 - 체납처분비 - 환수금 - 앞으로 내야 할 1개월분의 보험료
④ 미납 연금보험료 - 환수금 -체납처분비 - 앞으로 내야 할 1개월분의 보험료
⑤ 환수금 - 체납처분비 - 미납 연금보험료 - 앞으로 내야 할 1개월분의 보험료

해설

② 국민연금법 시행령 제73조. 공단은 법 제100조에 따른 과오납금이 발생한 경우에는 다음 각 호의 순서대로 우선 충당한다. 1. 체납처분비, 2. 환수금과 법 제57조 3항에 따른 연체금, 3. 미납된 연금보험료와 법 제97조에 따른 연체금, 4. 앞으로 내야 할 1개월분의 연금보험료

정답

제6절 국민연금기금

01. 국민연금기금의 재원이 아닌 것은?

① 연금보험료 ② 기금 운용 수익금 ③ 적립금
④ 기부금 ⑤ 공단의 수입지출 결산상의 잉여금

✍ 해설

④ 국민연금법 제101조 2항. 기부금은 국민연금의 재원이 아니다.

02. 보건복지부장관이 국민연금 재정의 장기적인 안정을 유지하기 위하여 그 수익을 최대로 증대할 수 있도록 국민연금기금운용위원회에 의결에 따라 기금을 관리 운영하는 방법에 해당하지 않는 것은?

① 공공사업을 위한 공공부문에 대한 투자
② 기금의 본래 사업 목적을 수행하기 위한 재산의 취득 및 처분
③ 대통령령으로 정하는 금융기관에 대한 예입 또는 신탁
④ 자본시장과 금융투자업에 관한 법률 제4조에 따른 증권의 매매 및 대여
⑤ 각종 장학사업과 복지사업

✍ 해설

⑤ 국민연금법 제102조. 장학사업은 이에 해당하지 않는다.

03. 국민연금기금운용위원회는 기금의 운용에 관한 다음 사항을 심의·의결하기 위하여 보건복지부에 설치된 기관이다. 다음 중 국민연금기금운용위원회의 심의·의결 사항에 해당되는 것을 모두 고른 것은?

㉠ 기금운용규칙에 관한 사항 ㉡ 기금을 관리기금에 위탁할 경우 예탁 이자율의 협의에 관한 사항 ㉢ 기금운용계획에 관한 사항 ㉣ 기금의 운용내용과 사용내용에 관한 사항 ㉤ 그 밖에 기금의 운용에 관하여 중요한 사항으로서 운용위원회 위원장이 회의에 부치는 사항

① ㉠, ㉡, ㉢ ② ㉠, ㉡, ㉣, ㉤ ③ ㉠, ㉢, ㉣, ㉤
④ ㉡, ㉢, ㉣, ㉤ ⑤ ㉠, ㉡, ㉢, ㉣, ㉤

정답 01. ④ 02. ⑤ 03. ④

✍ 해설

㉠ 국민연금법 제103조 1항 1호. 기금운용규칙에 관한 사항이 아니라 기금운용 지침에 관한 사항이다.

04. 다음 중 국민연금기금운용위원회에 대한 설명으로 옳지 않은 것은?

① 운영위원회의 위원장은 보건복지부장관이 된다.
② 지역가입자를 대표하는 위원은 농어업인 단체가 추천하는 2명, 자영업자 관련 단체가 추천하는 2명, 소비자 단체 및 시민단체가 추천하는 2명으로 구성한다.
③ 위원의 임기는 2년으로 하고, 1차만 연임할 수 있다.
④ 운영위원회의 회의는 연 2회 이상 개최하여야 한다.
⑤ 운영위원회의 회의는 재적의원 과반수의 출석으로 개의하고 출석위원 과반수의 찬성으로 의결한다.

✍ 해설

④ 국민연금법 제103조 5항. 운영위원회의 회의는 연 4회 이상 개최하여야 한다.
① 국민연금법 제103조 2항, ② 국민연금법 제103조 2항, ③ 국민연금법 제103조 3항, ⑤ 국민연금법 제103조 5항

05. 다음 중 국민연금기금운용실무평가위원회의 심의·평가사항이 아닌 것을 모두 고르시오.

㉠ 기금운용규칙에 관한 사항 ㉡ 기금 운용 자산의 구성과 기금의 회계처리에 관한 사항 ㉢ 기금운용계획에 관한 사항 ㉣ 기금 운영 성과의 측정에 관한 사항 ㉤ 기금의 관리·운용과 관련하여 개선하여야 할 사항

① ㉡, ㉣, ㉤　　② ㉠, ㉢, ㉣　　③ ㉠, ㉡, ㉤
④ ㉡, ㉢, ㉤　　⑤ ㉡, ㉢, ㉣

✍ 해설

① 국민연금법 제104조 1항. ㉠, ㉢은 국민연금기금운용위원회의 심의·의결사항이다.

06. 다음 중 국민연금기금 운용지침에 들어갈 내용으로 옳지 않은 것은?

① 공공사업에 사용할 기금 자산의 비율

정답 04. ④ 05. ① 06. ③

② 공공사업에 대한 기금 배분의 우선순위
③ 기금의 관리·운용을 위한 자산별 수익률 및 이자율
④ 가입자, 가입자였던 자 및 수급권자의 복지 증진을 위한 사업비
⑤ 기금의 증식을 위한 가입자 및 가입자였던 자에 대한 대여사업비

✍ **해설** ······································

③ 국민연금법 제105조 1항. 운용위원회는 가입자의 권익이 극대화되도록 매년 다음 사항에 관한 국민연금기금운용지침을 마련하여야 한다.

1. 공공사업에 사용할 기금 자산의 비율
2. 공공사업에 대한 기금 배분의 우선순위
3. 가입자, 가입자였던 자 및 수급권자의 복지 증진을 위한 사업비
4. 기금의 증식을 위한 가입자 및 가입자였던 자에 대한 대여사업비

제7절 심사청구와 재심사청구

01. 국민연금은 일반채권과는 달리 그 수급권을 보호하는 특례를 가지고 있는데, 이에 해당하지 않는 것은?

① 수급권의 양도·압류·담보제공의 금지
② 미납금 공제 제한
③ 조세·공과금의 면제
④ 헌법소원심판
⑤ 연금공단의 급여 지급에 이의가 있는 경우 불복절차와 행정심판 및 행정소송

해설

① 국민연금법 제58조, ② 국민연금법 제59조, ③ 국민연금법 제60조, ④ 헌법소원심판은 국민연금의 수급권을 보호하는 특례라고는 할 수 없다. ⑤ 국민연금법 제108조 이하

02. 다음 중 옳지 않은 것은?

① 가입자의 자격, 기준소득월액, 연금보험료, 그 밖에 국민연금법에 따른 징수금과 급여에 관한 공단의 처분에 이의가 있는 자는 그 처분을 한 공단 또는 건강보험공단에 심사청구를 할 수 있다.
② 심사청구는 처분이 있음을 안 날로부터 180일이 경과하면 청구할 수 없다.
③ 심사청구는 문서로 하며 청구인의 성명, 주소 및 주민등록번호, 심사청구의 취지 및 이유 등을 기재한다.
④ 공단은 심사청구를 받을 날부터 60일 이내에 결정을 하여야 하며, 부득이한 사정이 있는 경우에는 위원장이 직권으로 30일을 연장할 수 있다.
⑤ 심사청구 사항을 심사하기 위하여 공단에 국민연금심사위원회를 두고, 건강보험공단에 징수심사위원회를 둔다.

해설

① 국민연금법 제108조 1항, ② 국민연금법 제108조 2항. 심사청구는 그 처분이 있음을 안 날로부터 90일 이내에 할 수 있고, 처분이 있은 날부터 180일이 경과하면 이를 제기하지 못한다. ③ 국민연금법 시행령 제88조, ④ 국민연금법 시행령 제100조 1항, ⑤ 국민연금법 제109조 1항

정답 01. ④ 02. ②

03. 다음 재심사청구와 관련된 설명 중 옳지 않은 것은?

① 심사청구에 대한 결정에 불복하는 자는 그 결정통지를 받은 날부터 90일 이내에 국민연금재심사위원회에 재심사를 청구할 수 있다.

② 국민연금재심사위원회는 위원장 1명을 포함한 26명 이내의 위원으로 구성한다.

③ 재심사위원회의 위원장은 보건복지부 연금정책관으로 한다.

④ 재심사위원회의 회의는 위원장과 위원장이 회의마다 지정하는 6명의 위원으로 구성하고, 재적위원 과반수의 출석으로 시작하고 출석위원 과반수의 찬성으로 의결한다.

⑤ 재심사위원회 위원의 임기는 2년이다.

해설

② 국민연금법 시행령 제104조 1항. 20명 이내의 위원으로 구성한다. ① 국민연금법 제110조, ③ 국민연금법 시행령 제105조 1항, ④ 국민연금법 시행령 제106조 1항·3항, ⑤ 국민연금법 시행령 제109조. 국민연금법 시행령 제91조

정답 03. ②

제8절 보 칙

01. 국민연금법은 장애연금 또는 유족연금의 수급권자가 이 법에 따른 장애연금 또는 유족연금의 지급사유와 같은 사유로 급여를 받을 수 있는 경우에는 장애연금이나 유족연금을 그 2분의 1만 지급하도록 하고 있다. 이에 해당하지 않는 것은?

① 근로기준법에 의한 장해보상, 유족보상, 일시보상
② 일반보험에 의한 급여
③ 산업재해보상보험법에 따른 장해급여, 유족급여, 진폐보상연금, 진폐유족연금
④ 선원법에 따른 장해보상, 일시보상, 유족보상
⑤ 어선원 및 어선 재해보상보험법에 따른 장해급여, 일시보상급여, 유족급여

해설

② 국민연금법 제113조. 일반보험에 의한 급여는 이에 해당하지 않는다.

02. 다음 설명 중 옳지 않은 것은?

① 공단은 제3자의 행위로 장애연금이나 유족연금의 지급사유가 발생하여 장애연금이나 유족연금을 지급한 때에는 그 급여액의 범위에서 제3자에 대한 수급권자의 손해배상청구권에 관하여 수급권자를 대위한다.
② 제3자의 행위로 장애연금이나 유족연금이 발생하여 이 사유로 제3자로부터 손해배상을 받았으면 공단은 그 배상액의 범위에서 장애연금이나 유족연금을 지급하지 아니한다.
③ 연금보험료, 환수금, 그 밖의 이 법에 따른 징수금을 징수하거나 환수할 권리는 3년간, 급여를 받거나 과오납금을 반환받을 수급권자 또는 가입자 등의 권리는 5년간 행사하지 아니하면 소멸시효가 완성된다.
④ 연금보험료나 그 밖의 이 법에 따른 징수금 등의 납입고지, 독촉, 급여의 지급 또는 과오납금의 반환청구는 소멸시효의 중단의 효력을 가진다.
⑤ 급여의 지급이나 과오납금 등의 반환청구에 관한 기간을 계산할 때 그 서류의 송달에 들어간 일수는 그 기간에 산입한다.

정답 01. ② 02. ⑤

✍ 해설

① 국민연금법 114조 1항, ② 국민연금법 114조 2항, ③ 국민연금법 제115조 1항, ④ 국민연금법 제115조 3항, ⑤ 국민연금법 제115조 5항. 서류의 송달에 들어간 일수는 그 기간에 산입하지 아니한다.

03. 다음 중 국민연금의 시효에 대한 설명으로 옳은 것을 모두 고르시오.

㉠ 연금보험료, 환수금, 기타 국민연금법에 따른 징수금을 징수하거나 환수할 공단의 권리는 3년간 행사하지 않으면 소멸시효가 완성된다. ㉡ 급여를 받거나 과오납금을 반환받을 수급권자 또는 가입자 등의 권리는 5년간 행사하지 아니하면 소멸시효가 완성된다. ㉢ 급여를 지급받을 권리는 그 급여 전액에 대하여 지급이 정지되어 있는 동안 시효가 진행되지 아니한다. ㉣ 연금보험료나 국민연금법에 따른 징수금 등의 납입 고지, 독촉과 급여의 지급 또는 과오납금 등의 반환청구는 소멸시효 중단의 효력을 가진다. ㉤ 중단된 소멸시효는 납입 고지나 독촉이 있은 날로부터 새로 진행된다.

① ㉠　　② ㉠, ㉡　　③ ㉠, ㉡, ㉢
④ ㉠, ㉡, ㉢, ㉣　　⑤ ㉠, ㉡, ㉢, ㉣, ㉤

✍ 해설

㉠㉡ 국민연금법 제115조 1항, ㉢ 국민연금법 제115조 2항, ㉣ 국민연금법 제115조 3항, ㉤ 국민연금법 제115조 4항. 중단된 소멸시효는 납입 고지나 독촉에 따른 납입기간이 지난 때부터 새로 진행된다.

04. 수급권 등의 보호제도에 대한 설명으로 옳은 것은?

① 급여를 받을 권리는 양도·압류하거나 담보로 제공할 수 없고, 수급권자에게 지급된 급여 중 2분의 1은 압류할 수 없다.
② 가입자 또는 가입자였던 자가 수급권을 취득하거나 사망한 경우 연금공단이 대여한 자금의 상환금에 관한 채무가 있는 때에는 급여에서 공제할 수 있으나, 급여 중 연금급여(일시보상금으로 지급되는 장애연금은 제외)의 수급권자에 대해서는 연금월액 3분의 1 이상을 초과하여 공제할 수 없다.
③ 수급권자가 사망한 경우 그 수급권자에게 지급하여야 할 급여 중 지급되지 않은 것이 있으면 그 배우자·자녀·부모·손자녀·조부모 또는 형제자매에게 공단은 직권으로 미지급 급여를 지급한다.

정답 03. ④ 04. ⑤

④ 미지급 급여를 받을 수 있는 순위는 배우자 → 자녀 → 부모 → 조부모 → 손자녀 → 형제자매의 순으로 지급한다.
⑤ 사용자가 근로자가 가입자로 되는 것을 방해하거나 부담금의 증가를 기피할 목적으로 정당한 사유 없이 근로자의 승급 또는 임금 인상을 하지 아니하거나 해고나 그 밖의 불리한 대우를 하지 못한다.

해설

① 국민연금법 제58조. 법 제58조 2항에 따라 수급권자에게 지급된 급여로서 압류할 수 없는 금액은 「민사집행법 시행령」 제2조 본문에서 정하는 금액으로 한다(국민연금법 시행령 제44조). ② 국민연금법 제59조. 3분의 1이 아니라 2분의 1 이상을 초과하여 공제할 수 없다. ③ 국민연금법 제55조 1항. 공단의 직권으로 지급하는 것이 아니라 청구에 따라 지급한다. ④ 국민연금법 제55조 2항. 배우자 → 자녀 → 부모 → 손자녀 → 조부모 → 형제자매 순이다. ⑤ 국민연금법 제119조

05. 다음 설명 중 옳지 않은 것은?

① 공단은 수급자 및 수급자에 대한 급여의 적정성을 확인하기 위하여 매년 연간조사계획을 수립하고 수급자의 사망·이혼·생계유지 여부 등에 관한 조사를 실시하여야 한다.
② 공단은 국가, 지방자치단체, 그 밖의 공공단체 등에 대하여 국민연금사업과 관련하여 필요한 자료를 요청할 수 있으며, 요청받은 국가, 지방자치단체, 그 밖의 공공단체 등은 특별한 사유가 없으면 요청받은 자료를 제공하여야 한다
③ 공단은 가입자의 소득월액 등의 신고내용에 축소나 탈루가 있다고 인정되는 경우에는 보건복지부장관에게 보고하고 소득축소 또는 탈루혐의 자료를 문서로 작성하여 국세청장에게 통보하여야 한다.
④ 공단은 수급자, 그 배우자 또는 그 밖의 관계인이 제1항에 따른 조사를 두 번 이상 거부·방해 또는 기피한 경우에는 수급자에 대한 급여 지급을 정지 또는 중지할 수 있다.
⑤ 가입자, 가입자였던 자 또는 수급권자가 사망하면 「가족관계의 등록 등에 관한 법률」에 따른 신고의무자는 1개월 이내에 그 사실을 공단에 신고하여야 한다.

해설

③ 국민연금법 제125조 1항. 국세청장에게 통보할 수 있다. ① 국민연금법 제122조의2 1항, ② 국민연금법 제123조 1항, ④ 국민연금법 제122조의2 3항, ⑤ 국민연금법 제121조 2항

정답 05. ③

06. 다음 설명 중 옳지 않은 것은?

① 국내 모든 사업장에 사용되고 있는 외국인과 국내에 거주하는 외국인은 당연히 사업장가입자 또는 지역가입자가 된다.

② 「출입국관리법」에 따라 체류기간연장허가를 받지 아니하고 체류하는 자는 사업장가입자 또는 지역가입자가 될 수 없다.

③ 사업장가입자 또는 지역가입자가 된 외국인에게는 원칙적으로 국민연금법상의 반환일시금에 관한 규정을 적용하지 않는다.

④ 「외국인근로자의 고용 등에 관한 법률」에 따른 외국인근로자로서 이 법을 적용받는 사업장에 사용된 자는 반환일시금에 관한 규정이 예외적으로 적용된다.

⑤ 공단은 당연히 사업장가입자나 지역가입자가 되는 외국인에게는 그 외국인의 본국 법이 대한민국 국민에 대하여 법에 따른 국민연금에 상응하는 연금에 관한 법률을 적용하는 경우에는 국민연금가입자가 된다는 사실을 통지하여야 한다.

해설

① 국민연금법 제126조 1항. 모든 사업장이 아니라 국민연금법의 적용을 받는 사업장을 말한다. ② 국민연금법 시행령 제111조 1호, ③ 국민연금법 제126조 2항 본문, ④ 국민연금법 제126조 2항 2호, ⑤ 국민연금법 시행령 제112조. 공단은 법 제126조 1항에 따라 당연히 사업장가입자나 지역가입자가 되는 외국인에게는 그 외국인의 본국 법이 대한민국 국민에 대하여 법에 따른 국민연금에 상응하는 연금에 관한 법률을 적용하는 경우에는 당연히 국민연금가입자가 된다는 사실과 법에 따른 반환일시금에 상응하는 급여를 지급하지 아니하는 경우에는 반환일시금을 지급하지 아니한다는 사실을 통지하여야 한다.

정답 06. ①

제5장 산업재해보상보험법

제1절 총 칙

01. 산업재해보상보험법에 관한 설명으로 옳지 않은 것은? 〈노무사 2014년〉

① 국가는 회계연도마다 예산의 범위에서 보험사업에 드는 비용의 일부를 지원하여야 한다.

② 국가는 회계연도마다 예산의 범위에서 보험사업의 사무 집행에 드는 비용을 일반회계에서 부담하여야 한다.

③ 산업재해보상보험 및 예방에 관한 중요 사항을 심의하기 위하여 고용노동부에 산업재해보상보험및예방심의위원회를 둔다.

④ 산업재해보상보험및예방심의위원회는 근로자를 대표하는 자, 사용자를 대표하는 자 및 공익을 대표하는 자로 구성하되, 그 수는 각각 같은 수로 한다.

⑤ 요양급여를 받은 자가 치유 후 치유 당시보다 상태가 악화되어 이를 치유하기 위한 적극적인 치료가 필요하다는 의학적 소견이 있으면 재요양을 받을 수 있다.

해설

① 산재법 제3조 2항. 국가는 회계연도마다 예산의 범위에서 보험사업에 드는 비용의 일부를 지원할 수 있다. ② 산재법 제3조 1항, ③ 산재법 제8조 1항, ④ 산재법 제8조 2항, ⑤ 산재법 제51조 1항

02. 「산업재해보상보험법」에서 사용하는 용어의 뜻이 옳지 않은 것은? 〈사시 2015년〉

① '업무상의 재해'란 업무상의 사유에 따른 근로자의 부상·질병·장해 또는 사망을 말한다.

② '장해'란 업무상의 부상 또는 질병에 따른 정신적 또는 신체적 훼손으로 노동능력이 상실되거나 감소된 상태로서 그 부상 또는 질병이 치유되지 아니한 상태를 말한다.

정답 01. ① 02. ②

③ '치유'란 부상 또는 질병이 완치되거나 치료의 효과를 더 이상 기대할 수 없고 그 증상이 고정된 상태에 이르게 된 것을 말한다.
④ '유족'이란 사망한 자의 배우자(사실상 혼인 관계에 있는 자를 포함한다)·자녀·부모·손자녀·조부모 또는 형제자매를 말한다.
⑤ '통상임금'이란 「근로기준법」에 따른 통상임금을 말한다.

해설

① 산업재해보상보험법 제5조 1호, ② "장해"란 부상 또는 질병이 치유되었으나 정신적 또는 육체적 훼손으로 인하여 노동능력이 상실되거나 감소된 상태를 말한다(산업재해보상보험법 제5조 5호). ③ 산업재해보상보험법 제5조 4호, ④ 산업재해보상보험법 제5조 3호, ⑤ 산업재해보상보험법 제5조 2호

03. 다음 중 산업재해보상보험법에 대한 내용으로 틀린 것은?

① 산업재해보상보험법에 따른 산업재해보상보험 사업은 고용노동부장관이 관장한다.
② 국가는 회계연도마다 예산의 범위에서 보험사업의 사무 집행에 드는 비용을 일반회계에서 부담하여야 한다.
③ 국가는 회계연도마다 예산의 범위에서 보험사업에 드는 비용의 일부를 지원할 수 있다.
④ 산업재해보상보험법에 따른 보험사업의 보험연도는 정부의 회계연도에 따른다.
⑤ 고용노동부장관은 보험사업을 효율적으로 관리·운영하기 위하여 조사·연구 사업 등을 하여야 한다.

해설

① 산재법 제2조 1항, ② 산재법 제3조 1항, ③ 산재법 제3조 2항, ④ 산재법 제2조 2항, ⑤고용노동부장관은 보험사업을 효율적으로 관리·운영하기 위하여 조사·연구 사업 등을 할 수 있다(산재법 제9조 1항).

04. 산업재해보상보험상 업무상의 부상 또는 질병에 따른 정신적 또는 육체적 훼손으로 노동능력이 상실되거나 감소된 상태로서 그 부상 또는 질병이 치유되지 아니한 상태를 뜻하는 용어는? 〈노무사 2013년〉

① 상병 ② 장해 ③ 폐질 ④ 진폐 ⑤ 요양

정답 03. ⑤ 04. ③

✍ 해설

폐질이란 업무상의 부상 또는 질병에 따른 정신적 또는 육체적 훼손으로 노동능력이 상실되거나 감소된 상태로서 그 부상 또는 질병이 치유되지 아니한 상태를 말한다(산재법 제5조 6호).

05. 산업재해보상보험법에 관한 설명으로 옳지 않은 것을 모두 고른 것은?

〈노무사 2010년〉

ㄱ. 업무상 재해를 당한 근로자가 보험급여를 지급받으려면 고용노동부에 설립되어 있는 산업재해보상보험심사위원회에 신청하여야 한다.
ㄴ. 유족이란 사망한 자의 배우자(사실상 혼인관계에 있는 자를 제외한다)·자녀·부모·손자녀·조부모 또는 형제자매를 말한다.
ㄷ. "근로자", "임금", "평균임금". "통상임금"이란 각각 근로기준법에 따른 "근로자", "임금", "평균임금". "통상임금"을 말한다.
ㄹ. 휴업급여는 통상임금의 100분의 70에 상당하는 금액으로 한다.
ㅁ. 업무상 재해는 업무상의 사유에 따른 근로자의 부상·질병·장해 또는 사망을 말한다.

① ㄱ, ㄴ, ㄷ ② ㄱ, ㄴ, ㄹ ③ ㄱ, ㄴ, ㅁ
④ ㄴ, ㄷ, ㄹ ⑤ ㄴ, ㄹ, ㅁ

✍ 해설

ㄱ. 업무상 재해를 당한 근로자가 보험급여를 지급 받으려면 근로복지공단에 청구하여야 한다(산재법 제11조, 제36조 2항). ㄴ. 사실상 혼인관계에 있는 자를 포함한다(산재법 제5조 3호). ㄷ. "근로자" · "임금" · "평균임금" · "통상임금"이란 각각 「근로기준법」에 따른 "근로자" · "임금" · "평균임금" · "통상임금"을 말한다(산재법 제5조 2호 본문). ㄹ. 휴업급여는 평균임금의 100분의 70에 상당하는 금액으로 한다(산재법 제52조). ㅁ. "업무상의 재해"란 업무상의 사유에 따른 근로자의 부상 · 질병 · 장해 또는 사망을 말한다(산재법 제5조 1호).

06. 다음 중 산업재해보상보험및예방심의위원회에 대한 설명으로 옳은 것은?

① 산업재해보상보험 및 예방에 관한 중요 사항을 심의하게 하기 위하여 고용노동부에 산업재해보상보험및예방심의위원회를 둔다.
② 산업재해보상보험및예방심의위원회는 근로자를 대표하는 자, 사용자를 대표하는 자 및 공익을 대표하는 자로 구성하되, 그 수는 각각 같은 수로 한다.

정답 05. ② 06. ④

③ 산업재해보상보험및예방심의위원회의 심의를 보조하게 하기 위하여 위원회에 전문위원회를 둘 수 있다.

④ 전문위원회의 종류에는 산업재해보상보험정책전문위원회와 산업재해보상보험요양전문위원회가 있다.

⑤ 각 전문위원회는 25명 이내의 위원으로 구성하되, 비상임으로 한다.

✍ 해설

① 산재법 제8조 1항, ② 산재법 제8조 2항, ③ 산재법 제8조 3항, ④ 전문위원회의 종류에는 산업재해보상보험정책전문위원회, 산업재해보상보험요양전문위원회 및 산업안전보건전문위원회가 있다(산재법시행령 제8조 1항). ⑤ 산재법 시행령 제8조 3항

제2절 근로복지공단

01. 다음 중 근로복지공단이 수행하는 사업의 내용이 아닌 것은?

① 보험가입자와 수급권자에 관한 기록의 관리·유지
② 재활보조기구의 연구개발·검증 및 보급
③ 보험급여 결정 등에 관한 심사 청구의 심리·결정
④ 산업재해 예방을 위한 시설자금지원
⑤ 업무상 재해를 입은 근로자 등의 요양 및 재활

해설

①②③⑤ 근로복지공단은 다음 각 호의 사업을 수행한다. 1. 보험가입자와 수급권자에 관한 기록의 관리·유지, 2. 보험료징수법에 따른 보험료와 그 밖의 징수금의 징수, 3. 보험급여의 결정과 지급, 4. 보험급여 결정 등에 관한 심사 청구의 심리·결정, 5. 산업재해보상보험 시설의 설치·운영, 5의2. 업무상 재해를 입은 근로자 등의 요양 및 재활, 5의3. 재활보조기구의 연구개발·검정 및 보급, 6. 근로자의 복지증진을 위한 사업, 7. 그 밖에 정부로부터 위탁받은 사업, 8. 5호·5호의2·5호의3·6호 및 7호에 따른 사업에 딸린 사업(산재법 제11조). ④ 산업재해 예방을 위한 시설자금 지원은 한국산업안전보건공단이 수행하는 사업이다(산업안전보건법 제4조; 한국산업안전보험공단법 제6조 5호).

02. 다음 중 근로복지공단의 임원에 관한 설명 중 옳은 것은 모두 몇 개인가?

㉠ 임원은 이사장 1명과 상임이사 4명을 포함한 12명 이내의 이사와 감사 1명으로 한다.
㉡ 이사장의 임기는 3년으로 하고, 이사와 감사의 임기는 2년으로 하되, 각각 1년 단위로 연임할 수 있다.
㉢ 근로복지공단의 상임임원과 직원은 그 직무 외에 영리를 목적으로 하는 업무에 종사하지 못한다.
㉣ 이사장은 공단을 대표하고 공단의 업무를 총괄한다.
㉤ 감사는 공단의 업무와 회계를 감사한다.

① 1개　② 2개　③ 3개
④ 4개　⑤ 5개

정답 01. ④ 02. ④

✍ 해설

㉠ 공단의 임원은 이사장 1명과 상임이사 4명을 포함한 15명 이내의 이사와 감사 1명으로 한다(산재법 제16조 1항). ㉡ 이사장의 임기는 3년으로 하고, 이사와 감사의 임기는 2년으로 하되, 각각 1년 단위로 연임할 수 있다(산재법 제17조). ㉢ 공단의 상임임원과 직원은 그 직무 외에 영리를 목적으로 하는 업무에 종사하지 못한다(산재법 제21조 1항). ㉣ 이사장은 공단을 대표하고 공단의 업무를 총괄한다(산재법 제18조 1항). ㉤ 감사는 공단의 업무와 회계를 감사한다(산재법 제18조 3항). 따라서 옳은 것은 ㉡㉢㉣㉤ 총 4개이다.

03. 다음 중 근로복지공단에 대한 설명으로 옳지 않은 것은?

① 근로복지공단의 주된 사무소 소재지는 정관으로 정한다.
② 근로복지공단은 그 주된 사무소의 소재지에서 설립등기를 함으로써 성립한다.
③ 공단은 고용노동부장관의 승인을 받아 회계규정을 정하여야 한다.
④ 근로복지공단은 회계연도마다 사업 운영계획과 예산에 관하여 고용노동부장관의 승인을 받아야 한다.
⑤ 근로복지공단은 회계연도마다 회계연도가 끝난 후 3개월 이내에 사업실적과 결산을 보건복지부장관에게 보고하여야 한다.

✍ 해설

① 산재법 제13조 1항, ② 산재법 제15조, ③ 산재법 제26조 3항, ④ 산재법 제25조 1항, ⑤ 근로복지공단은 회계연도마다 회계연도가 끝난 후 2개월 이내에 사업실적과 결산을 고용노용부장관에게 보고하여야 한다(산재법 제25조 2항).

04. 산업재해보상보험법상 내용으로 옳은 것은? 〈노무사 2015년〉

① 근로복지공단은 대통령령이 정하는 바에 따라 회계연도마다 사업 운영계획과 예산에 관하여 고용노동부장관의 승인을 받아야 한다.
② 특수형태근로종사자는 근로복지공단 이사장의 승인을 받아 산재보험에 가입할 수 있다.
③ 산업재해보상보험심사위원회는 근로복지공단의 결정에 대한 심사 청구를 심의하기 위하여 고용노동부에 두는 기구이다.
④ 산업재해보상보험및예방기금은 근로복지공단 기금운영위원회가 관리·운용한다.
⑤ 국가는 회계연도마다 예산범위 안에서 보험사업에 드는 비용을 지원하여야 한다.

정답 03. ⑤ 04. ①

✍ 해설 ……………………………………

① 공단은 대통령령으로 정하는 바에 따라 회계연도마다 사업 운영계획과 예산에 관하여 고용노동부장관의 승인을 받아야 한다(산재법 제25조 1항). ② 근로복지공단이사장의 승인을 요구하지 않는다. ③ 심사 청구를 심의하기 위하여 공단에 관계 전문가 등으로 구성되는 산업재해보상보험심사위원회를 둔다(산재법 제104조 1항). ④ 기금은 고용노동부장관이 관리·운용한다(산재법 제97조 1항). ⑤ 국가는 회계연도마다 예산의 범위에서 보험사업에 드는 비용의 일부를 지원할 수 있다(산재법 제3조 2항).

제3절 보험급여

01. 다음 산업재해보상보험법상의 보험급여의 내용 중 틀린 설명은?

① 보험급여의 종류는 7종이다.
② 대통령령이 정하는 노동력을 완전히 상실한 장해등급(1급에서 3급)의 근로자에 대하여는 장해보상연금을 지급한다.
③ 상병보상연금 수급권자에게는 휴업급여를 지급하지 아니한다.
④ 보험가입자의 고의 또는 과실로 발생한 업무상 재해로 인하여 근로자가 대통령령이 정하는 장해등급(1급에서 3급)에 해당하는 장해를 입은 경우에 수급권자가 민법에 의한 손해배상청구에 갈음하여 장해특별급여를 청구할 수 있다.
⑤ 수급권자가 장해특별급여를 받은 때에는 동일한 사유에 대하여 보험가입자에게 민법 기타 법령의 규정에 의한 손해배상을 청구할 수 없다.

✍ 해설

① 보험급여의 종류(제36조): 보험급여의 종류는 i) 요양급여, ii) 휴업급여, iii) 장해급여, iv) 간병급여, v) 유족급여, vi) 상병보상연금, vii) 장의비, viii) 직업재활급여로 나누어진다. 그러므로 8종이다. ② 산재법 제57조 3항. 단서, 산재법 시행령 제53조 5항, ③ 산재법 제66조. 요양급여를 받는 근로자가 요양을 시작한 지 2년이 지난 날 이후에 다음 각 호의 요건 모두에 해당하는 상태가 계속되면 휴업급여 대신 상병보상연금을 그 근로자에게 지급한다. 1. 그 부상이나 질병이 치유되지 아니한 상태일 것, 2. 그 부상이나 질병에 따른 폐질(廢疾)의 정도가 대통령령으로 정하는 폐질등급 기준에 해당할 것, 3. 요양으로 인하여 취업하지 못하였을 것, ④⑤ 보험가입자의 고의 또는 과실로 발생한 업무상 재해로 인하여 근로자가 대통령령이 정하는 장해등급(1급에서 3급. 산재법 시행령 제73조 1항)에 해당하는 장해를 입은 경우에 수급권자가 민법에 의한 손해배상청구에 갈음하여 장해특별급여를 청구한 때에는 제40조의 장해급여 외에 대통령령이 정하는 장해특별급여를 지급할 수 있다. 다만, 근로자와 보험가입자 사이에 장해특별급여에 관하여 합의가 이루어진 경우에 한한다. 그리고 수급권자가 장해특별급여를 받은 때에는 동일한 사유에 대하여 보험가입자에게 민법 기타 법령의 규정에 의한 손해배상을 청구할 수 없다(산재법 제78조).

02. 「산업재해보상보험법」상 보험급여의 종류에 해당하지 않는 것은? 〈사시 2012년〉

① 요양급여　② 실업급여　③ 간병급여
④ 장해급여　⑤ 유족급여

정답 01. ① 02. ②

✍ 해설

산재법 제36조 1항. 보험급여의 종류는 다음 각 호와 같다. 다만, 진폐에 따른 보험급여의 종류는 1호의 요양급여, 4호의 간병급여, 7호의 장의비, 8호의 직업재활급여, 제91조의3에 따른 진폐보상연금 및 제91조의4에 따른 진폐유족연금으로 한다. 1. 요양급여, 2. 휴업급여, 3. 장해급여, 4. 간병급여, 5. 유족급여, 6. 상병(傷病)보상연금, 7. 장의비(葬儀費), 8. 직업재활급여

03. 업무수행성과 업무기인성에 판례에 관한 설명 중 바르지 못한 것은?

① 업무수행성이란 사업주의 지배 또는 관리 하에서 이루어지는 당해 근로자의 업무수행 및 그에 수반되는 통상적인 활동과정에서 재해의 원인이 발생한 것을 말한다.
② 업무기인성이란 재해가 업무에 기인한 것, 즉 업무수행과 재해발생 사이에 상당인과관계가 있는 것을 말한다.
③ 업무기인성은 업무수행과 재해발생 사이의 인과관계를 말하는 것인데, 이 경우 인과관계는 의학적·자연과학적으로 입증되어야 하다.
④ 업무수행성은 근로자의 취업 당시 건강상태나 작업장에 발병 원인 물질이 있었는지 여부 등 제반 사정을 고려하여 상당인과관계가 있다고 추단되면 그 입증이 있는 것으로 보아야 한다.
⑤ 상당인과관계 유무의 판단은 보통 평균인이 아니라 당해 근로자의 건강과 신체조건을 기준으로 판단해야 한다.

✍ 해설

① 대판 1992.5.12, 91누10466, ② 대판 1991.11.8, 91누3307, ③ '인과관계는 반드시 의학적·자연과학적으로 명백히 입증되어야만 하는 것이 아니고, 근로자의 취업 당시의 건강상태, 작업장에 질병을 일으키거나 악화시킬 수 있는 원인물질이 있었는지 여부 등 여러 가지 사정을 고려하여 업무와 재해 사이에 상당인과관계가 추단되는 경우에도 인과관계가 입증 된다'(대판 1994.12.2, 94누10122). ④ 대판 1993.10.12, 93누9408, ⑤ 대판 1991.11.8, 91누5433

04. 다음 중 업무수행성과 업무기인성에 관한 설명 중 옳지 않은 것으로 묶인 것은? (다툼이 있는 경우에는 판례에 의함)

㉠ 업무수행성은 일반적으로 근로자가 사용자의 지배 또는 관리 아래 업무를 수행하는 것을 말하고, 업무기인성은 재해가 업무에 기인하여 발생하는 것, 즉 업무수행과 재해 발생 사이에 인과관계가 있는 것을 말한다.
㉡ 조합간부가 임금협상을 앞두고 단결 과시를 위하여 주최한 체육대회에

정답 03. ③ 04. ④

참가하는 경우에는 업무수행성이 인정된다.
ㄷ 업무기인성의 유무는 해당 근로자의 건강과 신체조건을 기준으로 판단하는 것이 아니라 평균인을 기준으로 판단해야 한다.
ㄹ 업무와 직접 관련 없이 발생한 질병이라도 업무상의 과로 등이 겹쳐서 그 질병이 유발되거나 악화된 경우에는 업무기인성이 인정된다.
ㅁ 업무상 재해의 1차적 판단기준은 업무수행성이다.
ㅂ 직업병이나 과로사는 업무수행 중이 아니라 사업장 밖에서 업무시간 외에 발생하면 업무상 재해로 인정되지 않는다.

① ㄱ, ㄷ, ㅂ ② ㄱ, ㄹ, ㅁ ③ ㄴ, ㄷ, ㄹ
④ ㄴ, ㄷ, ㅂ ⑤ ㄷ, ㄹ, ㅂ

해설

설문의 내용 중 옳지 않은 것은 ㄴㄷㅂ이다. ㄴ 조합간부가 임금협상을 앞두고 단결과시를 위하여 주최한 체육대회에 참가하는 경우에는 업무수행성이 인정되지 않는다(대판 1997.3.28, 96누 16179). ㄷ 업무기인성의 유무는 평균인이 아니라 해당근로자의 건강과 신체조건을 기준으로 판단해야 한다(대판 1991.11.8, 91누5433; 대판 1999.1.26, 98두10103). ㅂ 직업병이나 과로사는 업무수행 중이 아니라 사업장 밖에서 업무시간 외에 발생하더라도 업무상 재해로 인정된다(대판 1992.9.25, 92누11299; 대판 1993.3.12, 92누17471).

05. 산업재해보상보험법상 업무상 재해의 인정기준에 관한 설명으로 옳은 것은?
(다툼이 있는 경우에는 판례에 의함) 〈노무사 2011년〉

① 업무상 과로나 스트레스가 질병의 주된 발생 원인에 겹쳐서 질병을 악화시켰더라도 그 사이에 인과관계가 없다고 보아야 한다.
② 인과관계는 반드시 의학적·자연과학적으로 명백히 입증되어야 하는 것은 아니다.
③ 평소에 정상적인 근무가 가능한 기존 질병이 직무의 과중 등이 원인이 되어 자연적인 진행속도 이상으로 급격하게 악화되었더라도 인과관계가 있다고 볼 수는 없다.
④ 근로자의 업무와 질병 사이의 인과관계에 관하여는 사용자 측에서 입증하여야 한다.
⑤ 업무와 질병과의 인과관계 유무는 보통 평균인의 건강과 신체조건을 기준으로 판단하여야 한다.

정답 05. ②

✍ 해설

② 업무기인성은 반드시 의학적·자연과학적으로 명백히 입증되어야만 하는 것이 아니고, 근로자의 취업 당시의 건강상태, 작업장에 질병을 일으키거나 악화시킬 수 있는 원인물질이 있었는지 여부 등 여러 가지 사정을 고려하여 판단하여야 한다(대판 1993.10.12, 93누9408).

06. 산업재해보상보험법상 "업무상 사고"나 "업무상 질병"에 해당하지 않는 것은? 〈사시 2010년〉

① 업무수행 과정에서 하는 용변 등 생리적 필요 행위를 하던 중에 발생한 사고
② 사업주가 제공한 시설물 등을 이용하던 중 그 시설물 등의 결함으로 발생한 사고
③ 업무상 부상이 원인이 되어 발생한 질병
④ 매월 통근수당을 지급받고 시내버스로 출근하던 중 발생한 사고
⑤ 업무상 부상으로 요양을 하고 있는 근로자에게 요양급여와 관련하여 발생한 의료사고

✍ 해설

① 산재법 제37조 1항 1호 가목; 산재법 시행령 제27조 1항 2호. ② 산재법 제37조 1항 1호 나목, ③ 산재법 제37조 1항 2호 나목, ④ 근로자가 출퇴근 하던 중에 발생한 사고가 사업주가 출퇴근용으로 제공한 교통수단이나 사업주가 제공한 것으로 볼 수 있는 교통수단을 이용하던 중에 사고가 발생하였을 것 및 출퇴근용으로 이용한 교통수단의 관리 또는 이용권이 근로자 측의 전속적 권한에 속하지 아니하였을 것의 요건 모두에 해당하면 업무상 사고로 본다. ⑤ 산재법 시행령 제32조

07. 산업재해보상보험법상 업무상 재해에 해당하지 않는 것은? (다툼이 있는 경우에는 판례에 의함) 〈노무사 2010년〉

① 쟁의행위를 수행하던 중에 노조간부가 사고를 당한 경우
② 업무와 관련하여 기존 질병이 악화된 경우
③ 천재지변·화재 등 사업장 내에 발생한 돌발적인 사고에 다른 긴급피난·구조행위 등 사회통념상 예견되는 행위를 하던 중 발생한 경우
④ 업무상 재해로 요양 중인 사람이 그 업무상 재해로 인한 정신적 이상 상태에서 자해행위를 한 경우
⑤ 점심시간을 이용하여 회사의 화장실을 사용하던 중 그 시설물의 결함으로 부상을 입은 경우

정답 06. ④ 07. ①

✍ 해설

① 대판 1996.6.28, 96다12733. 노동조합 업무 전임자가 근로계약상 본래 담당할 업무를 면하고 노동조합의 업무를 전임하게 된 것이 사용자인 회사의 승낙에 의한 것이며 재해 발생 당시 근로자의 지위를 보유하고 있었고 그 질병이 노동조합 업무수행 중 육체적·정신적 과로로 인하여 발병된 경우, 특별한 사정이 없는 한 이는 근로기준법상 재해보상이 되는 업무상 재해로 보아야 하고, 다만 그 업무의 성질상 사용자의 사업과는 무관한 상부 또는 연합관계에 있는 노동단체와 관련된 활동이거나 불법적인 노동조합 활동 또는 사용자와 대립관계로 되는 쟁의단계에 들어간 이후의 노동조합 활동 중에 생긴 재해 등은 이를 업무상 재해로 볼 수 없다. ② 산재법 시행령 제34조 2항, ③ 사회통념상 근로자가 사업장 내에서 할 수 있다고 인정되는 행위를 하던 중 태풍·홍수·지진·눈사태 등의 천재지변이나 돌발적인 사태로 발생한 사고는 근로자의 사적 행위, 업무 이탈 등 업무와 관계 없는 행위를 하던 중에 사고가 발생한 것이 명백한 경우를 제외하고는 법 제37조 1항 1호 바목에 따른 업무상 사고로 본다(산재법 시행령 제31조). ④ 근로자의 고의·자해행위나 범죄행위 또는 그것이 원인이 되어 발생한 부상·질병·장해 또는 사망은 업무상의 재해로 보지 아니한다. 다만, 그 부상·질병·장해 또는 사망이 정상적인 인식능력 등이 뚜렷하게 저하된 상태에서 한 행위로 발생한 경우로서 대통령령으로 정하는 사유가 있으면 업무상의 재해로 본다(산재법 제37조 2항). 업무상의 재해로 요양 중인 사람이 그 업무상의 재해로 인한 정신적 이상 상태에서 자해행위를 한 경우는 대통령령으로 정하는 사유에 해당한다(산재법 시행령 제36조 2호). ⑤ 사업주가 제공한 시설물 등을 이용하던 중 그 시설물 등의 결함이나 관리소홀로 발생한 사고로 발생한 부상·질병 등은 업무상 재해에 해당한다(산재법 제37조 1항 1호 나목).

08. 산업재해보상보험법령상 업무상 사고에 해당하지 않는 것은? 〈노무사 2014년〉

① 사업주의 승인을 받아 참가한 회사 아유회에서 발생한 사고
② 빌딩 경비원이 불법침입자를 퇴거시키는 과정에서 몸싸움 중 발생한 사고
③ 사업장 내에서 사업주 몰래 카드놀이를 하던 중 천재지변으로 인하여 발생한 사고
④ 업무수행 과정에서 하는 용변 등 생리적 필요 행위를 하던 중에 발생한 사고
⑤ 업무상 질병으로 요양을 하고 있는 근로자에게 요양급여와 관련하여 발생한 의료사고

✍ 해설

① 산재법 제37조 1항 1호 라목. 시행령 제30조 3호, ② 산재법 제37조 1항 1호 가목. 시행령 제27조 1항 1호, ③ 산재법 제37조 1항 1호 바목. 시행령 제31조, ④ 산재법

정답 08. ③

제37조 1항 1호 가목. 시행령 제27조 1항 2호, ⑤ 산재법 제37조 1항 1호 바목. 시행령 32조 2호

09. 산업재해보상보험법상 업무상의 재해에 해당하지 않는 것은? 〈사시 2011년〉

① 사업주가 행사에 참가하도록 지시한 야유회에 참가하여 발생한 사고
② 업무수행 과정에서 하는 용변 등 생리적 필요행위를 하던 중에 발생한 사고
③ 업무시간 중 개인적인 사유로 외출 후 사업장으로 돌아오던 도중에 발생한 사고
④ 사업주의 지시를 받아 사업장 밖에서 업무를 수행하던 중에 발생한 사고
⑤ 사업주가 제공한 시설물의 결함으로 발생한 사고

해설

③④ 근로자가 사업주의 지시를 받아 사업장 밖에서 업무를 수행하던 중에 발생한 사고는 업무상 사고로 본다. 다만 사업주의 구체적인 지시를 위반한 행위, 근로자의 사적(私的) 행위 또는 정상적인 출장경로를 벗어났을 때 발생한 사고는 업무상 사고로 보지 않는다. 따라서 업무시간 중 개인적인 사유로 외출 후 사업장으로 돌아오던 도중에 발생한 사고는 업무상 사고로 볼 수 없다(산재법 제37조 1항 1호 가목, 산재법 시행령 제27조 2항). ① 사업주가 주관하거나 사업주의 지시에 따라 참여한 행사나 행사 준비 중에 발생한 사고는 업무상 재해로 본다(산재법 제37조 1항 1호 라목). ② 업무수행 과정에서 하는 용변 등 생리적 필요 행위를 하던 중에 발생한 사고는 업무상 사고로 본다(산재법 제37조 1항 1호 가목; 산재법 시행령 제27조 1항 2호). ⑤ 사업주가 제공한 시설물 등을 이용하던 중 그 시설물 등의 결함이나 관리소홀로 발생한 사고는 업무상 재해로 본다(산재법 제37조 1항 1호 나목). ③ 업무시간 중 개인적인 사유로 외출 후 사업장으로 돌아오던 도중에 발생한 사고는 업무상 재해에 해당하지 않는다.

10. 업무상 재해에 대한 설명으로 옳지 않은 것은?

① 업무상 재해란 업무상의 사유에 따른 근로자의 부상·질병·재해 또는 사망을 말한다.
② 업무수행성은 반드시 근로자가 현실적으로 업무수행에 종사하는 동안만 인정할 수 있는 것이 아니라 사업장에서 업무시간 중 또는 그 전후에 휴식하는 동안에도 인정할 수 있다.
③ 업무수행이라 함은 사용자의 지배 또는 관리 하에서 이루어지는 업무수행 및 그에 수반되는 통상적인 활동과정에서 재해의 원인이 발생한 것을 말한다.

정답 09. ③ 10. ④

④ 상가 경비원이 근무시간 중 같은 건물 내의 자신의 순찰경비구역 내에 위치한 아파트경비실에 앉아 술을 마시고 있던 중 화재로 인하여 사망하였다면 업무상 재해라 인정할 수 없다.
⑤ 작업도구를 공사현장에 옮겨놓는 업무준비행위 중 발생한 재해도 업무상 재해에 해당한다.

해설

① 산재법 제5조 1호, ② 대판 1993.3.12, 92누17471, ③ 대판 1993.1.19, 92누13073; 대판 1997.5.23, 96누18748, ④ 상가 경비원이 근무시간 중 같은 건물 내의 자신의 순찰경비구역 내에 위치한 아파트경비실에 앉아 술을 마시고 있던 중 화재로 인하여 사망하였다 하더라도, 평소에 아파트 경비실에 수시로 들러 업무협의를 하거나 잠시 휴식을 취하는 것이 통상적인 업무방식으로 용납되었으며 … 중간 중간의 휴식도 어느 정도 당연히 포함되는 것이므로 근무 장소를 이탈한 사적 행위가 아닌 상가경비 업무 수행 중으로 사망한 것으로 보아 업무수행성이 인정된다고 할 것이다(대판 1998.3.27, 98두465). ⑤ 대판 1996.10.11, 96누9034

11. 다음 중 판례의 태도로 바르지 못한 것은?

① 산업재해예방을 위하여 필요한 주의의무를 다하지 못한 사용자는 근로자의 산업재해에 대하여 불법행위책임을 부담해야 한다.
② 근로기준법 또는 산업재해보상보험법에 의한 유족보상 또는 유족급여는 위자료의 성질을 갖는다.
③ 근로자가 업무수행 중 사망하였으나 그 사인이 불분명한 경우, 업무에 기인한 사망으로 추정할 수는 없다.
④ 회사 승낙에 의한 노조 전임 근로자가 노동조합 업무수행 중 입은 재해는 업무상 재해로 볼 수 있다.
⑤ 업무수행성은 사용자의 지배 또는 관리 하에 이루어지는 당해 근로자의 업무수행 및 그에 수반되는 통상적인 활동과정에서 재해의 원인이 발생하는 것을 의미한다.

해설

② 근로기준법 제82조 또는 산업재해보상보험법 제9조의6(현행 제62조) 소정의 유족보상 또는 유족급여는 근로자의 사망으로 인하여 장래 얻을 수 있는 수입을 상실하게 된 재산상 손해를 보전하기 위하여 일정액을 소정 유족에게 지급하는 것으로서 이는 위자료의 성질을 가지는 것이 아니다(대판 1981.10.13, 90다2828). ① 산업재해 예방을 위하여 필요한 주의의무를 다하지 못한 사용자는 근로자의 질환에 대하여 근로기준

정답 11. ②

법이나 산업재해보상보험법 등에 의하여 보상을 받을 수 있음은 별론으로 하고 사업주로서의 불법행위상의 책임을 면할 수 없다(대판 1989.8.8, 88다카33190). ③ 근로자의 업무와 재해 사이의 인과관계는 이를 주장하는 측에서 입증하여야 할 것이므로, 근로자의 사망이 업무수행 중에 일어난 경우 그 사인이 분명하지 않다고 하여 바로 업무에 기인한 사망으로 추정할 수는 없다. ④ 노동조합 업무 전임자가 근로계약상 본래 담당할 업무를 면하고 노동조합의 업무를 전임하게 된 것이 사용자인 회사의 승낙에 의한 것이며 재해 발생 당시 근로자의 지위를 보유하고 있었고 그 질병이 노조업무 수행 중 육체적·정신적 과로로 인하여 발병된 경우, 특별한 사정이 없는 한 이는 근로기준법상 재해보상이 되는 업무상 재해로 보아야 한다.(대판 1996.6.28, 96다12733). ⑤ 산업재해보상보험법 제4조 1호(현행 제5조 1항)가 정하는 업무상의 사유에 의한 재해로 인정되기 위하여 당해 재해가 업무수행 중의 재해이어야 함은 물론이고 업무에 의하여 발생한 것으로서 업무와 재해 사이에 상당인과관계가 있어야 하는 것이고, 여기에서 업무수행성은 사용자의 지배 또는 관리 하에 이루어지는 당해 근로자의 업무수행 및 그에 수반되는 통상적인 활동과정에서 재해의 원인이 발생하는 것을 의미한다(대판 2006.10.13, 2006두7669).

12. 다음 보기 중 업무상 재해로 인정될 수 없는 것을 모두 고른 것은? (이견이 있는 경우에는 판례의 태도에 따름)

㈎ 업무상 재해인 질병에 기인하여 심신상실 내지 정신착란의 상태에 빠져 그 상태에서 자살이 이루어진 경우 ㈏ 정당한 쟁의활동 중의 재해 ㈐ 인원감축을 반대하기 위하여 노조원이 취업을 강행하다가 부상한 경우 ㈑ 노조전임자가 노조업무를 수행하던 중에 재해를 당한 경우 ㈒ 통근 방법과 경로가 근로자의 선택에 맡겨져 있는 통근 도중의 재해 ㈓ 공무원의 통근 도중의 재해

① ㈎, ㈏, ㈐ ② ㈏, ㈐, ㈑ ③ ㈏, ㈐, ㈒
④ ㈐, ㈑, ㈒ ⑤ ㈐, ㈒, ㈓

해설

㈎ '업무상 재해인 질병에 기인하여 심신상실 내지 정신착란의 상태에 빠져 그 상태에서 자살이 이루어진 것인 한 사망과 업무 사이에 상당인과관계가 있다 … '(대판 1993.12.14, 93누9392). ㈏㈐ 판례(대판 1996.6.28, 96다12733)는 정당한 쟁의활동 중의 재해에 대하여 업무상 재해로 인정하지 않고 있으나 이에 대해서는 의문이 있다. 한편 반대로 인원감축을 반대하기 위하여 노조원이 취업을 강행하다가 부상한 경우에도 사용자의 지휘·명령이 없으므로 업무상 재해로 인정되지 않는다. ㈑ 노조전임자가 노조업무를 수행하던 중에 재해를 당하거나 질병이 발생한 경우 업무상 재해로 인정된

정답 12. ③

다(대판 1994.2.22, 92누14502). (마)(바) 통근 도중의 재해는 일반적으로 통근의 방법과 경로가 근로자의 선택에 맡겨져 있기 때문에 사업주가 제공한 교통수단을 이용하거나 또는 이에 준하는 교통수단을 이용하도록 하는 등 근로자의 통근과정이 사업주의 지배·관리 하에 있다고 볼 수 있는 경우에만 업무상의 재해로 인정된다(대판 1993.5.11, 92누16805 등). 판례는 공무원의 통근 도중의 재해에 대하여는 공무상(업무상) 재해로 보고 있다(대판 1993.10.8, 93다16161).

13. 산업재해보상보험법령상 업무상질병판정위원회에 관한 설명으로 옳은 것은?

〈노무사 2014년〉

① 업무상질병판정위원회의 위원장은 고용노동부차관이 된다.
② 업무상질병판정위원회는 위원장 1명을 포함하여 60명 이내의 위원으로 구성한다.
③ 업무상 질병의 인정 여부를 심의하기 위하여 고용노동부장관 소속으로 업무상질병판정위원회를 둔다.
④ 진폐는 업무상질병판정위원회의 심의에서 제외된다.
⑤ 업무상질병판정위원회 위원 중 근로자단체와 사용자단체가 추천하는 위원 수는 전체 위원 수의 3분의 2 미만으로 할 수 없다.

✍ 해설

① 업무상질병판정위의 위원장 및 위원은 1. 변호사 또는 공인노무사, 2.「고등교육법」제2조에 따른 학교에서 조교수 이상으로 재직하고 있거나 재직하였던 사람, 3. 의사, 치과의사 또는 한의사, 4. 산업재해보상보험 관련 업무에 5년 이상 종사한 사람 중에서 공단 이사장이 위촉하거나 임명한다(산재법 시행규칙 제6조 2항). ② 업무상질병판정위원회는 위원장 1명을 포함하여 100명 이내의 위원으로 구성한다(산재법 시행규칙 제6조 1항). ③ 업무상 질병의 인정 여부를 심의하기 위하여 공단 소속 기관에 업무상질병판정위원회(이하 "판정위원회"라 한다)를 둔다(산재법 제38조 1항). ④ 진폐는 판정위원회의 심의에서 제외되는 질병이다(산재법 시행규칙 제7조. ⑤ 근로자 단체나 사용자 단체가 각각 추천하는 사람이 위촉하려는 전체 위원 수의 3분의 1보다 적은 경우에는 근로자 단체와 사용자 단체가 추천하는 위원 수를 전체 위원 수의 3분의 2 미만으로 할 수 있다(산재법 시행규칙 제6조 4항).

14. 산업재해보상보험법령상 업무상질병판정위원회에 관한 설명으로 옳은 것은?

〈노무사 2013년〉

① 업무상질병판정위원회는 업무상 질병의 인정 여부를 심의하기 위하여 보건복지부소속 기관에 둔다.

정답 13. ④ 14. ⑤

② 위원장 1명을 포함하여 50명 이내의 위원으로 구성한다.
③ 위원장과 위원은 비상임으로 한다.
④ 위원장의 임기는 3년으로 하고, 위원의 임기는 2년으로 한다.
⑤ 진폐는 업무상질병판정위원회의 심의에서 제외되는 질병이다.

✍ 해설

① 업무상 질병의 인정 여부를 심의하기 위하여 공단 소속 기관에 업무상질병판정위원회를 둔다(산재법 제38조). ②③ 업무상질병판정위원회는 위원장 1명을 포함하여 100명 이내의 위원으로 구성한다. 이 경우 판정위원회의 위원장은 상임으로 하고, 위원장을 제외한 위원은 비상임으로 한다(산재법 시행규칙 제6조 1항). ④ 판정위원회의 위원장과 위원의 임기는 2년으로 하되, 연임할 수 있다(산재법 시행규칙 제6조 5항). ⑤ 질병판정위원회의 심의에서 제외되는 질병은 다음 각 호의 어느 하나에 해당하는 질병으로 한다. 1. 진폐, 2. 이황화탄소 중독증, 3. 유해·위험요인에 일시적으로 다량 노출되어 나타나는 급성 중독 증상 또는 소견 등의 질병, 4. 그 밖에 업무와 그 질병 사이에 상당인과관계가 있는지를 명백히 알 수 있는 경우로서 공단이 정하는 질병(산재법 시행규칙 제7조)

15. 업무상 재해를 인정하기 위한 사망추정제도에 대한 설명으로 틀린 것은?

① 선박이 침몰·전복·멸실 또는 행방불명되는 사고가 발생한 경우 그 선박에 타고 있던 근로자의 생사가 그 사고 발생일로부터 3개월간 밝혀지지 아니한 경우에는 사망으로 추정한다.
② 천재지변, 화재, 구조물 등의 붕괴, 그 밖의 각종 사고의 현장에 있던 근로자의 생사가 사고 발생일로부터 3개월간 밝혀지지 아니한 경우 사망으로 추정한다.
③ 사망으로 추정되는 경우 유족급여와 장의비에 관한 규정을 적용한다.
④ 사망으로 추정되는 사람은 그 사고가 발생한 날 또는 행방불명된 날에 사망한 것으로 추정한다.
⑤ 근로자의 생존이 확인되면 보험급여를 받은 자는 그 금액의 전부 또는 일부를 반환하여야 한다.

✍ 해설

⑤ 근로복지공단은 1항에 따른 사망의 추정으로 보험급여를 지급한 후에 그 근로자의 생존이 확인되면 그 급여를 받은 자가 선의인 경우에는 받은 금액을, 악의인 경우에는 받은 금액의 2배에 해당하는 금액을 징수하여야 한다(산재법 제39조 2항). ① 산재법 시행령 제37조 1항 1호, ② 산재법 시행령 제37조 1항 3호, ③ 사고가 발생한 선박 또는 항공기에 있던 근로자의 생사가 밝혀지지 아니하거나 항행 중인 선박 또는 항공기에 있

정답 15. ⑤

던 근로자가 행방불명 또는 그 밖의 사유로 그 생사가 밝혀지지 아니하면 대통령령으로 정하는 바에 따라 사망한 것으로 추정하고, 유족급여와 장의비에 관한 규정을 적용한다(산재법 제39조). ④ 산재법 시행령 제37조 2항

16. 산업재해보상보험법상 사망의 추정에 관한 설명으로 옳은 것은?

〈노무사 2010년〉

① 사망의 추정으로 보험급여 수급 후 근로자의 생존이 확인되면 보험급여를 받은 사람과 보험가입자는 생존이 확인된 날로부터 1개월 이내에 신고하여야 한다.

② 항행 중인 선박에 타고 있던 근로자가 행방불명되어 그 생사가 행방불명된 날부터 3개월간 밝혀지지 아니한 경우 사망한 것으로 추정할 수 있다.

③ 사망의 추정으로 보험급여 수급 후 근로자의 생존이 확인되면 보험급여를 받은 자가 선의자인 경우에는 보험급여를 반환할 필요가 없다.

④ 공단은 사망의 추정으로 보험급여 지급 후 근로자의 생존이 확인되면 보험급여를 받은 자가 악의자인 경우에는 받은 금액 전부를 징수하여야 한다.

⑤ 사망이 추정되는 경우 유족급여는 지급하고 장의비는 지급하지 않는다.

해설

① 산재법 시행령 제37조 5항, ② 산재법 시행령 제37조 1항, ③④ 산재법 제39조 2항, ⑤ 산재법 제39조 1항

17. (   )에 들어갈 내용을 순서대로 옳게 나열한 것은? 〈노무사 2014년〉

산업재해보상보험법상 보험급여를 산정하는 경우 해당 근로자의 평균임금을 산정하여야 할 사유가 발생한 날부터 1년이 지난 이후에는 매년 (   )에 따라 평균임금을 증감하되, 그 근로자의 연령이 (   )에 도달한 이후에는 (   )에 따라 평균임금을 증감한다.

① 소비자물가변동률, 60세, 전체 근로자의 임금 평균액의 증감률

② 소비자물가변동률, 61세, 전체 근로자의 임금 평균액의 증감률

③ 전체 근로자의 임금 평균액의 증감률, 60세, 소비자물가변동률

④ 전체 근로자의 임금 평균액의 증감률, 61세, 소비자물가변동률

⑤ 전체 근로자의 임금 평균액의 증감률, 65세, 소비자물가변동률

정답 16. ② 17. ③

해설

보험급여를 산정하는 경우 해당 근로자의 평균임금을 산정하여야 할 사유가 발생한 날부터 1년이 지난 이후에는 매년 전체 근로자의 임금 평균액의 증감률에 따라 평균임금을 증감하되, 그 근로자의 연령이 60세에 도달한 이후에는 소비자물가변동률에 따라 평균임금을 증감한다(산재법 제36조 3항 본문).

18. 산업재해보상보험법상 보험급여에 관한 다음 설명 중 옳은 것은?

① 일용근로자 등 근로형태가 특이한 근로자에 대해서도 보험급여 산정은 근로기준법상의 평균임금을 적용한다.
② 요양 또는 재요양을 받고 있는 근로자가 그 요양기간 중 일정기간 또는 단시간 취업을 하는 경우에는 그 취업한 날 또는 취업한 시간에 해당하는 그 근로자의 평균임금에서 그 취업한 날 또는 취업한 시간에 대한 임금을 뺀 금액의 100분의 90에 상당하는 금액을 지급할 수 있다.
③ 간병급여는 요양을 받는 기간에만 요양급여로서 지급된다.
④ 유족급여는 원칙적으로 유족보상일시금으로 지급하되, 연금으로 지급할 수도 있다.
⑤ 장의비는 평균임금의 90일분에 상당하는 금액으로 한다.

해설

① 산재법 제36조 5항. 보험급여(진폐보상연금 및 진폐유족연금은 제외한다)를 산정할 때 해당 근로자의 근로 형태가 특이하여 평균임금을 적용하는 것이 적당하지 아니하다고 인정되는 경우로서 대통령령으로 정하는 경우에는 대통령령으로 정하는 산정 방법에 따라 산정한 금액을 평균임금으로 한다. ② 산재법 제53조 1항, ③ 종전에는 요양을 받는 기간에만 부득이한 경우에 요양비로서 간병료를 지급하였으나(구법 제40조), 법개정(1999.12.31)에 의해 치료 후 의학적으로 상시 또는 수시로 간병이 필요한 경우에는 보험급여로서 간병급여를 지급한다(제61조). ④ 유족보상일시금은 근로자가 사망할 당시 제63조 1항에 따른 유족보상연금을 받을 수 있는 자격이 있는 자가 없는 경우에 지급한다(제62조 2항). ⑤ 장의비는 평균임금의 120일분에 상당하는 금액을 그 장제를 행하는 자에게 지급한다(제71조 1항).

19. 다음 중 보험급여에 대한 설명으로 옳지 않은 것은?

① 요양급여는 근로자가 업무상의 사유로 부상을 당하거나 질병에 걸린 경우에 그 근로자에게 지급한다.
② 요양급여를 받는 근로자가 요양을 시작한 지 2년이 지난 날 이후에 규정요건 모두에 해당하는 상태가 계속되면 휴업급여 대신 상병보상연금을 그

근로자에게 지급한다.

③ 장해보상연금과 장해보상일시금은 원칙적으로 수급권자의 선택에 따라 지급하되, 장해등급이 1급에서 3급에 해당되는 자에게는 장해보상연금을 지급한다.

④ 상병보상연금을 받는 경우에도 휴업급여를 지급한다.

⑤ 장해급여는 근로자가 업무상의 사유로 부상을 당하거나 질병에 걸려 치유된 후 신체 등에 장해가 있는 경우에 그 근로자에게 지급한다.

✍ 해설 ···

① 산재법 제40조 1항, ② 산재법 제66조 1항, ③ 대통령령이 정하는 노동력을 완전히 상실한 장해등급의 근로자에 대하여는 장해보상연금을 지급한다(산재법 제57조 3항 단서). ④ 상병보상 연금수급권자에게는 휴업급여를 지급하지 아니한다(산재법 제66조 1항). ⑤ 산재법 제57조 1항

20. 산업재해보상보험법상 보험급여에 관한 설명으로 옳지 않은 것은?

〈노무사 2015년〉

① 진폐에 따른 보험급여의 종류는 요양급여, 간병급여, 장의비, 직업재활급여, 진폐보상연금 및 진폐유족연금으로 한다.

② 요양급여는 근로자가 업무상의 사유로 부상을 당하거나 질병에 걸린 경우에 그 보험가입자에게 지급한다.

③ 요양으로 취업하지 못한 기간이 3일 이내이면 휴업급여를 지급하지 아니한다.

④ 대한민국 국민이 아닌 장해보상연금의 수급권자가 외국에서 거주하기 위하여 출국하는 경우 그 수급권이 소멸한다.

⑤ 산업재해로 사망한 근로자의 배우자가 재혼한 때 유족보상연금 수급자격을 잃는다.

✍ 해설 ···

① 진폐에 따른 보험급여의 종류는 제1호의 요양급여, 제4호의 간병급여, 제7호의 장의비, 제8호의 직업재활급여, 제91조의3에 따른 진폐보상연금 및 제91조의4에 따른 진폐유족연금으로 한다(산재법 제36조 1항 단서). ②요양급여는 근로자가 업무상의 사유로 부상을 당하거나 질병에 걸린 경우에 그 근로자에게 지급한다(산재법 제40조 1항). ③ 산재법 제40조 3항, ④ 산재법 제58조 2호, ⑤ 산재법 제64조 2호

정답 20. ②

〈참 고〉 장애보상연금 또는 진폐보상연금 수급권 소멸사유 (산재법 제58조)

1. 사망한 경우
2. 대한민국 국민이었던 수급권자가 국적을 상실하고 외국에서 거주하고 있거나 외국에서 거주하기 위하여 출국하는 경우
3. 대한민국 국민이 아닌 수급권자가 외국에서 거주하기 위하여 출국하는 경우
4. 장해등급 또는 진폐장해등급이 변경되어 장해보상연금 또는 진폐보상연금의 지급 대상에서 제외되는 경우

〈참 고〉 유족보상연금 수급자격 상실사유 (산재법 제64조 1항)

1. 사망한 경우
2. 재혼한 때(사망한 근로자의 배우자만 해당하며, 재혼에는 사실상 혼인 관계에 있는 경우를 포함한다)
3. 사망한 근로자와의 친족 관계가 끝난 경우
4. 자녀·손자녀 또는 형제자매가 19세가 된 때
5. 제63조 1항 4호에 따른 장애인이었던 자로서 그 장애 상태가 해소된 경우
6. 근로자가 사망할 당시 대한민국 국민이었던 유족보상연금 수급자격자가 국적을 상실하고 외국에서 거주하고 있거나 외국에서 거주하기 위하여 출국하는 경우
7. 대한민국 국민이 아닌 유족보상연금 수급자격자가 외국에서 거주하기 위하여 출국하는 경우

21. 산업재해보상보험법에 관한 다음 설명 중 틀린 것은?

① 유족보상일시금은 근로자가 사망할 당시 제63조 1항에 따른 유족보상연금을 받을 수 있는 자격이 있는 자가 없는 경우에 지급한다.
② 장의비는 평균임금의 120일분으로 하되, 최고·최저한도의 제한을 두고 있다.
③ 산업재해보상보험법상 보험급여 지급은 사업주에게는 적용되지 않는다.
④ 사업주가 보험의 당연가입자가 되는 사업에 있어서는 보험관계의 성립일은 당해 사업이 개시된 날이 된다.
⑤ 유족보상연금의 수급권자가 원하는 경우에는 유족보상일시금의 100분의 50에 상당하는 금액을 일시금으로 지급한다.

해설

①⑤ 산업재해보상보험법은 유족급여를 연금으로 지급하는 것을 원칙으로 하되, 연금수급권자의 선택에 의하여 100분의 50에 상당하는 금액을 일시금으로 지급할 수 있도록 하고 있다(산재법 제62조 2항 및 3항). ② 저소득근로자의 사망 시와 고소득근로자

정답 21. ③

의 사망 시 장의비 지급액의 현격한 차이를 줄일 수 있도록 장의비 지급액의 최고·최저 한도를 정하고 있다(산재법 제71조 2항). ③ 사실상 근로에 종사함으로써 근로자와 같이 재해의 위험에 노출된 중·소기업 사업주의 보호를 위하여 2000년 7월 1일부터는 중·소기업 사업주가 재해를 입은 경우에도 산업재해보상보험의 보험급여를 받을 수 있도록 동 사업주에 대한 특례제도를 신설하였다(산재법 제124조). ④ 보험료징수법 제7조 2호

22. 요양급여에 관한 설명 중 틀린 것은?

① 요양급여는 노동력의 회복을 목적으로 한다는 점에서 다른 보험급여와 그 성격이 다르다.
② 부상 또는 질병이 3일 이내의 요양으로 치유될 수 있으면 요양급여를 지급하지 않는다.
③ 요양급여는 원칙적으로 현물급여이다.
④ 업무상 재해를 입은 근로자의 요양을 담당할 의료기관에는 보건소도 포함될 수 있다.
⑤ 요양기간은 6개월 범위 내에서 인정된다.

해설

① 요양급여는 노동력의 회복을 목적으로 함에 반하여 다른 보험급여는 업무상 재해로 상실된 노동력 수입을 일정수준까지 보장하는 것을 주목적으로 한다는 점에서 그 성격이 다르다. ② 산재법 제40조 3항. 부상 또는 질병이 3일 이내의 요양으로 치유될 수 있으면 요양급여를 지급하지 아니한다. ③ 요양급여는 원칙적으로 현물급여이다. 즉 의료서비스의 제공을 원칙으로 한다. 다만 부득이한 경우에는 요양을 갈음하여 요양비를 지급할 수 있다(산재법 제40조 2항). ④ 산재법 제43조 1항 3호, ⑤ 요양기간은 상병의 치유에 필요한 범위 내에서 계속적으로 인정된다.

23. 다음 중 전원요양을 받을 수 있는 경우에 해당하지 않는 것은?

① 요양 중인 산재보험 의료기관의 인력·시설 등이 그 근로자의 전문적인 치료 또는 재활 치료에 맞지 아니하여 다른 산재보험 의료기관으로 옮길 필요가 있는 경우
② 요양 중인 산재보험 의료기관의 의료비용이 과다하여 다른 산재보험 의료기관으로 옮길 필요가 있는 경우
③ 자문의사회의의 심의절차를 거쳐 부득이한 사유가 인정되는 경우
④ 생활근거지에서 요양하기 위하여 다른 산재보험 의료기관으로 옮길 필요가 있는 경우

정답 22. ⑤ 23. ②

⑤ 상급종합병원에서 전문적인 치료 후 다른 산재보험 의료기관으로 옮길 필요가 있는 경우

✍ 해설

산재법 제48조 1항

[전원요양을 받을 수 있는 경우]

1. 요양 중인 산재보험 의료기관의 인력·시설 등이 그 근로자의 전문적인 치료 또는 재활치료에 맞지 아니하여 다른 산재보험 의료기관으로 옮길 필요가 있는 경우
2. 생활근거지에서 요양하기 위하여 다른 산재보험 의료기관으로 옮길 필요가 있는 경우
3. 제43조 1항 2호에 따른 상급종합병원에서 전문적인 치료 후 다른 산재보험 의료기관으로 옮길 필요가 있는 경우
4. 그 밖에 대통령령으로 정하는 절차를 거쳐 부득이한 사유가 있다고 인정되는 경우

24. 산업재해보상보험법령상 재요양의 요건에 해당하지 않는 것은?

〈노무사 2015년〉

① 치유된 업무상 부상 또는 질병과 재요양의 대상이 되는 부상 또는 질병 사이에 상당인관관계가 있을 것
② 재요양의 대상이 되는 부상 또는 질병의 상태가 치유 당시보다 악화된 경우로서 나이나 그 밖에 업무 외의 사유로 악회된 경우가 아닐 것
③ 재요양의 대상이 되는 부상 또는 질병 상태의 호전을 위하여 수술 등 적극적인 치료가 필요하다고 인정될 것
④ 재요양의 대상이 되는 부상 또는 질병의 상태가 재요양으로 치료효과를 기대할 수 있다고 인정될 것
⑤ 재요양의 대상이 되는 부상 또는 질병으로 인하여 요양 중으로서 그 부상 또는 질병의 상태가 치유 후에도 장해등급에 해당할 것이라는 내용의 의학적 소견이 있을 것

✍ 해설

법 제51조에 따른 재요양(이하 "재요양"이라 한다)은 업무상 부상 또는 질병에 대하여 요양급여(요양급여를 받지 아니하고 장해급여를 받는 부상 또는 질병의 경우에는 장해급여)를 받은 경우로서 다음 각 호의 요건 모두에 해당하는 경우에 인정한다.

1. 치유된 업무상 부상 또는 질병과 재요양의 대상이 되는 부상 또는 질병 사이에 상당인과관계가 있을 것
2. 재요양의 대상이 되는 부상 또는 질병의 상태가 치유 당시보다 악화된 경우로서 나이나 그 밖에 업무 외의 사유로 악화된 경우가 아닐 것

정답 24. ⑤

3. 재요양의 대상이 되는 부상 또는 질병 상태의 호전을 위하여 수술(신체 내 고정물의 제거수술 또는 의지 장착을 위한 절단 부위의 재수술을 포함한다) 등 적극적인 치료가 필요하다고 인정될 것
4. 재요양의 대상이 되는 부상 또는 질병의 상태가 재요양으로 치료효과를 기대할 수 있다고 인정될 것

25. 산업재해보상보험법상 평균임금을 급여액 산정의 기초로 하지 않는 것으로만 묶인 것은? 〈노무사 2009년〉

① 요양급여·장해급여
② 휴업급여·유족급여
③ 장해급여·상병보상연금
④ 요양급여·간병급여
⑤ 장의비·유족급여

해설

④ 요양급여는 현물급여를 원칙으로 하며, 예외적으로 요양비를 지급할 수 있도록 하고 있다(산재법 제40조 2항). 간병급여는 요양급여를 받는 자 중 치유 후 의학적으로 상시 또는 수시로 간병이 필요하며 실제로 간병을 받는 자에게 지급한다(산재법 제61조 1항).

26. 산업재해보상보험법상 보험급여에 관한 설명으로 옳지 않은 것은? 〈노무사 2013년〉

① 근로복지공단은 사망의 추정으로 보험급여를 지급한 후에 그 근로자의 생존이 확인되면 그 급여를 받은 자가 선의(善意)인 경우에는 받은 금액을 징수하여야 한다.
② 근로자를 진료한 산재보험 의료기관은 그 근로자의 재해가 업무상의 재해로 판단되면 그 근로자의 동의없이 요양급여의 신청을 대행할 수 있다.
③ 장해보상연금의 수급권자가 재요양을 받는 경우에도 그 연금의 지급을 정지하지 아니한다.
④ 진폐유족연금의 지급은 그 지급사유가 발생한 달의 다음 달 초일부터 시작된다.
⑤ 유족보상연금의 지급은 그 지급받을 권리가 소멸한 달의 말일에 끝난다.

해설

② 근로자를 진료한 산재보험 의료기관은 그 근로자의 재해가 업무상의 재해로 판단되면 그 근로자의 동의를 받아 요양급여의 신청을 대행할 수 있다(산재법 제41조 2항).
① 산재법 제39조 2항. 공단은 1항에 따른 사망의 추정으로 보험급여를 지급한 후에

정답 25. ④ 26. ②

그 근로자의 생존이 확인되면 그 급여를 받은 자가 선의(善意)인 경우에는 받은 금액을, 악의(惡意)인 경우에는 받은 금액의 2배에 해당하는 금액을 징수하여야 한다. ③ 산재법 제60조 1항. 장해보상연금의 수급권자가 재요양을 받는 경우에도 그 연금의 지급을 정지하지 아니한다. ④⑤ 산재법 제70조 1항. 장해보상연금, 유족보상연금, 진폐보상연금 또는 진폐유족연금의 지급은 그 지급사유가 발생한 달의 다음 달 초일부터 시작되며, 그 지급받을 권리가 소멸한 달의 말일에 끝난다.

27. 다음은 산업재해보상보험법에 관한 내용이다. ( ) 안에 들어갈 숫자의 합은?

〈노무사 2012년〉

○ 휴업급여는 업무상 사유로 부상을 당하거나 질병에 걸린 근로자에게 요양으로 취업하지 못한 기간에 대하여 지급하되, 1일당 지급액은 평균임금의 100분의 ( )에 상당하는 금액으로 한다. ○ 요양 또는 재요양을 받고 있는 근로자가 그 요양기간 중 일정기간 또는 단시간 취업을 하는 경우에는 그 취업한 날 또는 취업한 시간에 해당하는 그 근로자의 평균임금에서 그 취업한 날 또는 취업한 시간에 대한 임금을 뺀 금액의 100분의 ( )에 상당하는 금액을 지급할 수 있다.

① 130 ② 140 ③ 150
④ 160 ⑤ 170

해설

휴업급여는 업무상 사유로 부상을 당하거나 질병에 걸린 근로자에게 요양으로 취업하지 못한 기간에 대하여 지급하되, 1일당 지급액은 평균임금의 100분의 70에 상당하는 금액으로 한다(산재법 제52조). 요양 또는 재요양을 받고 있는 근로자가 그 요양기간 중 일정기간 또는 단시간 취업을 하는 경우에는 그 취업한 날 또는 취업한 시간에 해당하는 그 근로자의 평균임금에서 그 취업한 날 또는 취업한 시간에 대한 임금을 뺀 금액의 100분의 90에 상당하는 금액(부분휴업급여)을 지급할 수 있다(산재법 제53조 1항).

28. 산업재해보상보험법상 보험급여에 관한 설명이다. ( ) 안에 들어갈 올바른 용어를 고르시오.

〈사시 2010년〉

(   )는 업무상 사유로 부상을 당하거나 질병에 걸린 근로자에게 요양으로 취업하지 못한 기간에 대하여 지급하되, 1일당 지급액은 평균임금의 100분의 70에 상당하는 금액으로 한다.

정답 27. ④ 28. ②

① 요양급여 ② 휴업급여 ③ 장해급여
④ 직업재활급여 ⑤ 생계급여

✍ 해설

휴업급여는 업무상 사유로 부상을 당하거나 질병에 걸린 근로자에게 요양으로 취업하지 못한 기간에 대하여 지급하되, 1일당 지급액은 평균임금의 100분의 70에 상당하는 금액으로 한다(산재법 제52조).

29. 다음 중 저소득 근로자의 휴업급여에 관한 설명이다. 빈 칸에 들어갈 말로 바르게 짝지어진 것은?

1일당 휴업급여 지급액이 최저 보상기준 금액의 (A)보다 적거나 같으면 그 근로자에 대하여는 (B)의 (C)에 상당하는 금액을 1일당 휴업급여 지급액으로 한다.

① A: 100분의 80, B: 평균임금, C: 100분의 90
② A: 100분의 80, B: 통상임금, C: 100분의 80
③ A: 100분의 70, B: 평균임금, C: 100분의 80
④ A: 100분의 70, B: 통상임금, C: 100분의 90
⑤ A: 100분의 90, B: 평균임금, C: 100분의 90

✍ **해설**

제52조에 따라 산정한 1일당 휴업급여 지급액이 최저 보상기준 금액의 100분의 80보다 적거나 같으면 그 근로자에 대하여는 평균임금의 100분의 90에 상당하는 금액을 1일당 휴업급여 지급액으로 한다(산재법 제54조 1항 본문).

30. 산업재해보상보험법상 보험급여에 관한 설명 중 틀린 것은?

① 휴업급여의 1일당 지급액은 평균임금의 100분의 70에 상당하는 금액으로 한다.
② 휴업급여를 받던 근로자가 61세에 도달한 이후에는 노동능력을 고려하여 휴업급여를 일정한 기준에 따라 감액하여 지급한다.
③ 재요양을 받는 자에 대하여는 최초 요양 당시의 임금을 기준으로 산정한 평균임금의 100분의 70에 상당하는 금액을 1일당 휴업급여 지급액으로 한다.
④ 유족급여의 경우 연금수급권자가 원하면 유족보상일시금의 100분의 50

정답 29. ① 30. ③

에 상당하는 금액을 일시금으로 지급하고 유족보상연금은 100분의 50을 감액하여 지급한다.

⑤ 장의비는 평균임금의 120일분 상당하는 금액을 장제를 지낸 유족에게 지급한다.

✍ 해설

① 휴업급여는 업무상 사유로 부상을 당하거나 질병에 걸린 근로자에게 요양으로 취업하지 못한 기간에 대하여 지급하되, 1일당 지급액은 평균임금의 100분의 70에 상당하는 금액으로 한다. 다만, 취업하지 못한 기간이 3일 이내이면 지급하지 아니한다(산재법 제52조). ② 휴업급여를 받는 근로자가 61세가 되면 그 이후의 휴업급여는 별표 1에 따라 산정한 금액을 지급한다(산재법 제55조 본문). ③ 재요양을 받는 자에 대하여는 재요양 당시의 임금을 기준으로 산정한 평균임금의 100분의 70에 상당하는 금액을 1일당 휴업급여 지급액으로 한다(산재법 제56조 제1항). ④ 유족보상연금을 받을 수 있는 자격이 있는 자가 원하면 유족보상일시금의 100분의 50에 상당하는 금액을 일시금으로 지급하고 유족보상연금은 100분의 50을 감액하여 지급한다(산재법 제62조 3항). ⑤ 장의비는 근로자가 업무상의 사유로 사망한 경우에 지급하되, 평균임금의 120일분에 상당하는 금액을 그 장제(葬祭)를 지낸 유족에게 지급한다(산재법 제71조 1항).

31. 다음 중 장해보상연금 수급권의 소멸사유가 아닌 것은?

① 수급권자가 사망한 경우

② 수급권자가 재요양을 받는 경우

③ 대한민국 국민이었던 수급권자가 국적을 상실하고 외국에서 거주하고 있거나 외국에서 거주하기 위하여 출국하는 경우

④ 대한민국 국민이 아닌 수급권자가 외국에서 거주하기 위하여 출국하는 경우

⑤ 장해등급 또는 진폐장해등급이 변경되어 장해보상연금 또는 진폐보상연금의 지급 대상에서 제외되는 경우

✍ 해설

①③④⑤ 장해보상연금 또는 진폐보상연금의 수급권자가 다음 각 호의 어느 하나에 해당하면 그 수급권이 소멸한다. 1. 사망한 경우, 2. 대한민국 국민이었던 수급권자가 국적을 상실하고 외국에서 거주하고 있거나 외국에서 거주하기 위하여 출국하는 경우, 3. 대한민국 국민이 아닌 수급권자가 외국에서 거주하기 위하여 출국하는 경우, 4. 장해등급 또는 진폐장해등급이 변경되어 장해보상연금 또는 진폐보상연금의 지급 대상에서 제외되는 경우(산재법 제58조). ② 장해보상연금의 수급권자가 재요양을 받는 경우에도 그 연

정답 31. ②

금의 지급을 정지하지 아니한다(산재법 제60조 1항).

32. 산업재해보상보험법상 장해급여에 관한 설명으로 옳은 것은?

〈노무사 2008년 변형〉

① 근로자가 업무상 사유로 부상을 당하거나 질병에 걸려 치유된 후 신체 등에 장해가 있는 경우 지급된다.

② 노동력을 완전히 상실한 장해등급의 근로자에게는 장해보상연금을 지급하고 장해급여 청구사유 발생 당시 대한민국 국민이 아닌 자로서 외국에서 거주하고 있는 근로자에게는 장해보상일시금을 지급한다.

③ 장해보상연금은 선지급이 허용될 수 없다.

④ 장해보상연금의 수급권자가 사망하는 경우에도 그 수급권은 소멸되지 아니한다.

⑤ 장해보상연금의 수급권자가 재요양을 받는 경우 재요양이 결정된 날이 속하는 달의 다음 달부터 재요양이 끝난 날이 속하는 달까지 장해보상연금의 지급은 정지된다.

해설

① 장해급여는 근로자가 업무상의 사유로 부상을 당하거나 질병에 걸려 치유된 후 신체 등에 장해가 있는 경우에 그 근로자에게 지급한다(산재법 제57조 1항). ② 제2항에 따른 장해보상연금 또는 장해보상일시금은 수급권자의 선택에 따라 지급한다. 다만, 대통령령으로 정하는 노동력을 완전히 상실한 장해등급의 근로자에게는 장해보상연금을 지급하고, 장해급여 청구사유 발생 당시 대한민국 국민이 아닌 자로서 외국에서 거주하고 있는 근로자에게는 장해보상일시금을 지급한다(산재법 제57조 3항). ③ 장해보상연금은 수급권자가 신청하면 그 연금의 최초 1년분 또는 2년분(3항 단서에 따른 근로자에게는 그 연금의 최초 1년분부터 4년분까지)의 2분의 1에 상당하는 금액을 미리 지급할 수 있다(산재법 제57조 4항).

④ 장해보상연금의 수급권자가 다음 각 호의 어느 하나에 해당하면 그 수급권이 소멸한다. 1. 사망한 경우, 2. 대한민국 국민이었던 장해보상연금 수급권자가 국적을 상실하고 외국에서 거주하고 있거나 외국에서 거주하기 위하여 출국하는 경우, 3. 대한민국 국민이 아닌 장해보상연금의 수급권자가 외국에서 거주하기 위하여 출국하는 경우, 4. 장해등급 또는 진폐장해등급이 변경되어 장해보상연금 또는 진폐보상연금의 지급 대상에서 제외되는 경우(산재법 제58조), ⑤ 장해보상연금의 수급권자가 재요양을 받는 경우에도 그 연금의 지급을 정지하지 아니한다(산재법 제60조 1항).

정답 32. ①

33. 다음 중 간병급여에 관한 설명 중 옳지 않은 것은?

① 간병급여는 요양급여를 받은 자 중 치유 후 의학적으로 상시 또는 수시로 간병이 필요하여 실제로 간병을 받는 자에게 지급한다.
② 수시 간병급여의 대상자에게 지급할 간병급여 금액은 상시 간병급여의 지급 대상자에게 지급할 금액의 3분의 2에 해당하는 금액으로 한다.
③ 간병급여 대상자가 무료요양소 등에 들어가 간병비용을 지출하지 않았거나 지급기준보다 적은 금액을 지출한 경우에는 실제 지출한 금액을 지급한다.
④ 간병급여 수급권자가 재요양을 받는 경우 그 재요양 기간 중에도 간병급여의 지급을 정지 하지 않는다.
⑤ 간병급여의 청구방법 등은 고용노동부령으로 정한다.

해설

④ 간병급여 수급권자가 법 제51조에 따라 재요양을 받는 경우 그 재요양 기간 중에는 간병급여를 지급하지 않는다(산재법 시행령 제59조 5항). ① 간병급여는 제40조에 따른 요양급여를 받은 자 중 치유 후 의학적으로 상시 또는 수시로 간병이 필요하여 실제로 간병을 받는 자에게 지급한다(산재법 제61조 1항). ② 간병급여의 지급 기준은 「통계법」 제3조에 따른 지정통계 중 고용노동부장관이 작성하는 고용형태별근로실태조사의 직종별 월급여총액 등을 기초로 하여 고용노동부장관이 고시하는 금액으로 한다. 이 경우 수시 간병급여의 대상자에게 지급할 간병급여의 금액은 상시 간병급여의 지급 대상자에게 지급할 금액의 3분의 2에 해당하는 금액으로 한다(산재법 시행령 제59조 3항). ③ 간병급여의 대상자가 무료요양소 등에 들어가 간병 비용을 지출하지 않았거나, 제3항에 따른 지급기준보다 적은 금액을 지출한 경우에는 실제 지출한 금액을 지급한다(산재법 시행령 제59조 4항). ⑤ 산재법 시행령 제59조 6항

34. 다음 ( ) 안에 맞는 것으로 묶인 것은?

유족보상연금을 받을 수 있는 자격이 있는 자가 원하면 유족보상일시금의 ( )에 상당하는 금액을 지급하고 유족보상연금은 ( )을 감액하여 지급한다.

① 100분의 20 ② 100분의 30 ③ 100분의 40
④ 100분의 50 ⑤ 100분의 60

해설

유족보상연금을 받을 수 있는 자격이 있는 자가 원하면 별표 3의 유족보상일시금의 100분의 50에 상당하는 금액을 일시금으로 지급하고 유족보상연금은 100분의 50을

정답 33. ④ 34. ④

감액하여 지급한다(산재법 제62조 3항).

35. 다음 산업재해보상보험법상의 보험급여에 관한 설명 중 옳은 것은?

① 장애보상연금 수급권자의 수급권이 소멸한 경우에 이미 지급한 연금액이 장해보상일시금보다 적은 경우에도 그 차액을 유족 또는 그 근로자에게 지급하지 아니한다.

② 요양급여는 현물급여를 원칙으로 하며, 3일 이내에 치유될 수 있는 부상의 경우에도 요양급여를 받을 수 있다.

③ 노동력을 완전히 상실한 장해등급의 근로자는 장해보상일시금을 지급하고, 장해급여 청구사유 발생 당시 대한민국 국민이 아닌 자로서 외국에 거주하고 있는 근로자에게는 장해보상연금을 지급한다.

④ 재요양 후 상병보상연금을 받는 근로자가 장해보상연금을 받고 있으면 두 개의 연금을 합산하여 지급한다.

⑤ 요양급여를 받는 근로자가 요양을 시작한 지 2년이 지난 날 이후에 일정한 요건 모두에 해당하는 상태가 계속되면 휴업급여 대신 상병보상연금을 그 근로자에게 지급한다.

해설

① 장해보상연금 수급권자의 수급권이 제58조에 따라 소멸한 경우에 이미 지급한 연금액을 지급 당시의 각각의 평균임금으로 나눈 일수(日數)의 합계가 별표 2에 따른 장해보상일시금의 일수에 못 미치면 그 못 미치는 일수에 수급권 소멸 당시의 평균임금을 곱하여 산정한 금액을 유족 또는 그 근로자에게 일시금으로 지급한다(산재법 제57조 5항). ② 요양급여는 원칙적으로 현물급여이며. 부상 또는 질병이 3일 이내의 요양으로 치유될 수 있으면 요양급여를 지급하지 아니한다(산재법 제40조). ③ 장해보상연금 또는 장해보상일시금은 수급권자의 선택에 따라 지급한다. 다만, 대통령령으로 정하는 노동력을 완전히 상실한 장해등급의 근로자에게는 장해보상연금을 지급하고, 장해급여 청구사유 발생 당시 대한민국 국민이 아닌 자로서 외국에서 거주하고 있는 근로자에게는 장해보상일시금을 지급한다(산재법 제57조 3항). ④ 재요양 후 상병보상연금을 받는 근로자가 장해보상연금을 받고 있으면 별표 4에 따른 폐질등급별 상병보상연금의 지급일수에서 별표 2에 따른 장해등급별 장해보상연금의 지급일수를 뺀 일수에 제1항 후단에 따른 평균임금을 곱하여 산정한 금액을 그 근로자의 상병보상연금으로 한다(산재법 제69조 2항). ⑤ 산재법 제66조 1항. 요양급여를 받는 근로자가 요양을 시작한 지 2년이 지난 날 이후에 다음 각 호의 요건 모두에 해당하는 상태가 계속되면 휴업급여 대신 상병보상연금을 그 근로자에게 지급한다. 1. 그 부상이나 질병이 치유되지 아니한 상태일 것, 2. 그 부상이나 질병에 따른 폐질(廢疾)의 정도가 대통령령으로 정하는 폐질등급 기준에 해당할 것, 3. 요양으로 인하여 취업하지 못하였을 것

정답 35. ⑤

36. 산업재해보상보험법상 유족보상연금에 관한 설명이다. ( ) 안에 들어갈 내용으로 옳은 것은? 〈노무사 2013년〉

유족보상연금액은 다음의 기본금액과 가산금액을 합한 금액으로 한다. 1. 기본금액 급여기초연액(평균임금에 365를 곱하여 얻은 금액)의 100분의 (ㄱ)에 상당하는 금액 2. 가산금액 유족보상연금수급권자 및 근로자가 사망할 당시 그 근로자와 생계를 같이 하고 있던 유족보상연금수급자격자 1인당 급여기초연액의 100분의 (ㄴ)에 상당하는 금액의 합산액. 다만, 그 합산금액이 급여기초연액의 100분의 (ㄷ)을 넘을 때에는 급여기초연액의 100분의 (ㄹ)에 상당하는 금액으로 한다.

① ㄱ: 47, ㄴ: 5, ㄷ: 10, ㄹ: 10
② ㄱ: 47, ㄴ: 5, ㄷ: 20, ㄹ: 20
③ ㄱ: 47, ㄴ: 10, ㄷ: 20, ㄹ: 20
④ ㄱ: 52, ㄴ: 10, ㄷ: 10, ㄹ: 10
⑤ ㄱ: 52, ㄴ: 10, ㄷ: 20, ㄹ: 20

✍ 해설

유족보상연금액은 다음의 기본금액과 가산금액을 합한 금액으로 한다. 1. 기본금액: 급여기초연액(평균임금에 365를 곱하여 얻은 금액)의 100분의 47에 상당하는 금액. 2. 가산금액: 유족보상연금수급권자 및 근로자가 사망할 당시 그 근로자와 생계를 같이 하고 있던 유족보상연금수급자격자 1인당 급여기초연액의 100분의 5에 상당하는 금액의 합산액. 다만, 그 합산금액이 급여기초연액의 100분의 20을 넘을 때에는 급여기초연액의 100분의 20에 상당하는 금액으로 한다(산재법 제62조 2항 별표 3).

〈참 고〉 [별표 3] 유족급여(제62조 2항 관련)

유족급여의 종류	유족급여의 금액
유족보상연금	유족보상연금액은 다음의 기본금액과 가산금액을 합한 금액으로 한다. 1. 기본금액: 급여기초연액(평균임금에 365를 곱하여 얻은 금액)의 100분의 47에 상당하는 금액 2. 가산금액: 유족보상연금수급권자 및 근로자가 사망할 당시 그 근로자와 생계를 같이 하고 있던 유족보상연금수급자격자 1인당 급여기초연액의 100분의 5에 상당하는 금액의 합산액. 다만, 그 합산금액이 급여기초연액의 100분의 20을 넘을 때에는 급여기초

정답 36. ②

	연액의 100분의 20에 상당하는 금액으로 한다.
유족보상일시금	평균임금의 1,300일분

37. 다음 중 유족급여에 관한 설명 중 옳지 않은 것은?

① 유족급여는 근로자가 업무상의 사유로 사망한 경우에 유족에게 지급한다.
② 유족보상연금 수급자격자 중 유족보상연금을 받을 권리의 순위는 배우자·자녀·부모·손자녀·조부모·형제자매의 순으로 한다.
③ 근로자의 소득으로 생계의 전부 또는 상당부분을 유지하고 있던 유족으로 학업·취업·요양, 그 밖에 주거상의 형편 등으로 주민등록을 달리하였거나 동거하지 않았던 사람은 근로자와 생계를 같이하고 있던 유족에 해당하지 않는다.
④ 유족급여에는 유족보상연금제도와 유족보상일시금제도가 있다.
⑤ 근로기준법에 의한 유족보상은 일시금제도에 불과하다.

해설

① 유족급여는 근로자가 업무상의 사유로 사망한 경우에 유족에게 지급한다(산재법 제62조 1항). ② 유족보상연금 수급자격자 중 유족보상연금을 받을 권리의 순위는 배우자·자녀·부모·손자녀·조부모 및 형제자매의 순서로 한다(산재법 제63조 3항). ③ 근로자의 소득으로 생계의 전부 또는 상당 부분을 유지하고 있던 유족으로서 학업·취업·요양, 그 밖에 주거상의 형편 등으로 주민등록을 달리하였거나 동거하지 않았던 사람은 법 제63조 1항 각 호 외의 부분 전단에서 "근로자와 생계를 같이하고 있던 유족"에 해당한다(시행령 제61조 2호). ④ 유족급여는 유족보상연금이나 유족보상일시금으로 하되, 유족보상일시금은 근로자가 사망할 당시 유족보상연금을 받을 수 있는 자격이 있는 자가 없는 경우에 지급한다(산재법 제62조 2항). ⑤ 근로기준법 제82조에 의하면 근로자가 업무상 사망한 경우에 그 유족에 대하여 1,000일분의 유족보상을 행하여야 한다고 규정하고 있다. 즉 근로기준법에 의한 유족보상은 일시금으로 지불하여야 한다.

38. 다음 중 유족보상연금액의 조정사유로 바르게 묶인 것은?

A. 근로자의 사망 당시 태아였던 자가 출생한 경우
B. 유족보상연금 수급자격자가 행방불명이 된 경우
C. 유족보상연금 수급자격자가 수급자격을 상실한 경우
D. 유족보상연금 수급권자가 행방불명의 사유로 유족보상연금의 지급이 정지된 이후 그 지급정지가 해제된 경우

정답 37. ③ 38. ⑤

① A, B ② A, B, C ③ B, C, D
④ B, D ⑤ A, B, C, D

✍ 해설

공단은 1. 근로자의 사망 당시 태아였던 자녀가 출생한 경우, 2. 제62조 3항에 따라 지급정지가 해제된 경우, 3. 유족보상연금 수급자격자가 법 제64조 1항에 따라 자격을 잃은 경우, 4. 유족보상연금 수급자격자가 행방불명이 된 경우의 사유가 발생하면 유족보상연금 수급권자의 청구에 의하거나 직권으로 그 사유가 발생한 달의 다음 달 분부터 유족보상연금의 금액을 조정한다(산재법 시행령 제63조).

39. 산업재해보상보험법상 유족보상연금의 수급자격 상실사유가 아닌 것은?

〈노무사 2011년〉

① 수급권자가 3개월 이상 행방불명된 경우
② 수급자격자인 자녀가 19세가 된 경우
③ 근로자가 사망할 당시 대한민국 국민이었던 수급자격자가 국적을 상실하고 외국에서 거주하기 위하여 출국하는 경우
④ 사망한 근로자의 배우자인 수급자격자가 다른 자와 사실상 혼인관계에 있는 경우
⑤ 수급자격권자인 자녀가 사망한 경우

✍ 해설

① 이는 유족보상연금의 지급정지 사유다(산재법 제64조 3항). ②③④⑤ 유족보상연금 수급자격자인 유족이 다음 각 호의 어느 하나에 해당하면 그 자격을 잃는다. 1. 사망한 경우, 2. 재혼한 때(사망한 근로자의 배우자만 해당하며, 재혼에는 사실상 혼인 관계에 있는 경우를 포함한다), 3. 사망한 근로자와의 친족관계가 끝난 경우, 4. 자녀·손자녀 또는 형제자매가 19세가 된 경우, 5. 제63조 1항 4호에 따른 장애인이었던 자로서 그 장애 상태가 해소된 경우, 6. 근로자가 사망할 당시 대한민국 국민이었던 유족보상연금 수급자격자가 국적을 상실하고 외국에서 거주하고 있거나 외국에서 거주하기 위하여 출국하는 경우, 7. 대한민국 국민이 아닌 유족보상연금 수급자격자가 외국에서 거주하기 위하여 출국하는 경우(산재법 제64조 1항).

40. 산업재해보상보험법상 장해보상연금이나 유족보상연금의 지급기간과 지급시기에 관한 설명으로 옳지 않은 것은?

〈노무사 2011년〉

① 연금의 지급은 그 지급사유가 발생한 달의 다음 달 초일부터 시작된다.
② 연금의 지급일이 토요일이거나 공휴일이면 그 익일에 지급한다.

정답 39. ① 40. ②

③ 연금은 매년 이를 12등분하여 지급한다.
④ 연금의 지급은 그 지급받을 권리가 소멸한 달의 말일에 끝난다.
⑤ 연금을 받을 권리가 소멸한 경우에는 그 지급일 전이라도 지급할 수 있다.

✍ 해설

①④ 장해보상연금, 유족보상연금, 진폐보상연금 또는 진폐유족연금의 지급은 그 지급사유가 발생한 달의 다음 달 초일부터 시작되며, 그 지급받을 권리가 소멸한 달의 말일에 끝난다(산재법 제70조 1항). ②③ 장해보상연금, 유족보상연금, 진폐보상연금 또는 진폐유족연금은 매년 이를 12등분하여 매달 25일에 그 달 치의 금액을 지급하되, 지급일이 토요일이거나 공휴일이면 그 전날에 지급한다(산재법 제70조 3항). ⑤ 장해보상연금, 유족보상연금, 진폐보상연금 또는 진폐유족연금을 받을 권리가 소멸한 경우에는 3항에 따른 지급일 전이라도 지급할 수 있다(산재법 제70조 4항).

41. 산업재해보상보험법상 연금의 지급기간 및 지급시기에 관한 설명으로 옳은 것은? 〈노무사 2015년〉

① 장해보상연금의 지급은 그 지급사유가 발생한 달의 초일부터 시작된다.
② 유족보상연금의 지급은 그 지급받을 권리가 소멸한 달의 다음 달 말일에 끝난다.
③ 진폐유족연금은 그 지급을 정지할 사유가 발생한 때에는 그 사유가 발생한 달의 다음 달 초일부터 그 사유가 소멸한 달의 말일까지 지급하지 아니 한다.
④ 진폐보상연금은 매년 이를 12등분하여 매달 25일에 그 달 치의 금액을 지급하되, 지급일이 토요일이거나 공휴일이면 그 다음 날에 지급한다.
⑤ 유족보상연금의 지급은 그 지급사유가 발생한 달의 초일부터 시작된다.

✍ **해설**

①②⑤ 장해보상연금, 유족보상연금, 진폐보상연금 또는 진폐유족연금의 지급은 그 지급사유가 발생한 달의 다음 달 초일부터 시작되며, 그 지급받을 권리가 소멸한 달의 말일에 끝난다(산재법 제70조 1항). ③ 장해보상연금, 유족보상연금, 진폐보상연금 또는 진폐유족연금은 그 지급을 정지할 사유가 발생한 때에는 그 사유가 발생한 달의 다음 달 초일부터 그 사유가 소멸한 달의 말일까지 지급하지 아니한다(산재법 제70조 2항). ④ 장해보상연금, 유족보상연금, 진폐보상연금 또는 진폐유족연금은 매년 이를 12등분하여 매달 25일에 그 달 치의 금액을 지급하되, 지급일이 토요일이거나 공휴일이면 그 전날에 지급한다(산재법 제70조 3항).

정답 41. ③

42. 다음 중 유족보상연금의 수급권자의 순위로 올바른 것은?

① 배우자 → 부모 → 자녀 → 손자녀 및 조부모 → 형제자매
② 배우자 → 자녀 → 부모 → 손자녀 및 조부모 → 형제자매
③ 배우자 → 자녀 → 부모 → 형제자매 → 손자녀 및 조부모
④ 배우자 → 부모 → 형제자매 → 자녀 → 손자녀 및 조부모
⑤ 배우자 → 형제자매 → 자녀 → 부모 → 손자녀 및 조부모

해설

산재법 제57조 5항, 제62조 2항(유족보상일시금에 한한다) 및 4항에 따른 유족 간의 수급권의 순위는 1. 근로자가 사망할 당시 그 근로자와 생계를 같이하고 있던 배우자·자녀·부모·손자녀 및 조부모, 2. 근로자가 사망할 당시 그 근로자와 생계를 같이하고 있지 아니하던 배우자·자녀·부모·손자녀 및 조부모 또는 근로자가 사망할 당시 근로자와 생계를 같이하고 있던 형제자매, 3. 형제자매의 순서로 한다(산재법 제65조 1항).

43. 다음 중 상병보상연금에 관한 설명 중 타당하지 않은 것은?

① 요양급여를 받는 근로자가 요양을 시작한 지 2년이 지난 날 이후에 일정한 요건에 해당하는 상태가 계속되어야 한다.
② 근로복지공단은 상병보상연금을 받고 있는 근로자의 폐질등급이 변동되면 수급권자의 청구에 의하여 또는 직권으로 그 변동된 날부터 새로운 폐질등급에 따른 상병보상연금을 지급하여야 한다.
③ 저소득 근로자, 고령근로자 및 재요양 근로자에게는 별도의 규정을 두고 있다.
④ 기존의 폐질이 새로운 업무상 부상 또는 질병으로 정도가 심해진 경우에 심해진 폐질등급에 대한 상병보상연금의 산정은 심해진 폐질등급에 해당하는 상병보상연금의 지급일수에서 기존의 폐질등급에 해당하는 상병보상연금의 지급일수를 뺀 일수에 연금 지급 당시의 통상임금을 곱하여 산정한 금액으로 한다.
⑤ 폐질등급의 기준에 해당하는 폐질이 둘 이상 있는 경우에는 그 중 심한 폐질에 해당하는 폐질등급을 그 근로자의 폐질등급으로 한다.

해설

① 산재법 제66조 1항. 요양급여를 받는 근로자가 요양을 시작한 지 2년이 지난 날 이후에 다음 각 호의 요건 모두에 해당하는 상태가 계속되면 휴업급여 대신 상병보상연금을 그 근로자에게 지급한다. 1. 그 부상이나 질병이 치유되지 아니한 상태일 것, 2.

정답 42. ② 43. ④

그 부상이나 질병에 따른 폐질(廢疾)의 정도가 대통령령으로 정하는 폐질등급 기준에 해당할 것, 3. 요양으로 인하여 취업하지 못하였을 것. ② 공단은 상병보상연금을 받고 있는 근로자의 폐질등급이 변동되면 수급권자의 청구에 의하여 또는 직권으로 그 변동된 날부터 새로운 폐질등급에 따른 상병보상연금을 지급한다(산재법 시행령 제64조 2항). ③ 산재법 제67조 내지 제69조. ④ 기존의 폐질이 새로운 업무상 부상 또는 질병으로 정도가 심해진 경우에 심해진 폐질등급에 대한 상병보상연금의 산정은 심해진 폐질등급에 해당하는 상병보상연금의 지급일수에서 기존의 폐질등급에 해당하는 상병보상연금의 지급일수를 뺀 일수에 연금 지급 당시의 평균임금을 곱하여 산정한 금액으로 한다(산재법 시행령 제65조 3항). ⑤ 폐질등급의 조정에 관하여는 산재법 시행령 제53조 2항을 준용한다. 즉 폐질등급의 기준에 해당하는 폐질이 둘 이상 있는 경우에는 그 중 심한 폐질에 해당하는 폐질등급을 그 근로자의 폐질등급으로 한다(산재법 시행령 제65조 2항 및 제53조 2항).

44. 다음 ( ) 안에 들어갈 말로 올바르게 묶인 것은?

ㄱ. 상병보상연금을 산정할 때 그 근로자의 평균임금이 최저임금액에 (A)을 곱한 금액보다 적을 때에는 최저임금액의 (A)에 해당하는 금액을 그 근로자의 평균임금으로 보아 산정한다.
ㄴ. 상병보상연금을 받는 근로자가 (B)가 되면 그 이후의 상병보상연금은 별표 5에 따른 1일당 상병보상연금 지급기준에 따라 산정한 금액을 지급한다.

① A: 100분의 70, B: 61세
② A: 100분의 70, B: 65세
③ A: 70분의 100, B: 61세
④ A: 70분의 100, B: 65세
⑤ A: 70분의 100, B: 60세

해설

ㄱ. 저소득 근로자의 상병보상연금에 관한 설명이다. 산재법 제66조에 따라 상병보상연금을 산정할 때 그 근로자의 평균임금이 최저임금액에 70분의 100을 곱한 금액보다 적을 때에는 최저임금액의 70분의 100에 해당하는 금액을 그 근로자의 평균임금으로 보아 산정한다(산재법 제67조). ㄴ. 고령자의 상병보상연금에 관한 설명이다. 상병보상연금을 받는 근로자가 61세가 되면 그 이후의 상병보상연금은 별표 5에 따른 1일당 상병보상연금 지급기준에 따라 산정한 금액을 지급한다(산재법 제68조).

45. 다음 설명 중 틀린 것은?

① 장의비의 수급권자는 당해 유족에게 국한하지 않고 실제로 장제를 행한

정답 44. ③ 45. ②

자가 된다.

② 장제를 지낼 유족이 없거나 그 밖에 부득이한 사유로 유족이 아닌 자가 장제를 지낼 경우에는 평균임금의 120일분에 상당하는 금액을 그 장제를 지낸 자에게 지급한다.

③ 처는 연령에 관계없이 유족보상연금의 제1순위 수급권자이다.

④ 재해근로자의 사망 당시의 태아는 출생한 때로부터 당해 근로자에게 부양되고 있는 자녀로 인정된다.

⑤ 유족보상연금 수급자격자인 유족이 재혼한 때(사망한 근로자의 배우자만 해당되며, 재혼에는 사실상 혼인 관계에 있는 경우를 포함한다)에는 그 자격을 상실한다.

해설

①② 장의비는 근로자가 업무상의 사유로 사망한 경우에 지급하되, 평균임금의 120일분에 상당하는 금액을 그 장제(葬祭)를 지낸 유족에게 지급한다. 다만, 장제를 지낼 유족이 없거나 그 밖에 부득이한 사유로 유족이 아닌 자가 장제를 지낸 경우에는 평균임금의 120일분에 상당하는 금액의 범위에서 실제 드는 비용을 그 장제를 지낸 자에게 지급한다(산재법 제71조). ③ 산재법 제63조 3항. 유족보상연금 수급자격자 중 유족보상연금을 받을 권리의 순위는 배우자·자녀·부모·손자녀·조부모 및 형제자매의 순서로 한다. ④ 산재법 제63조 2항. 근로자가 사망할 당시 태아(胎兒)였던 자녀가 출생한 경우에는 출생한 때부터 장래에 향하여 근로자가 사망할 당시 그 근로자와 생계를 같이 하고 있던 유족으로 본다. ⑤ 산재법 제64조 1항 2호

46. 산업재해보상보험법상 휴업급여에 관한 설명으로 옳지 않은 것은?

① 요양 또는 재요양을 받고 있는 근로자가 그 요양기간 중 일정기간 또는 단시간 취업을 하는 경우에는 그 취업한 날 또는 취업한 시간에 해당하는 그 근로자의 평균임금에서 그 취업한 날 또는 취업한 시간에 대한 임금을 뺀 금액의 100분의 90에 상당하는 금액을 지급할 수 있다.

② 1일당 휴업급여 지급액이 최저 보상기준 금액의 100분의 80보다 적거나 같으면 그 근로자에 대하여는 평균임금의 100분의 90에 상당하는 금액을 1일당 휴업급여 지급액으로 한다

③ 휴업급여를 받는 근로자가 61세가 되면 그 이후의 휴업급여는 별표 1에 따라 산정한 금액을 지급한다.

④ 재요양을 받는 자에 대하여는 재요양 당시의 임금을 기준으로 산정한 평균임금의 100분의 70에 상당하는 금액을 1일당 휴업급여 지급액으로 한

정답 46. ⑤

다.

⑤ 재요양 기간 중의 휴업급여를 산정할 때에도 저소득근로자의 휴업급여규정(제54조)를 적용한다.

✍ 해설

① 요양 또는 재요양을 받고 있는 근로자가 그 요양기간 중 일정기간 또는 단시간 취업을 하는 경우에는 그 취업한 날 또는 취업한 시간에 해당하는 그 근로자의 평균임금에서 그 취업한 날 또는 취업한 시간에 대한 임금을 뺀 금액의 100분의 90에 상당하는 금액을 지급할 수 있다(산재법 제53조 1항). ② 산재법 제52조에 따라 산정한 1일당 휴업급여 지급액이 최저 보상기준 금액의 100분의 80보다 적거나 같으면 그 근로자에 대하여는 평균임금의 100분의 90에 상당하는 금액을 1일당 휴업급여 지급액으로 한다(산재법 제54조 1항). ③ 산재법 제55조. ④ 휴업급여를 받는 근로자가 61세가 되면 그 이후의 휴업급여는 별표 1에 따라 산정한 금액을 지급한다(산재법 제56조 1항). ⑤ 재요양 기간 중의 휴업급여를 산정할 때에는 제54조를 적용하지 아니한다(산재법 제56조 4항).

47. 산업재해보상보험법상 직업재활급여에 관한 설명으로 옳지 않은 것은?

① 직업재활급여의 종류는 4종이다.

② 직업훈련비용의 금액은 고용노동부장관이 훈련비용, 훈련기간 및 노동시장의 여건 등을 고려하여 고시하는 금액의 범위에서 실제 드는 비용으로 하되, 직업훈련비용을 지급하는 훈련기간은 12개월 이내로 한다.

③ 직업훈련수당은 제73조 1항에 따라 직업훈련을 받는 훈련대상자에게 그 직업훈련으로 인하여 취업하지 못하는 기간에 대하여 지급하되, 1일당 지급액은 최저임금액에 상당하는 금액으로 한다.

④ 직장복귀지원금, 직장적응훈련비 및 재활운동비는 장해급여자에 대하여 고용을 유지하거나 직장적응훈련 또는 재활운동을 실시하는 사업주에게 각각 지급한다.

⑤ 직장복귀지원금은 노동부장관이 임금수준 및 노동시장의 여건 등을 고려하여 고시하는 금액의 범위에서 사업주가 장해급여자에게 지급한 임금액으로 하되, 그 지급기간은 12개월 이내로 한다.

✍ 해설

① 직업재활급여의 종류는 직업훈련비용, 직업훈련수당, 직장복귀지원금, 직장적응훈련비, 재활운동비의 5종이다: 직업재활급여의 종류는 1. 장해급여 또는 진폐보상연금을 받은 자나 장해급여를 받을 것이 명백한 자로서 대통령령으로 정하는 자(이하 "장해

정답 47. ①

급여자"라 한다) 중 취업을 위하여 직업훈련이 필요한 자(이하 "훈련대상자"라 한다)에 대하여 실시하는 직업훈련에 드는 비용 및 직업훈련수당, 2. 업무상의 재해가 발생할 당시의 사업에 복귀한 장해급여자에 대하여 사업주가 고용을 유지하거나 직장적응훈련 또는 재활운동을 실시하는 경우에 각각 지급하는 직장복귀지원금, 직장적응훈련비 및 재활운동비이다(산재법 제72조 1항). ② 직업훈련비용의 금액은 고용노동부장관이 훈련비용, 훈련기간 및 노동시장의 여건 등을 고려하여 고시하는 금액의 범위에서 실제 드는 비용으로 하되, 직업훈련비용을 지급하는 훈련기간은 12개월 이내로 한다(산재법 제73조 3항). ③ 직업훈련수당은 제73조 1항에 따라 직업훈련을 받는 훈련대상자에게 그 직업훈련으로 인하여 취업하지 못하는 기간에 대하여 지급하되, 1일당 지급액은 최저임금액에 상당하는 금액으로 한다(산재법 제74조 1항). ④ 직장복귀지원금, 직장적응훈련비 및 재활운동비는 장해급여자에 대하여 고용을 유지하거나 직장적응훈련 또는 재활운동을 실시하는 사업주에게 각각 지급한다(산재법 제75조 1항). ⑤ 직장복귀지원금은 고용노동부장관이 임금수준 및 노동시장의 여건 등을 고려하여 고시하는 금액의 범위에서 사업주가 장해급여자에게 지급한 임금액으로 하되, 그 지급기간은 12개월 이내로 한다(산재법 제75조 2항).

48. 다음 ( ) 안에 들어갈 말로 알맞은 것은?

ㄱ. 직업훈련비용을 지급하는 훈련기간은 (A)개월 이내로 한다.
ㄴ. 직장복귀지원금의 지급기간은 (B)개월 이내로 한다.
ㄷ. 직장적응훈련비의 지급기간은 (C)개월 이내로 한다.
ㄹ. 재활운동비의 지급기간은 (D)개월 이내로 한다.

① A: 12, B: 12, C: 3, D: 6
② A: 12, B: 9, C: 6, D: 6
③ A: 12, B: 12, C: 3, D: 3
④ A: 9, B: 9, C: 3, D: 3
⑤ A: 9, B: 12, C: 6, D: 6

해설

ㄱ. 직업훈련비용의 금액은 고용노동부장관이 훈련비용, 훈련기간 및 노동시장의 여건 등을 고려하여 고시하는 금액의 범위에서 실제 드는 비용으로 하되, 직업훈련비용을 지급하는 훈련기간은 12개월 이내로 한다(산재법 제73조 3항). ㄴ. 직장복귀지원금은 고용노동부장관이 임금수준 및 노동시장의 여건 등을 고려하여 고시하는 금액의 범위에서 사업주가 장해급여자에게 지급한 임금액으로 하되, 그 지급기간은 12개월 이내로 한다(산재법 제75조 2항). ㄷ,ㄹ. 직장적응훈련비 및 재활운동비는 고용노동부장관이 직장적응훈련 또는 재활운동에 드는 비용을 고려하여 고시하는 금액의 범위에서 실제 드는 비용으로 하되, 그 지급기간은 3개월 이내로 한다(산재법 제75조 3항).

정답 48. ③

49. 다음의 설명 중 옳지 않은 것은?

① 직장복귀지원금은 사업주가 장해급여자에 대하여 요양종결일 또는 직장복귀일부터 6개월 이상 고용을 유지하고 그에 따른 임금을 지급한 경우에 지급한다.

② 직업훈련수당은 직업훈련을 받는 훈련대상자에게 그 직업훈련으로 인하여 취업하지 못하는 기간에 대하여 지급하되, 1일당 지급액은 최저임금액에 상당하는 금액으로 한다.

③ 직업훈련비용의 금액은 고용노동부장관이 훈련비용, 훈련기간 및 노동시장의 여건 등을 고려하여 고시하는 금액의 범위에서 최저임금액에 상당하는 금액으로 한다.

④ 장해급여자 중 훈련대상자가 직업훈련기간에 대하여 「고용보험법」에 따른 구직급여를 받은 경우에는 직업훈련을 받게 할 수 있되, 직업훈련수당은 지급하지 않는다.

⑤ 장해급여자를 고용한 사업주가 「장애인고용촉진 및 직업재활법」 제30조에 따른 고용장려금을 받은 경우에는 그 받은 금액을 빼고 직장복귀지원금 등을 지원한다.

해설

③ 직업훈련비용의 금액은 고용노동부장관이 훈련비용, 훈련기간 및 노동시장의 여건 등을 고려하여 고시하는 금액의 범위에서 실제 드는 비용으로 하되, 직업훈련비용을 지급하는 훈련기간은 12개월 이내로 한다(산재법 제73조 3항). ① 산재법 제75조 2항에 따른 직장복귀지원금은 사업주가 장해급여자에 대하여 요양종결일 또는 직장복귀일부터 6개월 이상 고용을 유지하고 그에 따른 임금을 지급한 경우에 지급한다(산재법 시행령 제70조 1항). ② 직업훈련수당은 제73조 1항에 따라 직업훈련을 받는 훈련대상자에게 그 직업훈련으로 인하여 취업하지 못하는 기간에 대하여 지급하되, 1일당 지급액은 최저임금액에 상당하는 금액으로 한다(산재법 제74조 1항). ④ 산재법 시행령 제70조 1항에 따른 훈련대상자가 직업훈련 기간에 대하여 「고용보험법」에 따른 구직급여를 받은 경우에는 직업훈련을 받게 할 수 있되, 직업훈련수당은 지급하지 않는다(산재법 시행령 제68조 3항). ⑤ 장해급여자를 고용하고 있는 사업주가 「고용보험법」 제23조에 따른 지원금, 「장애인고용촉진 및 직업재활법」 제30조에 따른 장애인 고용장려금이나 그 밖에 다른 법령에 따라 직장복귀지원금, 직장적응훈련비 또는 재활운동비(이하"직장복귀지원금등"이라 한다)에 해당하는 금액을 받은 경우 등 대통령령으로 정하는 경우에는 그 받은 금액을 빼고 직장복귀지원금 등을 지급한다(산재법 제75조 4항).

정답 49. ③

50. 다음의 설명 중 옳지 않은 것은?

① 대한민국 국민이 아닌 근로자가 업무상 재해에 따른 부상 또는 질병으로 요양 중 치유되기 전에 출국하기 위하여 보험급여의 일시지급을 신청하는 경우에는 출국하기 위하여 요양을 중단하는 날 이후에 청구사유가 발생할 것으로 예상되는 보험급여를 한꺼번에 지급할 수 있다.

② 근로복지공단은 업무상의 부상 또는 질병이 치유된 자 중에서 합병증 등 재요양사유가 발생할 우려가 있는 자에게 산재보험 의료기관에서 그 예방에 필요한 조치를 받도록 할 수 있다.

③ 수급권자가 장해특별급여를 받은 때에는 동일한 사유에 대하여 보험가입자에게 민법 기타 법령의 규정에 의한 손해배상을 청구할 수 없다.

④ 업무상 재해를 당한 근로자와 보험가입자 사이에 장해특별급여에 관하여 합의가 없더라도 수급권자가 청구하면 장해특별급여를 지급할 수 있다.

⑤ 장해특별급여를 지급한 때에는 그 급여액의 전액을 보험가입자로부터 징수한다.

해설

④ 보험가입자의 고의 또는 과실로 발생한 업무상의 재해로 근로자가 대통령령으로 정하는 장해등급 또는 진폐장해등급에 해당하는 장해를 입은 경우에 수급권자가 「민법」에 따른 손해배상청구를 갈음하여 장해특별급여를 청구하면 제57조의 장해급여 또는 제91조의3의 진폐보상연금 외에 대통령령으로 정하는 장해특별급여를 지급할 수 있다. 다만, 근로자와 보험가입자 사이에 장해특별급여에 관하여 합의가 이루어진 경우에 한한다(산재법 제78조 1항). ① 대한민국 국민이 아닌 근로자가 업무상의 재해에 따른 부상 또는 질병으로 요양 중 치유되기 전에 출국하기 위하여 보험급여의 일시지급을 신청하는 경우에는 출국하기 위하여 요양을 중단하는 날 이후에 청구 사유가 발생할 것으로 예상되는 보험급여를 한꺼번에 지급할 수 있다(산재법 제76조). ② 공단은 업무상의 부상 또는 질병이 치유된 자 중에서 합병증 등 재요양 사유가 발생할 우려가 있는 자에게 산재보험 의료기관에서 그 예방에 필요한 조치를 받도록 할 수 있다(산재법 제77조). ③ 수급권자가 1항에 따른 장해특별급여를 받으면 동일한 사유에 대하여 보험가입자에게 「민법」이나 그 밖의 법령에 따른 손해배상을 청구할 수 없다(산재법 제78조 2항). ⑤ 공단은 1항에 따라 장해특별급여를 지급하면 대통령령으로 정하는 바에 따라 그 급여액 모두를 보험가입자로부터 징수한다(산재법 제78조 3항).

51. 산업재해보상보험법상 유족특별급여에 관한 설명으로 옳지 않은 것은?

〈노무사 2011년〉

① 보험가입자의 고의 또는 과실로 발생한 업무상의 재해로 근로자가 사망한

정답 50. ④ 51. ②

경우에 지급할 수 있다.

② 유족급여 또는 진폐유족연금에 갈음하여 지급한다.

③ 수급권자가 민법에 따른 손해배상청구를 갈음하여 청구해야 한다.

④ 수급권자가 유족특별급여를 받으면 동일한 사유에 대하여 보험가입자에게 민법이나 그 밖의 법령에 따른 손해배상을 청구할 수 없다.

⑤ 공단은 유족특별급여를 지급하면 그 급여액 모두를 보험가입자로부터 징수한다.

해설

①②③ 보험가입자의 고의 또는 과실로 발생한 업무상의 재해로 근로자가 사망한 경우에 수급권자가 「민법」에 따른 손해배상청구를 갈음하여 유족특별급여를 청구하면 제62조의 유족급여 또는 제91조의4의 진폐유족연금 외에 대통령령으로 정하는 유족특별급여를 지급할 수 있다(산재법 제79조 1항). 따라서 유족급여 또는 진폐유족연금에 갈음하여 지급한다는 지문은 옳지 않다. ④ 수급권자가 유족특별급여를 받으면 동일한 사유에 대하여 보험가입자에게 「민법」이나 그 밖의 법령에 따른 손해배상을 청구할 수 없다(산재법 제78조 2항, 제79조 2항). ⑤ 공단은 유족특별급여를 지급하면 대통령령으로 정하는 바에 따라 그 급여액 모두를 보험가입자로부터 징수한다(산재법 제78조 3항, 제79조 2항).

52. 산업재해보상보험법상 내용으로 옳은 것은? 〈노무사 2013년〉

① 수급권자가 산업재해보상보험법에 따라 보험급여를 받으면 보험가입자는 동일한 사유에 대하여 근로기준법에 따른 재해보상 책임이 면제된다.

② 수급권자가 동일한 사유에 대하여 산업재해보상보험법에 따른 보험급여를 받으면 보험가입자는 민법에 따른 손해배상 책임이 전부 면제된다.

③ 보험급여는 지급 신청일부터 14일 이내에 지급하여야 한다.

④ 보험급여의 수급권자가 사망한 경우에 아직 지급되지 아니한 보험급여가 있으면 그 수급권자의 유족의 청구와 관계없이 그 보험급여를 지급한다.

⑤ 근로자의 보험급여를 받을 권리는 퇴직하면 소멸한다.

해설

① 산재법 제80조 1항. 수급권자가 이 법에 따라 보험급여를 받았거나 받을 수 있으면 보험가입자는 동일한 사유에 대하여 「근로기준법」에 따른 재해보상 책임이 면제된다. ② 수급권자가 동일한 사유에 대하여 이 법에 따른 보험급여를 받으면 보험가입자는 그 금액의 한도 안에서 민법이나 그 밖의 법령에 따른 손해배상의 책임이 면제된다(산재법 제80조 2항). ③ 보험급여는 지급 결정일부터 14일 이내에 지급하여야 한다(산재법 제82조). ④ 보험급여의 수급권자가 사망한 경우에 그 수급권자에게 지급하여야 할

정답 52. ①

보험급여로서 아직 지급되지 아니한 보험급여가 있으면 그 수급권자의 유족의 청구에 따라 그 보험급여를 지급한다(산재법 제81조 1항). ⑤ 근로자의 보험급여를 받을 권리는 퇴직하여도 소멸하지 아니한다(산재법 제88조 1항).

53. 다음 중 다른 보상이나 배상과의 관계에 관한 설명 중 타당하지 않은 것은?

① 수급권자가 산업재해보상보험법에 따라 보험급여를 받았거나 받을 수 있으면 보험가입자는 동일한 사유에 대하여 「근로기준법」에 따른 재해보상 책임이 면제된다.

② 수급권자가 동일한 사유에 대하여 산업재해보상보험법에 따른 보험급여를 받으면 보험가입자는 그 금액의 한도에서 「민법」이나 그 밖의 법령에 따른 손해배상의 책임이 면제된다.

③ 수급권자가 동일한 사유로 「민법」이나 그 밖의 법령에 따라 이 법의 보험급여에 상당한 금품을 받으면 근로복지공단은 그 받은 금품을 대통령령이 정하는 방법에 따라 환산한 금액의 한도 안에서 이 법에 따른 보험급여를 지급하지 아니한다.

④ 요양급여를 받는 근로자가 요양을 시작한 후 2년이 지난날 이후에 상병보상연금을 지급받고 있으면 「근로기준법」 제23조 2항 단서를 적용할 때 그 사용자는 2년이 지난 날 이후에는「근로기준법」 제83조에 따른 일시보상을 지급한 것으로 본다.

⑤ 장해특별급여 또는 유족특별급여를 받는 수급자는 동일한 사유에 대하여 보험가입자에게 「민법」이나 그 밖의 법령에 따른 손해배상을 청구할 수 없다.

해설

① 산재법 제80조 1항. 수급권자가 이 법에 따라 보험급여를 받았거나 받을 수 있으면 보험가입자는 동일한 사유에 대하여 「근로기준법」에 따른 재해보상 책임이 면제된다. ② 산재법 제80조 2항. 수급권자가 동일한 사유에 대하여 이 법에 따른 보험급여를 받으면 보험가입자는 그 금액의 한도 안에서 「민법」이나 그 밖의 법령에 따른 손해배상의 책임이 면제된다. 이 경우 장해보상연금 또는 유족보상연금을 받고 있는 자는 장해보상일시금 또는 유족보상일시금을 받은 것으로 본다. ③ 산재법 제80조 3항. 수급권자가 동일한 사유로 「민법」이나 그 밖의 법령에 따라 이 법의 보험급여에 상당한 금품을 받으면 공단은 그 받은 금품을 대통령령으로 정하는 방법에 따라 환산한 금액의 한도 안에서 이 법에 따른 보험급여를 지급하지 아니한다. ④ 2년이 아니라 3년이다. 요양급여를 받는 근로자가 요양을 시작한 후 3년이 지난 날 이후에 상병보상연금을 지급받고 있으면 「근로기준법」 제23조 2항 단서를 적용할 때 그 사용자는 그 3년이 지난

정답 53. ④

날 이후에는 같은 법 제84조에 따른 일시보상을 지급한 것으로 본다(산재법 제80조 4항). ⑤ 산재법 제78조 2항. 수급권자가 1항에 따른 장해특별급여를 받으면 동일한 사유에 대하여 보험가입자에게 「민법」이나 그 밖의 법령에 따른 손해배상을 청구할 수 없다. 산재법 제79조 2항, 유족특별급여에 관하여는 제78조 1항 단서· 2항 및 3항을 준용한다. 이 경우 "장해특별급여"는 "유족특별급여"로 본다.

54. 다음 중 옳은 것은 모두 몇 개인가?

A. 보험급여는 지급결정일로부터 14일 이내에 지급하여야 한다.
B. 요양 중인 근로자가 정당한 사유 없이 요양에 관한 지시를 위반하여 부상·질병 또는 장해상태를 악화시키거나 치유를 방해한 경우에는 보험급여의 전부 또는 일부를 지급하지 않는다.
C. 공단은 보험급여를 받은 자가 거짓이나 그 밖의 부정한 방법으로 보험급여를 받은 경우 그 급여액에 해당하는 금액을 징수하여야 한다.
D. 보험급여의 수급권자가 사망한 경우에 그 수급권자에게 지급하여야 할 보험급여로서 아직 지급되지 아니한 보험급여가 있으면 그 수급권자의 유족의 청구에 따라 그 보험급여를 지급한다.
E. 근로자의 보험급여를 받을 권리는 퇴직하여도 소멸되지 아니한다.
F. 보험급여를 받을 권리는 양도 또는 압류하거나 담보로 제공할 수 없다.

① 2개 ② 3개 ③ 4개
④ 5개 ⑤ 6개

해설

A. (○) 보험급여는 지급 결정일부터 14일 이내에 지급하여야 한다(산재법 제82조). B. (×) 근로복지공단은 요양 중인 근로자가 정당한 사유 없이 요양에 관한 지시를 위반하여 부상·질병 또는 장해 상태를 악화시키거나 치유를 방해한 경우에 해당되면 보험급여의 전부 또는 일부를 지급하지 아니할 수 있다(산재법 제83조 1항 1호). C. (×) 공단은 보험급여를 받은 자가 거짓이나 그 밖의 부정한 방법으로 보험급여를 받은 경우에 해당하면 그 급여액의 2배에 해당하는 금액을 징수하여야 한다(산재법 제84조 1항 1호). D. (○)보험급여의 수급권자가 사망한 경우에 그 수급권자에게 지급하여야 할 보험급여로서 아직 지급되지 아니한 보험급여가 있으면 그 수급권자의 유족(유족급여의 경우에는 그 유족급여를 받을 수 있는 다른 유족)의 청구에 따라 그 보험급여를 지급한다(산재법 제81조 1항). E. (○) 근로자의 보험급여를 받을 권리는 퇴직하여도 소멸되지 아니한다(산재법 제88조 1항). F. (○) 보험급여를 받을 권리는 양도 또는 압류하거나 담보로 제공할 수 없다(산재법 제88조 2항).

정답 54. ③

55. 다음 중 산업재해보상보험법상 제3자에 대한 구상권의 설명으로 옳지 않은 것은? (다툼이 있는 경우에는 판례에 의함)

① 구상권 행사의 상대방인 제3자란 '재해근로자와의 사이에 산업재해보상보험관계가 없는 자'로서 재해근로자에 대하여 불법행위 등으로 인한 재해배상책임을 지는 자를 의미한다.

② 제3자에 대한 구상권은 제3자와 보험가입자의 공동불법행위로 인하여 발생한 경우에도 행사할 수 있다.

③ 보험자가 구상할 수 있는 대상채권은 재산상의 손해배상채권뿐만 아니라 위자료 청구권과 같은 정신적 손해의 전보도 포함된다.

④ 근로자가 동료 근로자의 행위로 인하여 업무상 재해를 입은 경우 그 동료 근로자는 구상권이 인정되는 제3자에서 제외된다.

⑤ 수급권자가 제3자로부터 동일한 사유로 인하여 이 법의 보험급여에 상당하는 손해배상을 받은 경우에는 근로복지공단은 그 배상액의 한도 안에서 산업재해보상보험법에 의한 보험급여를 지급하지 아니한다.

✍ 해설

①② 구상권 행사의 상대방인 제3자라 함은 피해근로자와의 사이에 산업재해보험관계가 없는 자로서 피해근로자에 대하여 불법행위 등으로 인한 재해배상책임을 지는 자를 말하나 그 구상권은 제3자와 보험가입자 또는그 소속 근로자의 공동불법행위로 인하여 발생한 경우에도 행사할 수 있는 것이다(대판 1992.12.8 92다23360). ③ 보험자가 구상할 수 있는 대상채권은 재산상의 손해배상채권에 한정되고 위자료 청구권과 같은 정신적 손해의 전보는 제외된다(대판 1990.2.23, 89다카22487). ④ 동료 근로자에 의한 가해행위로 인하여 다른 근로자가 재해를 입어 그 재해가 업무상 재해로 인정되는 경우에 있어서는 그러한 가해행위는 마치 사업장 내 기계기구 등의 위험과 같이 사업장이 갖는 하나의 위험이라고 볼 수 있으므로, 그 위험이 현실화하여 발생한 업무상 재해에 대하여는 근로복지공단이 궁극적인 보상책임을 져야 한다고 보는 것이 산업재해보상보험의 사회보험적 내지 책임보험적 성격에 부합하고, 여기에다가 사업주를 달리한다고 하더라도 하나의 사업장에서 어떤 사업주의 근로자가 다른 사업주의 근로자에게 재해를 가하여 근로복지공단이 재해 근로자에게 보험급여를 한 경우, 근로복지공단은 산업재해보상보험법 제54조 1항 단서에 의하여 가해 근로자 또는 그 사용자인 사업주에게 구상할 수 없다는 점까지 감안하면, 근로자가 동일한 사업주에 의하여 고용된 동료 근로자의 행위로 인하여 업무상의 재해를 입은 경우에 그 동료 근로자는 보험가입자인 사업주와 함께 직·간접적으로 재해 근로자와 산업재해보상보험관계를 가지는 자로서 같은 법 제54조 1항에 정한 '제3자'에서 제외된다고 봄이 상당하다(대판 2004.12.24, 2003다33691). ⑤ 산업재해보상보험법 제87조 2항. 수급권자가 제3자로부터 동일한 사유로 이 법의 보험급여에 상당하는 손해배상을 받으면 공단은 그 배

정답 55. ③

상액을 대통령령으로 정하는 방법에 따라 환산한 금액의 한도 안에서 이 법에 따른 보험급여를 지급하지 아니한다.

56. 산업재해보상보험법상 제3자에 대한 구상권에 관한 설명으로 옳은 것은? (다툼이 있는 경우에는 판례에 의함) 〈노무사 2010년〉

① 보험급여의 지급 여부와 관계없이 손해배상청구권을 대위할 수 있다.
② 지급한 보험급여액의 2배까지 대위할 수 있다.
③ 동일한 사업주에 의하여 고용된 동료 근로자의 경과실로 인하여 업무상의 재해를 입은 경우 동료 근로자에 대해서는 구상권을 행사할 수 없다.
④ 보험가입자인 2 이상의 사업주가 같은 장소에서 하나의 사업을 분할하여 각각 행하다가 그 중 사업주를 달리하는 근로자의 행위로 재해가 발생한 경우 제3자의 행위로서 구상권을 행사할 수 있다.
⑤ 수급권자가 제3자로부터 동일한 사유로 손해배상을 받은 경우 근로자의 복지증진을 위하여 보험급여를 지급하여야 한다.

해설

③ 동료 근로자에 의한 가해행위로 인하여 다른 근로자가 재해를 입어 그 재해가 업무상 재해로 인정되는 경우에 있어서는 그러한 가해행위는 마치 사업장 내 기계기구 등의 위험과 같이 사업장이 갖는 하나의 위험이라고 볼 수 있으므로, 그 위험이 현실화하여 발생한 업무상 재해에 대하여는 근로복지공단이 궁극적인 보상책임을 져야 한다고 보는 것이 산업재해보상보험의 사회보험적 내지 책임보험적 성격에 부합하고, 여기에다가 사업주를 달리한다고 하더라도 하나의 사업장에서 어떤 사업주의 근로자가 다른 사업주의 근로자에게 재해를 가하여 근로복지공단이 재해 근로자에게 보험급여를 한 경우, 근로복지공단은 산업재해보상보험법 제54조 1항 단서에 의하여 가해 근로자 또는 그 사용자인 사업주에게 구상할 수 없다는 점까지 감안하면, 근로자가 동일한 사업주에 의하여 고용된 동료 근로자의 행위로 인하여 업무상의 재해를 입은 경우에 그 동료 근로자는 보험가입자인 사업주와 함께 직·간접적으로 재해 근로자와 산업재해보상보험관계를 가지는 자로서 같은 법 제54조 1항에 정한 '제3자'에서 제외된다고 봄이 상당하다(대판 2004.12.24, 2003다33691), ①②④ 공단은 제3자의 행위에 따른 재해로 보험급여를 지급한 경우에는 그 급여액의 한도 안에서 급여를 받은 자의 제3자에 대한 손해배상청구권을 대위(代位)한다. 다만, 보험가입자인 2 이상의 사업주가 같은 장소에서 하나의 사업을 분할하여 각각 행하다가 그 중 사업주를 달리하는 근로자의 행위로 재해가 발생하면 그러하지 아니하다(산재법 제87조 1항). ⑤ 수급권자가 제3자로부터 동일한 사유로 이 법의 보험급여에 상당하는 손해배상을 받으면 공단은 그 배상액을 대통령령으로 정하는 방법에 따라 환산한 금액의 한도 안에서 이 법에 따른 보험급여를 지급하지 아니한다(산재법 제87조 2항).

정답 56. ③

57. 산업재해보상보험법상 제3자에 대한 구상권에 관한 설명으로 옳지 않은 것은? (다툼이 있는 경우에는 판례에 의함) 〈노무사 2011년〉

① 구상권 행사의 상대방인 제3자란 보험가입자인 사업주와 함께 재해 근로자와의 사이에 산업재해보상보험관계가 없는 자로서 재해 근로자에 대하여 불법행위 등으로 인한 손해배상책임을 지는 자를 의미한다.

② 제3자에 대한 구상권은 제3자와 보험가입자의 공동불법행위로 인하여 업무상 재해가 발생한 경우에도 행사할 수 있다.

③ 보험자가 구상할 수 있는 대상채권에는 정신적 손해의 전보도 포함된다.

④ 근로자가 동료 근로자의 행위로 인하여 업무상 재해를 입은 경우 그 동료 근로자는 구상권이 인정되는 제3자에서 제외된다.

⑤ 수급권자 및 보험가입자는 제3자의 행위로 재해가 발생하면 지체없이 공단에 신고하여야 한다.

해설

②③ 피해근로자에게 산업재해보상보험금을 지급한 근로복지공단이 보험가입자와 공동불법행위자인 제3자를 상대로 구상권을 행사하는 경우, 구상의 범위는 그 보험급여와 소송물을 같이하는 피해근로자의 제3자에 대한 손해배상청구권을 한도로 한다(대판 1997.1.24, 96다39080). ① 산업재해보상보험법 제54조 1항 본문(현행 제87조 1항 본문)에서의 제3자라 함은 피재 근로자와 산업재해보상보험관계가 없는 자로서 피재 근로자에 대하여 불법행위 등으로 인한 손해배상 책임을 지는 자를 말한다(대판 2007.1.25, 2006다60793). ④ 동료 근로자에 의한 가해행위로 인하여 다른 근로자가 재해를 입어 그 재해가 업무상 재해로 인정되는 경우에 있어서는 그러한 가해행위는 마치 사업장 내 기계기구 등의 위험과 같이 사업장이 갖는 하나의 위험이라고 볼 수 있으므로, 그 위험이 현실화하여 발생한 업무상 재해에 대하여는 근로복지공단이 궁극적인 보상책임을 져야 한다고 보는 것이 산업재해보상보험의 사회보험적 내지 책임보험적 성격에 부합하고, 여기에다가 사업주를 달리한다고 하더라도 하나의 사업장에서 어떤 사업주의 근로자가 다른 사업주의 근로자에게 재해를 가하여 근로복지공단이 재해 근로자에게 보험급여를 한 경우, 근로복지공단은 산업재해보상보험법 제54조 제1항 단서에 의하여 가해 근로자 또는 그 사용자인 사업주에게 구상할 수 없다는 점까지 감안하면, 근로자가 동일한 사업주에 의하여 고용된 동료 근로자의 행위로 인하여 업무상의 재해를 입은 경우에 그 동료 근로자는 보험가입자인 사업주와 함께 직·간접적으로 재해 근로자와 산업재해보상보험관계를 가지는 자로서 같은 법 제54조 1항에 정한 '제3자'에서 제외된다고 봄이 상당하다(대판 2004.12.24, 2003다33691). ⑤ 수급권자 및 보험가입자는 제3자의 행위로 재해가 발생하면 지체없이 공단에 신고하여야 한다(산재법 제87조 3항).

정답 57. ③

58. 산업재해보상보험법상의 보험급여는 지급 결정일로부터 몇 일 이내에 지급되어야 하는가?

① 7일 ② 10일 ③ 12일
④ 14일 ⑤ 30일

✍ 해설

보험급여는 지급 결정일로부터 14일 이내에 지급하여야 한다(산재법 제82조).

59. 다음 설명 중 옳지 않은 것은?

① 보험급여를 받을 권리를 양도하는 계약은 무효이다.
② 보험가입자가 소속 근로자의 업무상의 재해에 관하여 산업재해보상보험법에 따른 보험급여의 지급사유와 동일한 사유로 「민법」이나 그 밖의 법령에 따라 보험급여에 상당하는 금품을 수급권자에게 미리 지급하는 경우로서 그 금품이 보험급여에 대체하여 지급한 것으로 인정되는 경우에 보험가입자는 일정한 절차에 따라 그 수급권자의 보험급여를 받을 권리를 대위할 수 있다.
③ 보험급여로서 지급된 금품에 대하여는 국가나 지방자치단체의 공과금을 부과하지 아니한다.
④ 수급권자가 이 법에 따라 보험급여를 받았거나 받을 수 있으면 보험가입자는 동일한 사유에 대하여 「근로기준법」에 따른 재해보상 책임이 면제된다.
⑤ 요양 중인 근로자가 정당한 사유 없이 요양에 관한 지시를 위반하여 부상·질병 또는 장해 상태를 악화시키거나 치유를 방해한 경우에 해당하면 근로복지공단은 보험급여의 지급을 제한할 수 있는 바, 이 경우 보험급여 지급 제한의 대상이 되는 보험급여는 휴업급여 또는 상병보상연금이다.

✍ 해설

② 보험가입자(보험료징수법 제2조 5호에 따른 하수급인을 포함한다. 이하 이 조에서 같다)가 소속 근로자의 업무상의 재해에 관하여 이 법에 따른 보험급여의 지급사유와 동일한 사유로 「민법」이나 그 밖의 법령에 따라 보험급여에 상당하는 금품을 수급권자에게 미리 지급한 경우로서 그 금품이 보험급여에 대체하여 지급한 것으로 인정되는 경우에 보험가입자는 대통령령으로 정하는 바에 따라 그 수급권자의 보험급여를 받을 권리를 대위한다(산재법 제89조). ① 보험급여를 받을 권리는 양도 또는 압류하거나 담보로 제공할 수 없다(산재법 제88조 2항). ③ 보험급여로서 지급된 금품에 대하여는 국가나 지방자치단체의 공과금을 부과하지 아니한다(산재법 제91조). ④ 수급권자가

정답 58. ④ 59. ②

이 법에 따라 보험급여를 받았거나 받을 수 있으면 보험가입자는 동일한 사유에 대하여 「근로기준법」에 따른 재해보상 책임이 면제된다(산재법 제80조 1항). ⑤ 공단은 요양 중인 근로자가 정당한 사유 없이 요양에 관한 지시를 위반하여 부상·질병 또는 장해 상태를 악화시키거나 치유를 방해한 경우에 해당되면 보험급여의 전부 또는 일부를 지급하지 아니할 수 있다(산재법 제83조 1항 1호). 산재법 시행령 제78조 1항에서는 '공단은 보험급여 수급권자가 법 제83조 1항 1호에 해당하면 보험급여의 지급을 제한하기로 결정한 날 이후에 지급사유가 발생하는 휴업급여 또는 상병보상연금의 20일분(지급사유가 발생한 기간이 20일 미만이면 그 기간 해당분)에 상당하는 금액을 지급하지 않는다'고 규정하고 있다. 따라서 지급이 제한되는 보험급여는 휴업급여 또는 상병보상연금이다.

60. 산업재해보상보험법령상 내용으로 옳은 것은? 〈노무사 2012년〉

① 산업재해보상보험 사업은 근로복지공단 이사장이 관장한다.

② 장해란 업무상의 부상 또는 질병에 따른 정신적 또는 육체적 훼손으로 노동능력이 상실되거나 감소된 상태로서 그 부상 또는 질병이 치유되지 아니한 상태를 말한다.

③ 산업재해보상보험 및 예방에 관한 중요 사항을 심의하게 하기 위하여 고용노동부에 산업재해보상보험심사위원회를 둔다.

④ 고용노동부장관은 보험가입자에 대하여 장해급여 또는 진폐보상연금을 받은 자를 그 적성에 맞는 업무에 고용하도록 권고할 수 있다.

⑤ 산업재해보상보험및예방기금은 기획재정부장관이 관리·운용한다.

해설

① 산재보험사업의 관장자는 노동부장관이다(산재법 제2조 1항). ② 장해란 부상 또는 질병이 치유되었으나 정신적 또는 육체적 훼손으로 노동능력이 상실되거나 감소된 상태로서 그 부상 또는 질병이 치유되지 아니한 상태를 말한다(산재법 제5조 5호). ③ 산업재해보상보험 및 예방에 관한 중요 사항을 심의하기 위하여 고용노동부에 산업재해보상보험및예방심의위원회를 둔다(산재법 제8조 1항). ④ 산재법 제94조, ⑤ 기금은 노동부장관이 관리·운용한다(산재법 제97조 1항).

정답 60. ④

제4절 진폐에 따른 보험급여의 특례

01. 다음 중 진폐에 따른 보험급여의 특례에 관한 설명 중 옳지 않은 것은?

① 근로자가 진폐에 걸릴 우려가 있는 작업으로서 암석, 금속이나 유리섬유 등을 취급하는 작업 등에 종사하여 진폐에 걸리면 업무상 질병으로 본다.

② 분진작업에 종사하고 있거나 종사하였던 근로자가 진폐, 합병증이나 그 밖에 진폐와 관련된 사유로 사망하였다고 인정되면 업무상 재해로 본다.

③ 진폐유족연금은 진폐근로자가 사망한 경우에 유족에게 지급한다.

④ 진폐보상연금을 받던 사람이 그 진폐장해등급이 변경된 경우에 변경된 날이 속한 다음달부터 기초연금과 변경된 진폐장해등급에 해당하는 진폐장해연금을 합산한 금액을 지급한다.

⑤ 진폐유족연금 수급자격자 중 진폐유족연금을 받을 권리의 순위는 배우자·자녀·부모·조부모 및 형제자매·손자녀의 순서로 한다.

해설

⑤ 진폐유족연금을 받을 수 있는 유족의 범위 및 순위, 자격 상실과 지급 정지 등에 관하여는 제63조 및 제64조를 준용한다. 이 경우 "유족보상연금"은 "진폐유족연금"으로 본다(산재법 제91조의4 4항). 따라서 진폐유족연금 수급자격자 중 진폐유족연금을 받을 권리의 순위는 배우자·자녀·부모·손자녀·조부모 및 형제자매의 순서로 한다. ① 근로자가 진폐에 걸릴 우려가 있는 작업으로서 암석, 금속이나 유리섬유 등을 취급하는 작업 등 고용노동부령으로 정하는 분진작업(이하 "분진작업"이라 한다)에 종사하여 진폐에 걸리면 제37조 1항 2호 가목에 따른 업무상 질병으로 본다(산재법 제91조의2). ② 분진작업에 종사하고 있거나 종사하였던 근로자가 진폐, 합병증이나 그 밖에 진폐와 관련된 사유로 사망하였다고 인정되면 업무상의 재해로 본다(산재법 제91조의10). ③ 진폐유족연금은 진폐근로자가 진폐로 사망한 경우에 유족에게 지급한다(산재법 제91조의4). ④ 진폐보상연금을 받던 사람이 그 진폐장해등급이 변경된 경우에는 변경된 날이 속한 달의 다음 달부터 기초연금과 변경된 진폐장해등급에 해당하는 진폐장해연금을 합산한 금액을 지급한다(산재법 제91조의3).

02. 산업재해보상보험법상 진폐에 따른 보험급여의 종류가 아닌 것은?

〈노무사 2012년〉

① 요양급여 ② 휴업급여
③ 간병급여 ④ 장의비 ⑤ 직업재활급여

정답 01. ⑤ 02. ②

✍ **해설**

진폐에 따른 보험급여의 종류는 요양급여, 간병급여, 장의비, 직업재활급여, 진폐보상연금, 진폐유족연금으로 한다(산재법 제36조).

제5절 산업재해보상보험 및 예방기금

01. 산업재해보상보험 및 예방기금에 관한 설명으로 옳지 않은 것은?

① 고용노동부장관은 회계연도마다 위원회의 심의를 거쳐 기금운용계획을 세워야 한다.

② 고용노동부장관은 보험급여에 충당하기 위하여 책임준비금을 적립하여야 한다.

③ 산업재해보상보험 및 예방기금에서 지급할 현금이 부족하면 기금의 부담으로 일시차입을 할 수 있고 이는 다음 회계연도 안에 상환하여야 한다.

④ 기금의 결산상 잉여금이 생기면 이를 적립금으로 적립하여야 한다.

⑤ 기금의 결산상 손실금이 생기면 적립금을 사용할 수 있다.

해설

③ 기금에서 지급할 현금이 부족하면 기금의 부담으로 일시차입을 할 수 있고, 그 회계연도 안에 상환하여야 한다(산재법 제101조 2항·3항). ① 고용노동부장관은 회계연도마다 위원회의 심의를 거쳐 기금운용계획을 세워야 한다(산재법 제98조). ② 고용노동부장관은 보험급여에 충당하기 위하여 책임준비금을 적립하여야 한다(산재법 제99조). ④⑤ 기금의 결산상 잉여금이 생기면 이를 적립금으로 적립하여야 하고, 기금의 결산상 손실금이 생기면 적립금을 사용할 수 있다(산재법 제100조).

정답 01. ③

제6절 심사청구 및 재심사청구

01. 산업재해보상보험법령상 심사청구 및 재심사청구에 관한 설명으로 옳지 않은 것을 모두 고른 것은? (다툼이 있는 경우에는 판례에 의함) 〈노무사 2012년〉

> ㄱ. 근로복지공단의 보험급여 결정에 대하여는 행정심판법에 따른 행정심판을 제기할 수 있다.
> ㄴ. 보험급여 결정 등에 대한 심사청구는 보험급여 결정이 있는 날부터 90일 이내에 하여야 한다.
> ㄷ. 심사청구 및 재심사청구에 관하여 산업재해보상보험법에서 정하고 있지 아니한 사항에 대하여는 행정심판법에 따른다.
> ㄹ. 근로복지공단의 보험급여 결정에 불복하는 자는 행정소송을 제기하기 전에 근로복지공단에 심사 청구를 하여야 한다.

① ㄱ, ㄴ ② ㄱ, ㄴ, ㄹ ③ ㄱ, ㄷ, ㄹ
④ ㄴ, ㄷ, ㄹ ⑤ ㄷ, ㄹ

해설

ㄱ. 보험급여 결정 등에 대하여는 행정심판법에 따른 행정심판을 제기할 수 없다(산재법 제103조 5항). ㄴ. 심사청구는 보험급여 결정 등이 있음을 안 날부터 90일 이내에 하여야 한다(산재법 제103조 3항). ㄷ. 산재법 제111조 3항

02. 산업재해보상보험법상 심사청구에 관한 설명이다. ( ) 안에 들어갈 내용으로 옳은 것은? 〈노무사 2014년〉

> 보험급여에 관한 결정에 불복하는 자는 보험급여 결정이 있음을 안 날부터 (ㄱ) 이내에 근로복지공단에 심사청구를 하여야 하고, 심사청구서를 받은 근로복지공단의 소속기관은 (ㄴ) 이내에 의견서를 첨부하여 근로복지공단에 보내야 한다. 근로복지공단은 심사청구서를 받은 날부터 (ㄷ) 이내에 심사청구에 대한 결정을 하여야 한다.

① ㄱ: 60일, ㄴ: 5일, ㄷ: 60일
② ㄱ: 60일, ㄴ: 7일, ㄷ: 90일
③ ㄱ: 90일, ㄴ: 5일, ㄷ: 60일
④ ㄱ: 90일, ㄴ: 5일, ㄷ: 90일

정답 01. ② 02. ③

⑤ ㄱ: 90일, ㄴ: 7일, ㄷ: 90일

✍ 해설

ㄱ, ㄴ. 심사청구는 그 보험급여 결정등을 한 공단의 소속 기관을 거쳐 공단에 제기하여야 하고, 보험급여 결정등이 있음을 안 날부터 90일 이내에 하여야 한다. 또한 심사청구서를 받은 공단의 소속 기관은 5일 이내에 의견서를 첨부하여 공단에 보내야 한다(산재법 제103조 2항 내지 4항). ㄷ. 공단은 심사청구서를 받은 날부터 60일 이내에 심사위원회의 심의를 거쳐 심사청구에 대한 결정을 하여야 한다. 다만, 부득이한 사유로 그 기간 이내에 결정을 할 수 없으면 1차에 한하여 20일을 넘지 아니하는 범위에서 그 기간을 연장할 수 있다(산재법 제105조 1항).

03. 다음 ( ) 안에 들어갈 내용의 조합으로 옳은 것은?

가. 보험급여 결정 등에 불복하는 자는 보험급여 결정 등이 있음을 안 날로부터 (A)일 이내 근로복지공단에 심사청구를 할 수 있다. 나. 재심사청구는 심사청구에 대한 산업재해보상보험심사위원회의 결정이 있은 날로부터 (B)일 이내에 제기하여야 한다.

	A - B		A - B
①	90 - 90	②	90 - 180
③	180 - 90	④	60 - 90
⑤	90 - 60		

✍ 해설

가. 공단의 보험급여 결정 등에 불복하는 자는 공단에 심사청구를 할 수 있고(산재법 제103조 1항), 1항에 따른 심사청구는 보험급여 결정 등이 있음을 안 날부터 90일 이내에 하여야 한다(산재법 제103조 3항). 나. 심사청구에 대한 결정에 불복하는 자는 제107조에 따른 산업재해보상보험재심사위원회에 재심사 청구를 할 수 있고(산재법 제106조 1항), 1항에 따른 재심사청구는 심사청구에 대한 결정이 있음을 안 날부터 90일 이내에 제기하여야 한다(산재법 제106조 3항).

04. 산업재해보상보험법상 심사청구 및 재심사청구의 내용으로 옳지 않은 것은?

〈노무사 2010년〉

① 공단은 부득이한 사유가 없는 한 심사청구서를 받은 날로부터 60일 이내에 산업재해보상보험심사위원회의 심의를 거쳐 결정을 하여야 한다.

② 재심사청구는 심사청구에 대한 산업재해보상보험심사위원회의 결정이 있음을 안 날로부터 90일 이내에 제기하여야 한다.

정답 03. ① 04. ⑤

③ 심사청구 및 재심사청구에 관하여 이 법에서 정하고 있지 아니한 사항에 대하여는 행정심판법에 따른다.
④ 재심사청구는 그 보험급여 결정 등을 한 공단의 소속 기관을 거쳐 산업재해보상보험재심사위원회에 제기하여야 한다.
⑤ 직업병의 경우에는 산업재해보상보험심사위원회의 심의를 거쳐 업무상질병판정위원회에서 결정한다.

해설

① 공단은 제103조 4항에 따라 심사청구서를 받은 날부터 60일 이내에 심사위원회의 심의를 거쳐 심사청구에 대한 결정을 하여야 한다(산재법 제105조 1항). ② 재심사청구는 심사청구에 대한 결정이 있음을 안 날부터 90일 이내에 제기하여야 한다(산재법 제106조 3항). ③ 심사청구 및 재심사청구에 관하여 이 법에서 정하고 있지 아니한 사항에 대하여는 「행정심판법」에 따른다(산재법 제111조). ④ 재심사청구는 그 보험급여 결정등을 한 공단의 소속 기관을 거쳐 제107조에 따른 산업재해보상보험재심사위원회에 제기하여야 한다(산재법 제106조 2항).

05. 산업재해보상보험법상 심사 청구 및 재심사 청구에 관한 설명으로 옳은 것은?

〈노무사 2015년〉

① 근로복지공단은 심사 청구서를 받은 날부터 60일 이내에 결정을 하여야 하지만, 부득이한 사유로 그 기간 이내에 결정을 할 수 없으면 1차에 한하여 20일을 넘지 아니하는 범위에서 그 기간을 연장할 수 있다.
② 심사 청구 및 재심사 청구에 관하여 산업재해보상보험법에서 정하고 있지 아니한 사항에 대하여는 행정소송법에 따른다.
③ 업무상질병판정위원회의 심의를 거친 보험급여에 관한 결정에 불복하는 자는 근로복지공단에 심사 청구를 하지 아니하고는 산업재해보상보험재심사위원회에 재심사 청구를 할 수 없다.
④ 심사 청구는 보험급여 절정 등이 있음을 안 날로부터 180일 이내에 하여야 한다.
⑤ 재심사위원회의 위원장은 재심사위원회의 제청으로 고용노동부장관이 임명한다.

해설

① 공단은 제103조제4항에 따라 심사 청구서를 받은 날부터 60일 이내에 심사위원회의 심의를 거쳐 심사 청구에 대한 결정을 하여야 한다. 다만, 부득이한 사유로 그 기간

정답 05. ①

이내에 결정을 할 수 없으면 1차에 한하여 20일을 넘지 아니하는 범위에서 그 기간을 연장할 수 있다(산재법 제105조 1항). ② 제103조 및 제106조에 따른 심사 청구 및 재심사 청구에 관하여 이 법에서 정하고 있지 아니한 사항에 대하여는 「행정심판법」에 따른다(산재법 제111조 3항). ③ 제105조제1항에 따른 심사 청구에 대한 결정에 불복하는 자는 제107조에 따른 산업재해보상보험재심사위원회에 재심사 청구를 할 수 있다. 다만, 판정위원회의 심의를 거친 보험급여에 관한 결정에 불복하는 자는 제103조에 따른 심사 청구를 하지 아니하고 재심사 청구를 할 수 있다.(산재법 제106조 1항). ④ 심사 청구는 보험급여 결정등이 있음을 안 날부터 90일 이내에 하여야 한다(산재법 제103조 3항). ⑤ 재심사위원회의 위원장 및 위원은 다음 각 호의 어느 하나에 해당하는 자 중에서 고용노동부장관의 제청으로 대통령이 임명한다(산재법 제107조 5항).

06. 다음 중 심사청구 및 재심사청구에 관한 설명 중 타당한 것은?

① 보험급여 결정 등에 대하여는 심사청구 외에도 행정심판을 제기할 수 있다.
② 재심사청구에 대한 재결에 대하여는 행정소송법에 따른 행정소송을 제기할 수 없다.
③ 심사청구에 대한 결정에 불복하는 자는 심사청구에 대한 결정이 있음을 안 날로부터 60일 이내에 산업재해보상보험재심사위원회에 재심사 청구할 수 있다.
④ 심사청구 및 재심사청구의 제기는 시효의 중단에 관하여 민법 제168조에 따른 재판상의 청구로 본다.
⑤ 재심사청구는 그 보험급여에 관한 결정을 한 공단의 소속기관을 거치지 않고 산업재해보상보험재심사위원회에 직접 제기할 수 있다.

해설

① 보험급여 결정 등에 대하여는「행정심판법」에 따른 행정심판을 제기할 수 없다(산재법 제103조 5항). ② 재심사청구에 대한 재결은「행정소송법」 제18조를 적용할 때 행정심판에 대한 재결로 본다(산재법 제111조 2항). 따라서 행정소송을 제기할 수 있다. ③ 심사청구에 대한 결정에 불복하는 자는 산업재해보상보험재심사위원회에 재심사청구를 할 수 있고, 재심사청구는 심사청구에 대한 결정이 있음을 안 날부터 90일 이내에 제기하여야 한다(산재법 제106조 1항·3항). ④ 심사청구 및 재심사청구의 제기는 시효의 중단에 관하여「민법」 제168조에 따른 재판상의 청구로 본다(산재법 제111조 1항). ⑤ 재심사청구는 그 보험급여 결정 등을 한 공단의 소속 기관을 거쳐 제107조에 따른 산업재해보상보험재심사위원회에 제기하여야 한다(산재법 제106조 2항).

정답 06. ④

07. 근로복지공단의 결정 중 산업재해보상보험법상 심사청구의 대상이 되지 않는 것은?

① 보험급여에 관한 결정
② 보험급여의 일시지급에 관한 결정
③ 부당이득 징수에 관한 결정
④ 보험료의 징수에 관한 결정
⑤ 수급권의 대위에 관한 결정

해설

다음 각 호의 어느 하나에 해당하는 공단의 결정 등(이하 "보험급여 결정등"이라 한다)에 불복하는 자는 공단에 심사 청구를 할 수 있다. 1. 제3장 및 제3장의2에 따른 보험급여에 관한 결정, 2. 제45조 및 제91조의6 4항에 따른 진료비에 관한 결정, 3. 제46조에 따른 약제비에 관한 결정, 4. 제47조 2항에 따른 진료계획 변경 조치 등, 5. 제76조에 따른 보험급여의 일시지급에 관한 결정, 6. 제84조에 따른 부당이득의 징수에 관한 결정, 7. 제89조에 따른 수급권의 대위에 관한 결정(산재법 제103조 1항).

08. 다음은 산업재해보상보험법에 관한 내용이다. ( ) 안에 들어갈 내용으로 옳은 것은?

〈노무사 2012년〉

> ○ 산업재해보상보험재심사위원회의 위원이 그 사건에 관하여 증언이나 감정을 한 경우에는 그 사건의 심리·재결에서 (ㄱ)된다.
> ○ 당사자는 산업재해보상보험재심사위원회의 위원에게 심리·재결의 공정을 기대하기 어려운 사정이 있는 경우에는 (ㄴ)신청을 할 수 있다.

① ㄱ: 제척, ㄴ: 회피
② ㄱ: 제척, ㄴ: 기피
③ ㄱ: 기피, ㄴ: 제척
④ ㄱ: 기피, ㄴ: 회피
⑤ ㄱ: 회피, ㄴ: 기피

해설

재심사위원회의 위원은 다음 각 호의 어느 하나에 해당하는 경우에는 그 사건의 심리(審理)·재결(裁決)에서 제척(除斥)된다. 1. 위원 또는 그 배우자나 배우자였던 자가 그 사건의 당사자가 되거나 그 사건에 관하여 공동권리자 또는 의무자의 관계에 있는 경우, 2. 위원이 그 사건의 당사자와 「민법」 제777조에 따른 친족이거나 친족이었던 경우, 3. 위원이 그 사건에 관하여 증언이나 감정을 한 경우, 4. 위원이 그 사건에 관하여 당사자의 대리인으로서 관여하거나 관여하였던 경우, 5. 위원이 그 사건의 대상이 된 보험급여 결정 등에 관여한 경우(산재법 제108조 1항). 당사자는 위원에게 심리·재결의 공정을 기대하기 어려운 사정이 있는 경우에는 기피신청을 할 수 있다(산재법 제108조 2항).

정답 07. ④ 08. ②

09. 다음 설명 중 옳지 않은 것은?

① 재심사위원회의 위원이 사건의 대상이 된 보험급여 결정 등에 관여한 경우 그 사건의 심리·재결에서 제척된다.

② 재심사위원회의 위원이 사건에 관하여 증언이나 감정을 한 경우 그 사건의 심리·재결에서 제척된다.

③ 당사자는 재심사위원회 위원에게 심리·재결의 공정을 기대하기 어려운 사정이 있는 경우에는 기피신청을 할 수 있다.

④ 재심사위원회 위원은 제척사유 또는 기피사유에 해당하면 스스로 그 사건의 심리·재결을 회피할 수 있다.

⑤ 사건의 심리·재결에 관한 사무에 관여하는 위원이 아닌 직원에게는 제척, 기피, 회피에 관한 규정이 준용되지 않는다.

해설

①② 재심사위원회의 위원은 다음 각 호의 어느 하나에 해당하는 경우에는 그 사건의 심리(審理)·재결(裁決)에서 제척(除斥)된다. 1. 위원 또는 그 배우자나 배우자였던 자가 그 사건의 당사자가 되거나 그 사건에 관하여 공동권리자 또는 의무자의 관계에 있는 경우, 2. 위원이 그 사건의 당사자와 「민법」 제777조에 따른 친족이거나 친족이었던 경우, 3. 위원이 그 사건에 관하여 증언이나 감정을 한 경우, 4. 위원이 그 사건에 관하여 당사자의 대리인으로서 관여하거나 관여하였던 경우, 5. 위원이 그 사건의 대상이 된 보험급여 결정 등에 관여한 경우(산재법 제108조 1항). ③ 당사자는 위원에게 심리·재결의 공정을 기대하기 어려운 사정이 있는 경우에는 기피신청을 할 수 있다(산재법 제108조 2항). ④ 위원은 1항이나 2항의 사유에 해당하면 스스로 그 사건의 심리·재결을 회피할 수 있다(산재법 제108조 3항). ⑤ 사건의 심리·재결에 관한 사무에 관여하는 위원 아닌 직원에게도 1항부터 3항까지의 규정을 준용한다(산재법 제108조 4항).

정답 09. ⑤

제7절 보 칙

01. 보험급여를 받을 권리의 소멸시효는?

① 1년 ② 2년 ③ 3년
④ 4년 ⑤ 5년

✍ 해설

산업재해보상보험법 제36조 1항에 따른 보험급여를 받을 권리는 3년간 행사하지 않으면 시효로 말미암아 소멸한다(산재법 제112조 1항 1호).

02. 산업재해보상보험법상 보험급여의 일시 중지에 해당되는 사유를 모두 고른 것은? 〈노무사 2015년〉

ㄱ. 진찰 요구에 따르지 아니하는 경우
ㄴ. 요양 중인 근로자가 근로복지공단의 전원 요양 지시를 정당한 사유 없이 따르지 아니한 경우
ㄷ. 근로복지공단이 직원으로 실시하는 장해등급 또는 진폐장해등급 재판정 요구에 응하지 아니하는 경우
ㄹ. 거짓이나 그 밖의 부정한 방법으로 진료비나 약제비를 지급받은 경우

① ㄱ,ㄷ ② ㄴ, ㄹ ③ ㄱ, ㄴ, ㄷ ④ ㄱ, ㄴ, ㄹ ⑤ ㄴ, ㄷ, ㄹ

✍ 해설

공단은 보험급여를 받고자 하는 자가 다음 각 호의 어느 하나에 해당되면 보험급여의 지급을 일시 중지할 수 있다.

1. 요양 중인 근로자가 제48조제1항에 따른 공단의 전원 요양 지시를 정당한 사유 없이 따르지 아니하는 경우
2. 제59조에 따라 공단이 직권으로 실시하는 장해등급 또는 진폐장해등급 재판정 요구에 응하지 아니하는 경우
3. 제114조나 제115조에 따른 보고·서류제출 또는 신고를 하지 아니하는 경우
4. 제117조에 따른 질문이나 조사에 응하지 아니하는 경우
5. 제119조에 따른 진찰 요구에 따르지 아니하는 경우

(산재법 제120조 1항)

정답 01. ③ 02. ③

03. 특수형태근로종사자가 산업재해보상보험법의 적용을 받기 위한 요건은?

ㄱ. 주로 하나의 사업 또는 사업장에 그 운영에 필요한 노무를 상시적으로 제공하고 보수를 받아 생활할 것 ㄴ. 노무를 제공함에 있어서 타인을 사용하지 아니할 것

① ㄱ의 경우에만　　② ㄴ의 경우에만
③ ㄱ 또는 ㄴ의 경우　　④ ㄱ 과 ㄴ을 모두 충족하는 경우
⑤ 어떠한 경우에도 적용받을 수 없음

해설

계약의 형식에 관계없이 근로자와 유사하게 노무를 제공함에도 「근로기준법」 등이 적용되지 아니하여 업무상의 재해로부터 보호할 필요가 있는 자로서 다음 각 호의 모두에 해당하는 자 중 대통령령으로 정하는 직종에 종사하는 자(이하 이 조에서 "특수형태근로종사자"라 한다)의 노무(勞務)를 제공받는 사업은 제6조에도 불구하고 이 법의 적용을 받는 사업으로 본다. 1. 주로 하나의 사업에 그 운영에 필요한 노무를 상시적으로 제공하고 보수를 받아 생활할 것, 2. 노무를 제공함에 있어서 타인을 사용하지 아니할 것(산재법 제125조 1항).

04. 다음 중 산업재해보상보험법 적용상의 특례가 인정되는 자 또는 사업이 아닌 것은?

① 국외의 사업　　② 해외파견자　　③ 현장실습생
④ 중·소기업 사업주　　⑤ 사내하도급 근로자

해설

① 산재법 제121조(국외사업에 대한 특례), 국외 근무 기간에 발생한 근로자의 재해를 보상하기 위하여 우리나라가 당사국이 된 사회 보장에 관한 조약이나 협정으로 정하는 국가나 지역에서의 사업에 대하여는 고용노동부장관이 금융위원회와 협의하여 지정하는 자에게 이 법에 따른 보험사업을 자기의 계산으로 영위하게 할 수 있다. ② 산재법 제122조(해외파견자에 대한 특례), 보험료징수법 제5조 3항 및 4항에 따른 보험가입자가 대한민국 밖의 지역(고용노동부령으로 정하는 지역은 제외한다)에서 하는 사업에 근로시키기 위하여 파견하는 자에 대하여 공단에 보험 가입신청을 하여 승인을 받으면 해외파견자를 그 가입자의 대한민국 영역 안의 사업(2개 이상의 사업이 있는 경우에는 주된 사업을 말한다)에 사용하는 근로자로 보아 이 법을 적용할 수 있다. ③ 산재법 제123조(현장실습생에 대한 특례), 이 법이 적용되는 사업에서 현장 실습을 하고 있는 학생 및 직업 훈련생 중 고용노동부장관이 정하는 현장실습생은 제5조 2호에도 불구하고 이 법을 적용할 때는 그 사업에 사용되는 근로자로 본다. ④ 산재법 제124조(중·소기업 사업주에 대한 특례), 대통령령으로 정하는 중·소기업 사업주(근로자를 사용하지 아니하는 자를 포함한다. 이하 이 조에

정답 03. ④　04. ⑤

서 같다)는 공단의 승인을 받아 자기 또는 유족을 보험급여를 받을 수 있는 자로 하여 보험에 가입할 수 있다. 이 경우 제5조 2호에도 불구하고 그 사업주는 이 법을 적용할 때 근로자로 본다.

05. 다음 설명 중 옳지 않은 것은?

① 국외근무 기간에 발생한 근로자의 재해를 보상하기 위하여 보험회사에게 이 법에 따른 보험사업을 자기의 계산으로 영위하게 할 수 있다.
② 보험가입자가 대한민국 밖의 지역에서 하는 사업에 근로시키기 위하여 파견하는 자에 대하여는 공단의 승인 없이도 해외파견자를 근로자로 보아 산업재해보상보험법을 적용할 수 있다.
③ 고용노동부장관이 정하는 현장실습생은 산업재해보상보험법을 적용할 때에는 그 사업에 사용되는 근로자로 본다.
④ 대통령령으로 정하는 중·소기업 사업주는 공단의 승인을 받아 자기 또는 유족을 보험급여를 받을 수 있는 자로 하여 보험에 가입할 수 있다.
⑤ 산업재해보상보험법은 원칙적으로 근로자를 사용하는 모든 사업 또는 사업장에 적용된다.

✍ 해설

② 보험가입자가 대한민국 밖의 지역(고용노동부령으로 정하는 지역은 제외한다)에서 하는 사업에 근로시키기 위하여 파견하는 자(이하 "해외파견자"라 한다)에 대하여 공단에 보험가입 신청을 하여 승인을 받으면 해외파견자를 그 가입자의 대한민국 영역 안의 사업(2개 이상의 사업이 있는 경우에는 주된 사업을 말한다)에 사용하는 근로자로 보아 이 법을 적용할 수 있다(산재법 제122조 1항). 따라서 공단의 승인이 필요하다. ① 국외근무 기간에 발생한 근로자의 재해를 보상하기 위하여 우리나라가 당사국이 된 사회 보장에 관한 조약이나 협정(이하 "사회보장관련조약"이라 한다)으로 정하는 국가나 지역에서의 사업에 대하여는 고용노동부장관이 금융위원회와 협의하여 지정하는 자(이하 "보험회사"라 한다)에게 이 법에 따른 보험사업을 자기의 계산으로 영위하게 할 수 있다(산재법 제121조 1항). ③ 보험가입자가 대한민국 밖의 지역(고용노동부령으로 정하는 지역은 제외한다)에서 하는 사업에 근로시키기 위하여 파견하는 자(이하 "해외파견자"라 한다)에 대하여 공단에 보험 가입 신청을 하여 승인을 받으면 해외파견자를 그 가입자의 대한민국 영역 안의 사업(2개 이상의 사업이 있는 경우에는 주된 사업을 말한다)에 사용하는 근로자로 보아 이 법을 적용할 수 있다(산재법 제123조 1항). ④ 대통령령으로 정하는 중·소기업 사업주(근로자를 사용하지 아니하는 자를 포함한다. 이하 이 조에서 같다)는 공단의 승인을 받아 자기 또는 유족을 보험급여를 받을 수 있는 자로 하여 보험에 가입할 수 있다. 이 경우 제5조 2호에도 불구하고 그 사업주는 이 법을 적용할 때 근로자로 본다(산재법 제124조 1항). ⑤ 산업재해보상보험법은 근로자를 사용하는 모든 사업 또는 사업장에 적용한다(산재법 제6조).

정답 05. ②

06. 산업재해보상보험법령상 특수형태근로종사자의 직종에 해당하지 않는 것은?

〈노무사 2014년 변형〉

① 우체국예금·보험에 관한 법률에 따른 우체국보험의 모집을 전업으로 하는 사람
② 한국표준직업분류표의 세세분류에 따른 채권추심원
③ 한국표준직업분류표의 세세분류에 따른 학습지 교사
④ 한국표준직업분류표의 세분류에 따른 택배원으로서 택배사업에서 집화 업무를 하는 사람
⑤ 건설기계관리법에 따라 등록된 콘크리트믹서트럭을 소유하여 직접 운전하는 사람

해설

①③④⑤ 산재법 제125조, 동법 시행령 제125조

산재보험법 시행령 제125조(특수형태근로종사자의 범위 등)
법 제125조 1항에서 "대통령령으로 정하는 직종에 종사하는 자"란 다음 각 호의 어느 하나에 해당하는 자를 말한다.

1. 보험을 모집하는 사람으로서 다음 각 목의 어느 하나에 해당하는 자
   가.「보험업법」제83조 1항 1호에 따른 보험설계사
   나. 삭제 <2011.1.24>
   다. 삭제 <2015.4.14>
   라.「우체국 예금·보험에 관한 법률」에 따른 우체국보험의 모집을 전업으로 하는 사람
2.「건설기계관리법」제3조 1항에 따라 등록된 콘크리트믹서트럭을 소유하여 그 콘크리트믹서트럭을 직접 운전하는 사람
3. 한국표준직업분류표의 세세분류에 따른 학습지 교사
4.「체육시설의 설치·이용에 관한 법률」제19조에 따라 체육시설업의 등록을 한 골프장에서 골프경기를 보조하는 골프장 캐디
5. 한국표준직업분류표의 세분류에 따른 택배원인 사람으로서 택배사업(소화물을 집화·수송 과정을 거쳐 배송하는 사업을 말한다)에서 집화 또는 배송 업무를 하는 사람
6. 한국표준직업분류표의 세분류에 따른 택배원인 사람으로서 고용노동부장관이 정하는 기준에 따라 주로 하나의 퀵서비스업자로부터 업무를 의뢰받아 배송 업무를 하는 사람

07. 산업재해보상보험법령상 특수형태근로종사자의 범위에 해당하지 않는 자는?

〈노무사 2012년〉

① 보험을 모집하는 사람으로서 보험업법에 따른 보험설계사

정답 06. ② 07. ③

② 체육시설의 설치·이용에 관한 법률에 따라 체육시설업의 등록을 한 골프장에서 골프경기를 보조하는 골프장 캐디
③ 건설기계관리법에 따라 등록된 덤프트럭을 소유하여 그 덤프트럭을 직접 운전하는 사람
④ 우체국 예금·보험에 관한 법률에 따른 우체국보험의 모집을 전업으로 하는 사람
⑤ 한국표준직업분류표의 세세분류에 따른 학습지 교사

해설

특수형태근로종사자란 1. 보험을 모집하는 사람으로서 보험설계사, 우체국보험의 모집을 전업으로 하는 사람, 2. 건설기계관리법에 따라 등록된 콘크리트믹서트럭을 소유하여 그 콘크리트믹서트럭을 직접 운전하는 사람, 3. 학습지 교사, 4. 골프장 캐디 등을 말한다(산재법 시행령 제125조).

08. 다음 중 특수형태근로종사자에 해당하는 자를 모두 고른 것은?

A. 보험업법에 따른 보험설계사
B. 우체국 예금·보험에 관한 법률에 따른 우체국 보험의 모집을 전업으로 하는 사람
C. 통계청장이 고시하는 한국표준직업분류상의 세세분류에 따른 학습지 교사
D. 체육시설업의 등록을 한 골프장에서 근무하는 골프장 캐디
E. 해외파견근로자
F. 현장실습생

① A, B, C, D ② A, B, C, E ③ A, B, E, F
④ B, C, D, E ⑤ C, D, E, F

해설

산재법 시행령 제125조. 법 제125조 1항에서 "대통령령으로 정하는 직종에 종사하는 자"란 다음 각 호의 어느 하나에 해당하는 자를 말한다. 1. 보험을 모집하는 사람으로서 다음 각 목의 어느 하나에 해당하는 자, 가.「보험업법」제83조 1항 1호에 따른 보험설계사, 나. 삭제 <2011.1.24.>, 다. 삭제<2015.4.14>, 라.「우체국 예금·보험에 관한 법률」에 따른 우체국보험의 모집을 전업으로 하는 사람, 2.「건설기계관리법」제3조 1항에 따라 등록된 콘크리트믹서트럭을 소유하여 그 콘크리트믹서트럭을 직접 운전하는 사람, 3. 한국표준직업분류표의 세세분류에 따른 학습지 교사, 4.「체육시설의 설치·이용에 관한 법률」제19조에 따라 체육시설업의 등록을 한 골프장에서 골프경기를 보조하는 골프장

정답 08. ①

캐디, 5. 한국표준직업분류표의 세분류에 따른 택배원인 사람으로서 택배사업(소화물을 집화·수송 과정을 거쳐 배송하는 사업을 말한다)에서 집화 또는 배송 업무를 하는 사람, 6. 한국표준직업분류표의 세분류에 따른 택배원인 사람으로서 고용노동부장관이 정하는 기준에 따라 주로 하나의 퀵서비스업자로부터 업무를 의뢰받아 배송 업무를 하는 사람

09. 산업재해보상보험법상 3년 이하의 징역 또는 3천만 원 이하의 벌금에 처하는 경우에 해당하는 것은? 〈노무사 2013년〉

① 산재보험 의료기관이 요양을 실시하고 그 진료비를 근로복지공단이 아닌 자에게 청구한 경우
② 근로복지공단이 아닌 자가 근로복지공단 또는 이와 비슷한 명칭을 사용한 경우
③ 산재보험 의료기관의 종사자로서 거짓이나 그 밖의 부정한 방법으로 진료비를 지급받은 경우
④ 근로복지공단의 임직원이 그 직무상 알게 된 비밀을 누설한 경우
⑤ 거짓이나 그 밖의 부정한 방법으로 보험급여를 받은 경우

해설

③ 산재보험 의료기관이나 약국의 종사자로서 거짓이나 그 밖의 부정한 방법으로 진료비나 약제비를 지급받은 자는 3년 이하의 징역 또는 3천만 원 이하의 벌금에 처한다(산재법 제127조 1항). ①② 2백만 원 이하의 과태료(산재법 제129조 1항), ④ 2년 이하의 징역 또는 1천만 원 이하의 벌금(산재법 제127조 3항), ⑤ 2년 이하의 징역 또는 2천만 원 이하의 벌금(산재법 제127조 2항).

정답 09. ③

제6장 고용보험 및 산업재해보상보험의 보험료 징수 등에 관한 법률

제1절 총 칙

01. 다음 설명 중 옳지 않은 것은?

① 고용보험 및 산업재해보상보험의 보험료 징수 등에 관한 법률은 고용보험과 산업재해보상보험의 성립·소멸, 보험료의 납부·징수 등에 필요한 사항을 규정함으로써 보험 사무의 효율성을 높이는 것을 목적으로 한다.

② 이 법에 관한 보험 사무는 고용노동부의 장관으로부터 위탁을 받아 근로복지공단이 수행한다.

③ 근로복지공단은 보험료 등의 체납관리의 업무를 수행한다.

④ 보수 관련 자료가 없거나 명확하지 않은 경우에 고용노동부장관이 정하여 고시하는 금액을 보수(기준보수)로 할 수 있다.

⑤ 기준보수는 사업의 규모, 근로형태 및 보수수준 등을 고려하여 고용보험위원회의 심의를 거쳐 시간·일 또는 월 단위로 정하되, 사업의 종류별 또는 지역별로 구분하여 정할 수 있다.

✍ 해설

① 고용보험 및 산업재해보상보험의 보험료 징수 등에 관한 법률(이하 '보험료 징수법') 제1조, ② 보험료징수법 제4조 본문, ③ 보험료 징수법 제4조 2호. 보험료 등의 체납관리는 근로복지공단이 아니라 건강보험공단이 그 업무를 수행한다. ④ 보험료 징수법 제3조 1항, ⑤ 보험료 징수법 제3조 2항

02. 고용보험 및 산업재배보상보험의 보험료징수 등에 관한 법령에 관한 설명으로 옳지 않은 것은? 〈노무사 2014년〉

① 사업장 이전으로 사업의 소재지를 파악하기 곤란한 경우에는 고용노동부장관이 정하여 고시하는 금액을 보수로 할 수 있다.

② 사업이 여러 차례의 도급에 의하여 행하여지는 경우에 최초로 사업을 도급받아 행하는 자를 원수급인이라 한다.

정답 01. ③ 02. ⑤

③ 원수급인으로부터 사업의 전부를 도급받은 자로부터 그 사업의 전부를 도급받아 하는 자는 하수급인에 해당한다.
④ 근로복지공단은 사업의 실체가 없는 등의 사유로 계속하여 보험관계를 유지할 수 없다고 인정하는 경우에는 보험관계를 소멸시킬 수 있다.
⑤ 국민건강보험공단은 고용보험 및 산업재해보상보험사업의 보험료등에 대한 고지·수납·체납관리업무를 근로복지공단으로부터 위탁받아 수행한다.

해설

① 보험료 징수법 제3조 1항. 사업의 폐업·도산 등으로 보수를 산정·확인하기 곤란한 경우 또는 대통령령으로 정하는 사유에 해당하는 경우에는 고용노동부장관이 정하여 고시하는 금액(이하 "기준보수"라 한다)을 보수로 할 수 있다. 보험료 징수법 시행령 제3조 1항 2호(사업 또는 사업자의 이전 등으로 사업의 소재지를 파악하기 곤란한 경우). ② 보험료 징수법 제2조 4호. "원수급인"이란 사업이 여러 차례의 도급에 의하여 행하여지는 경우에 최초로 사업을 도급받아 행하는 자를 말한다. ③ 보험료 징수법 제2조 5호. "하수급인"이란 원수급인으로부터 그 사업의 전부 또는 일부를 도급받아 하는 자와 그 자로부터 그 사업의 전부 또는 일부를 도급받아 하는 자를 말한다. ④ 보험료 징수법 제5조 7항. ⑤ 보험료 징수법 제4조 단서

03. 고용보험 및 산업재해보상보험의 보험료징수 등에 관한 법률에서 사용하는 용어의 뜻으로 옳지 않은 것은? 〈노무사 2013년〉

① "보험"이란 고용보험에 따른 고용보험 또는 산업재해보상보험법에 따른 산업재해보상보험을 말한다.
② "근로자"란 근로기준법에 따른 근로자를 말한다.
③ "보수"란 근로기준법에 따른 임금을 말한다.
④ "하수급인"이란 원수급인으로부터 그 사업의 전부 또는 일부를 도급받아 하는 자와 그 자로부터 그 사업의 전부 또는 일부를 도급받아 하는 자를 말한다.
⑤ "정보통신망"이란 정보통신망 이용촉진 및 정보보호 등에 관한 법률에 따른 정보통신망을 말한다.

해설

① 보험료 징수법 제2조 1호, ② 보험료 징수법 제2조 2호, ③ 고용보험 및 산업재해보상보험의 보험료 징수 등에 관한 법률 보험료 징수법 제2조 3호. 3. "보수"란 「소득세법」 제20조에 따른 근로소득에서 대통령령으로 정하는 금품을 뺀 금액을 말한다. 다만, 제13조 1항 1호에 따른 고용보험료를 징수하는 경우에는 근로자가 휴직이나 그 밖에 이

정답 03. ③

와 비슷한 상태에 있는 기간 중에 사업주 외의 자로부터 지급받는 금품 중 고용노동부장관이 정하여 고시하는 금품은 보수로 본다. ④ 보험료 징수법 제2조 5호, ⑤ 보험료 징수법 제2조 6호

〈참 고〉 보험료징수법 제2조(정의)

이 법에서 사용하는 용어의 뜻은 다음과 같다.

1. "보험"이란 「고용보험법」에 따른 고용보험 또는 「산업재해보상보험법」에 따른 산업재해보상보험을 말한다.
2. "근로자"란 「근로기준법」에 따른 근로자를 말한다.
3. "보수"란 「소득세법」 제20조에 따른 근로소득에서 대통령령으로 정하는 금품을 뺀 금액을 말한다. 다만, 제13조 1항 1호에 따른 고용보험료를 징수하는 경우에는 근로자가 휴직이나 그 밖에 이와 비슷한 상태에 있는 기간 중에 사업주 외의 자로부터 지급받는 금품 중 고용노동부장관이 정하여 고시하는 금품은 보수로 본다.
4. "원수급인"이란 사업이 여러 차례의 도급에 의하여 행하여지는 경우에 최초로 사업을 도급받아 행하는 자를 말한다. 다만, 발주자가 사업의 전부 또는 일부를 직접 하는 경우에는 발주자가 직접 하는 부분(발주자가 직접 하다가 사업의 진행경과에 따라 도급하는 경우에는 발주자가 직접 하는 것으로 본다)에 대하여 발주자를 원수급인으로 본다.
5. "하수급인"이란 원수급인으로부터 그 사업의 전부 또는 일부를 도급받아 하는 자와 그 자로부터 그 사업의 전부 또는 일부를 도급받아 하는 자를 말한다.
6. "정보통신망"이란 「정보통신망 이용촉진 및 정보보호 등에 관한 법률」에 따른 정보통신망을 말한다.
7. "보험료등"이란 보험료, 이 법에 따른 가산금·연체금·체납처분비 및 제26조에 따른 징수금을 말한다.

04. 고용보험 및 산업재해보상보험의 보험료 징수 등에 관한 법률에서 사용하는 용어를 잘못 정의한 것은?

① "근로자"란 「근로기준법」에 따른 근로자를 말한다.

② "보수"란 「소득세법」 제20조에 따른 근로소득에서 대통령령으로 정하는 금품을 뺀 금액을 말한다.

③ "원수급인"이란 사업이 여러 차례의 도급에 의하여 행하여지는 경우에 최초로 사업을 도급받아 행하는 자를 말한다.

④ "하수급인"이란 원수급인으로부터 공사를 하도급 받은 자를 말한다.

⑤ "보험료등"이란 보험료, 이 법에 따른 가산금·연체금·체납처분비 및 제26조에 따른 징수금을 말한다.

정답 04. ④

✍ 해설

① 보험료 징수법 제2조 2호, ② 보험료 징수법 제2조 3호, ③ 보험료 징수법 제2조 4호, ④ 보험료 징수법 제2조 5호. "하수급인"이란 원수급인으로부터 그 사업의 전부 또는 일부를 도급받아 하는 자와 그 자로부터 그 사업의 전부 또는 일부를 도급받아 하는 자를 말한다. ⑤ 보험료 징수법 제2조 7호

05. 다음 중 기준보수에 관한 설명 중 옳지 않은 것은?

① 기준보수란 사업의 폐업·도산 등으로 보수를 산정·확인하기 곤란한 경우 고용노동부 장관이 정하여 고시하는 금액을 말한다.

② 통상근로자로서 월정액으로 보수를 지급받는 근로자의 경우 그 금액을 월의 통상임금 산정 기준시간수로 나눈 금액을 기준보수로 적용한다.

③ 기준보수는 고용보험위원회의 심의를 거쳐 사업의 종류별 또는 지역별로 구분하여 정할 수 있다.

④ 단시간근로자의 경우 주당 소정근로시간을 실제 근로한 시간으로 보아 시간 단위 기준보수를 적용한다.

⑤ 보수 관련 자료가 없거나 사업 또는 사업장의 이전 등으로 사업의 소재지를 파악하기 곤란한 경우 기준보수를 보수로 할 수 있다.

✍ 해설

② 보험료 징수법 제 제3조 2항 1호. 통상근로자로서 월정액으로 보수를 지급받는 근로자에게는 월단위 기준보수를 적용한다. ① 보험료징수법 제3조 1항. 사업의 폐업·도산 등으로 보수를 산정·확인하기 곤란한 경우 또는 대통령령으로 정하는 사유에 해당하는 경우에는 고용노동부장관이 정하여 고시하는 금액(기준보수)을 보수로 할 수 있다. ③ 보험료징수법 제3조 2항. 기준보수는 사업의 규모, 근로형태 및 보수수준 등을 고려하여 「고용보험법」 제7조에 따른 고용보험위원회의 심의를 거쳐 시간·일 또는 월 단위로 정하되, 사업의 종류별 또는 지역별로 구분하여 정할 수 있다. ④ 고용보험 및 산업재해보상보험의 보험료 징수 등에 관한 법률 시행령 제3조 2항 2호. 단시간근로자, 근로시간에 따라 보수를 지급받는 근로자 근로일에 따라 일당 형식의 보수를 지급받는 근로자에게는 주당 소정근로시간을 실제 근로한 시간으로 보아 시간단위 기준보수를 적용한다. 다만, 시간급근로자 또는 일급근로자임이 명확하지 아니하거나 주당 소정근로시간을 확정할 수 없는 경우에는 월 단위 기준보수를 적용한다. ⑤ 보험료 징수법 시행령 제3조 1항. 1. 보수 관련 자료가 없거나 명확하지 않은 경우, 2. 사업 또는 사업장(이하 "사업"이라 한다)의 이전 등으로 사업의 소재지를 파악하기 곤란한 경우 기준보수를 보수로 할 수 있다.

정답 05. ②

06. 다음 고용보험 및 산업재해보상보험의 보험료 징수 등에 관한 법령에 대한 설명 중 옳지 않은 것은 몇 개인가?

> ㉠ "근로자"란 근로기준법에 따른 근로자를 말한다.
> ㉡ 발주자가 사업의 전부 또는 일부를 직접 하는 경우에는 발주자가 직접 하는 부분에 대하여 발주자를 원수급인으로 본다.
> ㉢ "보수"란 근로소득에서 비과세 근로소득을 공제한 금액을 말한다.
> ㉣ "총공사금액"이란 총공사를 할 때 계약상의 도급금액에서 발주자가 제공한 재료의 시가환산액을 공제한 금액을 말한다.
> ㉤ 해당 보험연도 중에 사업이 시작된 경우 보험관계 성립일 현재 사용하는 근로자 수가 "상시근로자수"가 된다.
> ㉥ 위탁 또는 그 밖의 명칭에 상관없이 최종 목적물의 완성을 위하여 하는 동일한 건설공사를 둘 이상으로 분할하여 도급하는 경우에는 각각의 도급금액을 합산한 금액을 총공사금액으로 한다.
> ㉦ 사업 또는 사업장의 이전 등으로 사업의 소재지를 파악하기 곤란한 경우 고용보험위원회가 정하여 고시하는 금액을 기준보수로 할 수 있다.
> ㉧ 고용보험 및 산업재해보상보험의 보험료 징수에 관한 법률에 따른 신고 또는 신청은 고용·산재정보통신망을 이용하여 할 수 있다.

① 0개　② 1개　③ 2개
④ 3개　⑤ 4개

✍ 해설

㉠ 보험료 징수법 제2조 2호. 2. "근로자"란 「근로기준법」에 따른 근로자를 말한다. ㉡ 보험료 징수법 제2조 4호 단서. 발주자가 사업의 전부 또는 일부를 직접 하는 경우에는 발주자가 직접 하는 부분(발주자가 직접 하다가 사업의 진행경과에 따라 도급하는 경우에는 발주자가 직접 하는 것으로 본다)에 대하여 발주자를 원수급인으로 본다. ㉢ 보험료 징수법 제 제2조 3호. "보수"란 「소득세법」 제20조에 따른 근로소득에서 대통령령으로 정하는 금품을 뺀 금액을 말한다. 다만, 제13조 1항 1호에 따른 고용보험료를 징수하는 경우에는 근로자가 휴직이나 그 밖에 이와 비슷한 상태에 있는 기간 중에 사업주 외의 자로부터 지급받는 금품 중 고용노동부장관이 정하여 고시하는 금품은 보수로 본다. ㉣ 보험료 징수법 시행령 제2조 1항 2호. 발주자가 재료를 제공하는 경우 그 재료의 시가환산액을 포함한다. ㉤ 보험료 징수법 시행령 제2조 1항 3호 나목. 해당 보험연도 중에 사업이 시작된 경우 보험관계 성립일 현재 사용하는 근로자수가 상시근로자수가 된다. ㉥ 보험료 징수법 시행령 제2조 2항. 총공사금액을 산정할 때 위탁 또는 그 밖의 명칭에 상관없이 최종 목적물의 완성을 위하여 하는 동일한 건설

정답 06. ③

공사를 둘 이상으로 분할하여 도급(발주자가 공사의 일부를 직접 하는 경우를 포함한다)하는 경우에는 각각의 도급금액을 합산한다. ㉦ 보험료 징수법 제3조 1항, 보험료 징수법 시행령 제3조 1항 2호. 고용보험위원회가 아닌 고용노동부장관이 정하여 고시하는 금액을 기준보수로 할 수 있다. ㉧ 보험료 징수법 제4조의2 1항. 이 법에 따른 신고 또는 신청은 고용노동부장관이 정하여 고시하는 정보통신망을 이용하여 할 수 있다. 따라서 옳지 않은 것은 ㉣㉦이다.

제2절 보험관계의 성립 및 소멸

01. 고용보험 및 산업재해보상보험의 보험료징수 등에 관한 법률상 보험가입 및 해지에 관한 설명으로 옳지 않은 것은? 〈노무사 2012년〉

① 산업재해보상보험법 적용 제외 사업의 사업주는 근로복지공단의 승인을 받아 산업재해보상보험에 가입할 수 있다.

② 사업주 및 근로자가 고용보험의 당연가입자가 되는 사업이 사업규모의 변동 등의 사유로 적용 제외 사업에 해당하게 되었을 때에는 그 날부터 임의가입에 의하여 고용보험에 가입한 것으로 본다.

③ 근로복지공단은 사업실체가 없는 등의 사유로 계속하여 보험관계를 유지할 수 없다고 인정하는 경우에는 그 보험관계를 소멸시킬 수 있다.

④ 산업재해보상보험에 가입한 사업주가 그 사업을 운영하다가 근로자를 고용하지 아니하게 되었을 때에는 그 날부터 1년의 범위에서 근로자를 사용하지 아니한 기간에도 보험에 가입한 것으로 본다.

⑤ 산업재해보상보험에 임의가입한 사업주가 보험계약을 해지할 때에는 근로자 과반수의 동의와 근로복지공단의 승인을 받아야 한다.

해설

① 보험료 징수법 제5조 4항, ② 보험료 징수법 제6조 2항, ③ 보험료 징수법 제5조 7항, ④ 보험료 징수법 제6조 3항, ⑤ 보험료 징수법 제5조 5항. 근로자 과반수의 동의를 요구하지 않는다.

02. 다음 설명 중 옳지 않은 것은?

① 고용보험의 당연가입자가 되는 사업이 사업규모의 변동으로 「고용보험법」에 따른 적용제외 사업에 해당되었을 때에는 그 사업주 및 근로자는 그 날부터 고용보험에 임의가입한 것으로 본다.

② 고용보험의 당연가입자가 그 사업을 운영하다가 근로자를 고용하지 아니하게 되었을 때에는 그 날부터 1년의 범위에서 근로자를 사용하지 아니한 기간에도 보험에 가입한 것으로 본다.

③ 임의가입자의 경우에는 공단이 그 사업의 사업주로부터 보험가입승인신청서를 접수한 날의 다음 날 보험관계가 성립한다.

④ 임의가입자가 일괄적용관계의 해지승인을 받기 위하여는 다음 보험연도

정답 01. ⑤ 02. ④

가 시작되기 14일 전까지 공단에 신청하여야 한다.
⑤ 임의가입자가 보험계약을 해지하는 경우 공단의 승인을 받아야 한다.

✍ 해설

④ 보험료 징수법 시행령 제6조 3항. 다음 보험연도가 시작되기 7일 전까지 공단에 이를 신청하여야 한다. ① 보험료 징수법 제6조 1항. 제5조 1항에 따라 사업주 및 근로자가 고용보험의 당연가입자가 되는 사업이 사업규모의 변동 등의 사유로 「고용보험법」 제8조 단서에 따른 적용 제외 사업에 해당하게 되었을 때에는 그 사업주 및 근로자는 그 날부터 제5조 2항에 따라 고용보험에 가입한 것으로 본다. ② 보험료 징수법 제6조 3항. 제5조 1항부터 4항까지의 규정에 따른 사업주가 그 사업을 운영하다가 근로자(고용보험의 경우에는 「고용보험법」 제10조에 따른 적용 제외 근로자는 제외한다. 이하 이 항에서 같다)를 고용하지 아니하게 되었을 때에는 그 날부터 1년의 범위에서 근로자를 사용하지 아니한 기간에도 보험에 가입한 것으로 본다. ③ 보험료 징수법 제7조 3호. 3. 제5조 2항 또는 4항에 따라 보험에 가입한 사업의 경우에는 공단이 그 사업의 사업주로부터 보험가입승인신청서를 접수한 날의 다음 날 ⑤ 보험료 징수법 제5조 5항. 2항이나 4항에 따라 고용보험 또는 산재보험에 가입한 사업주가 보험계약을 해지할 때에는 미리 공단의 승인을 받아야 한다. 이 경우 보험계약의 해지는 그 보험계약이 성립한 보험연도가 끝난 후에 하여야 한다.

03. 다음 중 보험료 징수법상 보험관계 성립일로 옳지 않은 것은?

① 고용보험법의 당연가입자가 되는 사업의 경우에는 그 사업이 시작된 날
② 산재보험의 당연가입자가 되는 사업의 경우에는 그 사업이 시작된 날
③ 임의가입자의 경우에는 공단이 그 사업의 사업주에게 보험의 가입을 승인한 다음 날
④ 당연가입자의 각각의 사업이 일괄적용 받게 되는 경우에는 처음 하는 사업이 시작될 날
⑤ 도급사업의 하수급인이 보험에 가입한 경우에는 그 하도급공사의 착공일

✍ 해설

③ 보험료 징수법 제7조 3호. '공단이 사업주에게 보험의 가입을 승인한 다음 날'이 아니라 '공단이 그 사업의 사업주로부터 보험가입승인신청서를 접수한 날'의 다음 날이다.

〈참 고〉 징수법 제7조(보험관계의 성립일)

보험관계는 다음 각 호의 어느 하나에 해당하는 날에 성립한다.
1. 제5조 1항에 따라 사업주 및 근로자가 고용보험의 당연가입자가 되는 사업의 경우에는 그 사업이 시작된 날(「고용보험법」 제8조 단서에 따른 사업이 제5

정답 03. ③

조 1항에 따라 사업주 및 근로자가 고용보험의 당연가입자가 되는 사업에 해당하게 된 경우에는 그 해당하게 된 날)
2. 제5조 3항에 따라 사업주가 산재보험의 당연가입자가 되는 사업의 경우에는 그 사업이 시작된 날(「산업재해보상보험법」 제6조 단서에 따른 사업이 제5조 3항에 따라 사업주가 산재보험의 당연가입자가 되는 사업에 해당하게 된 경우에는 그 해당하게 된 날)
3. 제5조 2항 또는 제4항에 따라 보험에 가입한 사업의 경우에는 공단이 그 사업의 사업주로부터 보험가입승인신청서를 접수한 날의 다음 날
4. 제8조 1항에 따라 일괄적용을 받는 사업의 경우에는 처음 하는 사업이 시작된 날
5. 제9조 1항 단서 및 2항에 따라 보험에 가입한 하수급인의 경우에는 그 하도급공사의 착공일

04. 고용보험 및 산업재해보상보험의 보험료 징수 등에 관한 법률상 보험관계의 변경신고에 대한 내용이다. (   ) 안에 들어갈 내용으로 옳은 것은?

〈노무사 2013년〉

산업재해보상보험에 가입한 사업주는 그 이름, 사업의 소재지 등이 변경된 경우에는 그 날부터 (ㄱ)일 이내에 그 변경사항을 (ㄴ)에 신고하여야 한다.

① ㄱ: 7 ㄴ: 근로복지공단
② ㄱ: 7 ㄴ: 국민건강보험공단
③ ㄱ: 14 ㄴ: 근로복지공단
④ ㄱ: 14 ㄴ: 국민건강보험공단
⑤ ㄱ: 30 ㄴ: 근로복지공단

해설

③ 보험료 징수법 제12조. 보험에 가입한 사업주는 그 이름, 사업의 소재지 등 대통령령으로 정하는 사항이 변경된 경우에는 그 날부터 14일 이내에 그 변경사항을 공단에 신고하여야 한다.

05. 보험관계의 변경신고를 하는 경우, 변경신고를 하지 않아도 되는 경우에 해당하는 것은?

① 사업주의 이름 및 주민등록번호
② 사업의 명칭 및 소재지
③ 사업의 종류
④ 사업자등록번호
⑤ 근로자의 수 및 이름

정답 04. ③ 05. ⑤

해설

⑤ 보험료 징수법 시행령 제9조. 근로자의 수 및 이름은 보험관계를 변경신고를 해야 하는 경우에 해당하지 않는다.

06. 보험료 징수법상의 일괄적용에 관한 설명으로 옳지 않은 것은?

① '사업주가 동일인일 것'은 당연가입자가 보험의 일괄적용을 받는 대상 중 하나이다.

② 임의가입자가 일괄적용을 받으려면 공단의 승인을 받아야 한다.

③ 임의가입자가 일괄적용을 해지하려는 경우에는 별도의 공단의 승인을 요하지 않는다.

④ 건설업 등 대통령령으로 정하는 사업이 여러 차례 도급에 의하여 시행되는 경우에는 그 원수급인을 사업주로 본다.

⑤ 국내에 영업소를 두지 아니하는 외국의 사업주로부터 하도급을 받아 시행되는 경우에는 국내에 영업소를 둔 최초 하수급인을 이 법을 적용받는 사업주로 본다.

해설

① 보험료 징수법 제8조 1항 1호, ② 보험료 징수법 제8조 2항. 일괄적용을 받는 사업주 외의 사업주가 1항 1호의 요건에 해당하는 사업(산재보험의 경우에는 고용노동부장관이 정하는 사업종류가 같은 경우로 한정한다)의 전부를 하나의 사업으로 보아 이 법을 적용받으려는 경우에는 공단의 승인을 받아야 하며, 승인을 받은 경우에는 공단이 그 사업의 사업주로부터 일괄적용관계 승인신청서를 접수한 날의 다음 날부터 일괄적용을 받는다. ③ 보험료 징수법 제8조 3항. 임의가입자가 일괄적용을 해지하려는 경우에도 공단의 승인을 요한다. ④⑤ 보험료 징수법 제9조. 건설업 등 대통령령으로 정하는 사업이 여러 차례의 도급에 의하여 시행되는 경우에는 그 원수급인을 이 법을 적용받는 사업주로 본다. 다만, 대통령령으로 정하는 바에 따라 공단의 승인을 받은 경우에는 하수급인을 이 법을 적용받는 사업주로 본다. 1항에 따른 사업이 국내에 영업소를 두지 아니하는 외국의 사업주로부터 하도급을 받아 시행되는 경우에는 국내에 영업소를 둔 최초 하수급인을 이 법을 적용받는 사업주로 본다.

07. 다음 도급사업의 일괄적용과 관련된 설명 중 옳은 것은?

① 건설업, 주택건설업, 전기공사업, 소방시설업이 여러 차례의 도급에 의하여 시행되는 경우에는 원수급인을 이 법을 적용받는 사업주로 본다.

② 국내에 영업소를 두지 아니하는 외국의 건설업주로부터 하도급을 받아 공사를 시행하는 경우에는 그 외국의 사업주를 사업주로 본다.

정답 06. ③ 07. ③

③ 하수급인을 사업주로 인정받으려는 경우 원수급인은 하수급인과 보험료 납부의 인계·인수에 관한 서면계약을 체결하고 착공일로부터 30일 이내에 하수급인의 사업주 인정 승인을 공단에 신청하여야 한다.
④ 하도급 공사의 착공 후 15일부터 하수급인의 사업주 인정승인 신청 전까지 「산업재해보상보험법」상 업무상 재해가 발생한 경우 공단은 하수급인의 사업주 인정 승인을 하지 않을 수 있다.
⑤ 하수급인을 사업주로 인정받으려면 그 하수급인은 「건설산업기본법」상의 건설업자이어야만 한다.

해설

③ 보험료 징수법 시행령 제7조 3항. 법 제9조 1항 단서에 따라 하수급인을 사업주로 인정받으려는 경우 원수급인은 하수급인과 보험료 납부의 인계·인수에 관한 서면계약을 체결하고 하도급공사의 착공일부터 30일 이내에 하수급인의 사업주 인정 승인을 공단에 신청하여야 한다. ① 보험료 징수법 제9조 1항, 보험료 징수법 시행령 제7조 1항. 주택건설업, 전기공사업, 소방시설업은 이에 해당하지 않는다. ② 보험료 징수법 제 제9조 2항. 국내에 영업소를 둔 최초 하수급인을 사업주로 본다. ④ 보험료 징수법 시행령 제7조 4항 1호. 이 경우 공단은 하수급의 사업주 인정 승인을 하지 않는다. ⑤ 보험료 징수법 제9조 1항 단서, 보험료 징수법 시행령 제7조 2항, 보험료 징수법 시행령 제6조 1항. 「건설산업기본법」에 따른 건설업자뿐만 아니라 「주택법」에 다른 주택건설업자, 「전기공사업법」에 따른 공사업자, 「정보통신공사업법」에 따른 정보통신공사업자, 「소방시설공사업법」에 따른 소방시설업자, 「문화재보호법」에 따른 문화재수리업자의 경우에도 하수급인 사업주 인정을 받을 수 있다.

08. 고용보험 및 산업재해보상보험의 보험료 징수 등에 관한 법률상 보험관계의 소멸일에 해당하는 것은? 〈노무사 2011년〉

① 사업이 폐업된 날
② 사업이 끝난 날
③ 공단의 승인을 얻어 가입한 보험계약을 해지하는 경우에는 그 해지에 관하여 공단의 승인을 받은 날의 다음 날
④ 공단이 보험관계를 소멸시키는 경우에는 그 소멸결정·통지를 한 날
⑤ 사업주가 사망한 날의 다음 날

해설

①② 보험료 징수법 제10조 1호 사업이 폐업되거나 끝난 날의 다음 날, ④ 공단이 보험관계를 소멸시키는 경우에는 그 소멸을 결정·통지한 날의 다음 날, ⑤ 사업주가 사망한 날은 이에 해당하지 않는다.

정답 08 ③

09. 고용보험 및 산업재해보상보험의 보험료 징수 등에 관한 법률상 보험관계의 성립일 또는 소멸일에 해당하지 않는 것은? 〈노무사 2015년〉

① 보험에 가입한 하수급인의 경우에는 그 하도급 공사의 착공일
② 사업이 폐업된 날의 다음 날
③ 사업 실체가 없는 등의 사유로 계속하여 보험관계를 유지할 수 없다고 인정하여 근로복지공단이 보험관계를 소멸시키는 경우에는 그 소멸을 결정·통지한 날의 다음 날
④ 근로복지공단의 승인을 얻어 가입한 보험계약을 해지하는 경우에는 그 해지에 관하여 공단의 승인을 받은 날
⑤ 사업이 끝난 날의 다음 날

해설

① 보험료 징수법 제7조 5호, ②⑤ 보험료 징수법 제10조 1호, ③ 보험료 징수법 제10조 3호, ④ 제5조 5항(제6조 4항에서 준용되는 경우를 포함한다)에 따라 보험계약을 해지하는 경우에는 그 해지에 관하여 공단의 승인을 받은 날의 다음 날(보험료 징수법 제10조 2호)

10. 다음 설명 중 옳지 않은 것은?

① 「산업재해보상보험법」을 적용받는 사업의 사업주는 당연히 산업재해보상보험의 보험가입자가 된다.
② 공단은 사업실체가 없는 사유로 계속하여 보험관계를 유지할 수 없다고 인정하는 경우에는 그 보험관계를 소멸시킬 수 있다.
③ 임의가입자가 고용보험계약을 해지할 때에는 근로자 과반수의 동의를 얻어야 한다.
④ 보험관계가 성립한 날부터 14일 내에 종료되는 사업의 경우 그 사업이 종료되는 날까지 보험관계 성립신고를 하여야 한다.
⑤ 공단이 보험관계를 소멸시키는 경우 그 소멸을 결정·통지한 날의 다음 날 보험관계는 소멸한다.

해설

① 보험료 징수법 제5조 3항, ② 보험료 징수법 제5조 7항, ③ 보험료 징수법 제5조 5항 및 6항. 산재보험계약을 해지할 때에는 근로자 과반수의 동의를 요하지 않는다. ④ 보험료 징수법 제11조 1항 1호. 사업이 종료되는 날의 전날까지 보험관계 성립신고를 하여야 한다. ⑤ 보험료 징수법 제10조 3호

정답 09. ④. 10. ④

11. 다음 ( ) 안에 들어갈 내용으로 옳은 것은? 〈노무사 2010년〉

고용보험 및 산업재해보상보험의 보험료 징수 등에 관한 법률상 일괄적용을 받는 사업의 경우에는 처음 행하는 사업의 시작일로부터 (A) 이내에, 일괄적용을 받고 있는 사업이 사업의 폐지·종료 등으로 일괄적용관계가 소멸한 경우에는 소멸한 날부터 (B) 이내에 공단에 일괄적용관계의 성립 또는 소멸 신고를 하여야 한다.

① A: 7일 B: 7일
② A: 7일 B: 14일
③ A: 14일 B: 14일
④ A: 7일 B: 30일
⑤ A: 30일 B: 30일

해설

③ 보험료 징수법 제11조 2항. 사업주는 제8조 1항에 따라 일괄적용을 받는 사업의 경우에는 처음 하는 사업을 시작하는 날부터 14일 이내에, 일괄적용을 받고 있는 사업이 사업의 폐업·종료 등으로 일괄적용 관계가 소멸한 경우에는 소멸한 날부터 14일 이내에 공단에 일괄적용 관계의 성립 또는 소멸 신고를 하여야 한다.

12. 다음 설명 중 옳은 것은?

① 하수급인을 사업주로 인정받으려는 경우 원수급인은 하수급인과 보험료 납부의 인계·인수에 관한 서면계약을 체결하고 하도급 공사의 착공일 부터 30일 이내에 하수급인의 사업주 인정 승인을 공단에 신청하여야 한다.
② 일괄적용사업의 사업주는 각각의 사업(보험관계가 신고된 사업은 제외한다)의 개시일부터 7일 이내에 그 개시 사실을 공단에 신고하여야 한다.
③ 일괄적용을 받는 사업이 사업의 폐업·종료 등으로 일괄적용관계가 소멸한 경우에는 소멸한 다음 날부터 14일 이내에 공단에 일괄적용관계의 소멸 신고를 하여야 한다.
④ 당연가입자는 사업의 폐업·종료 등으로 인하여 보험관계가 소멸한 경우에는 그 보험관계가 소멸한 다음 날로부터 14일 이내에 공단에 보험관계 소멸신고를 하여야 한다.
⑤ 임의가입자가 산재보험계약을 해지하는 경우 근로자 과반수의 동의를 받아야 한다.

해설

① 보험료 징수법 제7조 3항, ② 보험료 징수법 제 제11조 3항. 14일 이내에 개시사실을 신고하여야 한다. ③ 보험료 징수법 제11조 2항. 소멸한 날부터 14일 이내에 공단

정답 11. ③ 12. ①

에 일괄적용관계의 소멸신고를 하여야 한다. ④ 보험료징수법 제11조 1항 본문. 보험관계가 소멸한 날로부터 14일 이내에 공단에 보험관계소멸신고를 하여야 한다. ⑤ 보험료 징수법 제5조 6항. 산재보험이 아닌 고용보험계약을 해지하는 경우 근로자 과반수의 동의를 받아야 한다.

13. 다음 빈 칸에 들어갈 숫자의 합으로 옳은 것은?

㉠ 당연가입자는 그 보험관계가 성립한 날부터 ( )일 이내에 공단에 보험관계의 성립 신고를 하여야 한다. ㉡ 보험에 가입한 사업주는 이름, 사업의 소재지 등 대통령령으로 정하는 사항이 변경된 경우에는 ( )일 이내에 그 변경사항을 공단에 신고하여야 한다. ㉢ 임의가입자가 일괄적용관계를 해지하려는 경우 다음 보험연도가 시작되기 ( )일 전까지 공단에 이를 신청하여야 한다.

① 21 ② 28 ③ 35
④ 42 ⑤ 58

✍ 해설

㉠ 보험료징수법 제11조 1항. 14일 이내에 신고하여야 한다. ㉡ 보험료 징수법 제12조. 14일 이내에 변경신고를 하여야 한다. ㉢ 보험료 징수법 시행령 제6조 3항. 다음 보험연도가 시작되기 7일 전까지 공단에 신청하여야 한다.

정답 13. ③

제3절 보험료

01. 다음 설명 중 옳은 것은?

① 고용보험 중 실업급여는 사업주가 모두 부담한다.
② 산재보험료는 근로자와 사업주가 각각 1/2씩 부담한다.
③ 고용안전·직업능력개발사업에 대한 보험료는 사업주가 전액 부담한다.
④ 고용보험 가입자인 근로자가 65세 이후에 고용된 경우 고용보험료를 징수하지 아니한다.
⑤ 고용보험료율은 보험수지의 추이와 경제상황 등을 고려하여 100분의 30 범위에서 결정한다.

해설

① 보험료 징수법 제13조 2항·4항. 실업급여는 근로자와 사업주가 각각 1/2 부담한다. ② 보험료 징수법 제13조 5항. 산재보험료는 사업주가 전액 부담한다. ③ 보험료 징수법 제13조 4항. ④ 보험료 징수법 제13조 3항. 고용보험료 중 실업급여의 보험료를 징수하지 아니한다. ⑤ 보험료 징수법 제14조 1항. 100분의 30이 아니라 1000분의 30이다.

02. 다음 중 보험료 징수법상의 보험료에 해당하지 않는 것은?

① 고용안정 보험료
② 직업능력개발사업 보험료
③ 실업급여의 보험료
④ 산재보험의 보험료
⑤ 건강보험료

해설

⑤ 보험료 징수법 제13조 1항. 건강보험료는 보험료 징수법상의 보험료에 해당하지 않는다.

03. 다음 설명 중 빈칸에 들어갈 내용으로 옳은 것은?

> 고용보험료율은 보험수지의 추이와 경제상황 등을 고려하여 (A)범위에서 결정하여야 하고, 산재보험료율은 매년 6월 30일 현재 과거 3년 동안의 보수총액에 대한 산재보험급여총액의 비율을 기초로 산재보험급여에 드는 금액, 재해예방 및 재해근로자 복지증진에 드는 비용 고려하여 사업의 종

정답 01. ③ 02. ⑤ 03. ④

류별로 정한다. 산재보험율 결정시, 특정사업의 산재보험율이 전체사업 평균의 (B)배를 초과하지 않도록 하고, 인상 인하의 폭도 직전연도 보험율의 (C)의 범위에서 조정하여야 한다.

① A: 100분의 30　B: 20　C: 100분의 30
② A: 1000분의 30　B: 20　C: 1000분의 30
③ A: 1000분의 30　B: 30　C: 1000분의 30
④ A: 1000분의 30　B: 20　C: 100분의 30
⑤ A: 100분의 30　B: 20　C: 1000분의 30

해설

④ 보험료 징수법 제14조. 고용보험료율은 보험수지의 추이와 경제상황 등을 고려하여 1000분의 30 범위에서 결정하여야 하고, 산재보험료율은 매년 6월 30일 현재 과거 3년 동안의 보수총액에 대한 산재보험급여총액의 비율을 기초로 산재보험급여에 드는 금액, 재해보상 및 재해근로자 복지증진에 드는 비용 고려하여 사업의 종류별로 정한다. 산재보험율 결정시, 특정사업의 산재보험율이 전체사업 평균의 20배를 초과하지 않도록 하고, 인상 인하의 폭도 직전연도 보험율의 100분의 30의 범위에서 조정하여야 한다.

04. 다음 중 고용보험료율이 옳지 않은 것은?

① 상시근로자수가 150명 미만인 사업주의 사업의 고용안정·직업능력개발사업의 보험료율: 1만분의 25
② 상시근로자수가 150명 이상인 사업주의 사업으로서 「고용보험법 시행령」 제12조에 따른 우선지원 대상기업의 범위에 해당하는 사업의 고용안정·직업능력개발사업의 보험료율: 1만분의 50
③ 상시근로자수가 150명 이상 1천 명 미만인 사업주의 사업으로서 ②에 해당하지 않는 사업의 고용안정·직업능력개발사업의 보험료율: 1만분의 65
④ 상시근로자수가 1천 명 이상인 사업주의 사업으로서 나목에 해당하지 않는 사업 및 국가·지방자치단체가 직접 하는 사업의 고용안정·직업능력개발사업의 보험료율: 1만분의 85
⑤ 실업급여의 보험료율: 1천분의 13

해설

④ 보험료 징수법 시행령 제12조 1항 1호 나목. 50이 아니라 45이다.

정답 04. ②

> 〈참 고〉 보험료 징수법 시행령 제12조(고용보험료율)
>
> ① 법 제14조 1항에 따른 고용보험료율은 다음 각 호와 같다.
>
> 1. 고용안정·직업능력개발사업의 보험료율: 다음 각 목의 구분에 따른 보험료율
>   가. 상시근로자수가 150명 미만인 사업주의 사업: 1만분의 25
>   나. 상시근로자수가 150명 이상인 사업주의 사업으로서 「고용보험법 시행령」 제12조에 따른 우선지원 대상기업의 범위에 해당하는 사업: 1만분의 45
>   다. 상시근로자수가 150명 이상 1천명 미만인 사업주의 사업으로서 나목에 해당하지 않는 사업: 1만분의 65
>   라. 상시근로자수가 1천 명 이상인 사업주의 사업으로서 나목에 해당하지 않는 사업 및 국가·지방자치단체가 직접 하는 사업: 1만분의 85
> 2. 실업급여의 보험료율: 1천분의 13

05. 다음 설명 중 옳지 않은 것은?

① 산재보험율은 매년 6월 30일 현재 과거 3년 동안의 보수총액에 대한 산재보험급여총액의 비율을 기초로 하여 사업의 종류별로 구분하여 정한다.

② ①의 경우 사업의 종류가 다른 사업을 둘 이상 하는 경우에는 그 중 근로자 수 및 보수총액 등의 비중이 큰 주된 사업에 적용되는 산재보험료율을 그 장소의 모든 사업에 적용한다.

③ 산재보험료율의 특례적용사업은 건설업 중 일괄적용을 받는 사업으로서 해당 보험연도의 3년 전 보험연도의 총 공사실적이 20억 원 이상인 사업이다.

④ 산재보험료율의 특례를 적용할 때, 그 산정기간은 기준보험연도의 전년도 7월 1일부터 기준보험연도 6월 30일까지로 한다.

⑤ 기준보험연도 6월 30일 이전 3년의 기간 중에 제1항에 따른 산재보험료율 적용사업의 종류가 변경되면 그 사업에는 개별 실적요율을 적용하지 아니한다.

✍ 해설

① 보험료 징수법 제14조 3항. 산재보험료율은 매년 6월 30일 현재 과거 3년 동안의 보수총액에 대한 산재보험급여총액의 비율을 기초로 하여, 「산업재해보상보험법」에 따른 연금 등 산재보험급여에 드는 금액, 재해예방 및 재해근로자의 복지증진에 드는 비용 등을 고려하여 사업의 종류별로 구분하여 고용노동부령으로 정한다. ② 보험료 징수법 시행령 제14조 1항. 동일한 사업주가 하나의 장소에서 법 제14조 3항에 따른 사업의 종류가 다른 사업을 둘 이상 하는 경우에는 그 중 근로자 수 및 보수총액 등의 비중이 큰 주된 사업에 적용되는 산재보험료율을 그 장소의 모든 사업에 적용한다.

정답 05. ③

③ 보험료 징수법 시행령 제15조 1항 1호. 3년 전 보험연도가 아니라 2년 전 보험연도이다(2015.1.1. 시행. 소규모 사업장의 산업재해 예방활동을 촉진하고 산업재해보상보험료 부담의 형평을 도모하기 위하여 보험료율 특례제도의 적용대상이 되는 사업을 상시근로자수가 10명 이상인 사업 또는 총공사실적 20억 원 이상인 건설업으로 확대). ④ 보험료 징수법 시행령 제15조 2항. 산재보험료율 결정의 특례(이하 "개별실적요율"이라 한다)를 적용할 때 그 산정기간은 기준보험연도의 전년도 7월 1일부터 기준보험연도 6월 30일까지로 한다. ⑤ 보험료 징수법 시행령 제15조 3항. 기준보험연도 6월 30일 이전 3년의 기간 중에 제1항에 따른 산재보험료율 적용사업의 종류가 변경되면 그 사업에는 개별실적요율을 적용하지 아니한다.

06. 다음 설명 중 옳지 않은 것은?

① 사업주는 근로자가 부담하는 고용보험료에 상당하는 금액을 그 근로자의 보수에서 원천공제할 수 있다.

② 사업주가 고용보험료를 근로자의 보수에서 원천공제하였으면 공제계산서를 그 근로자에게 발급하여야 한다.

③ 실업급여의 보험료는 사업주가 해당 보험료를 신고·납부하고, 근로자는 그 보험료 해당액을 사업주에게 지급한다.

④ 보험사업은 건강보험공단이 수행하고 징수업무는 근로복지공단이 수행한다.

⑤ 특수형태근로종사자의 산재보험료는 사업주와 근로종사자가 각각 1/2씩 부담한다.

✍ 해설

① 보험료 징수법 제16조 1항, ② 보험료 징수법 제16조 2항, ③ 보험료 징수법 제16조 4항, ④ 보험료 징수법 제16조의2. 보험사업은 근로복지공단이 수행하고, 징수업무를 건강보험공단이 수행한다. ⑤ 보험료 징수법 제49조의3. 1항에 따른 산재보험료는 사업주와 특수형태근로종사자가 각각 2분의 1씩 부담한다. 다만, 사용종속관계(使用從屬關係)의 정도 등을 고려하여 대통령령으로 정하는 직종에 종사하는 특수형태근로종사자의 경우에는 사업주가 부담한다.

07. 고용보험 및 산업재해보상보험의 보험료징수 등에 관한 법률상 보험료에 관한 설명으로 옳지 않은 것은? 〈노무사 2014년〉

① 사업종류의 변경으로 보험료 납부방법이 변경되는 경우에는 사업종류의 변경일 전일을 변경 전 사업의 폐지일로 본다.

② 보험료를 징수하거나 반환받을 수 있는 권리는 3년간 행사하지 아니하면

정답 06. ④ 07. ④

시효로 인하여 소멸한다.

③ 확정보험료의 소멸시효는 다음 보험연도의 첫날부터 진행한다.

④ 사업주는 전년도에 근로자에게 지급한 보수총액 등을 매년 3월 31일까지 근로복지공단에 문서로 신고하여야 한다.

⑤ 보험료 징수권의 소멸시효는 체납처분 절차에 따라 하는 교부청구로 중단된다.

해설

① 보험료 징수법 제19조의2. 사업종류의 변경으로 보험료 납부방법이 변경되는 경우에는 사업종류의 변경일 전일을 변경 전 사업폐지일로, 사업종류의 변경일을 새로운 사업성립일로 본다. ② 보험료 징수법 제41조 1항. 보험료, 이 법에 따른 그 밖의 징수금을 징수하거나 그 반환받을 수 있는 권리는 3년간 행사하지 아니하면 시효로 인하여 소멸한다. ③ 보험료 징수법 제43조. 확정보험료의 소멸시효는 다음 보험연도의 첫날(보험연도 중에 보험관계가 소멸한 사업의 경우에는 보험관계가 소멸한 날)부터 진행한다. ④ 보험료 징수법 제16조의10 1항. 사업주는 전년도에 근로자에게 지급한 보수총액 등을 매년 3월 15일까지 공단에 신고하여야 한다. ⑤ 보험료 징수법 제42조 1항 제41조에 따른 소멸시효는 다음 각 호의 사유로 중단된다. 1. 제16조의8에 따른 월별보험료의 고지, 2. 제23조 1항 또는 2항에 따른 반환의 청구, 3. 제27조에 따른 통지 또는 독촉, 4. 제28조에 따른 체납처분 절차에 따라 하는 교부청구 또는 압류.

08. 고용보험 및 산업재해보상보험의 보험료에 관한 설명으로 옳지 않은 것은?

〈노무사 2010년〉

① 고용안전·직업능력개발사업의 보험료율은 업종에 따라 차등 적용된다.

② 원칙적으로 사업주는 개산보험료를 산정하여 납부하고, 확정보험료에 따라 정산한다.

③ 고용안전·직업능력개발사업에 대한 보험료는 사업주가 전액 부담한다.

④ 고용보험법 제10조 제1호에 따라 65세 이후에 고용되거나 자영업을 개시한 자에 대하여는 고용보험료 중 실업급여의 보험료를 징수하지 아니한다.

⑤ 고용보험료율은 고용안전·직업능력개발사업의 보험료율 및 실업급여의 보험료율로 구분하여 정한다.

해설

① 보험료 징수법 시행령 제12조 1항 1호. 고용안전·직업능력개발사업의 보험료율은 업종에 따라 차등 적용되는 것이 아니라 근로자의 수에 따라서 차등 적용된다. ③ 보험

정답 08. ①

료 징수법 제13조 4항 1호, ④ 보험료 징수법 제13조 3항, ⑤ 보험료 징수법 제14조 1항

09. 고용보험 및 산업재해보상보험의 보험료에 관한 설명으로 옳지 않은 것은?

① 고용보험 가입자인 근로자가 부담하여야 하는 고용보험료는 그 보수의 총액에 실업급여의 보험료율의 2분의 1을 곱한 금액으로 한다.
② 사업주로부터 보수를 지급받지 아니하는 근로자는 이 법의 적용대상이 아니다.
③ 휴직이나 그 밖에 이와 비슷한 상태에 있는 기간 중에 사업주로부터 보수를 지급받는 근로자는 그 기간에 지급받는 보수의 총액에 실업급여의 보험료율을 곱한 금액을 부담하여야 한다.
④ 사업주가 부담하여야 하는 고용보험료는 그 사업에 종사하는 근로자의 보수총액에 고용안정·직업능력개발사업의 보험료율과 실업급여의 보험료율의 2분의 1을 각각 곱한 금액을 합산한 금액이다.
⑤ 고용보험료율을 결정하거나 변경하려면 고용보험위원회의 심의를 거쳐야 한다.

해설

① 보험료 징수법 제13조 2항. 고용보험 가입자인 근로자가 부담하여야 하는 고용보험료는 자기의 보수총액에 제14조 1항에 따른 실업급여의 보험료율의 2분의 1을 곱한 금액으로 한다. ② 보험료 징수법 제13조 2항. 사업주로부터 보수를 지급받지 아니하는 근로자는 보수로 보는 금품의 총액에 실업급여의 보험료율을 곱한 금액을 부담하여야 한다. ③ 보험료 징수법 제13조 2항 단서. 사업주로부터 제2조 3호 본문에 따른 보수를 지급받지 아니하는 근로자는 제2조 3호 단서에 따라 보수로 보는 금품의 총액에 제14조 1항에 따른 실업급여의 보험료율을 곱한 금액을 부담하여야 하고, 제2조 3호 단서에 따른 휴직이나 그 밖에 이와 비슷한 상태에 있는 기간 중에 사업주로부터 제2조 3호 본문에 따른 보수를 지급받는 근로자로서 고용노동부장관이 정하여 고시하는 사유에 해당하는 근로자는 그 기간에 지급받는 보수의 총액에 제14조제1항에 따른 실업급여의 보험료율을 곱한 금액을 부담하여야 한다. ④ 보험료 징수법 제13조 4항, ⑤ 보험료 징수법 제14조 2항

10. 다음 ( ) 안에 들어갈 내용으로 옳은 것은? 〈노무사 2010년〉

고용보험료율은 보험수지의 동향과 경제상황 등을 고려하여 (ㄱ)의 범위에서 고용안전·직업능력개발사업의 보험료율 및 실업급여의 보험료율로 구분하여 정한다. 현재 실업급여의 보험료율은 (ㄴ) 이다.

정답 09. ② 10. ①

① ㄱ: 1천분의 30 ㄴ: 1천분의 13
② ㄱ: 1천분의 30 ㄴ: 1천분의 9
③ ㄱ: 1천분의 50 ㄴ: 1천분의 11
④ ㄱ: 1천분의 50 ㄴ: 1천분의 9
⑤ ㄱ: 1천분의 100 ㄴ: 1천분의 45

✍ 해설

① 보험료 징수법 제14조 1항: 고용보험료율은 보험수지의 동향과 경제상황 등을 고려하여 1000분의 30의 범위에서 고용안정·직업능력개발사업의 보험료율 및 실업급여의 보험료율로 구분하여 대통령령으로 정한다. 보험료 징수법 시행령 제12조 1항 2호, 2. 실업급여의 보험료율: 1천분의 13.

11. 다음 산재보험료율의 구성과 산정방법에 대한 설명으로 옳지 않은 것은?

① 산재보험료율은 매년 6월 30일 현재 과거 3년 동안의 보수총액에 대한산재보험급여총액의 비율을 기초로 한다.
② 산재보험료율은 재해 발생의 위험성과 경제활동의 동질성 등을 기초로 분류한 사업 종류별로 구분하여 고용노동부장관이 정하여 고시한다.
③ 산재보험료율은 산재보험지급률, 추가지출률, 부가보험료율로 구성된다.
④ '추가지출률'이란 해당 보험연도의 총수입보험료 추정액에 대한 「산업재해보상보험법」에 따른 연금 및 산재보험급여의 개선 등 해당 보험연도에 추가로 지급될 금액과 장래의 보험급여에 대비하기 위한 금액을 고려한 조정액의 비율을 말한다.
⑤ '부가보험료율'이란 해당 보험연도의 총수입보험료 추정액에 대한 산재보험사업에 소요될 비용의 비율을 말한다.

✍ 해설

④ 보험료 징수법 시행규칙 별표. 해당 보험연도의 총수입보험료 추정액이 아닌 해당 보험연도의 보수총액 추정액이다. ① 보험료징수법 제14조 3항. 산재보험료율은 매년 6월 30일 현재 과거 3년 동안의 보수총액에 대한 산재보험급여총액의 비율을 기초로 하여, 「산업재해보상보험법」에 따른 연금 등 산재보험급여에 드는 금액, 재해예방 및 재해근로자의 복지증진에 드는 비용 등을 고려하여 사업의 종류별로 구분하여 고용노동부령으로 정한다. ② 보험료 징수법 시행규칙 제12조. 법 제14조 3항 및 4항에 따른 산재보험료율은 재해 발생의 위험성과 경제활동의 동질성 등을 기초로 분류한 사업 종류별로 구분하여 고용노동부장관이 정하여 고시하되, 사업 종류별 보험료율의 구성과 산정방법은 별표와 같다. ③ 보험료 징수법 시행규칙 별표, ⑤ 보험료 징수법 시행규칙 별표

정답 11. ④

〈참 고〉 징수법 시행규칙 별표. 산재보험료율의 구성과 산정방법(제12조 관련)

1. 산재보험료율의 구성은 다음과 같다.
   산재보험료율(100%)
   = [산재보험급여지급률 + 추가지출률](85%)+ 부가보험료율(15%)

주1) "산재보험급여지급률"이란 매년 6월 30일 현재를 기준으로 과거 3년간(산재보험관계가 성립된 지 3년 미만인 사업의 경우에는 해당 사업기간을 기준으로 한다)의 보수총액에 대한 산재보험급여 총액의 비율을 말하며, 산재보험급여총액을 산정하는 경우에 「산업재해보상보험법」 제57조에 따른 장해보상연금과 같은 법 제62조에 따른 유족보상연금은 일시금으로 환산하여 최초로 연금이 지급되는 연도의 산재보험급여 총액에 포함하되, 제1년차 지급액분부터 제5년차 지급액분까지는 산재보험급여 총액에 포함하지 아니하며 제6년차 지급액분부터는 각각 지급연도의 산재보험급여 총액에 포함한다. 다만, 폐업된 사업장의 산재보험급여가 있는 경우에는 그 산재보험급여액을 확정하여 전 사업종류의 보수총액에서 각 사업종류의 보수총액이 차지하는 구성비율에 따라 각 사업종류별로 분산(分散)한다.

주2) "추가지출률"이란 해당 보험연도의 보수총액 추정액에 대한 「산업재해보상보험법」에 따른 연금 및 산재보험급여의 개선 등 해당 보험연도에 추가로 지급될 금액과 장래의 보험급여에 대비하기 위한 금액을 고려한 조정액의 비율을 말한다.

주3) "부가보험료율"이란 해당 보험연도의 총수입보험료 추정액에 대한 산재보험사업에 소요될 비용의 비율을 말한다. 다만, 산재보험사업에 소요될 비용은 전 사업종류에 균등하게 사용된다고 인정되는 비용과 재해발생 빈도에 따라 사용된다고 인정되는 비용으로 구분하여 사업종류별 보수총액의 구성비율과 사업종류별 산재보험급여지급률의 구성비율에 따라 분할가감한다.

2. 산재보험료율의 산정은 다음의 방법에 따른다.
   가. 1호에 따라 산재보험료율을 산정할 때 산재보험급여지급률·추가지출률 및 부가보험료율의 산정은 각각 소수점이하 다섯째자리에서 반올림한다.
   나. 1호에 따라 산정한 산재보험료율은 소수점 이하 넷째자리에서 반올림하여 해당 사업의 산재보험료율로 결정한다.

12. 고용보험 및 산업재해보상보험의 보험료 징수 등에 관한 법률상 보험료율에 관한 설명으로 옳은 것은? 〈노무사 2015년〉

① 개별실적요율의 적용을 받은 사업의 산재보험료율은 100분의 75의 범위에서 대통령령으로 정하는 바에 따라 인상하거나 인하할 수 있다.

정답 12. ②

② 고용보험료율을 결정하거나 변경하려면 고용보험법에 따른 고용보험위원회의 심의를 거쳐야 한다.

③ 산재보험료율은 매년 6월 30일 현재 과거 2년 동안의 보수총액에 대한 산재보험급여총액의 비율을 기초로 하여 정한다.

④ 고용노동부장관은 특정 사업 종류의 산재보험료율이 전체 사업의 평균 산재보험료율의 10배를 초과하지 아니하도록 하여야 한다.

⑤ 특정 사업 종류의 산재보험료율이 인상되거나 인하되는 경우에는 직전 보험연도 산재보험료율의 100분의 20의 범위에서 조종하여야 한다.

해설

① 대통령령으로 정하는 사업으로서 매년 6월 30일 현재 산재보험의 보험관계가 성립한 후 3년이 지난 사업의 경우에 그 해 6월 30일 이전 3년 동안의 산재보험료에 대한 산재보험급여 금액의 비율이 대통령령으로 정하는 비율에 해당하는 경우에는 제14조 제3항 및 제4항에도 불구하고 그 사업에 적용되는 산재보험료율의 100분의 50의 범위에서 사업 규모를 고려하여 대통령령으로 정하는 바에 따라 인상하거나 인하한 비율을 그 사업에 대한 다음 보험연도의 산재보험료율로 할 수 있다(징수 15조 2항). ② 고용보험료율을 결정하거나 변경하려면 「고용보험법」 제7조에 따른 고용보험위원회의 심의를 거쳐야 한다(징수법 제14조 2항). ③ 산재보험료율은 매년 6월 30일 현재 과거 3년 동안의 보수총액에 대한 산재보험급여총액의 비율을 기초로 하여, 「산업재해보상보험법」에 따른 연금 등 산재보험급여에 드는 금액, 재해예방 및 재해근로자의 복지 증진에 드는 비용 등을 고려하여 사업의 종류별로 구분하여 고용노동부령으로 정한다(징수법 제15조 3항). ④ 고용노동부장관은 제3항에 따라 산재보험료율을 정하는 경우에는 특정 사업 종류의 산재보험료율이 전체 사업의 평균 산재보험료율의 20배를 초과하지 아니하도록 하여야 한다(징수법 제15조 5항). ⑤ 고용노동부장관은 제3항에 따라 정한 특정 사업 종류의 산재보험료율이 인상되거나 인하되는 경우에는 직전 보험연도 산재보험료율의 100분의 30의 범위에서 조정하여야 한다(징수법 제15조 6항).

13. 다음 설명 중 옳은 것은?

① 국가·지방자치단체가 직접하는 사업의 고용안정·직업능력개발사업의 보험료율은 1만분의 65이다.

② 고용안정·직업능력개발사업의 보험료율 산정을 위한 상시근로자수는 해당 사업주가 하는 국내·외의 모든 사업의 상시근로자수를 합산한 수로 한다.

③ 하수급인의 사업주 인정 승인에 따라 법의 적용을 받는 사업주가 되는 하수급인의 경우 그 하수급인인 사업주에게 적용하는 고용안정·직업능력개

정답 13. ④

발사업의 보험료율을 적용한다.

④ 보험연도 중에 사업이 양도되거나 사업주가 합병된 경우 상시근로자수와 상관없이 그 양도 또는 합병된 사업에 대해서는 해당 보험연도에 한정하여 양도 또는 합병 전에 적용된 고용안정·직업능력개발사업의 보험료율을 적용한다.

⑤ 고용노동부장관은 산재보험료율을 정하는 경우에는 특정사업 종류의 산재보험료율이 전체 사업의 평균 산재보험료율의 30배를 초과하지 아니하도록 하여야 한다.

✍ 해설

④ 보험료 징수법 시행령 제12조 4항, ① 보험료 징수법 시행령 제12조 1항 1호 라목. 국가·지방자치단체가 직접 하는 사업의 고용안정·직업능력개발사업의 보험료율은 1만분의 85이다. ② 보험료 징수법 시행령 제12조 2항. 상시근로자수는 해당 사업주가 하는 국내의 모든 사업의 상시근로자수를 합산한 수로 한다. ③ 보험료 징수법 시행령 제12조 3항 본문. 원수급인에게 적용하는 고용안정·직업능력개발사업의 보험료율을 적용한다. ⑤ 보험료 징수법 제14조 5항. 30배가 아닌 20배를 초과하지 않도록 하여야 한다.

14. 다음 ( ) 안에 들어갈 내용으로 옳은 것은? 〈노무사 2010년〉

건설업 중 일괄적용을 받는 사업으로서 해당 보험연도의 2년 전 보험연도의 총공사실적이 20억 이상인 사업 또는 건설업 및 벌목업을 제외한 사업으로서 상시근로자수가 10명 이상인 사업에서는 산재보험료율은 ( )의 범위에서 정한다.

① 100분의 40 ② 100분의 50 ③ 100분의 50
④ 100분의 30 ⑤ 100분의 40

✍ 해설

(2015.1.1. 시행. 소규모 사업장의 산업재해 예방활동을 촉진하고 산업재해보상보험료 부담의 형평을 도모하기 위하여 보험료율 특례제도의 적용대상이 되는 사업을 상시근로자수가 10명 이상인 사업 또는 총공사실적 20억 원 이상인 건설업으로 확대) ③ 보험료 징수법 제15조 2항, 시행령 제15조 1항. 대통령령으로 정하는 사업으로서 매년 6월 30일 현재 산재보험의 보험관계가 성립한 후 3년이 지난 사업의 경우에 그 해 6월 30일 이전 3년 동안의 산재보험료에 대한 산재보험급여 금액의 비율이 대통령령으로 정하는 비율에 해당하는 경우에는 제14조 3항 및 4항에도 불구하고 그 사업에 적용되는 산재보험료율의 100분의 50의 범위에서 사업 규모를 고려하여 대통령령으로 정하

정답 14. ③

는 바에 따라 인상하거나 인하한 비율을 그 사업에 대한 다음 보험연도의 산재보험료율로 할 수 있다.

15. 다음 설명 중 옳지 않은 것은?

① 건설업 및 벌목업을 제외한 사업으로서 상시근로자수가 10명 이상인 사업의 경우 산재보험료율은 100분의 50의 범위에서 정한다.
② 개별실적요율을 적용할 때 상시근로자수의 산정기간은 기준보험연도의 전년도 7월 1일부터 기준보험연도 6월 30일까지로 한다.
③ 산재예방요율의 적용을 받는 사업은 제조업으로서 상시근로자수가 50명 미만인 사업을 말한다.
④ 공단은 산재예방요율을 결정하는 경우 산재보험료율 고시일부터 10일 이내에 결정하여야 한다.
⑤ 산재예방요율을 적용함에 있어 재해예방활동의 내용·인정기간, 산재예방요율의 적용기간 등의 필요한 사항은 고용노동부장관이 정하여 고시한다.

✍ 해설 ……………………………………

⑤ 보험료 징수법 제15조 4항. 고용노동부장관이 정하여 고시하는 것이 아니라 대통령령으로 정한다. ① 보험료 징수법 제15조 2항, 보험료 징수법 시행령 제15조 1항 2호(2015.1.1. 시행. 소규모 사업장의 산업재해 예방활동을 촉진하고 산업재해보상보험료 부담의 형평을 도모하기 위하여 보험료율 특례제도의 적용대상이 되는 사업을 상시근로자수가 10명 이상인 사업 또는 총공사실적 20억 원 이상인 건설업으로 확대). ② 보험료 징수법 시행령 제15조 2항, ③ 보험료 징수법 제15조 3항, 보험료 징수법 시행령 제15조. 4항, ④ 보험료 징수법 시행규칙 제13조의3

16. 다음 설명 중 옳지 않은 것은?

① 사업주가 부담하여야 하는 산재보험료는 그 사업주가 경영하는 사업에 종사하는 근로자의 개인별 보수총액에 산재보험료율을 곱한 금액을 합한 금액으로 한다.
② 산재예방요율의 적용을 받은 사업은 제조업으로서 상시근로자수가 50명 미만인 사업을 말한다.
③ 개별실적요율 및 산재예방요율을 모두 적용받을 수 있는 사업의 경우 그 사업에 적용되는 산재보험료율에 개별실적요율 및 산재예방요율에 따라 각각 인상 또는 인하한 비율을 합하여 얻은 값만큼을 인상하거나 인하한 비율을 다음 보험연도 산재보험료율로 한다.

정답 15. ⑤ 16. ⑤

④ 재해예방활동의 인정에 관한 업무는 한국산업안전보건공단이 고용노동부장관으로부터 위탁받아 운영한다.
⑤ 산재예방요율의 적용기간은 재해예방활동의 인정을 받은 날이 속한 연도의 보험연도부터 재해예방활동의 인정이 종료되거나 취소된 날이 속한 연도의 다음 보험연도까지로 한다.

해설

⑤ 보험료 징수법 시행령 제18조의4. 재해예방활동의 인정을 받은 날이 속한 연도의 다음 보험연도부터 재해예방활동의 인정이 종료되거나 취소된 날이 속한 연도의 다음 보험연도까지로 한다. ① 보험료 징수법 제13조 5항. 사업주가 부담하여야 하는 산재보험료는 그 사업주가 경영하는 사업에 종사하는 근로자의 개인별 보수총액에 제14조에 따라 같은 종류의 사업에 적용되는 산재보험료율을 곱한 금액을 합한 금액으로 한다. ② 보험료 징수법 제15조 3항. 보험료 징수법 시행령 제15조 4항. 대통령령으로 정하는 사업(상시근로자가 50명 미만인 사업)으로서 산재보험의 보험관계가 성립한 사업의 사업주가 해당 사업 근로자의 안전보건을 위하여 재해예방활동을 실시하고 이에 대하여 고용노동부장관의 인정을 받은 때에는 제14조 3항 및 4항에도 불구하고 그 사업에 대하여 적용되는 산재보험료율의 100분의 30의 범위에서 대통령령으로 정하는 바에 따라 인하한 비율을 그 사업에 대한 다음 보험연도의 산재보험료율(이하 "산재예방요율"이라 한다)로 할 수 있다. ③ 보험료 징수법 제15조 5항. 2항 및 3항에 따른 산재보험료율을 모두 적용받을 수 있는 사업의 경우에는 제14조 3항 및 4항에 따라 그 사업에 적용되는 산재보험료율에 2항 및 3항에 따라 각각 인상 또는 인하한 비율을 합하여(인상 및 인하한 비율이 동시에 발생한 경우에는 같은 값만큼 서로 상계하여 계산한다) 얻은 값만큼을 인상하거나 인하한 비율을 그 사업에 대한 다음 보험연도 산재보험료율로 한다. ④ 보험료 징수법 시행령 제18조의6. 법 제15조 9항에서 "대통령령으로 정하는 기관"이란 「한국산업안전보건공단법」에 따른 한국산업안전보건공단을 말한다.

17. 다음은 개별실적요율의 결정 절차에 관한 설명이다. 빈 칸에 들어갈 내용으로 옳은 것은?

- 공단은 개별실적요율을 결정하는 경우에 산재보험료율 고시일부터 (㉠)일 이내에 결정하여야 한다. 다만 산재보험료율 고시일부터 보험연도 개시일까지 (㉡)일이 되지 아니한 경우에는 보험연도 개시일 전날까지 결정하여야 한다.
- 공단은 사업주의 이의신청 또는 결정의 착오 등으로 개별실적요율을 조정하거나 변경하려는 경우에는 그 사유가 발생한 때부터 (㉢)일 이내에 조정하거나 변경하여야 한다.

정답 17. ①

① ㄱ: 10 ㄴ: 10 ㄷ: 5
② ㄱ: 10 ㄴ: 10 ㄷ: 14
③ ㄱ: 14 ㄴ: 14 ㄷ: 7
④ ㄱ: 14 ㄴ: 14 ㄷ: 14
⑤ ㄱ: 7 ㄴ: 7 ㄷ: 10

해설

① 보험료 징수법 시행규칙 제13조 1항·2항. 공단은 법 제15조 2항에 따른 보험료율 결정의 특례를 결정하는 경우에는 영 제13조에 따른 산재보험료율 고시일부터 10일 이내에 결정하여야 한다. 다만, 산재보험료율 고시일부터 보험연도 개시일까지 10일이 되지 아니하는 경우에는 보험연도 개시일 전날까지 결정하여야 한다. 공단은 제1항의 경우 외에 사업주의 이의신청 또는 결정의 착오 등으로 1항에 따른 개별실적요율을 조정하거나 변경하려는 경우에는 그 사유가 발생한 때부터 5일 이내에 조정하거나 변경하여야 한다.

18. 다음 설명 중 옳지 않은 것은?

○ 사업주가 재해예방관련 교육을 이수하고 사업장에서 재해를 예방하기 위한 산재예방계획을 수립한 경우

$$\text{산재보험료율 인하율} = \frac{(㉠) \times \text{전년도 재해예방활동의 인정일수}}{100 \times 365}$$

재해예방활동 인정기간: 재해예방활동의 인정을 받은 날로부터 (㉡)년

○ 사업주가 「산업안전보건법상」 근로자의 안전과 보건을 유지·증진하고, 산업재해를 예방하기 위하여 건설물, 설비, 작업행동 등 업무에 기인하는 유해·위험요인에 관한 위험성 평가를 실시한 경우

$$\text{산재보험료율 인하율} = \frac{(㉢) \times \text{전년도 재해예방활동의 인정일수}}{100 \times 365}$$

재해예방활동 인정기간: 재해예방활동의 인정을 받은 날로부터 (㉣)년

① ㄱ: 20 ㄴ: 1 ㄷ: 10 ㄹ: 3
② ㄱ: 20 ㄴ: 3 ㄷ: 10 ㄹ: 1

정답 18. ③

③ ㄱ: 10　　ㄴ: 1　　ㄷ: 20　　ㄹ: 3
④ ㄱ: 10　　ㄴ: 3　　ㄷ: 20　　ㄹ: 1
⑤ ㄱ: 10　　ㄴ: 1　　ㄷ: 10　　ㄹ: 3

해설

③ 보험료 징수법 시행령 제18조의2, 보험료 징수법 시행령 제18조의3

19. 다음 중 재해예방활동의 인정 취소 제외 사유가 아닌 것은?

①「산업재해보상보험법 시행령」 제28조에 따른 사업주의 관리 소홀로 발생한 사고로 인한 재해
②「산업재해보상보험법 시행령」 제29조에 따른 교통사고 등 사업장 밖에서 발생한 교통사고로 인한 재해
③「산업재해보상보험법 시행령」 제30조에 따른 행사 중의 사고로 인한 재해
④「산업재해보상보험법 시행령」 제31조에 따른 특수한 장소에서의 사고로 인한 재해
⑤「산업재해보상보험법 시행령」 제32조에 따른 요양 중의 사고로 인한 재해

해설

① 보험료 징수법 제15조 6항 2호 단서. 보험료 징수법 시행령 제18조의5

20. 고용보험료를 원천공제하여 사업주가 공제계산서를 발급하는 경우 작성하여야 하는 사항이 아닌 것은?

① 피보험자의 이름　　② 사업장명
③ 보험료의 내역　　④ 공제 해당 월
⑤ 공제연월일

해설

② 보험료 징수법 시행규칙 제14조 공제계산서에는 1. 피보험자의 이름, 2. 보험료의 내역, 3. 공제 해당 월 및 공제 연월일을 적어야 한다.

21. 고용보험 및 산업재해보상보험의 보험료징수 등에 관한 법률상 보험료의 부과·징수에 관한 설명으로 옳지 않은 것은? 〈노무사 2014년〉

① 월별보험료는 근로복지공단이 매월 부과한다.
② 월별보험료는 국민건강보험공단이 징수한다.

정답 19. ① 20. ② 21. ④

③ 보험료율이 인하된 경우 근로복지공단은 개산보험료를 감액 조정한다.
④ 보험료율이 인상된 경우 국민건강보험공단은 월별보험료를 증액 조정한다.
⑤ 원칙적으로 보험료와 그 밖의 징수금은 국세 및 지방세를 제외한 다른 채권보다 우선하여 징수한다.

✍ 해설

①② 보험료 징수법 제16조의2 1항. 제13조 1항에 따른 보험료는 공단이 매월 부과하고, 건강보험공단이 이를 징수한다. ③④ 보험료 징수법 제18조 1항. 공단은 보험료율이 인상 또는 인하된 때에는 월별보험료 및 개산보험료를 증액 또는 감액 조정하고, 월별보험료가 증액된 때에는 건강보험공단이, 개산보험료가 증액된 때에는 공단이 각각 징수한다. ⑤ 보험료 징수법 제30조. 보험료와 이 법에 따른 그 밖의 징수금은 국세 및 지방세를 제외한 다른 채권보다 우선하여 징수한다.

22. 다음 중 보험료의 월별부과·징수 제외대상 사업으로 바르게 묶인 것은?

① 건설업, 전기공사업
② 주택건설업, 벌목업
③ 건설업, 벌목업
④ 건설장비운영업, 임업
⑤ 주택건설업, 임업

✍ 해설

③ 보험료 징수법 제16조의2, 보험료 징수법 시행령 제19조의2. 법 제16조의2 2항에서 "건설업 등 대통령령으로 정하는 사업"이란 다음 각 호의 사업을 말한다. 1. 건설업(건설장비운영업은 제외한다), 2. 임업 중 벌목업

23. 다음 설명 중 옳지 않은 것은?

① 사업주에게 부과하는 보험료는 근로자 전체의 개인별 월평균보수의 전체 합계액에 고용보험료율 및 산재보험료율을 각각 곱하여 산정한다.
② 월평균보수는 전년도 10월 이전에 근로를 개시한 경우에는 전년도 보수 총액을 전년도 근무 개월 수로 나눈 금액으로 한다.
③ 월평균보수가 산정된 후에 근로자의 보수가 인상 또는 인하되었을 경우 사업주는 고용노동령으로 정하는 방법과 절차 등에 따라 월평균보수의 인상 또는 인하를 공단에 신고하여야 한다.
④ 근로자가 동일한 사업주의 하나의 사업장에서 다른 사업장으로 전근된 경우 그 근로자에 대한 월별 보험료는 일할계산한다.
⑤ 근로자가 근로기준법 제46조 제1항에 따른 휴업수당을 받는 경우 월평균

정답 22. ③ 23. ③

보수의 전부 또는 일부를 제외하고 보험료를 산정한다.

✍ 해설 ··

① 보험료 징수법 제16조의3 1항, ② 보험료 징수법 제16조의3 2항 1호, ③ 보험료 징수법 제16조의3 4항. '~신고하여야 한다'가 아니라 '~신고할 수 있다'이다. ④ 보험료 징수법 제16조의4. 다음 각 호의 어느 하나에 해당하는 경우에는 그 근로자에 대한 그 월별보험료는 일할계산(日割計算)한다. 1. 근로자가 월의 중간에 새로이 고용되거나 고용관계가 종료되는 경우, 2. 근로자가 동일한 사업주의 하나의 사업장에서 다른 사업장으로 전근되는 경우, 3. 근로자의 휴직 등 대통령령으로 정하는 사유에 해당하는 기간이 월의 중간에 걸쳐있는 경우, ⑤ 보험료 징수법 제16조의5. 근로자가 「근로기준법」 제46조 1항에 따른 휴업수당을 받는 등 대통령령으로 정하는 사유에 해당하는 경우에는 대통령령으로 정하는 바에 따라 해당 근로자의 월평균보수(제16조의2 2항에 따른 건설업 등의 사업은 보수총액)의 전부 또는 일부를 제외하고 보험료를 산정한다.

24. 고용보험 및 산업재해보상보험의 보험료징수 등에 관한 법률 및 같은 법 시행령상 일할계산에 따른 월별보험료의 산정사유에 해당하는 것을 모두 고른 것은? 〈노무사 2012년〉

ㄱ. 근로자의 휴업기간이 월의 중간에 걸쳐 있는 경우
ㄴ. 근로자가 동일한 사업주의 하나의 사업장에서 다른 사업장으로 전근되는 경우
ㄷ. 근로자가 월의 중간에 새로이 고용되는 경우
ㄹ. 근로기준법에 따른 출산전후휴가 기간이 월의 중간에 걸쳐 있는 경우

① ㄱ, ㄴ ② ㄴ, ㄹ ③ ㄱ, ㄷ, ㄹ
④ ㄴ, ㄷ, ㄹ ⑤ ㄱ, ㄴ, ㄷ, ㄹ

✍ 해설 ··

⑤ 보험료 징수법 제16조의4. 다음 각 호의 어느 하나에 해당하는 경우에는 그 근로자에 대한 그 월별보험료는 일할계산(日割計算)한다. 1. 근로자가 월의 중간에 새로이 고용되거나 고용관계가 종료되는 경우, 2. 근로자가 동일한 사업주의 하나의 사업장에서 다른 사업장으로 전근되는 경우, 3. 근로자의 휴직 등 대통령령으로 정하는 사유에 해당하는 기간이 월의 중간에 걸쳐있는 경우; 보험료 징수법 시행령 제19조의3, "근로자의 휴직 등 대통령령으로 정하는 사유"란 다음 각 호의 어느 하나에 해당하는 사유를 말한다. 1. 근로자의 휴업·휴직, 2. 「근로기준법」 제74조 1항부터 3항까지의 규정에 따른 출산전후휴가 또는 유산·사산 휴가, 3. 그 밖에 근로자가 근로를 제공하지 않은 상태로서 고용노동부장관이 인정하는 사유

정답 24. ⑤

25. 다음 중 월별보험료를 일할계산(日割計算)하는 사유가 아닌 것은?

① 근로자가 월의 중간에 새로이 고용된 경우
② 근로자가 동일한 사업주의 하나의 사업장에서 다른 사업장으로 전근되는 경우
③ 근로자의 휴업기간이 월의 중간에 걸쳐 있는 경우
④ 근로자가 월의 중간에 정직처분을 받은 경우
⑤ 근로자의 출산전후휴가기간이 월의 중간에 걸쳐 있는 경우

해설

④ 보험료 징수법 제16조의4. 다음 각 호의 어느 하나에 해당하는 경우에는 그 근로자에 대한 그 월별보험료는 일할계산(日割計算)한다. 1. 근로자가 월의 중간에 새로이 고용되거나 고용관계가 종료되는 경우, 2. 근로자가 동일한 사업주의 하나의 사업장에서 다른 사업장으로 전근되는 경우, 3. 근로자의 휴직 등 대통령령으로 정하는 사유에 해당하는 기간이 월의 중간에 걸쳐있는 경우; 보험료 징수법 시행령 제19조의3. “근로자의 휴직 등 대통령령으로 정하는 사유”란 다음 각 호의 어느 하나에 해당하는 사유를 말한다. 1. 근로자의 휴업·휴직, 2. 「근로기준법」 제74조 1항부터 3항까지의 규정에 따른 출산전후휴가 또는 유산·사산 휴가, 3. 그 밖에 근로자가 근로를 제공하지 않은 상태로서 고용노동부장관이 인정하는 사유

26. 고용보험 및 산업재해보상보험의 보험료 징수 등에 관한 법률상 국민건강보험공단이 사업주에게 납부기한 10일 전까지 월별보험료의 납입을 문서로써 고지할 때 기재할 사항이 아닌 것은? 〈노무사 2011년〉

① 납부기한 ② 납부장소
③ 보험료의 납부방법 ④ 징수하고자 하는 보험료 등의 종류
⑤ 납부하여야 할 보험료 등의 금액

해설

③ 보험료 징수법 제16조의8 1항. 보험료의 납부방법은 기재사항이 아니다.

27. 다음 설명 중 옳지 않은 것은?

① 사업주는 그 달의 월별보험료를 다음 달 10일까지 납부하여야 한다.
② 연대납부자 중 1명에게 한 고지는 다른 연대납부의무자에게도 효력이 있는 것으로 본다.
③ 건강보험공단은 사업주로부터 부족액을 징수하는 경우 정산을 실시한 달의 보험료에 합산하여 징수한다.

정답 25. ④ 26. ③ 27. ④

④ 건강보험공단은 사업주가 보험료를 초과 납부한 경우, 다음 달의 정산에 이를 계산하여 초과한 금액을 공제하여 사업주로 하여금 납부하게 한다.
⑤ 공단은 사업주가 신고하지 아니하거나 신고한 내용이 사실과 다른 때에는 사업주에게 미리 알리고 사실을 조사하여 다시 월별보험료를 산정할 수 있다.

해설

① 보험료 징수법 제16조의7 1항, ② 보험료 징수법 제16조의8 4항, ③ 보험료 징수법 제16조의9 4항, ④ 보험료 징수법 제16조의9 3항. 초과하여 납부한 경우에는 초과금액은 사업주에게 반환하도록 규정하고 있다. ⑤ 보험료 징수법 제16조의6 1항

28. 다음 설명 중 옳지 않은 것은?

① 근로자가 「근로기준법」에 따른 휴업수당을 받고 있는 경우 그 근로자의 월평균보수의 전부 또는 일부를 제외하고 보험료를 산정한다.
② 근로복지공단은 사업주가 신고한 보수총액에 보험료율을 곱하여 사업주가 실제로 납부하여야 할 보험료를 산정한다.
③ 건강보험공단은 사업주가 이미 납부한 보험료가 산정한 보험료보다 많은 경우 그 초과액을 사업주에게 반환하고, 부족한 경우에는 그 부족액을 사업주로부터 징수하여야 한다.
④ 건강보험공단이 사업주가 납부한 보험료가 부족하여 이를 징수하는 경우에는 정산을 실시한 달의 보험료에 합산하여 징수한다.
⑤ 건강보험공단은 사업주에게 납부기한 10일 전까지 월별보험료의 납입을 고지하여야 한다.

해설

② 보험료 징수법 제16조의9. 사업주가 신고한 근로자의 개인별 보수총액에 보험료율을 곱한 금액을 합산하여 사업주가 실제로 납부하여야 할 보험료를 산정한다. ① 보험료 징수법 제16조의5. 근로자가 「근로기준법」 제46조 1항에 따른 휴업수당을 받는 등 대통령령으로 정하는 사유에 해당하는 경우에는 대통령령으로 정하는 바에 따라 해당 근로자의 월평균보수(제16조의2 2항에 따른 건설업 등의 사업은 보수총액)의 전부 또는 일부를 제외하고 보험료를 산정한다. ③ 보험료 징수법 제16조의9 3항. 건강보험공단은 사업주가 이미 납부한 보험료가 1항 및 2항에 따라 산정한 보험료보다 더 많은 경우에는 그 초과액을 사업주에게 반환하고, 부족한 경우에는 그 부족액을 사업주로부터 징수하여야 한다. ④ 보험료 징수법 제16조의9 4항. 건강보험공단이 제3항에 따라 사업주로부터 부족액을 징수하는 경우에는 정산을 실시한 달의 보험료에 합산하여 징

정답 28. ②

수한다. 다만, 그 부족액이 정산을 실시한 달의 보험료를 초과하는 경우에는 그 부족액을 2등분하여 정산을 실시한 달의 보험료와 그 다음 달의 보험료에 각각 합산하여 징수한다. ⑤ 보험료 징수법 제16조의8. 건강보험공단은 사업주에게 다음 각 호의 사항을 적은 문서로써 납부기한 10일 전까지 월별보험료의 납입을 고지하여야 한다.

29. 고용보험 및 산업재해보상보험의 보험료 징수 등에 관한 법률상 보험료에 관한 설명으로 옳은 것은? 〈노무사 2015년〉

① 고용보험료는 근로복지공단이 부과하고 이를 징수한다.
② 근로자가 동일한 사업주의 하나의 사업장에서 다른 사업장으로 전근되는 경우 그 근로자에 대한 그 월별보험료는 일할계산한다.
③ 사업주는 그 달의 월별보험료를 다음 달 15일까지 납부하여야 한다.
④ 근로복지공단은 사업주에게 문서로써 납부기한 10일 전까지 월별보험료의 납입을 고지하여야 한다.
⑤ 사업주는 전년도에 근로자에게 지급한 보수총액 등을 매년 1월 31일까지 근로복지공단에 신고하여야 한다.

해설

① 제13조 1항에 따른 보험료는 근로복지공단이 매월 부과하고, 건강보험공단이 이를 징수한다(징수법 제16조의2). ② 다음 각 호의 어느 하나에 해당하는 경우에는 그 근로자에 대한 그 월별보험료는 일할계산(日割計算)한다. 2. 근로자가 동일한 사업주의 하나의 사업장에서 다른 사업장으로 전근되는 경우(징수법 제16조의4 2호). ③ 사업주는 그 달의 월별보험료를 다음 달 10일까지 납부하여야 한다(징수법 제16조의7 1항). ④ 건강보험공단은 사업주에게 다음 각 호의 사항을 적은 문서로써 납부기한 10일 전까지 월별보험료의 납입을 고지하여야 한다(징수법 제16조의8 1항). ⑤ 사업주는 전년도에 근로자에게 지급한 보수총액 등을 매년 3월 15일까지 공단에 신고하여야 한다(징수법 제16조의10 1항).

30. 다음 ( ) 안의 숫자의 총 합계를 고르시오.

사업주는 전년도에 근로자에게 지급한 보수총액 등을 매년 ( )월 15일까지 공단에 신고하여야 한다. 만일 사업의 폐지·종료 등으로 보험관계가 소멸한 때에는 그 보험관계가 소멸한 날부터 ( )일 이내에 근로자에게 지급한 보수총액 등을 공단에 신고하여야 한다. 또한 사업주는 근로자를 새로 고용한 경우 그 근로자의 성명 및 주소지 등을 그 근로자를 고용한 날이 속하는 달의 다음 달 ( )일까지 신고하여야 한다.

정답 29. ② 30. ④

① 29 ② 30 ③ 31
④ 32 ⑤ 33

✍ 해설

④ 보험료 징수법 제16조의10 1항-3항. 사업주는 전년도에 근로자에게 지급한 보수총액 등을 매년 3월 15일까지 공단에 신고하여야 한다. 만일 사업의 폐지·종료 등으로 보험관계가 소멸한 때에는 그 보험관계가 소멸한 날부터 14일 이내에 근로자에게 지급한 보수총액 등을 공단에 신고하여야 한다. 또한 사업주는 근로자를 새로 고용한 경우 그 근로자의 성명 및 주소지 등을 그 근로자를 고용한 날이 속하는 달의 다음 달 15일까지 신고하여야 한다.

31. 다음 설명 중 옳지 않은 것은?

① 고용보험의 보험료 또는 산재보험의 보험료 등의 금액이 1천만 원 이하인 경우 납부의무자는 보험료납부대행기관을 통하여 신용카드 등으로 납부할 수 있다.
② 고용보험료 등 또는 산재보험료의 금액이 1억 2천만 원 이하인 건설업을 운영하는 납부의무자는 보험료납부대행기관을 통하여 신용카드 등으로 납부할 수 있다.
③ 납부의무자가 신용카드 등으로 보험료를 납부하는 경우에는 보험료납부대행기관의 승인일을 납부일로 본다.
④ 보험료납부대행기관은 납부의무자로부터 신용카드 등에 의한 보험료 등 납부대행 용역의 대가로 납부대행 수수료를 받을 수 있다.
⑤ 납부대행 수수료는 공단 또는 건강보험공단이 보험료납부대행기관의 운영경비 등을 종합적으로 고려하여 승인한다. 이 경우 납부대행 수수료는 납부금액의 1천분의 5를 초과할 수 없다.

✍ 해설

①② 보험료 징수법 제16조의12 1항. 납부의무자는 대통령령으로 정하는 금액 이하의 보험료등을 대통령령으로 정하는 보험료납부대행기관을 통하여 신용카드, 직불카드 등(이하 이 조에서 "신용카드등"이라 한다)으로 납부할 수 있다. "대통령령으로 정하는 금액 이하의 보험료등"이란 고용보험의 보험료등 또는 산재보험의 보험료등의 금액이 1천만원 이하인 보험료등을 말한다. 다만, 제19조의2에 따른 사업의 경우에는 고용보험의 보험료등 또는 산재보험의 보험료등의 금액이 1억 2천만 원 이하인 보험료등을 말한다(보험료 징수법 시행령 제19조의7 1항). ③ 보험료 징수법 제16조의12 2항. 신용카드등으로 보험료등을 납부하는 경우에는 보험료납부대행기관의 승인일을 납부일로 본다. ④ 보험료 징수법 제16조의12 3항. 보험료납부대행기관은 납부의무자로부터

정답 31. ⑤

신용카드등에 의한 보험료등 납부대행 용역의 대가로 납부대행 수수료를 받을 수 있다. ⑤ 보험료 징수법 시행령 제19조의7 3항. 납부대행 수수료는 공단 또는 건강보험공단이 보험료납부대행기관의 운영경비 등을 종합적으로 고려하여 승인한다. 이 경우 납부대행 수수료는 납부금액의 1천분의 10을 초과할 수 없다.

32. 다음 중 보수총액에 관한 설명 중 옳은 것은?

① 사업주는 전년도에 근로자에게 지급한 보수총액 등을 매년 6월 30일까지 공단에 신고하여야 한다.
② 사업주는 근로자와 고용관계를 종료한 때에는 그 근로자에게 지급한 보수총액, 고용관계 종료일 등을 그 근로자의 고용관계가 종료한 달이 속한 달의 말일까지 공단에 신고하여야 한다.
③ 사업주는 근로자를 새로 고용한 경우 근로자 고용신고서를 공단에 제출하여야 하며, 이 경우 해당 근로자가 「고용보험법」에 따른 일용근로자인 경우 근로내용 확인신고서를 공단에 제출하여야 한다.
④ 보수총액을 신고하여야 하는 사업주는 보수총액의 신고를 정보통신망을 이용하거나 전자적 기록매체로 제출하는 방식으로 할 수 있다.
⑤ 사업주는 사업의 폐지·종료 등으로 보험관계가 소멸한 때에는 그 보험관계가 소멸한 날이 속하는 달의 다음 달 15일까지 근로자에게 지급한 보수총액 등을 공단에 신고하여야 한다.

해설

③ 보험료 징수법 시행규칙 제16조의6, ① 보험료 징수법 제16조의10 1항. 매년 3월 15일까지 공단에 신고하여야 한다. ② 보험료 징수법 제16조의10 4항. 고용관계가 종료한 날이 속하는 달의 다음 달 15일까지 공단에 신고하여야 한다. ③ 보험료 징수법 시행규칙 제16조의6, ④ 보험료 징수법 제16조의10 8항. 정보통신망을 이용하거나 전자적 기록매체로 제출하는 방식으로 하여야 한다. ⑤ 보험료 징수법 제16조의10. 보험관계가 소멸한 날부터 14일 이내에 근로자에게 지급한 보수총액 등을 공단에 신고하여야 한다.

33. 다음 중 보수총액에 관한 설명 중 옳은 것은?

① 보수총액신고서를 그 신고기한 내에 제출한 사업주는 보수총액신고서에 적은 보수총액이 실제로 신고하여야 하는 보수총액에 미달하는 경우 공단이 사업주에 대하여 사실을 조사하겠다는 뜻을 미리 알리기 전까지 보수총액을 수정하여 신고할 수 있다.

정답 32. ③ 33. ③

② 전년도 말일 현재 근로자 수가 10명 미만인 사업의 사업주는 보수총액의 신고를 문서로 하여야 한다.
③ 1개월간 소정근로시간이 60시간이 미만인 근로자에 대해서는 해당 근로자 전체의 보수총액만을 신고할 수 있다.
④ 사업주는 근로자가 휴직한 경우 그 사유가 발생일이 속하는 달의 다음 달 15일까지 공단에 신고하여야 한다.
⑤ 사업주는 근로자를 새로 고용한 경우 그 근로자의 성명 및 주소지 등을 근로자를 고용한 날로부터 14일 이내에 신고하여야 한다.

✍ 해설

③ 보험료 징수법 시행령 제19조의5 3항, ① 보험료 징수법 제16조의11. 보수총액신고서에 적은 보수총액이 실제로 신고하여야 하는 보수총액과 다른 경우 공단이 사업주에 대하여 사실을 조사하겠다는 뜻을 알리기 전까지 보수총액을 수정하여 신고할 수 있다. ② 보험료 징수법 제16조의10 8항. 보험료 징수법 시행령 제19조의6 문서로 신고할 수 있다. ④ 보험료 징수법 제16조의10 5항. 사유 발생일로부터 14일 이내에 공단에 신고하여야 한다. ⑤ 보험료 징수법 제16조의10 3항. 고용한 날이 속하는 달의 다음 달 15일까지 공단에 신고하여야 한다.

34. 다음 중 보험료 징수법 제16조의10 제5항에 따라 근로자가 휴직한 경우 사업주가 공단에 신고하여야 할 사항이 아닌 것은?

① 근로자의 성명
② 근로자의 주소
③ 근로자의 주민등록번호
④ 휴업으로 근로를 제공하지 않게 된 사유
⑤ 휴업의 시작일

✍ 해설

② 보험료 징수법 시행령 제19조의5 8항. 근로자가 제7항 각 호에 따른 사유가 발생한 때에 사업주가 신고하여야 할 사항은 다음 각 호와 같다. 1. 제7항제1호, 제1호의2, 제1호의3 또는 제2호에 따른 휴업·휴직, 출산전후휴가, 유산·사산 휴가, 육아휴직, 육아기 근로시간 단축 또는 전보의 사유로 근로를 제공하지 않게 된 경우에는 그 기간의 시작일 또는 종료일, 근로자의 성명 및 주민등록번호, 근로를 제공하지 않게 된 사유, 전근 사업장의 명칭 및 사업장 관리번호, 2. 근로자의 성명 또는 주민등록번호가 변경된 경우에는 근로자의 성명 또는 주민등록번호의 변경 내역명세

정답 34. ②

35. 다음은 건설업 등의 개산보험료에 대한 설명이다. 옳지 않은 것은?

사업주는 보험연도마다 그 ① 1년 동안 (보험연도 중에 보험관계가 성립한 경우에는 그 성립일부터 그 보험연도 말일까지의 기간)에 사용할 근로자에게 지급할 보수총액의 추정액에 고용보험료율 및 산재보험료율을 각각 곱하여 산정한 금액(개산보험료)을 그 보험연도의 ② 3월 31일(③ 보험연도 중에 보험관계가 성립한 경우에는 그 보험관계의 성립일부터 50일, 건설공사 등 기간이 정하여져 있는 사업으로서 50일 이내에 끝나는 사업의 경우에는 그 사업이 끝나는 날의 전날)까지 공단에 신고·납부하여야 한다. 다만, ④ 그 보험연도의 개산보험료 신고 · 납부 기한이 확정보험료 신고 · 납부 기한보다 늦은 경우에는 그 보험연도의 확정보험료 신고 · 납부 기한을 그 보험연도의 개산보험료 신고 · 납부 기한으로 하고, ⑤ 분할납부도 가능하다(사업주가 분할 납부할 수 있는 개산보험료를 납부기한까지 전액 납부하는 경우 5/100 내에서 경감).

✍ 해설

①②③ 보험료 징수법 제17조 1항. 50일이 아니라 70일이다. ④ 보험료 징수법 제17조 1항 단서, ⑤ 보험료 징수법 제17조 4항

36. 다음은 개산보험료의 분할 납부에 관한 설명 중 옳지 않은 것은?

① 개산보험료의 분할 납부는 연 4분기로 한다.

② 해당 보험연도 7월 1일 이후에 보험관계가 성립된 사업은 개산보험료를 분할 납부할 수 없다.

③ 건설공사 등 기간의 정함이 있는 사업으로서 그 기간이 6개월 미만인 사업은 개산보험료를 분할 납부 할 수 없다.

④ 1월 1일부터 3월 31일 사이에 보험관계가 성립된 경우 개산보험료 분할 납부의 최초의 기는 보험관계성립일부터 6월 30일까지이다.

⑤ 보험연도 중에 보험관계가 성립된 경우 각 기의 개산보험료는 해당 연도의 개산보험료에 보험관계성립일부터 해당 연도 말일까지의 총일수에서 각 기별 기간의 일수가 차지하는 비율을 각각 곱하여 산정한 금액으로 한다.

✍ 해설

④ 보험료 징수법 시행령 제22조 3항 1호. 1월 2일부터 3월 31일 사이에 보험관계가

정답 35. ③ 36. ④

성립된 경우 보험관계성립일부터 6월 30일까지이다. ① 보험료 징수법 시행령 제22조 1항. ② 보험료 징수법 시행령 제22조 2항. 1호 해당 보험연도 7월 1일 이후에 보험관계가 성립된 사업의 경우에는 개산보험료를 분할하여 납부할 수 없다. ③ 보험료 징수법 시행령 제22조 2항 2호, 건설공사 등 기간의 정함이 있는 사업으로서 그 기간이 6개월 미만인 사업의 경우에는 개산보험료를 분할하여 납부할 수 없다. ⑤ 보험료 징수법 시행령 제22조 4항 2호

37. 개산보험료의 경정청구(更正請求)를 하는 경우 경정청구서에 적어야 하는 사항이 아닌 것은?

① 청구인의 성명
② 청구인의 주민등록번호
③ 청구인의 주소 또는 거소
④ 경정 전 개산보험료액
⑤ 경정 후 개산보험료액

해설

② 보험료 징수법 시행령 제23조 1항. 개산보험료의 경정청구(更正請求)를 하려는 사업주는 다음 각 호의 사항을 적은 경정청구서를 제출하여야 한다. 1. 청구인의 성명과 주소 또는 거소, 2. 경정 전의 개산보험료액, 3. 경정 후의 개산보험료액, 4. 경정청구를 하는 이유, 5. 그 밖에 경정청구를 하는 이유 및 산출근거를 설명하는 데에 필요한 사항.

38. 다음은 설명 중 옳지 않은 것은?

① 사업주가 분할 납부할 수 있는 개산보험료를 개산보험료 납부기한까지 전액 납부하는 경우 전액 납부하는 개산보험료 금액의 100분의 5에 해당하는 금액을 경감한다.
② 개산보험료 납부기한에 개산보험료를 신고한 사업주는 이미 신고한 개산보험료가 보험료 징수법에 따라 신고하여야 할 개산보험료를 초과할 때에는 납부기한이 지난 후 1년 이내에 최초에 신고한 개산보험료의 경정(更正)을 공단에 청구할 수 있다.
③ 공단은 사업주가 개산보험료를 신고하지 않은 경우 그 사실을 조사하여 개산보험료를 산정·징수하되, 이미 낸 금액이 있을 때에는 그 부족액을 징수하여야 한다.
④ 공단은 경정청구를 받은 날로부터 2개월 이내에 개산보험료의 경정청구에 대한 결과를 청구인에게 알려야 한다.
⑤ 개산보험료 신고·납부 기한이 확정보험료 신고·납부 기한보다 늦은 경우

정답 37. ② 38. ①

그 보험연도의 확정보험료 신고·납부 기한을 그 보험연도의 개산보험료 신고·납부 기한으로 한다.

✍ 해설

① 보험료 징수법 제17조 4항, 보험료 징수법 시행규칙 제18조의2. 사업주가 전액납부하는 개산보험료 금액의 100분의 3에 해당하는 금액을 말한다. ② 보험료 징수법 제17조 5항. 1항에 따른 기한에 개산보험료를 신고한 사업주는 이미 신고한 개산보험료가 이 법에 따라 신고하여야 할 개산보험료를 초과할 때(제18조 2항의 경우는 제외한다)에는 1항에 따른 기한이 지난 후 1년 이내에 최초에 신고한 개산보험료의 경정(更正)을 공단에 청구할 수 있다. ③ 보험료 징수법 제17조 2항. 공단은 사업주가 제1항에 따른 신고를 하지 아니하거나 그 신고가 사실과 다른 경우에는 그 사실을 조사하여 개산보험료를 산정·징수하되, 이미 낸 금액이 있을 때에는 그 부족액을 징수하여야 한다. ④ 보험료 징수법 시행령 제23조 2항 공단은 1항에 따른 경정청구를 받은 날부터 2개월 이내에 개산보험료의 경정청구에 대한 결과를 청구인에게 알려야 한다. ⑤ 보험료 징수법 제17조 1항 단서. 다만, 그 보험연도의 개산보험료 신고·납부 기한이 제19조에 따른 확정보험료 신고·납부 기한보다 늦은 경우에는 그 보험연도의 확정보험료 신고·납부 기한을 그 보험연도의 개산보험료 신고·납부 기한으로 한다.

39. 다음은 건설업 등의 확정보험료에 대한 설명이다. 옳지 않은 것은?

① 사업주는 매 보험연도의 말일까지 사용한 근로자에게 지급한 보수총액에 고용보험료율 및 산재보험료율을 각각 곱하여 산정한 금액을 다음 보험연도의 3월 31일까지 공단에 신고하여야 한다.

② 납부한 개산보험료의 금액이 확정보험료의 금액보다 부족한 경우 사업주는 그 부족액을 다음 보험연도의 3월 31일까지 납부하여야 한다.

③ 사업주가 국가 또는 지방자치단체인 경우 확정보험료를 그 보험연도의 말일까지 신고할 수 있다.

④ 확정보험료 신고기한까지 확정보험료를 신고한 사업주는 이미 신고한 확정보험료가 신고하여야 할 확정보험료 보다 적은 경우에는 공단의 조사계획의 통지 전까지 확정보험료 수정신고서를 제출하여야 한다.

⑤ 공단은 사업주가 확정보험료 신고를 하지 않은 경우 확정보험료의 금액을 산정한 후 개산보험료를 낸 사업주에 대하여는 이미 낸 개산보험료와 확정보험료의 차액이 있을 때 그 초과액을 반환하거나 부족액을 징수하여야 한다.

정답 39. ④

✍ 해설

④ 보험료 징수법 제19조 5항. 공단의 조사계획의 통지 전까지 확정보험료 수정신고서를 제출할 수 있다. ① 보험료 징수법 제19조 1항. 사업주는 매 보험연도의 말일(보험연도 중에 보험관계가 소멸한 경우에는 그 소멸한 날의 전날)까지 사용한 근로자(고용보험료를 산정하는 경우에는 「고용보험법」 제10조에 따른 적용 제외 근로자는 제외한다)에게 지급한 보수총액(지급하기로 결정된 금액을 포함한다)에 고용보험료율 및 산재보험료율을 각각 곱하여 산정한 금액을 대통령령으로 정하는 바에 따라 다음 보험연도의 3월 31일(보험연도 중에 보험관계가 소멸한 사업의 경우에는 그 소멸한 날부터 30일)까지 공단에 신고하여야 한다. 다만, 사업주가 국가 또는 지방자치단체인 경우에는 그 보험연도의 말일(보험연도 중에 보험관계가 소멸한 사업의 경우에는 그 소멸한 날부터 30일)까지 신고할 수 있다. ② 보험료 징수법 제19조 2항. 제17조 및 제18조 1항에 따라 납부하거나 추가징수한 개산보험료의 금액이 1항의 확정보험료의 금액을 초과하는 경우에 공단은 그 초과액을 사업주에게 반환하여야 하며, 부족한 경우에 사업주는 그 부족액을 다음 보험연도의 3월 31일(보험연도 중에 보험관계가 소멸한 사업의 경우에는 그 소멸한 날부터 30일)까지 납부하여야 한다. 다만, 사업주가 국가 또는 지방자치단체인 경우에는 그 보험연도의 말일(보험연도 중에 보험관계가 소멸한 사업의 경우에는 그 소멸한 날부터 30일)까지 납부할 수 있다. ③ 보험료 징수법 제19조 1항 단서. 사업주가 국가 또는 지방자치단체인 경우에는 그 보험연도의 말일(보험연도 중에 보험관계가 소멸한 사업의 경우에는 그 소멸한 날부터 30일)까지 신고할 수 있다 ⑤ 보험료 징수법 제19조 4항. 공단은 사업주가 1항에 따른 신고를 하지 아니하거나 그 신고가 사실과 다른 경우에는 사실을 조사하여 확정보험료의 금액을 산정한 후 개산보험료를 내지 아니한 사업주에게는 그 확정보험료 전액을 징수하고, 개산보험료를 낸 사업주에 대하여는 이미 낸 개산보험료와 확정보험료의 차액이 있을 때 그 초과액을 반환하거나 부족액을 징수하여야 한다. 이 경우 사실조사를 할 때에는 미리 조사계획을 사업주에게 알려야 한다.

40. 확정보험료의 수정신고시 수정신고서에 작성하여야 하는 내용 및 첨부하여야 하는 서류가 아닌 것은?

① 당초 신고한 개산보험료액　② 당초 신고한 확정보험료액
③ 수정신고하는 확정보험료액　④ 수정신고를 하는 이유
⑤ 최초 보험료 신고서 사본

✍ 해설

① 보험료 징수법 시행규칙 제23조. 확정보험료의 수정신고를 하려는 사업주는 다음 각 호의 사항을 적은 별지 제30호 서식의 확정보험료 수정신고서에 최초 보험료신고서 사본 및 수정신고 사유를 증명할 수 있는 자료를 첨부하여 공단에 제출하여야 한다. 1. 당초 신고한 확정보험료액, 2. 수정신고하는 확정보험료액, 3. 수정신고를 하는 이유, 4. 그 밖에 필요한 사항

정답 40. ①

41. 다음은 설명 중 옳지 않은 것은?

① 국가는 사업장의 규모 및 근로자(외국인을 포함한다)의 보수가 대통령령으로 정하는 범위에 해당하는 경우 사업주와 근로자가 각각 부담하는 고용보험료의 일부를 지원할 수 있다.

② 고용보험료의 지원수준은 고용노동부장관이 사업주와 근로자가 부담하는 고용보험료의 5분의 3의 범위에서 근로자의 보수수준 등을 고려하여 보건복지부장관과 협의하여 고시한다.

③ 고용보험의 지원신청 당시 지원요건을 갖추지 못하였음에도 거짓 또는 부정한 방법으로 신청하여 지원금을 받은 경우 지원받은 금액 전부를 환수한다.

④ 환수 대상이 되는 지원금은 공단이 국세 체납처분의 예에 따라 징수한다.

⑤ 사업주가 지원대상 근로자에 대하여 신고한 해당 근로자의 보수총액으로 산정한 월평균보수액이 고시된 월평균보수 상한액의 100분의 110을 초과한 경우(지원대상 근로자가 보험연도 중에 새로 고용된 사람인 경우로 한정한다)에는 해당 근로자에 대하여 지원받은 금액 전부를 환수한다.

✍ 해설

① 보험료 징수법 제21조 1항. 내국인에 한한다. ② 보험료 징수법 시행령 제29조. 고용보험료의 지원 수준은 고용노동부장관이 사업주와 근로자가 부담하는 고용보험료의 5분의 3의 범위에서 근로자의 보수수준 등을 고려하여 보건복지부장관과 협의하여 고시한다. ③ 보험료 징수법 시행령 제30조 1항 1호. 지원신청 당시 지원요건을 갖추지 못하였음에도 거짓 또는 부정한 방법으로 신청하여 지원받은 경우 지원받은 금액 전부를 환수한다. ④ 보험료 징수법 제21조의2 2항. 환수대상이 되는 지원금은 공단이 국세 체납처분의 예에 따라 징수한다. ⑤ 보험료 징수법 시행령 30조 1항 3호. 사업주가 지원대상 근로자에 대하여 법 제16조의10 1항에 따라 신고한 해당 근로자의 보수총액으로 산정한 월평균보수액이 제28조 2항에 따라 고시된 월평균보수 상한액의 100분의 110을 초과한 경우(지원대상 근로자가 보험연도 중에 새로 고용된 사람인 경우로 한정한다) 해당 근로자에 대하여 지원받은 금액 전부를 환수한다.

42. 고용보험 및 산업재해보상보험의 보험료 징수 등에 관한 법령상 고용노동부장관은 천재지변 등의 특수한 사유가 있어 고용보험료를 경감할 필요가 있다고 인정하는 보험가입자에 대하여 고용보험위원회의 심의를 거쳐 보험료와 그 밖의 징수금을 경감할 수 있다. 이 경우 이 법 시행령이 정하는 경감비율은?

〈노무사 2013년〉

정답 41. ① 42. ③

① 100분의 10　② 100분의 20　③ 100분의 30
④ 100분의 40　⑤ 100분의 50

✍ 해설

③ 보험료 징수법 제22조의2; 보험료 징수법 시행령 제30조의2 법 제22조의2 1항 전단에서 "대통령령으로 정하는 특수한 사유"란 화재, 폭발 및 전화(戰禍), 그 밖에 이에 준하는 재난을 말한다. 법 제22조의2 1항 후단에 따른 경감비율은 보험료와 그 밖의 징수금의 100분의 30으로 한다.

43. 공단이 사업주가 잘못 낸 금액을 반환하고자 하는 때에 충당하는 것이 아닌 것은?

① 제28조 제1항에 따른 체납처분비
② 제25조 제1항에 따른 연체금
③ 제28조 제3항에 따른 공매처분의 수수료
④ 제24조에 따른 가산금
⑤ 제26조 제1항에 따른 보험급여액의 징수금

✍ 해설

③ 보험료 징수법 제23조 1항. 공매처분의 수수료는 보험료의 과납액을 충당하는 것에 해당하지 않는다.

44. 고용보험 및 산업재해보상보험의 보험료징수 등에 관한 법률상 보험료등 과납액의 충당순위를 바르게 나열한 것은? 〈노무사 2012년 변형〉

ㄱ. 가산금 ㄴ. 연체금 ㄷ. 체납처분비 ㄹ. 산업재해보상보험 가입자로부터의 보험급여액의 징수금 ㅁ. 월별보험료, 개산보험료 및 확정보험료

① ㄱ-ㄴ-ㄷ-ㄹ-ㅁ　② ㄷ-ㄴ-ㄱ-ㅁ-ㄹ　③ ㄷ-ㅁ-ㄴ-ㄱ-ㄹ
④ ㅁ-ㄱ-ㄷ-ㄴ-ㄹ　⑤ ㅁ-ㄷ-ㄴ-ㄱ-ㄹ

✍ 해설

③ 보험료 징수법 제23조 1항. 공단은 사업주가 잘못 낸 금액을 반환하고자 하는 때에는 다음 각 호의 순위에 따라 보험료등에 우선 충당하고 나머지 금액이 있으면 그 사업주에게 반환결정하고, 건강보험공단이 그 금액을 지급한다. 다만, 제17조, 제19조 및

정답 43. ③　44. ③

제26조의 개산보험료, 확정보험료 및 징수금에 따른 나머지 금액은 공단이 지급한다. 1. 제28조 1항에 따른 체납처분비, 2. 월별보험료, 개산보험료 또는 확정보험료, 3. 제25조 1항에 따른 연체금, 4. 제24조에 따른 가산금, 5. 제26조 1항에 따른 보험급여액의 징수금

45. 다음은 설명 중 옳지 않은 것은?

① 공단은 사업주가 신고한 확정보험료가 사실과 달라 이를 징수하는 경우에는 그 징수하여야 할 보험료의 100분의 10에 상당하는 가산금을 부과하여 징수한다.

② 공단은 확정보험료 수정신고서를 제출한 사업주에게는 가산금의 100분의 50을 경감한다.

③ 가산금의 금액이 3천 원 미만인 경우에는 가산금을 징수하지 아니한다.

④ 건강보험공단은 사업주가 납부기한까지 보험료 또는 이 법에 따른 그 밖의 징수금을 내지 아니하면 납부기한이 지난 날부터 1개월이 지날 때마다 체납된 보험료, 그 밖의 징수금의 1천분의 10에 해당하는 연체금을 징수한다

⑤ 건강보험공단은 사업주가 보험료, 그 밖의 징수금을 납부기한까지 내지 않으면 체납된 금액의 1천분의 12에 해당하는 연체금을 징수한다.

해설

④ 보험법 징수법 제25조 1항. 건강보험공단은 사업주가 제16조의7, 제17조 및 제19조에 따른 납부기한까지 보험료 또는 이 법에 따른 그 밖의 징수금을 내지 아니한 경우에는 그 납부기한이 지난 날부터 체납된 보험료, 그 밖의 징수금의 1천분의 30에 해당하는 연체금을 징수한다. ① 보험료 징수법 제24조 1항. 공단은 사업주가 제19조 1항에서 정하고 있는 기한까지 확정보험료를 신고하지 아니하거나 신고한 확정보험료가 사실과 달라 제19조 4항에 따라 보험료를 징수하는 경우에는 그 징수하여야 할 보험료의 100분의 10에 상당하는 가산금을 부과하여 징수한다. ② 보험료 징수법 제24조 3항. 1항에도 불구하고 공단은 제19조 5항에 따라 확정보험료 수정신고서를 제출한 사업주에게는 1항에 따른 가산금의 100분의 50을 경감한다. ③ 보험료 징수법 시행령 제32조 1호. 가산금의 금액이 3천 원 미만인 경우 가산금을 부과하여 징수하지 않는다. ⑤ 보험료 징수법 시행령 제33조 2항. 보험료 징수법 시행령 제33조 1항

정답 45. ④

46. 다음 중 옳지 않은 부분을 고르시오.

> 보험료 징수법 제26조 제1항 제1호의 "사업주가 보험관계 성립신고를 게을리한 경우"의 보험급여액의 징수는 ① 보험가입신고를 하여야 할 기한이 끝난 날의 다음 날부터 보험가입신고를 한 날까지의 기간 중에 발생한 재해에 대한 요양급여·휴업급여·장해급여·간병급여·유족급여·상병보상연금에 대하여 하며, ② 징수할 금액은 가입신고를 게을리한 기간 중에 발생한 재해에 대하여 지급 결정한 보험급여 금액의 100분의 50에 해당하는 금액으로 한다. 다만, ③ 요양을 시작한 날(재해 발생과 동시에 사망한 경우에는 그 재해발생일)부터 1년이 되는 날이 속하는 달의 다음 달 말일까지 기간 중에 급여청구사유가 발생한 보험급여로 한정한다. 제2호의 "사업주가 산재보험료의 납부를 게을리한 기간 중에 발생한 재해"의 경우 ④ 보험급여액의 징수는 월별보험료 또는 개산보험료의 납부기한(법 제17조 3항에 따른 분할납부의 경우에는 각 분기의 납부기한)의 다음 날부터 해당 보험료를 낸 날의 전날까지의 기간 중에 발생한 재해에 대한 요양급여·휴업급여·장해급여·간병급여·유족급여·상병보상연금에 대하여 하며, ⑤ 징수할 금액은 재해가 발생한 날부터 보험료를 낸 날의 전 날까지의 기간 중에 급여청구사유가 발생한 보험급여 금액의 100분의 10에 해당하는 금액으로 한다.

✍ 해설

③ 보험료 징수법 시행령 제34조 1항. 요양을 시작한 날(재해 발생과 동시에 사망한 경우에는 그 재해발생일)부터 1년이 되는 날이 속하는 달의 말일까지의 기간 중에 급여청구사유가 발생한 보험급여로 한정한다.

47. 다음 설명 중 옳지 않은 것은?

① 사업주가 산재보험가입에 대한 보험관계 성립신고를 게을리한 기간 중에 발생한 재해에 대한 보험급여의 전부 또는 일부를 사업주로부터 징수할 수 있다.

② 근로복지공단과 건강보험공단은 보험료와 징수금을 징수하는 경우 납부의무자에게 그 금액과 납부기한을 문서로 알려야 한다.

③ 건강보험공단은 보험가입자가 보험료 또는 이 법에 따른 그 밖의 징수금을 납부기한까지 내지 아니하면 기한을 정하여 그 납부의무자에게 징수금을 낼 것을 독촉하여야 한다.

정답 46. ③ 47. ④

④ 건강보험공단은 독촉을 하는 경우에는 독촉장을 발급하여야 한다. 이 경우의 납부기한은 독촉장 발급일부터 10일 이상의 여유가 있도록 할 수 있다.

⑤ 연대납부의무자 중 1명에게 한 독촉은 다른 연대납부의무자에게도 효력이 있는 것으로 본다.

✍ 해설

① 보험료 징수법 제26조. 공단은 다음 각 호의 어느 하나에 해당하는 재해에 대하여 산재보험급여를 지급하는 경우에는 대통령령으로 정하는 바에 따라 그 급여에 해당하는 금액의 전부 또는 일부를 사업주로부터 징수할 수 있다. 1. 사업주가 제11조에 따른 보험관계 성립신고를 게을리한 기간 중에 발생한 재해, 2. 사업주가 산재보험료의 납부를 게을리한 기간 중에 발생한 재해. ④ 틀림. 보험료 징수법 제27조 3항. '10일 이상의 여유가 있도록 할 수 있다'가 아니라 '10일 이상의 여유가 있도록 하여야 한다'이다.

48. 고용보험 및 산업재해보상보험의 보험료 징수 등에 관한 법률상 납부기한 전 징수 사유에 해당하지 않는 것은? (보험료와 이 법에 따른 그 밖의 징수금의 총액이 500만 원 이상인 경우에 한함) 〈노무사 2011년〉

① 국세를 체납하여 체납처분을 받은 경우
② 공과금을 체납하여 체납처분을 받은 경우
③ 강제집행을 받은 경우
④ 경매가 개시된 경우
⑤ 법인이 분할된 경우

✍ 해설

⑤ 보험료 징수법 제27조의2 1항 6호. 법인이 분할된 경우가 아니라 법인이 해산한경우이다.

49. 고용보험 및 산업재해보상보험의 보험료 징수 등에 관한 법률상 납부의무가 확정된 보험료의 총액이 600만원인 경우, 당해 보험료를 납부기한 전에 징수할 수 있는 사유로 옳지 않은 것은? 〈노무사 2015년〉

① 경매가 개신된 경우
② 국세를 체납한 경우
③ 강제집행을 받은 경우
④ 공과금을 체납하여 체납처분을 받은 경우
⑤ 어음법 및 수표법에 따른 어음교환소에서 거래정지처분을 받은 경우

정답 48. ⑤ 49. ②

해설

공단 또는 건강보험공단은 사업주에게 다음 각 호의 어느 하나에 해당하는 사유가 있는 경우에는 납부기한 전이라도 이미 납부의무가 확정된 보험료, 이 법에 따른 그 밖의 징수금을 징수할 수 있다. 다만, 보험료와 이 법에 따른 그 밖의 징수금의 총액이 500만원 미만인 경우에는 그러하지 아니하다

1. 국세를 체납하여 체납처분을 받은 경우
2. 지방세 또는 공과금을 체납하여 체납처분을 받은 경우
3. 강제집행을 받은 경우
4. 「어음법」 및 「수표법」에 따른 어음교환소에서 거래정지처분을 받은 경우
5. 경매가 개시된 경우
6. 법인이 해산한 경우

50. 다음은 보험료 징수법상 보험료 등의 분할납부에 대한 설명 중 옳은 것은?

① 당연가입자가 분할납부를 신청하는 경우 사업주의 재산목록을 제출할 수 있다.

② 건강보험공단은 제출된 재산목록의 총재산의 추정가액이 보험료와 징수금을 넘는 경우 징수금의 분할납부를 승인할 수 있다.

③ 분할납부하여야 하는 보험료와 징수금을 정당한 사유 없이 두 번 이상 내지 아니한 경우 건강보험공단은 한꺼번에 징수할 수 있다.

④ 공과금을 체납하여 체납처분을 받더라도 분할납부의 효력은 상실되지 않는다.

⑤ 분할납부는 한 번 승인되면 취소될 수 없다.

해설

① 보험료 징수법 제27조의3 2항. 재산목록을 제출하여야 한다가 맞다. ② 보험료 징수법 제27조의3 3항. 승인할 수 있다가 아니라 승인하여야 한다가 맞다. ③ 보험료 징수법 제27조의3 4항 1호. ④ 보험료 징수법 제27조의3 4항 2호. 이러한 사유가 발생하면 건강보험공단은 한꺼번에 징수할 수 있다. ⑤ 보험료 징수법 제27조의3 5항. '분할납부의 승인과 취소에 관한 절차·방법 및 분할납부의 기간 등에 관하여 필요한 사항은 고용노동부령으로 정한다'라고 규정되어 있어 취소할 수 있는 것으로 보아야 한다.

51. 다음 체납 보험료등의 분할납부 승인신청서에 기재하여야 하는 사항이 아닌 것은?

① 사업주의 성명

② 분할 납부 승인을 받으려는 체납된 보험료 등의 종류

정답 50. ③ 51. ④

③ 각 횟수별 분할 납부 금액
④ 사업주의 주민등록번호 또는 사업자등록번호
⑤ 사업주의 소재지

✍ 해설

④ 보험법 징수법 시행규칙 제32조의3 1항. 법 제27조의3 1항에 따라 체납된 보험료등의 분할 납부를 승인받으려는 사업주는 법 제27조 2항에 따라 고지된 보험료등의 납부기한 3일 전까지 다음 각 호의 사항을 적은 별지 제38호의3 서식의 체납 보험료등의 분할납부 승인신청서에 별지 제38호의4 서식의 재산목록을 첨부하여 건강보험공단에 제출하여야 한다. 다만, 건강보험공단은 사업주가 부득이한 사유로 납부기한 3일 전까지 신청할 수 없다고 인정하는 경우에는 납부기한 만료일까지 신청하게 할 수 있다. 1. 사업주의 성명과 소재지, 2. 분할 납부 승인을 받으려는 체납된 보험료등의 종류와 금액, 3.분할 납부의 총 기간 및 총 횟수, 4. 각 횟수별 분할 납부 금액 및 납부기한, 5. 분할 납부 승인을 받으려는 사유

52. 다음 설명 중 옳지 않은 것은?

① 상속인, 포괄유증을 받은 자, 상속재산관리인은 피상속인이 내야 하는 보험료를 상속받은 재산의 한도 여부를 불문하고 낼 의무를 진다.
② 상속인이 2명 이상인 경우에는 상속받은 재산의 한도에서 연대하여 납부할 의무를 진다.
③ 상속인의 여부가 분명하지 아니한 경우에는 보험료의 납부의 고지·독촉은 상속재산 관리인에게 하여야 한다.
④ 상속인의 존재 여부가 분명하지 아니하고 상속재산관리도 없으면 건강보험공단은 상속인의 주소지를 관할하는 법원에 상속재산관리인의 선임을 청구할 수 있다.
⑤ 피상속인인에 대한 처분 또는 절차는 상속인 또는 상속재산관리인에 대하여도 효력이 있다.

✍ 해설

① 보험료 징수법 제28조의3 1항. 상속받은 재산의 한도에서 보험료를 낼 의무를 진다. ② 보험료 징수법 제28조의3 2항. 상속인이 2명 이상이면 각 상속인은 피상속인에게 부과되거나 그 피상속인이 내야 하는 보험료, 이 법에 따른 그 밖의 징수금과 체납처분비를 「민법」 제1009조·제1010조·제1012조 및 제1013조에 따른 상속분에 따라 나누어 계산한 후, 상속받은 재산의 한도에서 연대하여 낼 의무를 진다. ③ 보험료 징수법 제28조의3 3항, ④ 보험료 징수법 28조의3 4항, ⑤ 보험료 징수법 제28조의3 5항

정답 52. ①

53. 고용보험 및 산업재해보상보험의 보험료 징수 등에 관한 법령상 보험료의 납부의무 및 결손처분에 관한 설명으로 옳지 않은 것은? 〈노무사 2014년〉

① 국민건강보험공단은 근로복지공단의 승인을 받아 소멸시효가 완성된 보험료의 결손처분을 할 수 있다.

② 상속이 개시된 때에는 상속인은 피상속인에게 부과되거나 피상속인이 내야 하는 보험료를 상속받은 재산의 한도에서 낼 의무를 진다.

③ 공동사업에 관계되는 보험료는 공동사업자가 연대하여 낼 의무를 진다.

④ 법인이 합병한 경우 합병 후 존속하는 법인은 합병으로 소멸된 법인에 부과되거나 그 법인이 내야 하는 보험료를 낼 의무를 진다. 28의2

⑤ 체납자의 행방이 분명하지 않은 경우 보험료의 결손처분 사유가 된다.

해설

① 보험료 징수법 제29조 1항. 건강보험공단은 다음 각 호의 어느 하나에 해당하는 사유가 있을 때에는 고용노동부장관의 승인을 받아 보험료와 이 법에 따른 그 밖의 징수금을 결손처분할 수 있다. 1. 체납처분이 끝나고 체납액에 충당된 배분금액이 그 체납액보다 적은 경우, 2. 소멸시효가 완성된 경우, 3. 징수할 가능성이 없다고 인정하여 대통령령으로 정하는 경우. ② 보험료 징수법 제28조의3 1항. 상속이 개시된 때에 그 상속인(「민법」 제1078조에 따라 포괄적 유증을 받은 자를 포함한다. 이하 같다) 또는 「민법」 제1053조에 따른 상속재산관리인(이하 "상속재산관리인"이라 한다)은 피상속인에게 부과되거나 그 피상속인이 내야 하는 보험료, 이 법에 따른 그 밖의 징수금과 체납처분비를 상속받은 재산의 한도에서 낼 의무를 진다. ③ 보험료 징수법 제28조의4 1항. 공동사업에 관계되는 보험료, 이 법에 따른 그 밖의 징수금과 체납처분비는 공동사업자가 연대하여 낼 의무를 진다. ④ 보험료 징수법 제28조의2. 법인이 합병한 경우에 합병 후 존속하는 법인 또는 합병으로 설립되는 법인은 합병으로 소멸된 법인에 부과되거나 그 법인이 내야 하는 보험료와 이 법에 따른 그 밖의 징수금과 체납처분비를 낼 의무를 진다. ⑤ 보험료 징수법 제29조의3, 보험료 징수법 시행령 제41조 1항 1호.

54. 다음 설명 중 옳지 않은 것은?

① 공동사업에 관계되는 보험료, 징수금, 체납처분비는 공동사업자가 연대하여 납부할 의무를 진다.

② 법인이 분할 또는 분할합병되는 경우 분할되는 법인에 대하여 분할일 또는 분할합병일 이전에 부과되거나 납부의무가 성립한 보험료, 징수금, 체납처분비는 분할되는 법인과 함께 연대할 책임을 진다.

③ 법인이 분할 또는 분할합병으로 해산되는 경우 해산되는 법인에 대하여 부과되거나 납부의무가 성립한 보험료, 징수금, 체납처분비는 분할되는

정답 53. ① 54. ③

법인과 함께 연대할 책임을 진다.

④ 건강보험공단은 납부기한의 다음 날부터 2년이 지난 보험료, 징수금과 체납처분비의 총액이 10억 원 이상인 체납자에 대하여는 그 인적사항 및 체납액 등을 공개할 수 있다.

⑤ 건강보험공단은 위원회의 심의를 거쳐 공개가 결정된 자에 대하여 공개대상자임을 알림으로써 소명할 기회를 주어야 하며, 통지일부터 6개월이 지난 후 위원회로 하여금 체납액의 납부이행 등을 고려하여 체납자 인적 사항 등의 공개 여부를 재심의하게 한 후 공개대상자를 선정한다.

해설

① 보험료 징수법 제28조의4 1항,② 보험료 징수법 제28조의4 2항, ③ 보험료 징수법 제28조의4 3항. 분할되는 법인이 아니라, 분할 또는 분할합병으로 설립되는 법인, 분할되는 법인의 일부가 다른 법인과 합병하여 그 다른 법인이 존속하는 경우 그 다른 법인과 연대하여 납부할 책임을 진다. ④ 보험료 징수법 제28조의6 1항. 건강보험공단은 이 법에 따른 납부기한의 다음 날부터 2년이 지난 보험료와 이 법에 따른 그 밖의 징수금과 체납처분비(제29조에 따라 결손처분한 보험료, 이 법에 따른 그 밖의 징수금과 체납처분비로서 징수권 소멸시효가 완성되지 아니한 것을 포함한다)의 총액이 10억 원 이상인 체납자에 대하여는 그 인적사항 및 체납액 등(이하 이 조에서 "인적사항등"이라 한다)을 공개할 수 있다. ⑤ 보험료 징수법 제28조의6 3항

55. 고용보험 및 산업재해보상보험의 보험료 징수 등에 관한 법률상 고액·상습 체납자의 인적사항 공개에 대한 내용이다. ( ) 안에 들어갈 내용으로 옳은 것은?

〈노무사 2013년〉

국민건강보험공단은 이 법에 따른 납부기한의 다음 날부터 (ㄱ)이 지난 보험료와 이 법에 따른 그 밖의 징수금과 체납처분비(결손처분한 보험료, 이 법에 따른 그 밖의 징수금과 체납처분비로서 징수권 소멸시효가 완성되지 아니한 것을 포함한다)의 총액이 (ㄴ) 이상인 체납자에 대하여는 그 인적사항 및 체납액 등을 공개할 수 있다.

① ㄱ: 1년, ㄴ: 1억 원 ② ㄱ: 1년, ㄴ: 10억 원 ③ ㄱ: 2년, ㄴ: 1억 원
④ ㄱ: 2년, ㄴ: 10억 원 ⑤ ㄱ: 3년, ㄴ: 10억 원

해설

④ 보험료 징수법 제28조의6 1항. 건강보험공단은 이 법에 따른 납부기한의 다음 날부터 2년이 지난 보험료와 이 법에 따른 그 밖의 징수금과 체납처분비(제29조에 따라 결손처분한 보험료, 이 법에 따른 그 밖의 징수금과 체납처분비로서 징수권 소멸시효가

정답 55. ④

완성되지 아니한 것을 포함한다)의 총액이 10억 원 이상인 체납자에 대하여는 그 인적사항 및 체납액 등을 공개할 수 있다. 다만, 체납된 보험료, 이 법에 따른 그 밖의 징수금과 체납처분비와 관련하여 행정심판 또는 행정소송이 계류 중인 경우, 그 밖에 체납된 금액의 일부납부 등 대통령령으로 정하는 사유가 있을 때에는 그러하지 아니하다.

56. 다음 보기 중 고액·상습 체납자의 인적사항 공개 제외 사유인 것은 몇 개인가?

가. 체납된 보험료, 이 법에 따른 그 밖의 징수금과 체납처분비와 관련하여 행정심판이 계류 중인 경우
나. 체납된 보험료, 이 법에 따른 그 밖의 징수금과 체납처분비와 관련하여 행정소송이 계류 중인 경우
다. 체납된 보험료와 그 밖의 징수금 및 체납처분비의 100분의 30 이상을 해당 보험연도에 납부한 경우
라. 「채무자 회생 및 파산에 관한 법률」 제243조에 따른 회생계획인가의 결정에 따라 체납액의 징수를 유예받고 그 유예기간 중에 있는 경우
마. 「채무자 회생 및 파산에 관한 법률」 제243조에 따른 회생계획인가의 결정에 따라 체납액의 징수를 유예받고 체납액을 회생계획의 납부 일정에 따라 내고 있는 경우
바. 재해 등으로 재산에 심한 손실을 입어 사업이 중대한 위기에 처한 경우 등으로서 보험료정보공개심의위원회가 체납자의 인적사항 등을 공개할 실익이 없다고 인정하는 경우

① 1개 ② 2개 ③ 4개
④ 5개 ⑤ 6개

✍ 해설

⑤ 보험료 징수법 제28조의6 1항 단서. 체납된 보험료, 이 법에 따른 그 밖의 징수금과 체납처분비와 관련하여 행정심판 또는 행정소송이 계류 중인 경우, 그 밖에 체납된 금액의 일부납부 등 대통령령으로 정하는 사유가 있을 때에는 그러하지 아니하다; 보험료 징수법 시행령 제40조의4 2항 2호. 법 제28조의6 1항 단서에서 "체납된 금액의 일부납부 등 대통령령으로 정하는 사유"란 다음 각 호의 어느 하나에 해당하는 경우를 말한다. 1. 체납된 보험료와 그 밖의 징수금 및 체납처분비(이하 "체납액"이라 한다)의 100분의 30 이상을 해당 보험연도에 납부한 경우, 2. 「채무자 회생 및 파산에 관한 법률」 제243조에 따른 회생계획인가의 결정에 따라 체납액의 징수를 유예받고 그 유예기간 중에 있거나 체납액을 회생계획의 납부일정에 따라 내고 있는 경우, 3. 재해 등으로 재산에 심한 손실을 입어 사업이 중대한 위기에 처한 경우 등으로서 법 제28조의6 2항에 따른 보험료정보공개심의위원회가 체납자의 인적사항등을 공개할 실익이 없다고 인정하는 경우

정답 56. ⑤

57. 다음은 보험료정보공개심의위원회의 구성 및 운영에 관한 설명이다. 옳지 않은 것은?

① 보험료정보공개심의위원회는 위원장 1명을 포함한 11명의 위원으로 구성한다.

② 위원회의 위원장은 건강보험공단의 임원 중 해당업무를 담당하는 상임이사가 된다.

③ 위원회의 회의는 위원장을 제외한 재적위원 과반수의 출석으로 개의하고, 출석위원 과반수의 찬성으로 의결한다.

④ 위원은 건강보험공단의 이사장이 임명하거나 위촉한다.

⑤ 법률, 회계 또는 사회보험에 관한 학식과 경험이 풍부하여 위원으로 임명된 경우 그 위원의 임기는 2년으로 한다.

해설

① 보험료 징수법 제40조의5 1항, ②④ 보험료 징수법 제40조의5 2항. 위원회의 위원장은 건강보험공단의 임원 중 해당 업무를 담당하는 상임이사가 되고, 위원은 다음 각 호의 사람 중에서 건강보험공단의 이사장이 임명하거나 위촉한다. ③ 보험료 징수법 시행령 제40조의5 4항. 위원회의 회의는 위원장을 포함한 재적위원 과반수의 출석으로 개의하고, 출석위원 과반수의 찬성으로 의결한다. ⑤ 보험료 징수법 제40조의5 3항. 2항 5호(법률, 회계 또는 사회보험에 관한 학식과 경험이 풍부한 사람)에 따른 위원의 임기는 2년으로 한다.

58. 고용보험 및 산업재해보상보험의 보험료 징수 등에 관한 법률상 징수금의 결손처분 사유에 해당하지 않는 것은?. 〈노무사 2011년〉

① 체납처분이 끝나고 체납액에 충당된 배분금액이 그 체납액보다 적은 경우

② 소멸시효가 완성된 경우

③ 체납자의 행방이 분명하지 않아 징수할 가능성이 없다고 인정하는 경우

④ 체납자의 재산이 없거나 체납처분의 목적물인 총재산의 견적가격이 체납처분비에 충당하고 나면 나머지가 생길 여지가 없음이 확인된 경우

⑤ 체납처분의 목적물에 보험료보다 우선하는 근저당권이 설정되어 있는 경우

해설

①②③④⑤ 보험료 징수법 제29조. 건강보험공단은 다음 각 호의 어느 하나에 해당하는 사유가 있을 때에는 고용노동부장관의 승인을 받아 보험료와 이 법에 따른 그 밖의 징수금을 결손처분할 수 있다. 1. 체납처분이 끝나고 체납액에 충당된 배분금액이 그 체납액보다 적은 경우, 2. 소멸시효가 완성된 경우, 3. 징수할 가능성이 없다고 인정하

정답 57. ③ 58. ⑤

여 대통령령으로 정하는 경우; 보험료 징수법 시행령 제41조. 법 제29조 1항 3호에서 "대통령령으로 정하는 경우"란 다음 각 호의 어느 하나에 해당하는 경우를 말한다. 1. 체납자의 행방이 분명하지 않은 경우, 2. 체납자의 재산이 없거나 체납처분의 목적물인 총재산의 견적가격이 체납처분비에 충당하고 나면 나머지가 생길 여지가 없음이 확인된 경우, 3. 체납처분의 목적물인 총재산이 보험료, 그 밖의 징수금보다 우선하는 국세·지방세 등의 채권 변제에 충당하고 나면 나머지가 생길 여지가 없음이 확인된 경우, 4. 「채무자 회생 및 파산에 관한 법률」 제251조에 따라 체납회사가 보험료 등의 납부책임을 지지 않게 된 경우

59. 체납자 또는 결손처분자의 자료제공에 대한 설명으로 옳지 않은 것은?

① 체납자 또는 결손처분자의 자료를 요구하는 경우 요구하는 체납 등의 자료의 내용과 이용목적을 문서로 제출하여야 한다.
② 체납 등 자료를 제공한 경우에 체납액의 납부, 결손처분의 취소 등의 사유가 발생하면 그 사실을 사유발생일로부터 14일 이내에 요구자에게 알려야 한다.
③ 체납된 보험료나 징수금과 관련하여 행정심판이나 행정소송이 계류 중인 경우 자료를 제공하지 아니한다.
④ 건강보험공단은 결손처분 한 금액이 500만 원 이상인 자의 체납 등 자료를 종합신용정보집중기관의 요구에 따라 제공할 수 있다.
⑤ 체납 등 자료를 제공받은 자는 이를 업무 외에 목적으로 누설하거나 이용하여서는 아니 된다.

해설

① 보험료 징수법 시행령 제41조의2 1항. 체납자 또는 결손처분자의 인적사항·체납액 또는 결손처분액에 관한 자료를 요구하는 자는 1. 요구자의 이름 및 주소, 2. 요구하는 체납등 자료의 내용 및 이용 목적을 적은 문서를 건강보험공단에 제출하여야 한다. ② 보험료 징수법 시행령 제41조의2 3항. 14일이 아니라 15일이다. ③ 보험료 징수법 제29조의2 1항 단서. 체납된 보험료, 이 법에 따른 그 밖의 징수금과 관련하여 행정심판 또는 행정소송이 계류 중인 경우, 그 밖에 체납처분의 유예 등 대통령령으로 정하는 사유가 있을 때에는 자료를 제공하지 않는다. ④ 보험료 징수법 제29조의2 1항 3호, ⑤ 보험료 징수법 제29조의2 3항

60. 다음은 설명 중 옳지 않은 것은?

① 건강보험공단은 보험료 등을 징수할 가능성이 없다고 인정하여 결손처분을 한 후 압류할 수 있는 다른 재산을 발견한 경우에는 7일 이내에 그 처

정답 59. ② 60. ①

분을 취소하고 다시 체납처분을 하여야 한다.

② 건강보험공단은 체납처분이 끝나고 체납액에 충당된 배분금액이 그 체납액보다 적은 경우 고용노동부장관의 승인을 받아 보험료와 그 밖의 징수금을 결손처분할 수 있다.

③ 건강보험공단은 체납자의 행방이 불분명하여 결손처분을 하기 위하여는 시·군·세무서, 그 밖의 기관에 체납자의 행방 또는 재산 유무를 조사·확인하여야 한다.

④ 건강보험공단은 체납등 자료를 요구하는 자에게 체납등 자료를 제공한 경우 체납액의 납부, 결손처분의 취소 등의 사유가 발생하면 그 사실을 사유발생일로부터 15일 이내에 요구자에게 알려야 한다.

⑤ 건강보험공단은 체납자가 재해 또는 도난으로 재산이 심하게 손실되어 체납액을 낼 수 없다고 인정하는 경우에는 체납 또는 결손처분자료 제공을 하지 않을 수 있다.

해설

① 보험료 징수법 제29조. 지체없이 그 처분을 취소하고 다시 체납처분을 하여야 한다. ② 보험료 징수법 제29조 1항, ③ 보험료 징수법 시행령 제41조의1 2항, ④ 보험법 징수법 시행령 제41조의2 3항, ⑤ 보험료 징수법 시행령 제41조의3 2호 가목

제4절 보험사무대행기관

01. 보험사무를 대행하기 위해서는 공단의 인가를 받아야 하는데, 인가신청시 첨부하여야 하는 사항으로 옳지 않은 것은?

① 주무관청의 인가 또는 허가를 받거나 등록을 한 법인의 경우는 그 사실을 증명하는 서류
② 공인노무사법 제5조에 따라 등록한 사람으로서 직무를 3년 이상하고 있는 사람임을 증명하는 서류
③ 법인 또는 단체인 경우 정관 또는 규약
④ 보험사무위임처리규약
⑤ 개인사업자의 경우 사업자등록증

✍ 해설

⑤ 보험료 징수법 시행령 제47조. 사업자등록증의 경우는 이에 해당하지 아니한다.

02. 다음은 설명 중 옳지 않은 것은?

① 보험사무대행기관에게 보험사무를 위임할 수 있는 사업주의 범위는 상시근로자수가 300명 미만의 사업주로 한다.
② 공단은 보험사무대행기관의 인가 취소를 하려면 청문을 하여야 한다.
③ 보험사무대행기관은 사업주로부터 보험사무를 위임받은 경우 7일 이내에, 보험사무의 위임이 해지된 때에는 14일 이내에 그 사실을 공단에 신고하여야 한다.
④ 공단은 보험료, 법에 따른 그 밖의 징수금의 납입의 통지 등을 보험사무대행기관에 함으로써 그 사업주에 대한 통지를 갈음한다.
⑤ 공단이 가산금, 연체금, 산재보험급여에 해당하는 금액을 징수하는 경우에 그 징수 사유가 보험사무대행기관의 귀책사유로 인한 것일 때에는 그 한도 안에서 보험사무대행기관이 해당금액을 내야 한다.

✍ 해설

① 보험료 징수법 시행령 제45조 1항. 보험사무를 대행하기 위하여 공단의 인가를 받은 단체, 법인, 공인노무사 또는 세무사에게 보험사무를 위임할 수 있는 사업주의 범위는 상시근로자수가 300명 미만인 사업주로 한다. ② 보험료 징수법 시행령 제49조. 공단은 법 제33조 5항에 따라 보험사무대행기관의 인가를 취소하려면 청문을 하여야 한

정답 01. ⑤ 02. ③

다. ③ 보험료 징수법 시행령 제45조 3항. 보험사무대행기관은 1항에 따른 사업주로부터 보험사무를 위임받거나 보험사무의 위임이 해지된 때에는 각각 14일 이내에 그 사실을 공단에 신고하여야 한다. ④ 보험법 징수법 제34조. 공단은 보험료, 이 법에 따른 그 밖의 징수금의 납입의 통지 등을 보험사무대행기관에 함으로써 그 사업주에 대한 통지를 갈음한다. ⑤ 보험료 징수법 제35조. 공단이 제24조에 따른 가산금, 제25조에 따른 연체금 및 제26조에 따른 산재보험급여에 해당하는 금액을 징수하는 경우에 그 징수사유가 보험사무대행기관의 귀책사유로 인한 것일 때에는 그 한도 안에서 보험사무대행기관이 해당 금액을 내야 한다.

03. 다음 중 보험사무대행기관에 위임할 수 있는 업무 중 올바른 것은 몇 개인가?

가. 법 제16조의10에 따른 보수총액 등의 신고
나. 개산보험료의 신고
다. 확정보험료의 신고
라. 고용보험 피보험자의 자격관리에 관한 사무
마. 보험관계의 성립·변경·소멸의 신고
바. 보험료등의 분할납부의 신청
사. 보험료등의 경감신청
아. 고용보험료 지원신청

① 1개 ② 2개 ③ 4개
④ 5개 ⑤ 6개

✍ 해설

④ 보험료 징수법 시행령 제46조. 법 제33조 1항 후단에 따라 보험사무대행기관에 위임할 수 있는 업무의 범위는 다음 각 호와 같다. 1. 법 제16조의10에 따른 보수총액 등의 신고, 2. 개산보험료·확정보험료의 신고, 3. 고용보험 피보험자의 자격 관리에 관한 사무, 4. 보험관계의 성립·변경·소멸의 신고, 5. 그 밖에 사업주가 지방노동관서 또는 공단에 대하여 하여야 할 보험에 관한 사무

04. 다음 ( ) 안에 들어갈 내용으로 옳은 것은?

보험사무대행기관은 법 제33조 제3항에 따라 인가받은 내용을 변경하려는 경우에는 변경하려는 날의 (ㄱ)일 전까지 공단에 인가를 신청하여야 하고, 법 제33조 제4항에 따라 위임받은 업무를 폐지하려는 경우에는 폐지하려는 날의 (ㄴ)일 전까지 공단에 신고를 하여야 한다.

① ㄱ: 7, ㄴ: 14 ② ㄱ: 7, ㄴ: 30 ③ ㄱ: 14, ㄴ: 14

정답 03. ④ 04. ②

④ ㄱ: 14, ㄴ: 30 ⑤ ㄱ: 14, ㄴ: 7

✍ 해설

② 보험료 징수법 시행령 제47조 5항. 보험사무대행기관은 법 제33조 3항에 따라 인가받은 내용을 변경하려는 경우에는 변경하려는 날의 7일 전까지 공단에 인가를 신청하여야 하고, 법 제33조 4항에 따라 위임받은 업무를 폐지하려는 경우에는 폐지하려는 날의 30일 전까지 공단에 신고를 하여야 한다.

05. 고용보험 및 산업재해보상보험의 보험료징수 등에 관한 법령상 보험사무대행기관 인가의 취소에 대한 설명으로 옳지 않은 것은? 〈노무사 2013년〉

① 근로복지공단은 보험사무대행기관이 거짓이나 그 밖의 부정한 방법으로 인가를 받는 경우에는 그 인가를 취소할 수 있다.

② 근로복지공단은 보험사무대행기관이 정당한 사유 없이 계속하여 2개월 이상 보험사무를 중단한 경우에는 그 인가를 취소할 수 있다.

③ 근로복지공단은 보험사무대행기관이 보험사무를 거짓이나 그 밖의 부정한 방법으로 운영한 경우에는 그 인가를 취소할 수 있다.

④ 근로복지공단은 보험사무대행기관이 고용보험 및 산업재해보상보험의 보험료징수 등에 관한 법률에 따른 명령을 따르지 않은 경우에는 그 인가를 취소할 수 있다.

⑤ 근로복지공단은 보험사무대행기관의 인가를 취소하면 지체 없이 그 사실을 해당 보험사무대행기관과 보험사무를 위임한 사업주에게 알려야 한다.

✍ 해설

①②③④ 보험료 징수법 시행령 제48조 1항. 법 제33조 5항에 따라 공단은 보험사무대행기관이 다음 각 호의 어느 하나에 해당하면 그 인가를 취소할 수 있다. 다만, 1호에 해당하는 경우에는 인가를 취소하여야 한다. 1. 거짓이나 그 밖의 부정한 방법으로 인가를 받은 경우, 2. 정당한 사유 없이 계속하여 2개월 이상 보험사무를 중단한 경우, 3. 보험사무를 거짓이나 그 밖의 부정한 방법으로 운영한 경우, 4. 그 밖에 법을 위반하거나 법에 따른 명령을 따르지 않은 경우, ⑤ 보험료 징수법 제48조 2항

정답 05. ①

제5절 보 칙

01. 고용보험 및 산업재해보상보험의 보험료징수 등에 관한 법률상 소멸시효에 관한 설명으로 옳지 않은 것은? 〈노무사 2012년〉

① 보험료를 징수할 수 있는 권리는 3년간 행사하지 아니하면 시효로 인하여 소멸한다.
② 체납처분 절차에 따라 하는 교부청구가 있으면 소멸시효가 중단된다.
③ 독촉으로 중단된 소멸시효는 독촉에 의한 납부기한이 지난 때부터 새로 진행한다.
④ 확정보험료의 소멸시효는 보험연도 중에 보험관계가 소멸한 사업의 경우에는 보험관계가 소멸한 날의 다음 날로부터 진행한다.
⑤ 보험료 과납액을 반환받을 수 있는 권리는 3년간 행사하지 아니하면 시효로 인하여 소멸한다.

해설

①⑤ 보험료 징수법 제41조 1항. 보험료, 이 법에 따른 그 밖의 징수금을 징수하거나 그 반환받을 수 있는 권리는 3년간 행사하지 아니하면 시효로 인하여 소멸한다. ② 보험료 징수법 제42조 1항. 제41조에 따른 소멸시효는 다음 각 호의 사유로 중단된다. 1. 제16조의8에 따른 월별보험료의 고지, 2. 제23조 1항 또는 2항에 따른 반환의 청구, 3. 제27조에 따른 통지 또는 독촉, 4. 제28조에 따른 체납처분 절차에 따라 하는 교부청구 또는 압류, ③ 보험료 징수법 제42조 2항. 1항에 따라 중단된 소멸시효는 다음 각 호의 기한 또는 기간이 지난 때부터 새로 진행한다. 1. 제16조의8에 따라 고지한 월별보험료의 납부기한, 2. 독촉에 의한 납부기한, 3. 제27조 1항에 따라 알린 납부기한, 4. 교부청구 중의 기간, 5. 압류기간, ④ 보험료 징수법 제43조. 제19조에 따른 확정보험료의 소멸시효는 다음 보험연도의 첫날(보험연도 중에 보험관계가 소멸한 사업의 경우에는 보험관계가 소멸한 날)부터 진행한다.

02. 다음은 설명 중 옳지 않은 것은?

① 건강보험공단은 한국자산관리공사에 공매대행을 의뢰하는 경우 건강보험공단이 점유하고 있거나 제3자로 하여금 보관하게 한 재산을 한국자산관리공사에 인도할 수 있다.
② 한국자산관리공사는 공매대행의 의뢰를 받은 날로부터 2년 이내에 공매되지 않은 재산이 있으면 건강보험공단에 그 재산에 대한 공매대행 의뢰의 해제를 요구하여야 한다.

정답 01. ④ 02. ②

③ 공단 또는 건강보험공단은 정전, 프로그램의 오류의 사유로 금융회사 또는 체신관서의 정보처리장치의 정상적인 가동이 불가능한 경우 납부 기한을 연장할 수 있다.
④ 공단 또는 건강보험공단은 보험관계의 성립 및 소멸 등을 위하여 근로소득자료, 국세, 지방세 등의 자료를 제공받거나 관련 전산망을 이용하려는 경우에는 사용목적 등을 적은 문서로 협조를 요청할 수 있다.
⑤ ④에 따라 공단 또는 건강보험공단에 제공되는 자료에 대하여는 수수료 및 사용료 등을 면제한다.

해설

② 보험료 징수법 시행령 제39조. 공매대행의뢰의 해제를 요구할 수 있다. ① 보험료 징수법 시행령 제38조. 건강보험공단은 제37조 1항에 따라 공매대행을 의뢰할 때 건강보험공단이 점유하고 있거나 제3자로 하여금 보관하게 한 재산을 한국자산관리공사에 인도할 수 있다. ③ 보험료 징수법 제39조, 공단 또는 건강보험공단은 천재지변 등 고용노동부령으로 정하는 사유로 이 법에 규정된 신고·신청·청구나 그 밖의 서류의 제출·통지 또는 납부·징수를 정하여진 기한까지 할 수 없다고 인정될 때에는 그 기한을 연장할 수 있다; 보험료 징수법 시행규칙 제40조 3호. 3. 정전, 프로그램의 오류, 그 밖의 부득이한 사유로 금융회사 또는 체신관서의 정보처리장치의 정상적인 가동이 불가능한 경우, ④ 보험료 징수법 제40조 1항. 공단 또는 건강보험공단은 보험관계의 성립 및 소멸, 고용보험료의 지원, 보험료의 부과·징수, 보험료의 정산, 그 밖에 이 법에 따른 연체금 또는 징수금의 징수 등을 위하여 근로소득자료·국세·지방세·토지·건물·건강보험·국민연금 등 대통령령으로 정하는 자료를 제공받거나 관련 전산망을 이용하려는 경우에는 관계 기관의 장에게 사용목적 등을 적은 문서로 협조를 요청할 수 있다. ⑤ 보험료 징수법 제40조 2항. 1항에 따라 공단 또는 건강보험공단에 제공되는 자료에 대하여는 수수료 및 사용료 등을 면제한다.

03. 다음 중 시효가 중단되는 경우에 해당하지 않는 것은?

① 월별보험료의 고지
② 과납액의 반환청구
③ 체납처분절차에 의한 강제집행
④ 징수금의 통지 또는 독촉
⑤ 체납처분절차에 의한 압류

해설

③ 보험료 징수법 제42조 1항. 보험료 징수법 제42조(시효의 중단) ① 제41조에 따른 소멸시효는 다음 각 호의 사유로 중단된다.

1. 제16조의8에 따른 월별보험료의 고지
2. 제23조 1항 또는 2항에 따른 반환의 청구

정답 03. ③

3. 제27조에 따른 통지 또는 독촉
4. 제28조에 따른 체납처분 절차에 따라 하는 교부청구 또는 압류

04. 보험료 징수법 제42조 1항에 따라 중단된 소멸시효가 새로 진행되는 시기에 해당하지 않는 것은?

① 월별보험료의 고지에 따른 납부기한
② 독촉에 의한 납부기한
③ 교부청구 중의 기한
④ 징수금을 통지 또는 독촉하는 경우에 알린 납부기한
⑤ 강제집행기간

해설

⑤ 보험료 징수법 제42조 2항. 강제집행기간은 소멸시효가 새로 진행되는 시기에 해당하지 않는다.

제42조(시효의 중단) ② 1항에 따라 중단된 소멸시효는 다음 각 호의 기한 또는 기간이 지난 때부터 새로 진행한다.

1. 제16조의8에 따라 고지한 월별보험료의 납부기한
2. 독촉에 의한 납부기한
3. 제27조 1항에 따라 알린 납부기한
4. 교부청구 중의 기간
5. 압류기간

05. 공단 또는 건강보험공단은 보험료의 성실신고 및 보험사무대행기관의 지도 등을 위하여 필요하다고 인정되는 경우엔 사업의 사업주, 근로자, 보험사무대행기관 및 보험사무대행기관이었던 자에게 필요한 정보를 요구할 수 있는데, 이에 해당하지 않는 것은?.

① 보험관계의 성립·변경 보험관계의 확인이 필요한 경우
② 보험관계의 소멸에 관한 확인이 필요한 경우
③ 근로자의 건강보험료 납부내역에 대한 확인이 필요한 경우
④ 보험사무대행기관이 보험 사무를 위법 또는 부당하게 처리하거나 그 처리를 게을리하는지 확인이 필요한 경우
⑤ 보험사무대행지원금의 지급과 관련하여 사실관계의 확인이 필요한 경우

해설

③ 보험료 징수법 시행령 제55조. 근로자의 건강보험료 납부내역에 대한 확인이 필요

정답 04. ⑤ 05. ③

한 경우는 여기에 포함되지 않는다.

06. 다음은 설명 중 옳지 않은 것은?

① 공단은 보험료의 성실신고 및 보험사무대행기관의 지도 등을 위하여 필요하다고 인정되는 경우 소속 직원으로 하여금 사업장, 보험대행기관에 대하여 질문을 하거나 관계서류를 조사하게 할 수 있다.

② 공단은 사업장, 보험대행기관에 대하여 조사를 하는 경우 해당 사업주 등에게 조사의 일시 및 내용 등 조사에 필요한 사항을 미리 알려야 한다.

③ 공단 또는 건강보험공단은 보험료, 그 밖의 징수금의 수납에 관한 업무를 체신관서 또는 금융기관에 위탁할 수 있다.

④ 고용노동부장관은 재해예방활동 인정 및 그 취소에 관한 권한을 지방고용노동관서의 장에게 위임한다.

⑤ 공단 또는 건강보험공단이 체신관서 또는 금융기관에 업무를 위탁한 경우에는 그 위탁을 받은 자에게 위탁에 따른 수수료를 지급할 수 있다.

해설

④ 보험법 징수법 제46조 1항. 보험료 징수법 시행령 제56조 1항. 재해예방활동 인정의 취소에 관한 권한을 지방고용노동관서의 장에게 위임한다. ① 보험료 징수법 제45조 1항. 공단은 보험료의 성실신고 및 보험사무대행기관의 지도 등을 위하여 필요하다고 인정되어 대통령령으로 정하는 경우에는 소속 직원으로 하여금 근로자를 고용하고 있거나 고용하였던 사업주의 사업장 또는 보험사무대행기관, 보험사무대행기관이었던 자의 사무소에 출입하여 관계인에 대하여 질문을 하거나 관계 서류를 조사하게 할 수 있다. ② 보험료 징수법 제45조 2항. 공단은 1항에 따라 조사를 하는 경우 해당 사업주 등에게 조사의 일시 및 내용 등 조사에 필요한 사항을 미리 알려야 한다. 다만, 긴급한 경우나 사전 통지 시 그 목적을 달성할 수 없다고 인정되는 경우에는 그러하지 아니하다. ③ 보험료 징수법 제46조, 공단 또는 건강보험공단은 대통령령으로 정하는 바에 따라 보험료, 이 법에 따른 그 밖의 징수금의 수납업무 중 일부를 체신관서 또는 금융기관에 위탁할 수 있다. 보험료 징수법 시행령 제56조 2항 1호. ⑤ 보험법 징수법 시행령 제56조 3항. 공단 또는 건강보험공단이 2항에 따라 업무를 위탁한 경우에는 그 위탁을 받은 자에게 위탁에 따른 수수료를 지급할 수 있다.

07. 고용보험 및 산업재해보상보험의 보험료징수 등에 관한 법률에 따라 고용노동부장관이 고시하여야 하는 사항에 해당하지 않는 것은? 〈노무사 2012년〉

① 사업의 폐업·도산 등으로 보수를 산정·확인하기 곤란한 경우에 적용할 기준보수

정답 06. ④ 07. ⑤

② 특수형태근로종사자와 사업주에 대한 산업재해보상보험료 산정의 기초가 되는 보수액
③ 해외파견자의 산업재해보상보험료 산정에 적용할 산업재해보상보험료율
④ 자영업자에 대한 고용보험료 산정의 기초가 되는 보수액
⑤ 고용안정·직업능력개발사업 및 실업급여의 보험료율

해설

⑤ 보험법 징수법 제14조 1항 고용보험료율은 고용안정·직업능력개발사업의 보험료 및 실업급여의 보험료율로 구분하여 대통령령으로 정한다. ① 보험료 징수법 제3조 1항. 사업의 폐업·도산 등으로 보수를 산정·확인하기 곤란한 경우 또는 대통령령으로 정하는 사유에 해당하는 경우에는 고용노동부장관이 정하여 고시하는 금액을 보수로 할 수 있다. ② 보험료 징수법 제49조의3 1항. 「산업재해보상보험법」 제125조에 따라 산재보험의 적용을 받는 특수형태근로종사자와 사업주에 대한 산재보험료 산정의 기초가 되는 보수액은 고용노동부장관이 정하여 고시하는 금액으로 하고, 산재보험료율은 그 사업이 적용받는 사업의 산재보험료율로 한다. ③ 보험료 징수법 제47조 1항. 「산업재해보상보험법」 제122조 1항에 따라 산재보험의 적용을 받는 해외파견자의 산재보험료 산정의 기초가 되는 보수액은 그 사업에 사용되는 같은 직종 근로자의 보수나 그 밖의 사정을 고려하여 고용노동부장관이 정하는 금액으로 하고, 산재보험료율은 해외파견자의 재해율 및 재해보상에 필요한 금액 등을 고려하여 고용노동부장관이 정하여 고시한다. ④ 보험법 징수법 제49조의2 3항. 자영업자에 대한 고용보험료 산정의 기초가 되는 보수액은 자영업자의 소득, 보수수준 등을 고려하여 고용노동부장관이 정하여 고시한다.

08. 다음은 설명 중 옳지 않은 것은?

① 산재보험의 적용을 받는 해외파견자의 산재보험료 산정의 기초가 되는 보수액은 그 사업에 사용되는 같은 직종 근로자의 보수나 그 밖의 사정을 고려하여 고용노동부장관이 정하는 금액으로 한다.
② 산재보험의 적용을 받는 현장실습생의 산재보험료 산정의 기초가 되는 보수액은 고용노동부장관이 정하여 고시하는 금액으로 한다.
③ 산재보험에 가입한 중소기업의 사업주에 대한 산재보험료 산정의 기초가 되는 보수액은 고용노동부장관이 정하는 금액으로 한다.
④ 산재보험의 적용을 받는 특수형태근로종사자와 사업주에 대한 산재보험료 산정의 기초가 되는 보수액은 고용노동부장관이 정하여 고시하는 금액으로 한다.
⑤ 공단의 승인을 받아 고용보험에 가입한 자영업자에 대한 고용보험료 산정

정답 08. ②

의 기초가 되는 보수액은 자영업자의 소득, 보수수준 등을 고려하여 고용노동부장관이 정하여 고시한다.

✍ 해설

② 보험료 징수법 제48조 1항. 현장실습생의 산재보험료 기초가 되는 보수액은 현장실습생이 받은 모든 금품으로 하되, 산재보험료 산정이 어려운 경우 고용노동부장관이 정하여 고시하는 금액으로 할 수 있다. ① 보험료 징수법 제47조 1항. 「산업재해보상보험법」 제122조 1항에 따라 산재보험의 적용을 받는 해외파견자의 산재보험료 산정의 기초가 되는 보수액은 그 사업에 사용되는 같은 직종 근로자의 보수나 그 밖의 사정을 고려하여 고용노동부장관이 정하는 금액으로 하고, 산재보험료율은 해외파견자의 재해율 및 재해보상에 필요한 금액 등을 고려하여 고용노동부장관이 정하여 고시한다. ③ 보험료 징수법 제49조 1항. 「산업재해보상보험법」 제124조 1항에 따라 산재보험에 가입한 중소기업의 사업주(이하 "중소기업 사업주"라 한다)에 대한 산재보험료 산정의 기초가 되는 보수액은 고용노동부장관이 정하는 금액으로 하고, 산재보험료율은 그 사업이 적용받는 산재보험료율로 한다. ④ 보험법 징수법 제49조의3 1항. 「산업재해보상보험법」 제125조에 따라 산재보험의 적용을 받는 특수형태근로종사자와 사업주에 대한 산재보험료 산정의 기초가 되는 보수액은 고용노동부장관이 정하여 고시하는 금액으로 하고, 산재보험료율은 그 사업이 적용받는 사업의 산재보험료율로 한다.
⑤ 보험법 징수법 제49조의2 1항·3항. 근로자를 사용하지 아니하거나 50명 미만의 근로자를 사용하는 사업주로서 대통령령으로 정하는 요건을 갖춘 자영업자는 공단의 승인을 받아 자기를 이 법에 따른 근로자로 보아 고용보험에 가입할 수 있다, 자영업자에 대한 고용보험료 산정의 기초가 되는 보수액은 자영업자의 소득, 보수수준 등을 고려하여 고용노동부장관이 정하여 고시한다.

09. 고용보험 및 산업재해보상보험의 보험료 징수 등에 관한 법률상 ( ) 안에 들어갈 숫자는? 〈노무사 2015년〉

자영업자에게 적용하는 고용보험료율은 보험수지의 동향과 경제상황 등을 고려하여 1000분의 (   )의 범위에서 고용안정·직업능력개발사업의 보험료율 및 실업급여의 보험료율로 구분하여 대통령령으로 정한다.

① 10 ② 20 ③ 30 ④ 40 ⑤ 50

✍ 해설

자영업자에게 적용하는 고용보험료율은 보험수지의 동향과 경제상황 등을 고려하여 1000분의 30의 범위에서 고용안정·직업능력개발사업의 보험료율 및 실업급여의 보험료율로 구분하여 대통령령으로 정한다(징수법 제49조의2 7항).

정답 09. ③

10. 다음은 자영업자에 대한 특례에 대한 설명이다. 빈 칸에 들어갈 말로 적당한 것은?

A: 근로자를 사용하지 아니하거나 (ㄱ)명 미만의 근로자를 사용하는 사업주로서 대통령령으로 정하는 요건을 갖춘 자영업자는 공단의 승인을 받아 자기를 이 법에 따른 근로자로 보아 고용보험에 가입할 수 있다.
B: 자영업자에게 적용하는 고용보험료율은 보험지수의 동향과 경제상황 등을 고려하여 (ㄴ)의 범위에서 고용안정·직업능력개발사업의 보험료율로 구분하여 대통령령으로 정한다.
C: 고용보험에 가입한 자영업자는 매월 부과된 보험료를 다음 달 (ㄷ)일까지 납부하여야 한다.

① ㄱ: 10, ㄴ: 1000분의 30, ㄷ: 10
② ㄱ: 10, ㄴ: 1000분의 50, ㄷ: 5
③ ㄱ: 30, ㄴ: 1000분의 30, ㄷ: 10
④ ㄱ: 30, ㄴ: 1000분의 50, ㄷ: 5
⑤ ㄱ: 50, ㄴ: 1000분의 30, ㄷ: 10

해설

⑤ 보험료 징수법 제49조의2 1항·7항. 근로자를 사용하지 아니하거나 50명 미만의 근로자를 사용하는 사업주로서 대통령령으로 정하는 요건을 갖춘 자영업자는 공단의 승인을 받아 자기를 이 법에 따른 근로자로 보아 고용보험에 가입할 수 있다. 자영업자에게 적용하는 고용보험료율은 보험수지의 동향과 경제상황 등을 고려하여 1000분의 30의 범위에서 고용안정·직업능력개발사업의 보험료율 및 실업급여의 보험료율로 구분하여 대통령령으로 정한다. 이 경우 고용보험료율의 결정 및 변경은 「고용보험법」 제7조에 따른 고용보험위원회의 심의를 거쳐야 한다, 고용보험에 가입한 자영업자는 매월 부과된 보험료를 다음 달 10일까지 납부하여야 한다.

11. 다음은 자영업자게 적용하는 보험료율에 대한 설명이다. 빈 칸에 들어갈 말로 적당한 것은 ?

A: 고용안정·직업능력개발사업의 보험료율: (ㄱ)
B: 실업급여의 보험료율: (ㄴ)

① ㄱ: 1만분의 25, ㄴ: 1천분의 20
② ㄱ: 1만분의 30, ㄴ: 1천분의 30

정답 10. ⑤ 11. ①

③ ㄱ: 1천분의 25, ㄴ: 1천분의 10
④ ㄱ: 1천분의 30, ㄴ: 1천분의 20
⑤ ㄱ: 1천분의 25, ㄴ: 1천분의 30

해설

① 보험료 징수법 제49조의2 7항. 보험료 징수법 시행령 제56조의6 법 제49조의2 7항에 따른 고용보험료율은 다음 각 호와 같다. 1. 고용안정·직업능력개발사업의 보험료율: 1만분의 25, 2. 실업급여의 보험료율: 1천분의 20

12. 다음은 설명 중 옳지 않은 것은?

① 「직업안정법」에 따라 국내 근로자공급사업을 하는 자, 근로자공급사업자로부터 근로자를 공급받는 사업주, 화주(貨主) 및 그 사업주·화주 단체, 그 밖에 근로자공급사업과 관련 있는 법인 또는 단체가 산재보험의 가입자가 되는 기구(산재보험관리기구)를 구성하려는 경우에는 공단의 승인을 받아야 한다.
② 산재보험관리기구는 공단의 승인을 신청한 날부터 보험가입자의 지위를 가지며, 산재보험의 보험관계가 성립한다.
③ 산재보험관리기구가 보험가입자로서의 지위를 해지하기 위하여 공단의 승인을 받은 경우, 공단의 승인을 받은 날의 다음 날 산재보험관계는 소멸한다.
④ 공단이 산재보험관리기구가 실제로 운영되지 아니하는 등의 사유로 계속하여 산재보험의 보험관계를 유지할 수 없다고 인정하여 보험관계를 소멸시킨 경우, 소멸 사실을 결정하여 통지한 날의 다음 날 산재보험관계는 소멸한다.
⑤ 산재보험관리기구가 납부하여야 하는 산재보험료는 산재보험관리기구를 구성하는 근로자공급사업자 등이 근로자에게 지급한 보수를 합산한 금액을 기초로 산정한다.

해설

② 보험료 징수법 제49조의5 2항. 공단의 승인을 신청한 날의 다음 날부터 보험가입자의 지위를 가지며, 산재보험의 보험관계가 성립한다. ① 보험료 징수법 제49조의5 1항. 「직업안정법」 제33조에 따라 국내 근로자공급사업을 하는 자 근로자공급사업자로부터 근로자를 공급받는 사업주·화주(貨主) 및 그 사업주·화주 단체, 그 밖에 근로자공급사업과 관련 있는 법인 또는 단체가 산재보험의 가입자가 되는 기구를 구성하려는 경우에는 공단의 승인을 받아야 한다. ③ 보험료 징수법 제49조의5 3항 1호. 1. 산재보

정답 12. ②

험관리기구가 보험가입자로서의 지위를 해지하기 위하여 공단의 승인을 받은 경우: 공단의 승인을 받은 날의 다음 날, ④ 보험료 징수법 제49조의5 3항 2호. 2. 공단이 산재보험관리기구가 실제로 운영되지 아니하는 등의 사유로 계속하여 산재보험의 보험관계를 유지할 수 없다고 인정하여 보험관계를 소멸시킨 경우: 소멸 사실을 결정하여 통지한 날의 다음 날, ⑤ 보험료 징수법 제49조의5 5항. 산재보험관리기구가 납부하여야 하는 산재보험료는 산재보험관리기구를 구성하는 근로자공급사업자 등이 근로자에게 지급한 보수를 합산한 금액을 기초로 산정한다.

제6절 벌 칙

01. 고용보험 및 산업재해보상보험의 보험료징수 등에 관한 법률상 5년 이하의 징역 또는 3천만 원 이하의 벌금에 처하는 경우는? 〈노무사 2014년〉

① 사업주가 확정보험료의 신고를 거짓으로 한 경우
② 보험료 체납자의 재산조회를 위한 국민건강보험공단 이사장의 금융거래정보 제공 요청에 응하는 과정에서 금융거래정보를 알게 된 자가 이를 타인에게 제공한 경우
③ 국민건강보험공단의 이사장으로부터 체납자의 재산조회를 위하여 금융거래정보의 제공을 요청받은 자가 정당한 사유 없이 그 제공을 거부한 경우
④ 국민건강보험공단으로부터 관계 서류의 제출을 요구받은 자가 거짓으로 적은 관계 서류를 제출한 경우
⑤ 근로복지공단이 보험사무대행기관의 지도를 위하여 필요하다고 인정하여 관계인에게 질문을 한 경우, 관계인이 그 질문에 거짓으로 답변한 경우

✍ 해설

보험료 징수법 제49조의6. 제29조의3 6항(금융거래정보를 알게 된 자는 그 알게 된 금융거래정보를 타인에게 제공 또는 누설하거나 그 목적 외의 용도로 이용하여서는 아니 된다)을 위반한 자는 5년 이하의 징역 또는 3천만 원 이하의 벌금에 처한다. 이 경우 징역형과 벌금형은 병과할 수 있다.

정답 01. ②

[저 자 약 력]

김희성(金熙聲)

고려대학교 법과대학 졸업, 동 대학원 졸업(법학박사)
사법시험, 행정고등고시, 공인노무사시험, 경영지도사시험, 사회복지사시험 위원 등 역임
현 강원대학교 법학전문대학원 교수
산업재해보상보험재심사위원회 위원, (사)한국비교노동법학회 부회장, (사)노동법이론실무학회 부회장
한국경제연구원 초빙연구위원, 경기지방노동위원회 공익위원

저서 · 논문
「노동법연습」, 공저, 신조사, 2015
「객관식 노동법(1, 2)」, 공저, 신조사, 2014
「노동사회의 변화와 노동법」, 한국학술정보(주), 2007
「집단적 노사관계법 -이론과 판례 -」, 지인북스, 2011.3
통상임금에 관한 법적 문제점과 개선방안
등 논문 다수

이희진

강원대학교 법과대학 법학부 졸업
열린노무법인 근무
선진노동법률사무소 대표
선율노무법인 대표

제3판
객관식 사회보험법

2014년 3월 15일 초 판 제1쇄발행
2016년 3월 5일 제3판 제1쇄인쇄
2016년 3월 10일 제3판 제1쇄발행

공저자와 협의하여 인지첩부를 생략함

공저자 김희성 · 이희진
발행인 이명재 · 이종은
발행처 **신 조 사**
서울특별시 마포구 독막로 295 삼부골든타워 212호
전화 (02) 713-0402 FAX (02) 713-0403
등록 1994. 7. 4, 제17-179호(윤)
E-mail: sinjosa@sinjosa.co.kr http: //www.sinjosa.co.kr

정가 23,000원 **ISBN 979-11-86377-14-7**